ESTUDOS DE DIREITO
DO TRABALHO
(CÓDIGO DO TRABALHO)

Volume I

LUÍS GONÇALVES DA SILVA
Mestre em Direito
Assistente da Faculdade de Direito de Lisboa

ESTUDOS DE DIREITO DO TRABALHO
(CÓDIGO DO TRABALHO)

Volume I

2.ª EDIÇÃO

ALMEDINA

ESTUDOS DE DIREITO DO TRABALHO
(CÓDIGO DO TRABALHO)

AUTOR
LUÍS GONÇALVES DA SILVA

EDITOR
EDIÇÕES ALMEDINA, SA
Avenida Fernão de Magalhães, n.º 584, 5.º Andar
3000-174 Coimbra
Tel.: 239 851 904
Fax: 239 851 901
www.almedina.net
editora@almedina.net

PRÉ-IMPRESSÃO • IMPRESSÃO • ACABAMENTO
G.C. – GRÁFICA DE COIMBRA, LDA.
Palheira – Assafarge
3001-453 Coimbra
producao@graficadecoimbra.pt

Janeiro, 2008

DEPÓSITO LEGAL
269427/08

Os dados e as opiniões inseridos na presente publicação
são da exclusiva responsabilidade do(s) seu(s) autor(es).

Toda a reprodução desta obra, por fotocópia ou outro qualquer processo,
sem prévia autorização escrita do Editor,
é ilícita e passível de procedimento judicial contra o infractor.

Aos meus sobrinhos
António, Maria, Francisco e Henrique.

TRABALHOS DO AUTOR

A) Direito Administrativo

1) "A Difícil Relação entre a Acção para o Reconhecimento de Direitos e a Acção (chamada Recurso) de Anulação" – Anotação ao Acórdão do Supremo Tribunal Administrativo, de 23 de Junho de 1999, *Cadernos de Justiça Administrativa*, n.º 23, pp. 32-35.

2) "Os Contra-Interessados na Suspensão da Eficácia dos Actos Administrativos – anotação ao Acórdão do Supremo Tribunal Administrativo, de 4 de Fevereiro de 1998", *Cadernos de Justiça Administrativa*, n.º 12, 1998, pp. 44-49.

3) "Ainda…, e Sempre a Recorribilidade do Acto Administrativo – anotação ao Acórdão do Supremo Tribunal Administrativo, de 12 de Dezembro de 1996, *Cadernos de Justiça Administrativa*, n.º 8, 1998, pp. 14-17.

B) Direito do Arrendamento

– "Cessação do Contrato de Arrendamento para Aumento da Capacidade do Prédio", AAVV, *Estudos em Homenagem ao Professor Doutor Inocêncio Galvão Telles*, volume III (Direito do Arrendamento Urbano), coordenação de Menezes Cordeiro, Menezes Leitão e Costa Gomes, Almedina, Coimbra, 2002, pp. 537-571.

C) Direito das Obrigações

– em co-autoria com Luís Menezes Leitão, José Alberto Vieira e Leonor Francisco, *Jurisprudência de Direito das Obrigações*, AAFDL, Lisboa, 2.ª edição, 2001 (esgotado).

– em co-autoria com Luís Menezes Leitão, José Alberto Vieira e Leonor Francisco, *Jurisprudência de Direito das Obrigações*, AAFDL, Lisboa, 2000 (esgotado).

D) **Direito do Trabalho**

I) *Livros*

1) *Estudos de Direito do Trabalho*, volume I, Almedina, Coimbra, 2004 (esgotado).

2) *Notas Sobre a Eficácia Normativa das Convenções Colectivas*, Cadernos Laborais do Instituto de Direito do Trabalho, n.º 1, Almedina, Coimbra, 2002.

3) *A Greve e os Acidentes de Trabalho*, Associação Académica da Faculdade de Direito de Lisboa, 1998 (esgotado).

4) com Romano Martinez, Luís Miguel Monteiro, Joana Vasconcelos, Pedro Madeira de Brito e Guilherme Dray – *Código do Trabalho Anotado*, Almedina, Coimbra, 5.ª edição, 2007 (esgotado).

5) com Romano Martinez, Luís Miguel Monteiro, Joana Vasconcelos, Pedro Madeira de Brito e Guilherme Dray – *Código do Trabalho Anotado*, Almedina, Coimbra, 4.ª edição, 2005 (esgotado).

6) com Romano Martinez, Luís Miguel Monteiro, Joana Vasconcelos, Pedro Madeira de Brito e Guilherme Dray – *Código do Trabalho Anotado*, Almedina, Coimbra, 3.ª edição, 2004 (esgotado).

7) com Romano Martinez, Luís Miguel Monteiro, Joana Vasconcelos, Pedro Madeira de Brito e Guilherme Dray – *Código do Trabalho Anotado*, Almedina, Coimbra, 2.ª edição, 2004 (esgotado).

8) com Romano Martinez, Luís Miguel Monteiro, Joana Vasconcelos, Pedro Madeira de Brito e Guilherme Dray – *Código do Trabalho Anotado*, Almedina, Coimbra, 2003 (esgotado).

II) *Artigos*

1) "A Conciliação da Actividade Profissional com a Vida Familiar", AAVV, *Estudos das Práticas de Responsabilidade Social no Alentejo e Extremadura*, coordenação de Fundação Eugénio de Almeida (prelo).

2) "Considerações Gerais sobre a Reforma do Trabalho Temporário", AAVV, *VIII Congresso Nacional de Direito do Trabalho – Memórias*, coordenação de António José Moreira, Almedina, Coimbra, 2005, pp. 255-262.

3) "Breves Reflexões sobre a Convenção Colectiva Aplicável à Pensão de Reforma no Sector bancário", *Revista de Direito e de Estudos Sociais*, ano XLV (XVIII da 2.ª série), 2004, n.os 1, 2 e 3, pp. 255-277.

4) "Traços Gerais da Arbitragem Obrigatória", *VII Congresso Nacional de Direito do Trabalho – Memórias*, Almedina, Coimbra, 2004, pp. 245-270.

5) "Visita Guiada à Primeira fase da Reforma Laboral: Código do Trabalho", AAVV, *A Reforma do Código do Trabalho*, Centro de Estudos Judiciários/Inspecção-Geral do Trabalho, Coimbra Editora, 2004, pp. 45-109.

6) "O Código do Trabalho face à Constituição", AAVV, *Código do Trabalho – Pareceres*, volume III, Ministério da Segurança Social e do Trabalho, Lisboa, 2004, pp. 401-484.

7) "Princípios Gerais da Contratação Colectiva no Código do Trabalho", *VI Congresso Nacional de Direito do Trabalho – Memórias*, coordenação de António José Moreira, Almedina, Coimbra, 2004, pp. 227-257.

8) "Do Âmbito Temporal da Convenção Colectiva", *Estudos de Direito do Trabalho em Homenagem ao Professor Alonso Olea*, coordenação de Monteiro Fernandes, Almedina, Coimbra, 2004, pp. 457-506.

9) "Nótula sobre os Efeitos Colectivos da Transmissão da Empresa", *Subjudice – Justiça e Sociedade*, n.° 27, 2004, pp. 127-136.

10) "Sujeitos Colectivos", AAVV, *Estudos do Instituto de Direito do Trabalho*, volume III, coordenação de Romano Martinez, Almedina, Coimbra, 2001, pp. 287-388.

11) "Pressupostos, Requisitos e Eficácia da Portaria de Extensão", AAVV, *Estudos do Instituto de Direito do Trabalho*, volume I, coordenação de Romano Martinez, Almedina, Coimbra, 2001, pp. 669-776.

12) "Da Eficácia Normativa das Convenções Colectivas", AAVV, *Estudos do Instituto de Direito do Trabalho*, volume I, coordenação de Romano Martinez, Almedina, Coimbra, 2001, pp. 597-667.

13) "Prepare-se para uma Inspecção do Trabalho", *Manual de Processamento Laboral*, sob a coordenação de Romano Martinez, Verlag Dashofer, Lisboa, 1999.

14) "A Lei n.° 21/96: Redução da Duração do Trabalho e Organização dos Horários de Trabalho", AAVV, *Francisco Lucas Pires: Exemplo Presente*, Ediual, Lisboa, 1999, pp. 183-199.

15) com Romano Martinez, "O Âmbito do Regulamento de Condições Mínimas", *Revista de Direito e de Estudos Sociais*, ano XLV (XVIII da 2.ª série), 2005, n.° 4, pp. 353-419.

E) **Outros**

– "Aborto: o Contraceptivo do Século XXI?", AAVV, *Reflexões Sobre um Referendo – Vida e Direito*, Principia, Lisboa, 1998, p. 98.

F) **Recensões**

– "Estudos do Instituto de Direito do Trabalho – A Justa Causa", II volume, coordenação de Romano Martinez, Almedina, Coimbra, 2001", *Revista de Direito e de Estudos Sociais*, 2001, n.os 3 e 4, pp. 447-449.

– "Conferência sobre o Despedimento nos Ordenamentos Jurídicos Europeus", *Revista de Economia e Direito*, UAL, volume II, n.° 1, 1997, pp. 127-128.

G) **Trabalhos não Publicados**

1) *Inquérito Parlamentar: Alguns Aspectos Jurídicos*, relatório de mestrado, Faculdade de Direito da Universidade de Lisboa, 1997 (inédito).

2) *A Portaria de Extensão: Alguns Aspectos Jurídicos, relatório de mestrado*, policopiado, Faculdade de Direito da Universidade de Lisboa, 1997 (inédito).

3) *Portaria de Extensão: Contributo para o seu Estudo*, Dissertação de Mestrado apresentada na Faculdade de Direito da Universidade de Lisboa, policopiado, 1999.

NOTA PRÉVIA À 2.ª EDIÇÃO

I. Esgotada a 1.ª edição destes Estudos, publicada em Agosto de 2004, entendemos justificar-se uma 2.ª edição. A (re)publicação num único volume tem a clara vantagem de facilitar o acesso do público a estes textos.

Mantivemos os estudos anteriormente publicados e aditamos um sobre o regime convencional da pensão de reforma no sector bancário.

Apesar das alterações introduzidas pela Lei n.º 9/2006, de 20 de Março, consideramos que a presente publicação mantém actualidade.

II. É devido um agradecimento aos diversos responsáveis das publicações onde os textos foram originariamente divulgados pela autorização concedida para esta nova divulgação.

LGS
FDL, Novembro de 2007

NOTA PRÉVIA

A presente obra reúne alguns textos publicados pelo Autor após a entrada em vigor do Código do Trabalho (1 de Dezembro de 2003), ou seja, nos últimos nove meses.

LGS
Julho de 2004

O CÓDIGO DO TRABALHO FACE À CONSTITUIÇÃO *

SUMÁRIO: § 1.°) *Considerações prévias* § 2.°) *A lei e os instrumentos de regulamentação colectiva de trabalho* (artigo 4.°, n.° 1) § 3.° *Protecção de dados pessoais* (artigo 17.°, n.° 2) § 4.° *Reabertura do procedimento disciplinar* (artigo 436.°, n.° 2) § 5.° *Reintegração e respectiva excepção* (artigo 438.°, n.ᵒˢ 2, 3 e 4) § 6.° *Vigência das convenções colectivas* (artigo 557.°, n.ᵒˢ, 2, 3 e 4) § 7.° *Regime transitório de uniformização de convencões* (artigo 15.° da lei que aprova o código do trabalho) § 8.° *Cláusula de paz social relativa* (artigo 606.°) § 9.°) *Conclusão*

NOTA PRÉVIA[1]

I. Foi solicitado por Sua Excelência o Senhor Secretário de Estado do Trabalho, com carácter de urgência, a análise da compatibilidade com a Constituição da República Portuguesa das seguintes matérias:

---

* Texto publicado em AAVV, *Código do Trabalho – Pareceres*, volume III, Ministério da Segurança Social e do Trabalho, Lisboa, 2004, pp. 397-484.

[1] Principais abreviaturas utilizadas: a) CPA – Código do Procedimento Administrativo; b) CRP – Constituição da República Portuguesa (1976); c) LCT – Lei do Contrato de Trabalho (Decreto-Lei n.° 49 408, de 24 de Novembro de 1969); d) LDT – Lei da Duração do Trabalho (Decreto-Lei n.° 409/71, de 27 de Setembro); e) LFFF – Lei das Férias, Feriados e Faltas (Decreto-Lei n.° 874/76, de 28 de Dezembro); f) LS – Lei Sindical (Decreto-Lei n.° 215-B/75, de 30 de Abril); g) LTSUP – Lei do Trabalho Suplementar (Decreto-Lei n.° 421/83, de 2 de Dezembro); h) NLDESP – Nova Lei dos Despedimentos (Decreto-Lei n.° 64-A/89, de 27 de Fevereiro); i) DESP INADAP – Despedimento por Inadaptação (Decreto-Lei n.° 400/91, 16 de Outubro).

Todos os preceitos sem indicação de fonte referem-se ao Código do Trabalho, diploma aprovado pelo Decreto n.° 51/IX, publicado no suplemento do *Diário da Assembleia da República*, II série – A, número 96, de 22 de Maio de 2003.

1. Artigo 15.º, n.º 1, da Lei que aprova o Código do Trabalho;
2. Artigo 4.º, n.º 1, do Código do Trabalho;
3. Segunda parte do artigo 17.º, n.º 2, do Código do Trabalho;
4. Artigo 436.º, n.º 2, do Código do Trabalho;
5. Interpretação conjugada dos n.ºs 2, 3 e 4 do artigo 438.º do Código do Trabalho;
6. Interpretação conjugada dos n.ºs 2, 3 e 4 do artigo 557.º do Código do Trabalho;
7. Segundo segmento normativo do artigo 606.º do Código do Trabalho.

II. Com o intuito de analisar a compatibilidade das normas em apreço, faremos um conjunto de considerações prévias (1.1.) e depois examinaremos, naturalmente à luz da Constituição, conforme o pedido acima referido, a relação do Código com os instrumentos de regulamentação colectiva de trabalho (1.2), o regime de protecção dados pessoais (saúde e gravidez) (1.3.), a possibilidade de reinicio do procedimento disciplinar (1.4), a reintegração e respectivas excepções (1.5), a vigência das convenções colectivas (1.6.), o regime de uniformização das convenções (1.7.) e, finalmente, a cláusula de paz social relativa (1.8.).

§ 1.º) CONSIDERAÇÕES PRÉVIAS

I. O respeito pela hierarquia das fontes é um valor estruturante de um Estado de Direito. Com efeito, a garantia de que os valores constantes da "lei das leis" não são afectados constitui um ponto nevrálgico da elaboração de qualquer diploma. Como ensina GOMES CANOTILHO, numa concretização legislativa "há sempre um momento de iniciativa e impulso, no qual estão implícitas valorações político-constitucionais, conhecimento de factos, juízos de prognose, considerações de resultado, segurança jurídica e legitimação democrática"[2] que, acrescentamos nós, são elementos fulcrais e orientadores da actividade do legislador.

Os arestos do Tribunal Constitucional que não têm indicação do local da publicação foram consultados no próprio arquivo do Tribunal.

[2] GOMES CANOTILHO, *Constituição Dirigente e Vinculação do Legislador – Contributo para a Compreensão das Normas Constitucionais Programáticas*, Coimbra Editora, 1994, reimpressão, p. 322, itálico no original.

O Código do Trabalho não ignorou a questão, razão pela qual todas as suas normas encontram apoio na jurisprudência constitucional e/ou em pareceres elaborados por Professores universitários.

Não quer isto dizer que a questão da compatibilidade do Código do Trabalho com a Constituição se tenha tornado indiscutível por se ter gerado, ou não, algum tipo de unanimidade, sendo certo que, como é próprio do Estado de Direito, a última palavra estará sempre a cargo do Tribunal Constitucional, com as inerentes vantagens de um órgão desta natureza esclarecer dúvidas e extinguir equívocos.

II. A primazia da Constituição tem actualmente um duplo significado: a) vale como regra de colisão, paralisando a eficácia de normas que lhe sejam desconformes e, por outro lado, b) é um importante critério de interpretação[3]. Esta última asserção revela, desde logo, que a Constituição é um diploma que irradia comandos que condicionam a liberdade interpretativa das fontes infra-constitucionais[4], sendo, naturalmente, estas fontes, em caso de colisão com a Lei fundamental, inconstitucionais. Como escreve JORGE MIRANDA, "cada disposição legal não tem somente de ser captada no conjunto das disposições da mesma lei e no conjunto da ordem legislativa; tem outrossim de se considerar no contexto da ordem constitucional; e isso tanto mais quanto mais se tem dilatado, no século XX, a esfera de acção desta como centro de energias dinamizadoras das demais normas da ordem jurídica positiva"[5].

Não é, no entanto, qualquer tensão desconforme que redunda em inconstitucionalidade, pois entre os vários sentidos susceptíveis de serem retirados de uma norma, naturalmente nos quadros plasmados no artigo 9.º do Código Civil[6], deve consagrar-se o que permite a sua compatibilização com a Constituição.

---

[3] RUI MEDEIROS, *A Decisão de Inconstitucionalidade – os Autores, o Conteúdo e os Efeitos da Decisão de Inconstitucionalidade da Lei*, Universidade Católica Editora, Lisboa, 1999, p. 289.

[4] Não se deve, de qualquer modo, confundir a interpretação constitucional com a interpretação da lei em face da Constituição, cfr. JORGE MIRANDA, *Manual de Direito Constitucional – Constituição e Inconstitucionalidade*, Tomo II, 3.ª edição, Coimbra Editora, 1991, p. 263.

[5] JORGE MIRANDA, *Manual de Direito Constitucional – Constituição e Inconstitucionalidade* ..., cit., p. 263.

[6] JORGE MIRANDA, *Manual de Direito Constitucional – Constituição e Inconstitucionalidade* ..., cit., p. 261, considera o preceito substancialmente constitucional.

É preciso ter sempre presente que não existem direitos ilimitados, podendo afirmar-se, como faz PIERRE BOM, que todos os direitos são limitados, quer essa limitação resulte expressamente da Constituição, quer resulte da necessidade, directa ou indirecta, de proteger outros direitos ou bens constitucionalmente protegidos[7]. Por outro lado, e daí a relevância de no debate trazer à colação outras normas existentes, incluindo de outros ramos do Direito, como ensina MENEZES CORDEIRO, "perante um problema a resolver, não se aplica apenas a norma primacialmente vocacionada para a solução; todo o direito é chamado a depor. Por isso, há que lidar com os diversos ramos do direito em termos articulados, com relevo para a Constituição – a interpretação deve ser conforme com a Constituição"[8].

É o que faremos.

III. Vejamos, então, quais as principais questões que se colocam em matéria de compatibilização do Código do Trabalho com a Constituição.

§ 2.°) A LEI E OS INSTRUMENTOS DE REGULAMENTAÇÃO COLECTIVA DE TRABALHO (artigo 4.°, n.° 1)

I. A relação da lei com os instrumentos de regulamentação colectiva está regulada no artigo 4.°, n.° 1, segundo o qual "as *normas deste Código podem ser afastadas por instrumentos de regulamentação colectiva, salvo quando delas resultar o contrário*". Sabendo que os instrumentos de regulamentação colectiva podem ser negociais ou não negociais – os primeiros são a convenção colectiva, o acordo de adesão e a decisão de arbitragem voluntária, enquanto os não negociais são o regulamento de extensão, o regulamento de condições mínimas e a decisão de arbitragem obrigatória (artigo 2.°) – esta norma permite as seguintes asserções:

---

[7] PIERRE BOM, "La Proteccion Constitucionnelle des Droits Fondamentaux: Aspects de Droit Comparé Européen", *Separata da Revista da Faculdade de Direito da Universidade de Lisboa,* Lisboa, 1990, pp. 46-47, que cita jurisprudência do Tribunal Constitucional espanhol.

[8] MENEZES CORDEIRO, introdução da obra de Claus-Wilhelm Canaris, *Pensamento Sistemático e Conceito de Sistema na Ciência do Direito*, 2.ª edição, Fundação Calouste Gulbenkian, 1996, p. CXI.

Estudos de Direito do Trabalho (Código do Trabalho) 19

a) As normas plasmadas no Código admitem, em regra, uma intervenção dos instrumentos negociais e não negociais;

b) O espaço deixado para essa intervenção, e que este artigo regula, tem de ser aferido na situação concreta, uma vez que, em regra, variará consoante se trate de fonte negocial ou não negocial;

c) A amplitude dessa variação resulta, inequivocamente, do espaço deixado pela natureza das diferentes normas do Código;

d) A fixação dessa amplitude será o resultado do labor interpretativo;

e) Em suma, há um espaço de intervenção previsto pelas normas do Código que permite a não aplicação deste, desde que – e aí é que está a amplitude desse espaço – destas normas não resulte o contrário.

II. Do exposto decorre que não está nunca em causa, estejam em análise instrumentos negociais ou não negociais, a derrogação de regras legais por fontes hierarquicamente inferiores, como são os instrumentos de regulamentação colectiva de trabalho, aliás, como se afirma no artigo 533.º, n.º 1, alínea a). Aqui do que se trata é, e apenas isso, da fixação pelo Código, através de uma regra geral (artigo 4.º, n.º 1), do espaço que as fontes inferiores ao Código têm para regular as situações laborais.

III. Parece evidente que o espaço de intervenção dos instrumentos negociais e não negociais não será o mesmo, pois num caso trata-se de fontes que assentam na autonomia colectiva (convenções, acordo de adesão e arbitragem voluntária), noutro que têm por base o poder regulamentar (regulamentos de extensão e de condições mínimas) e noutro ainda nos poderes que têm por base a lei (CT), cuja determinação assume a natureza de acto administrativo (arbitragem obrigatória).

Então, deve questionar-se: qual a razão para o Código não atender expressamente a esta especificidade e, em regra, referir ao longo do seu articulado a expressão *"instrumentos de regulamentação colectiva"*, em vez de, consoante os casos, instrumento de regulamentação colectiva negocial ou não negocial (ex: artigos 43.º, n.º 7, 65.º, n.º 3, 66.º, n.º 2, 67.º, n.º 3, e 68.º, n.º 3)?

A resposta é simples: o legislador entendeu que não deveria tomar posição expressa deixando ao intérprete a tarefa de aferir, perante a situação concreta, qual a área de regulação delimitada pelo Código do Trabalho[9]. Parece, deste modo, estar claro que o facto de o legislador utilizar, em regra, a expressão mais ampla de "*instrumento de regulamentação colectiva de trabalho*" não revela qualquer tomada de posição quanto ao tipo de instrumento que pode, ou não, intervir, bem como a respectiva amplitude. Refira-se, aliás, que, em última instância, teria de ser sempre assim, pois mesmo que o legislador afirmasse, por exemplo, que em determinada matéria pode haver intervenção do regulamento de condições mínimas, uma interpretação conforme a Constituição poderia impor, nomeadamente, um resultado diverso.

Vejamos mais de perto a questão no que respeita aos actos da Administração (regulamento de extensão, regulamento de condições mínimas e arbitragem obrigatória), devido ao facto de se poderem encontrar aqui eventuais dúvidas.

IV. A questão que deve ser colocada é a seguinte: pode dizer-se que há uma violação da hierarquia constitucional dos actos normativos e do princípio da tipicidade dos actos legislativos previstos no artigo 112.°, n.ºs 1 e 6, da Constituição, devido ao facto de os instrumentos poderem intervir no espaço e na estrita medida deixada pelas normas do Código do Trabalho?

Da hierarquia constitucional dos actos normativos resulta, desde logo, e naquilo que agora nos interessa, que as leis (lei e decreto-lei) são hierarquicamente superiores aos actos da administração (acto administrativo e regulamento), bem como aos instrumentos negociais, tendo como consequência a impossibilidade de estes instrumentos alterarem quaisquer das suas regras; por sua vez, o princípio da tipicidade consiste na proibição da criação de outros actos com a mesma força e valor de lei[10].

Prescreve o artigo 112.°, n.° 1, que "*são actos legislativos as leis, os decretos-leis e os decretos legislativos regionais*"; o n.° 6 prescreve que "*nenhuma lei pode criar outras categorias de actos legislativos ou conferir a actos de outra natureza o poder de, com eficácia externa, interpre-*

---

[9] Diversamente, por exemplo, do que acontece no ordenamento suíço, cfr. artigo 362.° do Código das Obrigações.

[10] Cfr. GOMES CANOTILHO – VITAL MOREIRA, *Constituição da República Portuguesa Anotada*, cit., p. 510 (XVIII).

tar, integrar, modificar, suspender ou revogar qualquer dos seus preceitos".

Impõe-se trazer à discussão a razão de ser da norma constitucional citada. Como explica, o então Deputado VITAL MOREIRA, havia "(...) uma perfeita utilização selvagem do poder regulamentar, de forma totalmente intransparente, opaca e de tal modo atentatória de qualquer princípio de arquitectura mínima do poder normativo do nosso país (...)"[11], o que levou a que fosse aditado o artigo 115.º, actual 112.º, na revisão constitucional de 1982. Segundo o Tribunal Constitucional, com o novo preceito da Lei Fundamental "(...) proibiu-se a criação, por via legal, de outras categorias de actos legislativos (artigo 115.º, n.º 5, 1ª parte [actual 112.º, n.º 6]), assim como se tornou defeso que a lei possa conferir a actos de outra natureza, isto é, actos não legislativos, o poder de, com eficácia externa, interpretar, integrar, modificar, suspender ou revogar qualquer dos seus preceitos"[12]. "O que se pretende proibir é a <u>interpretação (ou integração) autêntica da lei</u> através de actos <u>normativos não legislativos</u>, seja de natureza administrativa (regulamentos), seja de natureza jurisdicional (sentenças)"[13]. Na mesma linha, pode ler-se noutro aresto do Tribunal Constitucional, citando GOMES CANOTILHO e VITAL MOREIRA, que "a proibição de actos interpretativos ou integrativos das leis não exclui obviamente todos os actos *interpretativos* ou *integrativos*, mesmo com eficácia externa. O que se pretende proibir é a *interpretação* ou *integração* autêntica das leis através de actos *normativos não legislativos*, seja de natureza administrativa (ex: regulamentos), seja de natureza jurisdicional (ex: sentenças)"[14].

V. Parece ficar então claro que a razão de ser do aditamento da norma foi impedir derrogações da lei por fontes inferiores (em especial, pelos regulamentos), situação que, aliás já era maioritariamente defendida

---

[11] VITAL MOREIRA, *Diário da Assembleia da República*, de 27 de Janeiro de 1982, II legislatura, 2.ª sessão legislativa (1981-1982), II série, suplemento ao número 44, p. 904 (25).

[12] Acórdão do Tribunal Constitucional n.º 810/93, de 7 de Dezembro, p. 52.

[13] Acórdão do Tribunal Constitucional n.º 810/93, de 7 de Dezembro, p. 53, sublinhado no original.

[14] Acórdão do Tribunal Constitucional n.º 1/92, de 8 de Janeiro de 1992, p. 7.

pelos administrativistas[15], embora fosse comum existirem, até 1982, altura do aditamento do artigo, preceitos legais a remeterem a resolução de dúvidas para o poder regulamentar ou deixarem o seu regime totalmente aberto para que os regulamentos interviessem como entendessem.

VI. Atendendo ao exposto parece-nos que os regulamentos de extensão e de condições mínimas, bem como a arbitragem (seja, num primeiro momento, o acto que a cria, seja a própria decisão arbitral) não realizam qualquer inversão da hierarquia constitucional nem violam o artigo 112.º, n.º 6. Desde logo, pelos seguintes factos:

a) Não fixam o conteúdo da lei nem preenchem qualquer lacuna, ou seja, não a interpretam nem a integram;

b) Não alteram a sua disciplina legislativa, ou seja, não a modificam, pois se houver contradição aplica-se, naturalmente, a lei, conforme decorre do princípio da prevalência da lei;

c) Não tornam ineficaz o regime legal (suspensão);

d) Não eliminam as normas legais do ordenamento, ou seja, não as revogam, uma vez que não têm força suficiente.

Então o que fazem? Limitam-se a fixar regimes, no espaço, e apenas neste, deixado para instrumentos infra-legais. Por isso mesmo a lei, *in casu*, o Código do Trabalho mantém, na íntegra, a sua força e eficácia jurídica.

Esse entendimento é, aliás, imposto pela obrigação de uma interpretação conforme a Constituição.

VII. Note-se, aliás, que há mesmo áreas de aparente colisão do artigo 112.º, n.º 6, com outros preceitos, o que leva a doutrina e o Tribunal Constitucional a defenderem a necessidade de uma interpretação restritiva. Com efeito, como se pode ler no aresto n.º 1/92, de 8 de Janeiro, do Tribunal Constitucional "impõe-se, consequentemente, a realização de uma interpretação harmónica dos artigos 115.º, n.º 5 [actual artigo 112.º,

---

[15] Cfr., por exemplo, MARCELLO CAETANO, *Manual de Direito Administrativo*, volume I, 10.º edição, 4.ª reimpressão, Almedina, Coimbra, 1990, pp. 116-117; AFONSO QUEIRÓ, *Lições de Direito Administrativo*, policopiado, Coimbra, 1976, p. 552; e ainda Acórdão do Tribunal Constitucional n.º 1/92, de 8 de Janeiro, pp. 9-10.

n.° 6] e 202.°, alínea c) [actual artigo 199.°, alínea c)] da Constituição", pois, afirma o Tribunal citando AFONSO QUEIRÓ, "a letra do preceito constitucional «diz ... mais do que parece ter querido dizer, porque a letra eliminaria a legitimidade dos regulamentos de execução, que, com eficácia externa interpretam os actos legislativos»"[16].

É exactamente em homenagem a esta harmonização que o artigo 112.°, n.° 6, da Constituição não pode ser objecto de uma interpretação cujo resultado impeça a existência de outras fontes laborais ou vincule a determinados comportamentos ignorando outras normas da Lei Fundamental. Esta última situação pode ser explicitada na resposta à seguinte pergunta: o n.° 6 do artigo 112.° impede a intervenção da autonomia colectiva?

Como sabemos a resposta é negativa. Segundo o Tribunal Constitucional, "as convenções colectivas de trabalho, não só não são regulamentos, como também não são actos dotados de eficácia externa – e só os actos com este tipo de eficácia estão abrangidos pela proibição constitucional. As convenções colectivas de trabalho – recorda-se – apenas obrigam inter-partes, sendo necessária a edição de uma portaria de extensão (de um regulamento externo, portanto) para tornar obrigatória a sua disciplina para terceiros não subscritores do acordo"[17].

Quer isto, então, dizer que se as convenções tivessem eficácia *erga omnes* colidiriam com aquele preceito constitucional? Ou dito de outra forma: não obstante o legislador constituinte ter remetido para a legislação ordinária "*a eficácia das respectivas normas*" (artigo 56.°, n.° 4) nunca poderá ser fixado um regime no qual se estabeleça a eficácia *erga omnes*?

É evidente que não, pois isso equivaleria a ignorar outras normas constitucionais (ex. artigo 56.°, n.° 4), bem como a desconsiderar a razão de ser do n.° 6 do artigo 112.°.

O que se proíbe é a criação de fontes infra-legais com força legal e isso não ocorre com qualquer fonte laboral. O que se verifica é a intervenção de uma fonte infra-legal no quadro, e apenas neste, deixado pela lei; aliás, deve salientar-se que o que se verifica com a autonomia colectiva e com os instrumentos administrativos é o que também acontece com

---

[16] Acórdão do Tribunal Constitucional n.° 1/92, de 8 de Janeiro, pp. 18-19.
[17] Acórdão do Tribunal Constitucional n.° 98/95, de 22 de Fevereiro, pp. 25-26.

a autonomia individual[18]: movem-se no espaço, repetimos, e apenas neste, autorizado pela lei.

Do exposto resulta que a primeira operação a realizar para aferir da amplitude dos instrumentos de regulamentação colectiva de trabalho é a interpretação do conteúdo das fontes conformadoras, *in casu*, do Código do Trabalho. Assim, e sem prejuízo das especificidades de estarmos perante uma fonte negocial ou não negocial, podemos assentar que:

a) Se no Código estiver em causa uma norma imperativa de conteúdo fixo, os instrumentos de regulamentação não podem dispor de forma diferente;

b) Se no Código estiver em causa uma norma imperativa-permissiva, i.e., a norma tem uma parte imperativa (proibitiva), que proíbe qualquer derrogação nesse sentido, e uma parte permissiva, que aceita a fixação de condições diversas, os instrumentos apenas podem incidir sobre esta parte[19];

c) Se no Código estiver em causa uma norma supletiva, os instrumentos podem estipular em qualquer sentido[20] [21].

---

[18] Sobre a relação entre a autonomia individual e a autonomia colectiva, *vd.*, entre outros, BORRAJO DA CRUZ, "La Regulacion de las Condiciones de Trabajo en España: Poderes Normativos y Autonomia Individual", AAVV, *La Reforma del Mercado de Trabajo*, Dir. Borrajo Dacruz, Actualidad Editorial, Madrid, 1993, pp. 1063-1987, em especial, 1079-1083; ESCRIBANO GUTIÉRREZ, *Autonomia Individual y Colectiva en el Sistema de Fuentes del Derecho del Trabajo*, «colección estudios», número 84, Consejo Económico y Social, Madrid, 2000; do mesmo Autor, "Autonomia Individual y Colectiva ante el Cambio de Funciones de la Negociacion Colectiva en el Derecho Francés", *Revista Española de Derecho del Trabajo*, n.º 90, 1998, pp. 637-651.

[19] MONTEIRO FERNANDES, *Direito do Trabalho*, 11.ª edição, Almedina, Coimbra, 1999, p. 115, designa estes preceitos como "imperativos-limitativos". Parece-nos, sem querermos cair em preciosismos desnecessários, mais correcta a expressão imperativa-permissiva, pois esta realça os dois elementos existentes, enquanto a fórmula "imperativos-limitativos" incide sobre o mesmo elemento. Ou seja: o elemento imperativo é o que, além de proibir, limita, motivo pela qual nos parece ser redundante a expressão, não obstante a sua consagração entre nós.

[20] Neste sentido, embora se refiram à relação entre a lei e a convenção, JORGE LEITE, *Direito do Trabalho*, volume I, Serviços de Acção Social da Universidade de Coimbra, 1998, pp. 249-250; BARROS MOURA, *A Convenção Colectiva entre as Fontes de Direito do Trabalho*, Almedina, Coimbra, 1984, pp. 149-150, 154; MÁRIO PINTO – FURTADO MARTINS, *As Fontes do Direito do Trabalho*, policopiado, Universidade Católica Portuguesa, 1986/1987, pp. 47-48, que argumentam com o artigo 13.º, n.º 2, da LCT.

[21] Para uma análise mais pormenorizada do tipo de normas de Direito do Trabalho e

Não existe deste modo qualquer colisão ou particularidade face ao que é a normal relação de fontes hierarquicamente diferentes. Note-se, aliás, que posição diferente levaria ao incongruente resultado de o legislador permitir a intervenção da autonomia individual em determinadas áreas, mas vedá-la, por exemplo, ao poder regulamentar ou à autonomia colectiva (se esta, por exemplo, tivesse eficácia *erga omnes*).

Como é fácil de ver não tem qualquer apoio na Constituição tal construção.

VIII. Igualmente sem apoio constitucional é a tese, segundo a qual estas fontes só poderiam intervir em sentido mais favorável ao trabalhador, ou seja, a Constituição imporia ao legislador ordinário o sentido da intervenção que este poderia permitir aos instrumentos de regulamentação colectiva de trabalho. Como vimos, esta situação não resulta, seguramente, do artigo 112.º da Constituição, ou para ser ainda mais rigoroso, não tem qualquer conexão, ainda que longínqua, com o conteúdo do preceito.

É evidente que está fora de hipótese qualquer restrição de direitos (ou deveres) imperativamente previstos no Código, pois para isso seria necessário que a fonte restritiva fosse, nos termos constitucionais, uma lei; caso contrário teríamos uma ilegalidade, em virtude da resistência da lei (Código) à fonte inferior (artigo 533.º, n.º 1, alínea a)).

IX. Analiticamente, impõe-se outra questão: podem estes instrumentos intervir na área dos direitos, liberdades e garantias?

De facto, estes instrumentos vão regular as relações entre os empregadores e os respectivos trabalhadores (ou entre as suas associações). Isto quer dizer, de outro modo, que aqueles instrumentos administrativos têm natural vocação para incidir sobre matérias que se subsumem essencialmente nos direitos, liberdades e garantias dos trabalhadores (Capítulo III, do Título II, da Parte I, da CRP).

---

suas consequências, *vd.* MONTEIRO FERNANDES, *Direito do Trabalho*, cit., pp. 114-116; JORGE LEITE, *Direito do Trabalho*, volume I, cit., pp. 248-251; ROMANO MARTINEZ, *Direito do Trabalho*, Almedina, Coimbra, 2002, pp. 263-268; BARROS MOURA, *A Convenção Colectiva entre as Fontes de Direito do Trabalho*, cit., pp. 148-155.

X. É preciso antes de mais aferir se a própria convenção colectiva pode intervir neste âmbito, pois, como se sabe, o regulamento de extensão incide sobre a convenção colectiva (ou a decisão arbitral).

A Constituição não prescreveu qualquer divisão de competências entre regras estaduais e convencionais; por este motivo não há reserva (absoluta)[22] de convenção colectiva, tal como não existem matérias em que a lei não possa intervir[23]. Assim sendo, estamos, em princípio, face a uma competência compartilhada[24], sem, todavia, esquecer que a lei, evidentemente, prevalece sobre

---

[22] Dizemos "reserva absoluta", pois entendemos que, não obstante inexistirem áreas vedadas à contratação colectiva que não o estão à lei (*v.g.*, artigo 533.º, n.º 2), a lei não pode ocupar de modo imperativo todo o espaço da convenção colectiva, ou seja, não pode aniquilar a autonomia colectiva, uma vez que tal seria uma violação do artigo 18.º, n.os 2 e 3, da CRP. Neste sentido, GOMES CANOTILHO – VITAL MOREIRA, *Constituição da República Portuguesa Anotada*, cit., pp. 307-308 (VIII); JORGE LEITE, *Direito do Trabalho*, volume I, cit., p. 91. E na jurisprudência constitucional, por exemplo, aresto n.º 517/98, de 15 de Julho de 1998, publicado na *Revista de Direito e de Estudos Sociais*, ano XXXX (XII da 2.ª série), 1999, n.º 4, pp. 412-413.

[23] Neste sentido, JORGE LEITE, *Direito do Trabalho*, volume I, cit., p. 91. V*d.* também, p. 235. Como refere o Autor, *op. cit.*, p. 247, existem, ao invés, matérias que podem ser objecto de lei mas não de convenção colectiva como "por exemplo, a convenção não pode regular os quadros básicos do procedimento negocial, alterar as regras da eficácia da convenção legalmente estabelecidas, etc.. Salvo excepções deste tipo, a matéria laboral típica (condições de trabalho) e a matéria com esta conexa (transportes de e para o emprego, subsídio de refeição, obras sociais, etc.), bem como a vertente laboral de matérias não laborais, podem ser objecto de lei e/ou de convenção colectiva, verificando-se entre uma e outra uma competência concorrente primária". Como reconhece a Comissão de Peritos da Organização Internacional do Trabalho, "alguns sistemas reservam ao legislador a competência de regular certas matérias, o que pode, por exemplo, excluir da negociação certos assuntos que normalmente pertencem à esfera das condições de trabalho. Segundo a Comissão, as medidas aplicadas unilateralmente pelas autoridades para restringir o conteúdo do que pode ser objecto de negociação são, amiúde, incompatíveis com a Convenção [n.º 98]; o método particularmente adequado para resolver este género de situações é o estabelecimento de consultas de carácter tripartido [i.e., representantes de entidades patronais, de trabalhadores e do Governo] com o objectivo de estabelecer, de comum acordo, as linhas directrizes da matéria da negociação colectiva", *Informe de la Comissión de Expertos em Aplicación de Convenios y Recomendaciones, Libertad Sindical y Negociacion Colectiva*, cit., p. 121.

Para GOMES CANOTILHO e VITAL MOREIRA, *Constituição da República Portuguesa Anotada*, cit., p. 502 (III), existe, sem contudo especificarem, reserva de contrato colectivo, i.e., domínios vedados à lei.

[24] Neste sentido, JORGE LEITE, *Direito do Trabalho*, volume I, cit., p. 91. V*d.* ainda pp. 234-235.

Estudos de Direito do Trabalho (Código do Trabalho) 27

a convenção colectiva – princípio da prevalência da lei – apesar de não ter de a preceder, não obstante o previsto no artigo 165.°, n.° 1, alínea b), da CRP[25].

XI. Vejamos agora a seguinte questão: devido ao facto de existir reserva relativa da Assembleia da República no âmbito dos direitos, liberdades e garantias (artigo 165.°, n.° 1, alínea b), da CRP), deve, ou não, entender-se que os instrumentos de regulamentação colectiva de trabalho não negociais podem intervir no âmbito de tais matérias?[26]

Em relação ao *regulamento* (de extensão e de condições mínimas) a questão merece resposta positiva[27].

A doutrina tem, tal como a jurisprudência constitucional[28], aceite tal possibilidade em relação aos *regulamentos de execução*. Tal é a posição de MARIA LÚCIA AMARAL[29], GOMES CANOTILHO e VITAL MOREIRA[30], SÉRVULO CORREIA[31], JORGE MIRANDA[32], CASALTA DE NABAIS[33] e AFONSO QUEIRÓ[34].

Sobre a relação entre a lei e a convenção colectiva, *vd.* JORGE LEITE, *Direito do Trabalho*, volume I, cit., pp. 246-248.

[25] Neste sentido, JORGE LEITE, *Direito do Trabalho*, volume I, cit., p. 91. *Vd.* também pp. 247-248.

O mesmo raciocínio se aplica aos restantes instrumentos negociais que, como se sabe, assentam também na autonomia colectiva.

[26] Seguimos aqui o que escrevemos em AAVV, "Pressupostos, Requisitos e Eficácia da Portaria de Extensão", coordenação de ROMANO MARTINEZ, *Estudos do Instituto de Direito do Trabalho*, volume I, Almedina, Coimbra, 2001, pp. 700 e ss.

[27] Não cabe neste momento tomar posição quanto ao tipo de regulamento que revestem os regulamentos laborais, pelo que trabalharemos com as diferentes hipóteses.

[28] *Vd.* Acórdão do Tribunal Constitucional n.° 74/84, de 10 de Julho, *Boletim do Ministério da Justiça* n.° 351 (Dezembro), 1985, pp. 172 e ss; Acórdão do Tribunal Constitucional n.° 248/86, de 16 de Julho, *Diário da República*, I série, n.° 212, de 15 de Setembro de 1986, pp. 2559 e ss.

[29] MARIA LÚCIA AMARAL, "Reserva de Lei", *Pólis, Enciclopédia da Sociedade e do Estado*, volume 5, Verbo, s. l., 1987, pp. 433-434.

[30] GOMES CANOTILHO – VITAL MOREIRA, *Constituição da República Portuguesa Anotada*, cit., p. 502 (III). *Vd.* também, *op. cit.*, p. 515 (XXV).

[31] SÉRVULO CORREIA, *Legalidade e Autonomia Contratual nos Contratos Administrativos,* «Colecção Teses», Almedina, Coimbra, 1987, p. 241, nota 402, itálico no original.

[32] JORGE MIRANDA, *Manual de Direito Constitucional – Actividade Constitucional do Estado*, tomo V, Coimbra Editora, 1997, pp. 198, 235.

[33] CASALTA NABAIS, *Direito Administrativo (apontamentos destinados aos alunos de Direito Administrativo do Curso de Administração Autárquica no ano de 1994/95)*, s. e., s. l., 1994/95, p. 130.

[34] AFONSO QUEIRÓ, *Lições de Direito Administrativo*, cit., p. 437.

No que respeita aos regulamento independentes, a doutrina maioritariamente, e acompanhada pelos arestos do Tribunal Constitucional[35], tem rejeitado a possibilidade de intervenção deste tipo de regulamentos na área dos direitos, liberdades e garantias, do que são exemplo as posições de MARIA LÚCIA AMARAL[36], GOMES CANOTILHO e VITAL MOREIRA[37], JORGE MIRANDA[38] e AFONSO QUEIRÓ[39]. Igual posição encontramos em SÉRVULO CORREIA, para quem "(…) a Assembleia da República não pode atribuir competência objectiva [i.e., material] para a emissão de regulamentos independentes no âmbito material da reserva relativa de competência legislativa definido pelo *artigo 168.º da Constituição* [actual artigo 165.º]"[40]. E isto porque "no sistema estruturado pelos *artigos 167.º, 168.º e 201.º da Constituição* [actuais artigos 164.º, 165.º e 198.º], o que caracteriza a reserva relativa é a restrição da competência de normação inicial a favor da Assembleia e, sob autorização desta, do Governo como órgão do Poder legislativo"[41].

XII. Se é certo que estas são as posições que mais adeptos têm, não se pode esquecer que também encontram opositores. Entre eles são de destacar VIEIRA DE ANDRADE[42] e, na esteira deste, ALVES CORREIA[43], que

---

[35] *Vd.* aresto n.º 74/84, de 10 de Julho, *Boletim do Ministério da Justiça* n.º 351 (Dezembro), 1985, pp. 172 e ss, em especial; Acórdão do Tribunal Constitucional n.º 248/86, de 16 de Julho, *Diário da República*, I série, n.º 212, de 15 de Setembro de 1986, pp. 2559 e ss.

[36] MARIA LÚCIA AMARAL, "Reserva de Lei", cit., pp. 433-434.

[37] GOMES CANOTILHO – VITAL MOREIRA, *Constituição da República Portuguesa Anotada*, cit., p. 502 (III). *Vd.* também, *op. cit.*, p. 515 (XXV).

[38] JORGE MIRANDA, *Manual de Direito Constitucional – Actividade Constitucional do Estado*, cit., pp. 216-217.

[39] AFONSO QUEIRÓ, *Lições de Direito Administrativo*, cit., p. 437.

[40] SÉRVULO CORREIA, *Legalidade e Autonomia Contratual nos Contratos Administrativos*, cit., p. 239, itálico no original.

[41] SÉRVULO CORREIA, *Legalidade e Autonomia Contratual nos Contratos Administrativos*, cit., p. 239, itálico no original.

[42] VIEIRA DE ANDRADE, – "Autonomia Regulamentar e Reserva de Lei – Algumas Reflexões Acerca da Admissibilidade de Regulamentos das Autarquias Locais em Matéria de Direitos, Liberdade e Garantias", *Estudos em Homenagem ao Prof. Doutor Afonso Rodrigues Queiró*, Boletim da Faculdade de Direito da Universidade de Coimbra, número especial, I, Coimbra, 1984, pp. 1-35, em especial, pp. 7-19.

[43] ALVES CORREIA, *O Plano Urbanístico e o Princípio da Igualdade*, «Colecção Teses», Almedina, Coimbra, 1997, pp. 339-342.

Estudos de Direito do Trabalho (Código do Trabalho)

preconizam a possibilidade de intervenção – não restritiva – de regulamentos independentes na área dos direitos, liberdades e garantias, posição que acompanhamos, e que se alicerça nos seguintes pontos:

a) Primeiro: a doutrina maioritária tem subjacente uma interpretação *rígida* do princípio da reserva de lei[44];

b) Segundo: assistimos hoje, ainda que paulatinamente, como escreve ROGÉRIO SOARES, ao "(...) afastamento duma ideia de que a Administração está permanentemente colocada numa posição de comando perante o particular, para servir interesses próprios. Tal pensamento reflectia uma angústia que podemos chamar de «complexo de Estado de polícia»"[45]. Assim sendo, "(...) o interesse público não é o «interesse deles» em oposição ao nosso interesse, isto é, ao nosso interesse modesto, aflito, angustiado de privados, mas é uma fórmula em que se exprime o equilíbrio necessário entre uma multidão de interesses, todos eles actuantes dentro da sociedade, e que à administração compete vir realizar"[46];

c) Terceiro: é preciso realçar, como faz ROGÉRIO SOARES, a nova delimitação dada à teoria da separação dos poderes[47]. Com efeito, "desde o fim da 2.ª Guerra (e já lá vai quase meio século!) nós vamos assistir a um abandono da supremacia do Legislativo, às vezes caracterizado mesmo como um monismo do Legislativo, que condenava a Administração e a Jurisdição ao papel de poderes meramente subalternos"[48]. Esta situação traduziu-se "(...) no abandono das teses da Administração-executiva; isto é, a Administração deve ser considerada hoje como um verdadeiro poder, como um poder autónomo com a mesma dignidade institucional dos outros dois poderes"[49]. Consequentemente nesta forma de interpretar o Estado de Direito, a Administração possui uma ver-

---

[44] Neste sentido, ALVES CORREIA, *O Plano Urbanístico e o Princípio da Igualdade*, cit., p. 340.

[45] ROGÉRIO SOARES, "Codificação do Procedimento Administrativo Hoje", *Direito e Justiça*, volume VI, 1992, p. 20, itálico no original.

[46] ROGÉRIO SOARES, "Codificação do Procedimento Administrativo Hoje", cit., p. 21.

[47] ROGÉRIO SOARES, "Codificação do Procedimento Administrativo Hoje", cit., p. 20.

[48] ROGÉRIO SOARES, "Codificação do Procedimento Administrativo Hoje", cit., p. 20.

[49] ROGÉRIO SOARES, "Codificação do Procedimento Administrativo Hoje", cit., p. 20. Como refere ROGÉRIO SOARES, "A Propósito dum Projecto Legislativo: o Chamado Código do Processo Administrativo Gracioso", *Revista de Legislação e de Jurisprudência*,

tente criadora, conformadora ou constitutiva, ao invés do que acontecia naquilo que era uma perspectiva puramente executiva[50]. Como escreve AFONSO VAZ, ao analisar a posição de HANS PETERS, "(...) num sistema democrático e de separação de poderes, todos os órgãos estatais recebem o seu poder do povo, pelo que nenhum pode invocar a sua maior legitimação"[51]. Note-se, aliás, que a própria passagem de um Estado-Legislador para um Estado-Administrador, face à necessidade de satisfazer tarefas económicas, sociais e jurídicas, impõe que a Administração participe na delimitação dos fins do Estado[52];

d) Quarto: então, se uma parte bastante significativa, para não dizer a mais significativa, da actuação do Estado compete às estruturas administrativas e se, por outro lado, uma fonte preponderante dessa actividade é o regulamento[53], qual é o motivo para se impedir que a Administração, alicerçada na lei, regule questões de menor relevância, secundárias?[54]

e) Quinto: a actuação da Administração não só é, muitas das vezes, mais eficaz, desde logo, porque está mais próxima dos factos, como está sempre fortemente subordinada e controlada pela lei, que é a sua base[55];

f) Deste modo, os aspectos tratados pelos regulamentos, mesmo que estes tenham a natureza de regulamento independente, jamais

---

115.º ano, 1982-1983, n.º 3694, p. 18, a ideia da Administração como detentora de um poder autónomo teve em H. PETERS um dos seus principais precursores.

[50] Neste sentido, ROGÉRIO SOARES, "Codificação do Procedimento Administrativo Hoje", cit., p. 20.

[51] AFONSO VAZ, *Lei e Reserva da Lei*, «Teses», Universidade Católica, Porto, 1996, pp. 406-407.

[52] Neste sentido, AFONSO VAZ, *Lei e Reserva da Lei*, cit., p. 407.

[53] Neste sentido, SOUSA FÁBRICA, "Procedimento Administrativo – O Regulamento (§ 5.º), A Reclamação e os Recursos Administrativos (§ 6.º), O Contrato Administrativo (§ 7.º)", AAVV, *Dicionário Jurídico da Administração Pública*, direcção de José Pedro Fernandes, volume VI, s.e., Lisboa, 1994, p. 503.

[54] Neste sentido, VIEIRA DE ANDRADE, – "Autonomia Regulamentar e Reserva de Lei – Algumas Reflexões Acerca da Admissibilidade de Regulamentos das Autarquias Locais em Matéria de Direitos, Liberdade e Garantias", cit., p. 14.

[55] Em sentido idêntico, VIEIRA DE ANDRADE – "Autonomia Regulamentar e Reserva de Lei – Algumas Reflexões Acerca da Admissibilidade de Regulamentos das Autarquias Locais em Matéria de Direitos, Liberdades e Garantias", cit., p. 14, itálico no original.

serão aspectos nucleares ou essenciais, uma vez que, como diz VIEIRA DE ANDRADE, estes últimos inserem-se na função legislativa[56];

g) Isso é exactamente o que ocorre no caso dos instrumentos em causa, que estando subordinados ao regime legal e vinculados ao conteúdo da convenção colectiva (ou decisão arbitral), não podem estabelecer regimes primários, nem consagrar opções fundamentais e estruturantes. Tal não só resulta da natureza da intervenção, regulamentar, como das próprias limitações existentes (artigo 533.º, n.º 1, alínea a));

h) Sétimo: a menor solenidade da actuação administrativa, mesmo quando estão em causa regulamentos independentes[57], aliada às exigências da eficiência administrativa, bem como a lentidão dos órgãos legislativos[58], é um factor particularmente relevante. Mais uma vez, é isto exactamente que se passa em matéria laboral. Ou seja: a impossibilidade destes instrumentos intervirem em matéria que respeita aos direitos, liberdades e garantias, retiraria à Administração qualquer oportunidade para agir em matéria labo-

---

[56] VIEIRA DE ANDRADE – "Autonomia Regulamentar e Reserva de Lei – Algumas Reflexões Acerca da Admissibilidade de Regulamentos das Autarquias Locais em Matéria de Direitos, Liberdades e Garantias", cit., p. 14.

[57] No caso de estarmos perante um decreto regulamentar, forma que deve ter o regulamento independente (artigo 112.º, n.º 7, da CRP), os regulamentos laborais estariam sujeitos, entre outras – v.g., artigos 114.º a 119.º do CPA, havendo situações de concorrência de normas com a legislação laboral, sobre a questão, GONÇALVES DA SILVA, *Contributo para o Estudo da Portaria de Extensão*, Tese de Mestrado, policopiado, Lisboa, 1999, pp. 417 e ss –, às seguintes consequências:

a) Assinaturas do Primeiro-Ministro e dos Ministros competentes em razão da matéria (artigo 201.º, n.º 3, da CRP);

b) Intervenção do Presidente da República através da promulgação (artigos 134.º, alínea b) e 137.º da CRP);

c) Referenda do Governo (artigos 140.º, n.º 1, 197.º, n.º 1, alínea a) e 140.º, n.º 2, da CRP);

d) Eventual exercício de veto presidencial (artigo 136.º, n.º 4, da CRP);

e) Obrigatoriedade de recurso pelo Ministério Público para o Tribunal Constitucional de decisões dos tribunais que recusem a aplicação de normas constantes deste tipo de regulamentos (artigo 280.º, n.º 3, da CRP).

[58] Neste sentido, MARQUES GUEDES, *Direito Administrativo*, policopiado, Lisboa, 1957, p. 367.

ral, onde se exige uma adaptação célere das normas à realidade, o que não é compatível com a pesada aparelhagem da produção legislativa[59];

i) Oitavo: como escreve VIEIRA DE ANDRADE, "(…) um entendimento *não integrista* da reserva de lei justifica-se (...) especialmente naqueles casos em que o domínio reservado é de tal modo vasto que são inevitáveis diferenças sensíveis de tratamento normativo"[60]. Esta é a situação que se verifica com a matéria dos direitos, liberdades e garantias, cujo conteúdo é tão amplo e disperso, que podem estar em causa quase todos os tipos de situações jurídicas[61];

j) Pode mesmo dizer-se que o legislador constitucional não deixou de ser sensível à diferenciação de situações. Verifica-se, desde logo, que a área abrangida pela alínea b) do artigo 165.° é, em certa medida, residual, uma vez que vários aspectos relevantes – *v.g.*, os relativos à cidadania e ao regime dos estados de sítio e de emergência, aos direitos de associação e de voto, aos direitos dos militares – estão especialmente incluídos na reserva absoluta de competência da Assembleia (alíneas f), e), h) e o), respectivamente, do artigo 164.°[62]. Por outro lado, existem outros direitos que – em matérias "(…) como o estado e a capacidade das pessoas, a definição dos crimes, penas e processo criminal, o regime do ilícito disciplinar e de mera ordenação social ou da requisição e expropriação, a criação de impostos, o regime da função pública, por exemplo – estão autonomizados em outras alíneas do artigo 168.° (v. respectivamente als. a), c), d), i) e u)) [, actuais

---

[59] Argumento utilizado, noutro contexto, no Parecer da Comissão Constitucional n.° 18/78, de 27 de Julho, 6.° volume, Imprensa Nacional da Casa da Moeda, 1979, p. 26. *Vd.*, no entanto, os artigos 170.°, n.° 1, 176.°, n.° 2, e 278.°, n.° 8, da CRP.

[60] VIEIRA DE ANDRADE – "Autonomia Regulamentar e Reserva de Lei – Algumas Reflexões Acerca da Admissibilidade de Regulamentos das Autarquias Locais em Matéria de Direitos, Liberdades e Garantias", cit., p. 15.

[61] Neste sentido, VIEIRA DE ANDRADE – "Autonomia Regulamentar e Reserva de Lei – Algumas Reflexões Acerca da Admissibilidade de Regulamentos das Autarquias Locais em Matéria de Direitos, Liberdades e Garantias", cit., p. 15.

[62] Neste sentido, VIEIRA DE ANDRADE – "Autonomia Regulamentar e Reserva de Lei – Algumas Reflexões Acerca da Admissibilidade de Regulamentos das Autarquias Locais em Matéria de Direitos, Liberdades e Garantias", cit., p. 15.

alíneas a), c), d), e), i) e t), respectivamente, do artigo 165.°],
onde, nalguns dos casos, se reduz o âmbito da reserva ao regime
geral (caso da alínea d) e e)) [, actuais, alíneas d) e e) do artigo
165.°, respectivamente] ou mesmo às bases gerais do regime
(caso da alínea u) [actual alínea t)]"[63].

l) Perante esta realidade, pode, assim, como preconiza VIEIRA DE
ANDRADE, "(...) configurar-se em cada direito um núcleo essencial de protecção máxima (que incluirá as situações ou modos
típicos primários do seu exercício) e, irradiando a partir deste
centro, espaços de protecção constitucional progressivamente
menos intensa (à medida que os modos de exercício são mais atí-
picos ou as situações mais específicas), até ao limite máximo,
definido exteriormente pelos chamados *limites imanentes* desse
direito"[64]. Então, "(...) se a reserva de lei *nesta matéria* existe
com a finalidade de assegurar uma *protecção mais eficaz* deste
tipo de direitos fundamentais, é legítimo e parece adequado
admitir gradações na densidade normativa exigida à lei em função das diferenças de intensidade de protecção constitucional dos
aspectos a regular"[65];

m) Estas gradações assumem particular relevância no âmbito do
Direito do Trabalho, área em que se insere o conteúdo destes instrumentos. De facto, como se sabe, este ramo do Direito é fértil
em normas que estabelecem graus mínimos imperativos, deixando às partes e, neste caso, também à Administração, um
espaço para intervirem. Por isso, esta diferenciação tem total

---

[63] VIEIRA DE ANDRADE – "Autonomia Regulamentar e Reserva de Lei – Algumas
Reflexões Acerca da Admissibilidade de Regulamentos das Autarquias Locais em Matéria
de Direitos, Liberdades e Garantias", cit., p. 15.

[64] VIEIRA DE ANDRADE – "Autonomia Regulamentar e Reserva de Lei – Algumas
Reflexões Acerca da Admissibilidade de Regulamentos das Autarquias Locais em Matéria
de Direitos, Liberdades e Garantias", cit., p. 17, itálico no original. Sobre os limites imanentes dos direitos fundamentais, *vd.* VIEIRA DE ANDRADE, *Os Direitos Fundamentais na
Constituição Portuguesa de 1976*, Almedina, Coimbra, 2.ª edição, 2001, pp. 282-288;
JORGE MIRANDA, *Manual de Direito Constitucional – Direitos Fundamentais*, tomo IV,
2.ª edição, Coimbra Editora, 1993, p. 301, que apresenta objecções ao conceito.

[65] VIEIRA DE ANDRADE – "Autonomia Regulamentar e Reserva de Lei – Algumas
Reflexões Acerca da Admissibilidade de Regulamentos das Autarquias Locais em Matéria
de Direitos, Liberdades e Garantias", cit., p. 17, itálico no original.

razão de ser no âmbito dos regulamentos, onde depois de o legislador prescrever as condições essenciais, a Administração, *in casu* do Direito do Trabalho, actua para adaptar e adequar, na ausência de instrumentos autónomos, a regulamentação às situações jurídicas, permitindo, assim, uma efectivação dos direitos e obrigações;

n) A isto deve acrescer o facto de, como escreve JORGE MIRANDA, "reserva de lei" não querer dizer disciplina exclusiva por lei, mas disciplina particularmente sujeita à lei[66]. Parece-nos, deste modo, mais uma vez ter razão VIEIRA DE ANDRADE ao afirmar "(...) que é perfeitamente admissível que a exigência constitucional de *intensidade normativa* da lei *não seja uniforme* para todo o domínio reservado"[67], não sendo assim correcta a interpretação diversa da reserva de lei, numa área tão ampla e disseminada como é a dos direitos, liberdades e garantias[68]. Assim, "a reserva material de lei, mesmo que tendencialmente total, há-de ser *elástica*, capaz de permitir ou de suportar algumas compressões, a fim de se adaptar à *diversidade dos tipos de intervenção normativa*, segundo o modo, a qualidade ou o grau de interferência no campo dos direitos fundamentais"[69]. O contrário pode, aliás, colocar em causa a maximização dos direitos, liberdades e garantias, ao ser vedada à Administração, que no caso presente é a entidade melhor colocada para intervir, no que respeita à actuação heterónoma, a possibilidade de regular as situações laborais;

---

[66] JORGE MIRANDA, "Decreto", AAVV, *Dicionário Jurídico da Administração Pública*, director J. Pedro Fernandes, volume II, s.e., Lisboa, 1990 p. 358.

[67] VIEIRA DE ANDRADE – "Autonomia Regulamentar e Reserva de Lei – Algumas Reflexões Acerca da Admissibilidade de Regulamentos das Autarquias Locais em Matéria de Direitos, Liberdades e Garantias", cit., p. 9, itálico no original.

[68] Neste sentido, VIEIRA DE ANDRADE – "Autonomia Regulamentar e Reserva de Lei – Algumas Reflexões Acerca da Admissibilidade de Regulamentos das Autarquias Locais em Matéria de Direitos, Liberdades e Garantias", cit., p. 9. Também neste sentido, citando VIEIRA DE ANDRADE, ALVES CORREIA, *O Plano Urbanístico e o Princípio da Igualdade*, cit., p. 340.

[69] VIEIRA DE ANDRADE – "Autonomia Regulamentar e Reserva de Lei – Algumas Reflexões Acerca da Admissibilidade de Regulamentos das Autarquias Locais em Matéria de Direitos, Liberdades e Garantias", cit., p. 10, itálico no original. Também neste sentido, citando VIEIRA DE ANDRADE, ALVES CORREIA, *O Plano Urbanístico e o Princípio da Igualdade*, cit., p. 340.

Estudos de Direito do Trabalho (Código do Trabalho)

o) Saliente-se ainda que resulta do n.º 1 do artigo 165.º da Constituição que a sua função primordial é a de delimitação, *em extensão*, das áreas de actuação legislativa da Assembleia e do Governo, só tendo indirectamente relevância no que respeita ao poder administrativo[70]. Mas "sendo assim, será eventualmente legítimo concluir do n.º 1 do artigo 168.º [actual n.º 1 do artigo 165.º,] que o Governo *não pode legislar* sobre nenhum aspecto da matéria de direitos, liberdades e garantias (a não ser (…) mediante decretos-leis autorizados). Porém, já não é possível inferir imediatamente da mesma disposição a proibição de normas regulamentares na matéria em causa (…)"[71]; e isto porque regular não é necessariamente legislar;

p) Por fim, não nos parece que seja coerente, por um lado, admitir a intervenção dos particulares no âmbito dos direitos, liberdades e garantias através, por exemplo, das convenções colectivas e, por outro, vedar a intervenção da Administração sabendo-se, ainda para mais, que mediante os regulamentos, em especial os de extensão, a actuação da Administração reforça a eficácia das convenções colectivas, superando, deste modo, a limitação que decorre do princípio da dupla filiação[72].

Em virtude do exposto, podemos dizer com VIEIRA DE ANDRADE que a reserva de lei da alínea b) do n.º 1 do artigo 165.º, "embora englobe toda a matéria de direitos, liberdades e garantias, não impõe sempre ao legislador o dever de a disciplinar de modo integral, nem em consequência, lhe proíbe necessariamente que autorize a intervenção de regulamentos para complementação em aspectos secundários, adaptação ou execu-

---

[70] VIEIRA DE ANDRADE – "Autonomia Regulamentar e Reserva de Lei – Algumas Reflexões Acerca da Admissibilidade de Regulamentos das Autarquias Locais em Matéria de Direitos, Liberdades e Garantias", cit., p. 10, itálico no original. Para JORGE MIRANDA, *Manual de Direito Constitucional – Actividade Constitucional do Estado*, cit., p. 233, "(…) é de uma perspectiva eminentemente política que a Lei Fundamental coloca certas matérias na reserva absoluta e outras na reserva relativa".

[71] VIEIRA DE ANDRADE – "Autonomia Regulamentar e Reserva de Lei – Algumas Reflexões Acerca da Admissibilidade de Regulamentos das Autarquias Locais em Matéria de Direitos, Liberdades e Garantias", cit., p. 10, itálico no original.

[72] Neste sentido, MÁRIO PINTO, *Direito do Trabalho,* Universidade Católica Editora, Lisboa, 1996, p. 366.

ção do regime legalmente determinada"[73]. Ou seja: em matérias que respeitem aos direitos, liberdades e garantias, nada impede que a lei possa remeter para normas administrativas a disciplina de aspectos laterais, secundários ou periféricos do conteúdo de um direito fundamental, que não impliquem restrições, mas que somente visem a concretização, delimitação ou promoção de direitos (e obrigações)[74].

Do exposto, resulta, então, que os regulamentos de extensão e de condições mínimas podem intervir na área dos direitos, liberdades e garantias, mas não podem, naturalmente, restringi-los.

Estes instrumentos, em suma, podem intervir no espaço deixado pelo Código do Trabalho, o que significa que não têm poder para restringir ou afectar valores de ordem pública, sendo-lhes apenas permitido regular o espaço que o legislador entender não merecer especial protecção, como é caso das normas supletivas, cujas consequências da regulação existente podem ser objecto de intervenção até por contrato de trabalho.

XIII. Relativamente à arbitragem obrigatória, deve atender-se a dois momentos: a) o acto administrativo que cria a arbitragem obrigatória e b) a decisão arbitral.

No que concerne ao *acto administrativo* (na qual assenta a arbitragem obrigatória), a possibilidade de intervenção no âmbito dos direitos, liberdades e garantias parece ser clara, desde que exista, logicamente, precedência de lei[75], como é o caso (cfr. artigo 568.°, n.° 1). Por um lado, a reserva tem a ver com diplomas legislativos e, quando muito, também com actos normativos, mas não com actos administrativos; por outro, o próprio Código do Procedimento Administrativo admite tal intervenção,

---

[73] VIEIRA DE ANDRADE – "Autonomia Regulamentar e Reserva de Lei – Algumas Reflexões Acerca da Admissibilidade de Regulamentos das Autarquias Locais em Matéria de Direitos, Liberdades e Garantias", cit., pp. 14-15.

[74] Neste sentido, VIEIRA DE ANDRADE – "Autonomia Regulamentar e Reserva de Lei – Algumas Reflexões Acerca da Admissibilidade de Regulamentos das Autarquias Locais em Matéria de Direitos, Liberdades e Garantias", cit., p. 18.

[75] Sobre a questão da precedência de lei para a prática de actos administrativos, ou mais exactamente da reserva de norma, *vd.*, por todos, SÉRVULO CORREIA, *Legalidade e Autonomia Contratual nos Contratos Administrativos,* cit., pp. 280-298, onde o Autor defende que existe reserva de norma jurídica quer quanto aos actos ablativos (pp. 289-290), quer quanto aos actos ampliativos (pp. 290-298).

ao prever que serão nulos "*os actos que ofendam o conteúdo essencial de um direito fundamental*" (alínea d) do n.º 2 do artigo 134.º).

Daqui, resulta que o acto administrativo, desde que com base em norma jurídica, pode intervir no âmbito dos direitos, liberdades e garantias.

No que respeita à decisão arbitral, a resposta é igualmente negativa: por um lado, como esta tem os mesmos efeitos da convenção colectiva, nenhum problema se coloca face ao artigo 112.º, n.º 6, pois, desde logo, não tem eficácia externa ou, mais rigorosamente, argumento que preferencialmente perfilhamos, não faz parte do objecto da norma constitucional; por outro lado, a determinação da realização da arbitragem, mediante despacho do Ministro, é admissível, pois, como vimos, os actos administrativos podem intervir no âmbito dos direitos, liberdades e garantias, salvo se for para restringir, o que não é o caso, uma vez que a autonomia colectiva se mantém intacta (artigo 538.º).

XIV. Igualmente relevante é trazer à discussão o actual artigo 13.º, n.º 1, da LCT, segundo o qual "*as fontes de direito superiores prevalecem sempre sobre as fontes inferiores, salvo na parte em que estas, sem oposição daquelas, estabeleçam tratamento mais favorável para o trabalhador*" [76]. Este preceito foi sempre reconhecido pela doutrina como não per-

---

[76] Sobre o *tratamento mais favorável, vd.*, entre outros, CARLOS ALBERTO AMORIM, *Direito do Trabalho – Da Convenção Colectiva de Trabalho*, policopiado, Coimbra, 1978, pp. 60-61; ANTÓNIO ARAÚJO, "Princípio «Pro Operario» e Interpretação de Normas Juslaborais", *Revista Jurídica da Associação Académica da Faculdade de Direito de Lisboa*, número temático – Direito do Trabalho, n.º 15 (nova série), 1991, pp. 29-48; MENEZES CORDEIRO, "O Princípio do Tratamento Mais Favorável no Direito do Trabalho", *Direito e Justiça*, Revista da Faculdade de Ciências Humanas – Universidade Católica Portuguesa, volume de Homenagem ao Prof. Doutor Gonçalves Cavaleiro Ferreira, volume III, 1987/1988, pp. 111-139, e *Manual de Direito do Trabalho*, Almedina, Coimbra, reimpressão, 1994, pp. 69-76 e 205-223; MONTEIRO FERNANDES, "Introdução à Jurisdição do Trabalho", *Estudos Sociais e Corporativos*, ano IV, n.º 13, 1965, pp. 114-116, "Princípio do Tratamento Mais Favorável ao Trabalhador – Sua Função", *Estudos de Direito do Trabalho*, Almedina, Coimbra, 1972, pp. 7-27 (previamente publicado em *Estudos Sociais e Corporativos*, ano VI, n.º 21, 1967, pp. 73-93), e *Direito do Trabalho*, cit., pp. 114-119; RIBEIRO LOPES, *Direito do Trabalho – Sumários Desenvolvidos das Aulas –*, policopiado, s.e., Lisboa, 1977-1978, pp. 57-85; ACÁCIO LOURENÇO, "O Princípio do Tratamento Mais Favorável", *Estudos sobre Temas de Direito do Trabalho, Perspectivas e Realidades*, Lisboa, 1979, pp. 91-110; ROMANO MARTINEZ, *Direito do Trabalho*, cit., pp. 217 e ss, e 261 e ss; BARROS MOURA, *A Convenção Colectiva entre as Fontes de*

mitindo qualquer inversão excepcional das regras gerais sobre a hierarquia das fontes[77]. Com efeito, do citado preceito infere-se que as fontes inferiores podem prevalecer sobre as superiores quando estas o permitirem, ou seja, a fonte que torna lícita que a inferior estipule em sentido diferente é a própria fonte superior, desde que, conforme estabelece o preceito, a fonte inferior seja mais favorável. Ou seja: não existe qualquer excepção às regras gerais da hierarquia das fontes, podendo, então, dizer-se que aquilo que o preceito "(…) veio fazer foi negar que o princípio do *favor laboratoris* prejudique o princípio geral da hierarquia das normas. Foi esta a razão de ser; manter o princípio da hierarquia das normas contra um entendimento de que em direito do trabalho esse princípio poderia ser prejudicado pelo princípio do favor laboratoris"[78].

Do novo preceito (artigo 4.°, n.° 1) não resulta qualquer nova regra sobre a hierarquia das fontes, havendo apenas a diferença de que o espaço de intervenção deixado pelo legislador pode permitir uma fixação de um regime mais ou menos favorável, o que em bom rigor já era possível ainda que com menor amplitude; recorde-se, por exemplo, que basta

---

Direito do Trabalho, cit., pp. 155-166; MÁRIO PINTO, *Direito do Trabalho*, cit., pp. 163--168; PALMA RAMALHO, *Da Autonomia Dogmática do Direito do Trabalho*, «colecção teses», Almedina, Coimbra, 2001, pp. 926 e ss; RAÚL VENTURA, *Teoria da Relação Jurídica de Trabalho, Estudo de Direito Privado*, volume I, Imprensa Portuguesa, Porto, 1944, pp. 195- 199; LOBO XAVIER, *Curso de Direito do Trabalho*, 2.ª edição, Verbo, Lisboa, 1993, pp. 254-266.

Na doutrina estrangeira, entre outros, NIKITAS ALIPRANTIS, *La Place de la Convention Collective dans la Hierarchie des Normes*, «Bibliothèque d'Ouvrages de Droit Social», tome XXII, LGDJ, Paris, 1980, pp. 52-65; ALONSO OLEA – CASAS BAAMONDE, *Derecho del Trabajo*, decimoquinta edicion, Civitas, Madrid, 1997, pp. 883-902; ANTOINE JEAMMAUD, "Le Principe de Faveur. Enquête sur une Règle Émergente", *Droit Social*, 1999, n.° 2, pp. 115-124; EDOARDO GHERA, *Diritto del Lavoro*, cit., pp. 80-81.

[77] Neste sentido, além dos autores citados no texto, escreve BARROS MOURA, *A Convenção Colectiva entre as Fontes de Direito do Trabalho*, cit., pp. 154-155, que "(…) não há no direito do trabalho excepções ao princípio da hierarquia entre as fontes. As fontes inferiores de conteúdo diferente só prevalecem sobre as superiores, na aplicação às mesmas relações materiais, quando estas últimas fontes o permitirem, por não existir um verdadeiro conflito entre as respectivas estatuições. No caso das normas imperativas mínimas é a própria norma legal que *não quer aplicar-se* quando existir uma fonte inferior mais favorável", itálico no original.

MENEZES CORDEIRO, *Manual de Direito do Trabalho*, cit., pp. 219-223, defende que o preceito é uma norma de conflitos, que visa solucionar os conflitos hierárquicos.

[78] MÁRIO PINTO, *Direito do Trabalho*, cit., p. 165, itálico no original.

Estudos de Direito do Trabalho (Código do Trabalho) 39

estarmos perante uma norma supletiva para o artigo 13.º, n.º 1, da LCT, não se aplicar, tal como o artigo 4.º, n.º 1, e, deste modo, poder haver intervenção da autonomia individual ou colectiva em qualquer sentido ou intervenção de instrumento administrativo.

Fica demonstrado, desta forma, o total respeito do artigo 4.º, n.º 1, pela Constituição, sob pena de considerarmos também censurável o artigo 13.º da LCT, pois, repetimos, através de uma norma supletiva a autonomia individual, colectiva e os instrumentos administrativos podem fixar regimes diferentes dos legais[79].

XV. A terminar este ponto, julgamos ainda oportuno referir que entendimento diferente do aqui apresentado – segundo o qual o artigo 4.º, n.º 1, não é merecedor de censura –, levaria, desde logo, obrigatoriamente à declaração de inconstitucionalidade de todo o regime dos regulamentos laborais (de extensão e de condições mínimas), salvo se entendêssemos que estaríamos perante um costume, cuja construção – embora, julguemos, procedentemente defensável – seria, seguramente, mais complexa; por outro lado, levaria também a considerar que o legislador ordinário jamais poderia fixar um regime de eficácia *erga omnes* para as convenções colectivas, o que claramente contraria o conteúdo do artigo 56.º, n.º 4, da Constituição; finalmente, deixaria sem tutela os fins dos regulamentos laborais, alguns deles, também com dignidade constitucional (ex: igualdade, justiça social), pois não existe qualquer outro instrumento capaz de, com a celeridade e eficácia que a situação requer, intervir nesta área[80].

Como se compreende o legislador constitucional não pretendeu seguramente extinguir, em 1982, institutos que datam de 1935 e cujos resultados tão importantes têm sido para os sujeitos laborais[81].

---

[79] Como é evidente, e se escreve no Acórdão do Tribunal Constitucional n.º 98/95, de 22 de Fevereiro de 1995, p. 26, o artigo 112.º, n.º 6 "não proíbe, no entanto, ao legislador que retire a natureza de *norma imperativa* a um determinado preceito legal (...)".

[80] Para mais desenvolvimentos, *vd.* GONÇALVES DA SILVA, "Pressupostos, Requisitos e Eficácia da Portaria de Extensão", AAVV, *Estudos do Instituto de Direito do Trabalho*, volume I, coordenação de ROMANO MARTINEZ, Almedina, Coimbra, 2001, pp. 700 e ss.

[81] Cfr. elementos históricos, *vd.* GONÇALVES DA SILVA, "Pressupostos, Requisitos e Eficácia da Portaria de Extensão", cit., pp. 674 e ss.

§ 3.°) PROTECÇÃO DE DADOS PESSOAIS (artigo 17.°, n.° 2)

I. Com o intuito de concretizar na área laboral a protecção do trabalhador, o legislador consagrou um conjunto de preceitos que visam assegurar uma efectiva e eficaz tutela na área dos direitos de personalidade (artigos 15.° e ss)[82], colocando termo a uma ausência de regulação expressa, facto que é sempre "instigador" de alguns excessos[83].

Para isso inspirou-se nos regimes existentes noutras ordens jurídicas de modo a poder aproveitar a experiência de outros países. Foi exactamente com o que se passou com o artigo 8.° do Estatuto dos Trabalhadores italiano (*Statuti dei Lavatori*)[84]; ou mais especificamente com os artigos L. 121.°, n.ºs 6 e 7, do Código do Trabalho francês[85], e 328.° do

---

[82] Para uma evolução histórica dos direitos de personalidade, *vd.*, por exemplo, CAPELO DE SOUSA, "A Constituição e os Direitos de Personalidade", *Estudos sobre a Constituição*, 2.° volume, Livraria Petrony, Lisboa. 1978, pp. 119 e ss; PAULO MOTA PINTO, "O Direito à Reserva sobre a Intimidade da Vida Privada", *Boletim da Faculdade de Direito da Universidade de Coimbra*, volume LXIX, 1993, pp. 481 e ss, sendo também de salientar os diferentes elementos de direito comparado (pp. 512 e ss).

[83] Como reconhece a Comissão Nacional de Protecção de Dados, Parecer n.° 8/03, de 20 de Maio, p. 9, inédito, relativo ao Código do Trabalho, ao afirmar que "a Lei do Contrato de Trabalho e a legislação laboral avulsa não continham, contrariamente ao que acontece no direito comparado, disposições orientadoras expressas sobre os pressupostos que deviam nortear a recolha de dados para efeitos de **contratação de pessoal.** Não admira por isso, que alguns impressos de recolha de dados para fins de emprego façam autênticos «interrogatórios» a candidatos a emprego, indo ao ponto de indagar sobre aspectos da sua vida privada e familiar", sublinhado no original.

[84] Estabelece o preceito da lei italiana que é vedado ao empregador, para efeitos de contratação, bem como durante o contrato de trabalho, questionar o trabalhador, ainda que através de terceiros, sobre as opiniões políticas, religiosas, sindicais ou quaisquer outros que não sejam relevantes para o comportamento profissional do trabalhador. Para mais desenvolvimentos sobre este preceito, *vd.*, MARIO-GRANDI – GIUSEPPE PERA, *Commentario Breve alle Leggi sul Lavoro*, 2.ª edizione, CEDAM, Milani, 2001, pp. 689. e ss.

[85] Determina o artigo L. 121-6, que as informações pedidas, sob qualquer forma, a um candidato a emprego ou a um trabalhador apenas podem ser utilizadas para aferir da respectiva capacidade para ocupar o lugar proposto ou aferir das respectivas aptidões profissionais. As referidas informações devem apresentar uma conexão directa e necessária com o emprego proposto ou com a avaliação das aptidões profissionais. O candidato a emprego ou o trabalhador estão obrigados a responder com verdade e de boa fé.

O artigo L. 121-7, refere que o candidato a emprego é previamente informado dos métodos e técnicas de recrutamento a serem utilizados na sua selecção. O trabalhador é, igualmente, informado dos métodos e técnicas de avaliação profissional utilizados relati-

Código das Obrigações Suíço[86]. Destes preceitos resulta uma obrigação de respeitar a privacidade do trabalhador, não sendo legítimo questioná-lo sobre questões que não tenham qualquer relevância laboral.

II. A nossa atenção incide especialmente no artigo 17.º – cujos preceitos acima referidos foram fonte inspiradora – mais exactamente no seu n.º 2. Prescreve o n.º 1 do artigo 17.º que *"o empregador não pode exigir ao candidato a emprego ou ao trabalhador que preste informações relativas à sua vida privada, salvo quando estas sejam estritamente necessárias e relevantes para avaliar da respectiva aptidão no que respeita à execução do contrato de trabalho e seja fornecida por escrito a respectiva fundamentação"*. Daqui resulta inequivocamente que:

a) Existe uma proibição geral de o empregador exigir ao candidato a emprego ou trabalhador quaisquer informações que digam respeito à sua vida privada;

b) Esta proibição geral só cede quando estão em causa valores com idêntica ou superior dignidade (*"salvo quando estas sejam estritamente necessárias e relevantes para avaliar da respectiva aptidão no que respeita à execução do contrato de trabalho"*);

c) Não obstante a existência de outros valores, é ainda necessário que o pedido por parte do empregador seja feito por escrito (formalidade *ad substantiam*), tal como a respectiva fundamentação.

O legislador assegurou, deste modo, um eficaz controlo do pedido do empregador, uma vez que ao exigir que este seja feito e fundamentado por escrito facilitou o recurso à via judicial, face à obrigatoriedade de existência de documento escrito.

---

vamente a si. Os resultados obtidos são confidenciais. Os métodos e técnicas de recrutamento ou de avaliação profissional de candidatos a emprego ou de trabalhadores devem ser adequados às finalidades prosseguidas.

Para mais desenvolvimentos, *vd.* LARDY-PÉLISSIER, JEAN PÉLISSIER, AGNÈS ROSET e LYSIANE THOLY, *Le Code du Travail Annoté*, Groupe Revue Fiduciare, Paris, 2001, pp. 116 e ss.

[86] O preceito estabelece que o empregador tem o dever de proteger e respeitar, no âmbito das relações de trabalho, a personalidade do trabalhador, a sua saúde e assegurar a manutenção da moralidade. O empregador deve ainda, no sentido de proteger a vida e a saúde do trabalhador, tomar todas as medidas consideradas adequadas pela experiência, tendo em conta a evolução tecnológica e as condições de trabalho, na medida em que, equitativamente, as condições de produção e a natureza do próprio trabalho o permitam.

No n.º 2 do mesmo preceito, o Código do Trabalho apresenta a seguinte redacção: *"o empregador não pode exigir ao candidato a emprego ou ao trabalhador que preste informações relativas à sua saúde ou estado de gravidez, salvo quando particulares exigências inerentes à natureza da actividade profissional o justifiquem e seja fornecida por escrito a respectiva fundamentação"*. Também aqui, preceito que concretiza o número anterior e cuja redacção é naturalmente próxima, foi mantido o princípio geral da proibição do pedido de informações, permitindo com a excepção que valores de idêntica ou superior dignidade sejam igualmente tutelados. Com efeito, o legislador recorreu a um conceito indeterminado – *"particulares exigências inerentes à natureza da actividade profissional"* – que assenta num critério objectivo, limitado e garantístico, de forma a assegurar que o conteúdo da informação solicitada pelo empregador não é superior ao necessário para garantir os outros valores, uma vez que a elasticidade e plasticidade dos conceitos indeterminados permitem uma maior justiça e adequação ao caso concreto[87].

Cabe mesmo afirmar, em jeito de pergunta, se poderia ser outra a técnica utilizada quando parece ser claro que não estamos "perante conceitos determinados, cujas fronteiras sejam claramente discerníveis e relativamente aos quais não surjam dúvidas sobre se certas situações pertencem ou não ao domínio do conceito"[88].

O legislador, por outro lado, ao exigir que o pedido de informação e a respectiva fundamentação seja escrita assegura um efectivo controlo, *rectius* uma possibilidade de controlo por terceiro, *in casu*, pelo tribunal, uma vez que os elementos necessários são fornecidos ao candidato ao emprego ou trabalhador que, naturalmente, poderá solicitar a apreciação à Inspecção-Geral do Trabalho ou ao órgão jurisdicional competente. Dito de outra forma: o legislador não quis deixar, e não deixou, "nas mãos" do

---

[87] Vários são, aliás, os casos em que o legislador intervém na área dos direitos, liberdades e garantias mediante conceitos indeterminados, podendo apontar-se, desde logo, o que ocorre com a justa causa (cfr. artigos 9.º do NLDESP e 396.º).

[88] PAULO MOTA PINTO, "O Direito à Reserva ...", cit., pp. 523-524, que se refere ao artigo 80.º do Código Civil. De facto, a terminologia e respectivo conteúdo são um ponto ainda objecto de discussão, tratando FIGUEIREDO DIAS, "Direito à Informação, Protecção da Intimidade e Autoridades Administrativas Independentes", *Estudos em Homenagem ao Prof. Doutor Rogério Soares*, Coimbra Editora, 2001, p. 626, por exemplo, em sinonímia "privacidade", "intimidade da vida privada" e "vida privada", depois de reconhecer que há mais de um século que se debate o exacto alcance do conteúdo de "privacidade".

empregador, desde logo face ao desnível em que o candidato a emprego ou trabalhador se encontra, pelo que o garante da legalidade será sempre o tribunal, estando facilitada a apresentação de elementos ao exigir que o pedido e respectiva fundamentação assumam a forma escrita[89], podendo, naturalmente, o trabalhador utilizar os meios adequados a prevenir ou reparar qualquer lesão do seu direito[90].

III. Mas face ao que referimos impõe-se um esclarecimento: quais os valores que podem justificar que seja excepcionado o regime geral de proibição de o empregador solicitar informações sobre a saúde ou estado de gravidez?

Serão, desde logo, valores como a vida ou a integridade física do próprio candidato a emprego ou trabalhador ou de terceiros (ex. artigos 24.° e 25.° da CRP), bastando pensar que em muitas actividades (ex. piloto de aviões, condutor de veículos terrestres, ferroviários, etc.) a informação sobre o estado daquele é um instrumento imprescindível para avaliar da efectiva capacidade para o desempenho da actividade. Ou seja: são referidos alguns elementos da vida privada – apenas saúde ou estado de gravidez – em virtude da necessidade de tutela de outros valores, entre os quais o bem vida do próprio, do feto ou de terceiros, pois o candidato a emprego ou trabalhador não deve, e não pode, ser visto como um indivíduo isolado, atomisticamente considerado, mas sim numa situação relacional como aquela que existe na sociedade hodierna, onde o aspecto comunitário é essencial.

Note-se, aliás, que há actividades vedadas ou condicionadas à trabalhadora grávida, puérpera ou lactante – aquelas *"cuja avaliação tenha revelado riscos que ponham em perigo a segurança ou saúde"* (artigo 21.°, n.os

---

[89] O regime descrito tem ainda a tutela prevista, nos n.os 3, segundo o qual o candidato a emprego ou trabalhador *"goza do direito ao controlo dos respectivos dados pessoais, podendo tomar conhecimento do seu teor e dos fins a que se destinam, bem como exigir a sua rectificação e actualização"*, aplicando-se a legislação relativa à protecção de dados pessoais (n.° 4), Lei n.° 67/98, de 26 de Outubro.

[90] Cfr. o artigo 70.°, n.° 2, do Código Civil; naturalmente que essas medidas poderão incluir, além de uma indemnização, uma providência cautelar não especificada, cfr. Calvão da Silva, *Cumprimento e Sanção Pecuniária Compulsória*, Separata do volume XXX do Suplemento ao Boletim da Faculdade de Direito da Universidade de Coimbra, Coimbra, 2.ª edição, 1997, pp. 466 e ss; Paulo Mota Pinto, "O Direito à Reserva ...", cit., pp. 502 e ss e 579 e ss.

6 e 7, da Lei n.º 4/84, de 5 de Abril, e artigo 49.º, n.º 5[91]) –, cuja violação, por parte do empregador, é qualificada como contra-ordenação muito grave (artigo 35.º, n.º 1, da Lei n.º 4/84 e artigo 643.º, n.º 1). Ora, isso demonstra inequivocamente a necessidade de o empregador conhecer a situação relativa à gravidez da candidata a emprego ou trabalhadora, pois, repita-se, estamos perante uma situação cujo desconhecimento por parte do empregador o fará incorrer em responsabilidade contra-ordenacional. Resultar assim claro que o empregador, não tem uma faculdade, mas o dever de conhecer a situação, pelo que, naturalmente, tem de ter o direito de perguntar.

IV. Deve ainda trazer-se à colação que a norma em análise tem um recorte bem mais limitado do que algumas existentes no actual (e futuro) ordenamento jurídico. É o caso do artigo 2.º da Lei n.º 4/84, de 5 de Abril (cfr. também artigo 34.º) que – aliás, na esteira do artigo 2.º da Directiva n.º 92/85/CEE do Conselho, de 19 de Outubro de 1992 – prescreve a obrigatoriedade de a trabalhadora informar o empregador, juntando atestado médico, de que se encontra grávida, puérpera ou lactante. Esta é seguramente uma norma que, no caso de merecer qualquer juízo de censura o n.º 2 do artigo 17.º, teria que merecer idêntica apreciação.

Outra situação em que a previsão é bastante mais ampla do que a norma em análise é a do artigo 7.º da Lei n.º 100/97, de 13 de Setembro (Lei dos Acidentes do Trabalho, cfr. também artigo 290.º, n.º 1, alínea c), última parte), segundo o qual *"não dá direito a reparação o acidente que resultar da privação permanente ou acidental do uso da razão do sinistrado, nos termos da lei civil, salvo se tal privação derivar da própria prestação do trabalho, for independente da vontade do sinistrado ou se a entidade empregadora ou o seu representante, conhecendo o estado do sinistrado, consentir na prestação"*. Da parte final do preceito, resulta claramente que o empregador tem um dever de impedir a actividade do trabalhador sempre que o trabalhador se encontre privado do uso da razão, o que é bem demonstrativo de que pode, e deve, questionar o trabalhador quando tiver dúvidas sobre o estado em que se encontra[92], sob pena de responder pelas consequências do acidente.

---

[91] Cfr. também a Portaria n.º 229/96, de 26 de Junho, bem como Directiva n.º 92/85/CEE do Conselho, de 19 de Outubro de 1992.

[92] Cfr. aresto do Supremo Tribunal de Justiça, de 15 de Fevereiro de 1995, *Boletim do Ministério da Justiça*, n.º 444, Dezembro, 1996, pp. 314 e ss, onde se analisa uma

Situações como estas demonstram que, por um lado, não é possível a intervenção médica, sob pena de total ineficácia prática das normas referidas – demonstrando-se, assim, que o meio é essencial para atingir o fim pretendido – e, por outro, que estão em causa valores idênticos ou superiores à privacidade que fazem com que esta sofra uma determinada afectação.

V. Igualmente relevante, e daí a diferença de regimes com o artigo 19.º, nomeadamente com a ausência de obrigatoriedade de intervenção de médico (n.º 3), é o facto de o círculo de informação ser substancialmente inferior – apenas e somente quando estiverem em causa *"particulares exigências"*, expressão que revela a excepcionalidade da situação – e de mais diminuta intensidade e, por isso, a menor afectação da intimidade da vida privada, pois aqui o espaço de intervenção permitido pelo legislador situa-se na comunicação genérica, por parte do candidato ou trabalhador, de alguns elementos e cujo conhecimento em nada colide com as garantias conferidas pelo ordenamento.

O que, dito de outra forma, significa que estamos perante situações em que o empregador está fortemente condicionado na indagação das questões, pois apenas têm apoio na norma aquelas que, num primeiro momento – uma vez que para outras questões e para a respectiva comprovação necessariamente se aplica o artigo 19.º, n.º 1 (*"realização ou apresentação de testes ou exames médicos, de qualquer natureza"*)[93] – poderiam, eventualmente, resultar do dever de informação do candidato a emprego ou trabalhador oriundo da boa fé (cfr. artigos 97.º, n.º 2, e 101.º, n.º 3)[94], mas que para uma maior e mais eficaz tutela mereceram regulação expressa[95].

---

situação em que um trabalhador embriagado se recusou a cumprir a ordem para se retirar da obra.

[93] Note-se que está excluída a apresentação ou realização de testes ou exames de gravidez (artigo 19.º, n.º 2).

[94] Pense-se, por exemplo, no caso – é idêntico ao dado por MENEZES CORDEIRO, *Manual de Direito do Trabalho*, cit., p. 599 – de um candidato a emprego que sendo informado que se o empregador pretende o início das suas funções para a semana seguinte, omite que se encontra doente e, por isso, impossibilitado de iniciar a sua actividade; é defensável que o trabalhador não tem o dever de informar o empregador da sua incapacidade?! Justifica-se a intervenção de um médico?!

[95] Concordamos inteiramente com MEIRA LOURENÇO, "Os deveres de informação no contrato de trabalho", *Revista de Direito e de Estudos Sociais*, ano XLIV (XVII da 2.ª

Trata-se, em suma, de fornecer informações que são elementos essenciais para uma primeira apreciação de que o candidato a emprego ou trabalhador tem, ou mantém, condições para realizar a sua actividade – por exemplo, em segurança sem colocar em causa a sua vida ou de terceiros e que numa relação de confiança poderão ser suficientes, dispensando, assim, quaisquer exames médicos – o que claramente demonstra, desde logo, que estarão vedados outros elementos que não sejam relevantes para esta apreciação[96].

VI. Face ao regime consagrado, coloca-se uma questão: colide este com algum valor constitucional, podendo dizer-se que estamos perante uma inconstitucionalidade?

Julgamos que a resposta é inequivocamente negativa.

Vejamos porquê.

Prescreve a Constituição, no artigo 26.°, n.° 1, que *"a todos são reconhecidos os direitos à identidade pessoal, ao desenvolvimento da personalidade, à capacidade civil, à cidadania, ao bom nome e reputação, à imagem, à palavra, à reserva da intimidade da vida privada e familiar e à protecção legal contra quaisquer forma de discriminação"*[97], impondo, consequentemente, o n.° 2 do mesmo preceito, que *"a lei estabelecerá garantias efectivas contra a utilização abusiva, ou contrária à dignidade humana, de informações relativas às pessoas e famílias"*.

De acordo com GOMES CANOTILHO e VITAL MOREIRA, "o direito à reserva da intimidade da vida privada e familiar (n.° 1, *in fine* e n.° 2) analisa-se principalmente em dois direitos menores: a) o direito a impedir o acesso de estranhos sobre a vida privada e familiar e b) o direito a que

---

série), 2003, n.° 1-2, p. 70, quando afirma "(…) que o trabalhador tem o dever de dar informações acerca do seu estado de saúde, sempre que exista uma conexão objectiva entre este e o modo de efectuar a prestação".

[96] Igualmente vedadas estão quaisquer actos discriminatórios, como resulta dos artigos 22.°, 23.° e 26.°.

[97] Para uma referência às normas anteriores à actual Constituição, *vd.* PAULO MOTA PINTO, "A Protecção da Vida Privada e a Constituição", *Boletim da Faculdade de Direito da Universidade de Coimbra*, volume LXXVI, Coimbra, 2000, pp. 153 e ss.

A tutela da vida privada encontra-se consagrada em diversos textos internacionais, do que são exemplo os artigos 12.° da Declaração Universal dos Direitos do Homem, 8.°, n.° 1, da Convenção Europeia dos Direitos do Homem e 17.° do Pacto Internacional sobre os Direitos Civis e Políticos.

ninguém divulgue as informações que tenha sobre a vida privada e familiar de outrem"[98]. Relativamente à segunda situação, esta encontra-se suficientemente tutelada, face à protecção conferida pelo Código do Trabalho, segundo a qual o candidato a emprego ou trabalhador *"goza do direito ao controlo dos respectivos dados pessoais, podendo tomar conhecimento do seu teor e dos fins a que se destinam, bem como exigir a sua rectificação e actualização"* (artigo 17.º, n.º 3), aplicando-se a legislação relativa à protecção de dados pessoais (n.º 4, cfr. também a Lei n.º 67/98, de 26 de Outubro).

No que respeita à proibição do acesso de estranhos a dados da vida privada e familiar, julgamos que ficou claro que esta é a regra geral constante do artigo 17.º, n.º 2. No entanto, como dissemos, existem excepções, pois é preciso salientar, como faz CAPELO DE SOUSA, que também a personalidade tem limites, tendo, desde logo, "uma área circunscrita face aos outros bens jurídicos"[99]. Por outro lado, e para aferir a intensidade das excepções, cumpre salientar que o conceito de saúde, nos termos previstos numa convenção da qual Portugal é signatário, mais exactamente do Preâmbulo da Organização Mundial de Saúde (1946), consiste num *"estado de completo bem-estar físico, psíquico e social e não apenas a ausência de doença ou enfermidade"*. Muitas das questões que podem ser colocadas sobre o estado de saúde ou sobre a gravidez – sendo que, deste última e como referimos, há mesmo casos em que há obrigação de o trabalhador informar o empregador –, dificilmente poderão deixar de afectar a intimidade da vida privada, se esta for apreciada numa perspectiva maximalista.

---

[98] GOMES CANOTILHO – VITAL MOREIRA, *Constituição da República Portuguesa Anotada*, cit., pp. 181 (VIII), sublinhado no original. Estes Autores rejeitam a teoria das três esferas, *op. cit.*, pp. 181-182, tal como PAULO MOTA PINTO, "A Protecção da Vida Privada …", cit., p. 162, que apenas a aceita como instrumento para graduar a gravidade da ofensa; diferentemente, RITA AMARAL CABRAL, "O Direito à Intimidade da Vida Privada (Breve Reflexão do artigo 80.º do Código Civil)", *Separata dos Estudos em Memória do Prof. Doutor Paulo Cunha*, Lisboa, 1988, pp. 30 e ss. Para uma delimitação do conteúdo do direito à reserva sobre a intimidade da vida privada, *vd.* PAULO MOTA PINTO, "O Direito à Reserva …", cit., pp. 524 e ss; do mesmo Autor, "A Protecção da Vida Privada …", cit., pp. 161 e ss; e com interesse para a questão, Parecer da Procuradoria-Geral da República n.º 121/80, de 23 de Julho de 1981, *Boletim do Ministério da Justiça* pp. 138 (4) e ss. Sobre o direito à privacidade, *vd.* LEITE CAMPOS, *Lições de Direitos de Personalidade*, Separata do volume LXVI do Boletim da Faculdade de Direito da Universidade de Coimbra, 1990, 2.ª edição, Coimbra, 1992, pp. 95 e ss.

[99] CAPELO DE SOUSA, "A Constituição …", cit., p. 176.

Em consequência é preciso reconhecer que há na vida actual uma funcionalização de parte da reserva da intimidade da vida privada, ou seja, situações que dela podem fazer parte – pense-se no número de telefone do trabalhador[100] – não têm, *rectius*, podem não ter a intensidade total da tutela, de modo a que a as relações jurídicas se possam desenvolver. Noutros termos, é necessário ter, nas palavras de GOMES CANOTILHO e VITAL MOREIRA, uma perspectiva "culturalmente adequada à vida contemporânea" [101].

VII. É preciso, no entanto, reconhecer que podem existir situações em que se pode verificar uma colisão da reserva da intimidade da vida privada com outros valores com dignidade constitucional, como, por exemplo, o bem vida ou integridade física do próprio ou de terceiros, embora, e de acordo com o conceito de saúde referido pela Organização Mundial de Saúde, muitas situações não colidam com essa esfera. Em situações como essas é necessário proceder a uma harmonização de valores de forma a assegurar uma convivência dos bens envolvidos no quadro da unidade da Constituição. Como escreve PAULO MOTA PINTO, "a utilização destes meios [o autor refere-se a questionários e testes relativos a aspectos incluídos na vida privada do trabalhador] – deve ser limitada aos casos em que seja necessária para a protecção de interesses de segurança de terceiros (assim, por exemplo, testes de estabilidade emocional de um piloto de avião) ou do próprio trabalhador, ou de outro interesse público relevante, e apenas se se mostrarem realmente adequados aos objectivos prosseguidos"[102].

---

[100] PAULO MOTA PINTO "A Protecção da Vida Privada ...", cit., p. 166, refere que – o número de telefone – pode entrar, *ex voluntate*, na esfera dos elementos protegidos pela reserva da vida privada. No Acórdão do Tribunal Constitucional n.° 394/93, de 16 de Junho de 1993, *Diário da República*, I série – A, n.° 229, de 29 de Setembro de 1993, escreveu-se o seguinte: "efectivamente, ainda que se possa conceber que nos processos de concurso público possam surgir elementos respeitantes à vida íntima e privada dos concorrentes – elementos estes que devem, obviamente, ser protegidos do conhecimento dos restantes concorrentes – o certo é que, em regra, os elementos constantes dos *curricula vitae* dos candidatos não se integram no conceito de «esfera privada de cada pessoa», pelo que devem ser acedidos pelos candidatos a um concurso público", itálico no original.

[101] GOMES CANOTILHO – VITAL MOREIRA, *Constituição da República Portuguesa Anotada*, cit., pp. 182 (VIII).

[102] PAULO MOTA PINTO "A Protecção da Vida Privada ...", cit., p. 183.

Este é o caso, uma vez que o legislador ao permitir, eventualmente, a afectação de valores constantes da intimidade da vida privada – sendo certo, repetimos, que em grande parte das situações, e como resulta do confronto com o artigo 19.°, não sejam estas o objecto central da norma, pois, como é natural, nos casos mais complexos não se tratará de meros questionários, mas sim de realização de exames médicos – fê-lo nos termos prescritos pela Constituição, desde logo, com respeito pelo princípio da proporcionalidade (artigo 18.°, n.° 2, da CRP). Com efeito, a intervenção legislativa é *adequada* para salvaguardar os fins pretendidos, ou seja, os outros valores com idêntica ou superior dignidade (ex. artigos 24.° e 25.° da CRP); é *exigível*, pois, como ficou demonstrado, naquele momento, não se justifica e não é possível – sob pena de total ineficácia prática da norma – qualquer intervenção médica, como, aliás, não acontece em outras situações idênticas; e, finalmente, cumpre a obrigação de respeito pela justa medida, uma vez que há proporcionalidade entre a restrição – afectação da reserva da intimidade da vida privada – e a salvaguarda dos outros bens jurídicos – *in casu* a integridade física, a vida, etc.

Do exposto pode concluir-se que a norma não permite – ao contrário do que já foi publicamente referido – uma ampla intervenção, pois, por um lado, o preceito fixa como regra a proibição vedando muitas das situações em que hoje o trabalhador se encontra à mercê do empregador; por outro lado, a norma em grande parte dos casos legitimará – recorde-se, por exemplo, o conceito de saúde – aquilo que já resultaria como admissível, ganhando-se com a sua existência em segurança e certeza jurídicas; finalmente, nos casos em que possa haver afectação da reserva da intimidade da vida privada – e que serão seguramente diminutos, pois, repita-se, não estamos perante uma norma permissiva, mas sim proibitiva – tratar-se-á de salvaguardar outros bens jurídicos com idêntica ou superior dignidade constitucional.

VIII. Se assim não se entendesse, sempre se teria de considerar igualmente censurável o artigo 17.°, n.° 1, pois a norma do artigo 17.°, n.° 2, até pelo facto de concretizar o artigo 17.°, n.° 1, é mais fechada e excepcional do que o n.° 1. Ora, censurar a norma cujo âmbito de aplicação é mais fechado, excepcional e garantístico e deixar sem idêntico juízo uma norma semelhante, mas mais ampla, não será a melhor solução, embora preconizemos que qualquer delas está conforme a Constituição.

§ 4.°) REABERTURA DO PROCEDIMENTO DISCIPLINAR (artigo 436.°, n.° 2)

I. O Código do Trabalho consagrou a possibilidade de, no caso de declaração de invalidade do procedimento disciplinar[103], o empregador poder expurgar os vícios existentes.

O objectivo é simples: fazer prevalecer, dentro de determinados parâmetros, a justiça material sobre a justiça formal.

II. A possibilidade de o empregador corrigir elementos formais de um procedimento disciplinar encontra paralelismo noutros ordenamentos. Com efeito, quer, por exemplo, o ordenamento espanhol quer o ordenamento francês, possuem regras que têm identidade com as agora consagradas no Código do Trabalho.

Relativamente ao ordenamento espanhol, cabe referir que o empregador deve no despedimento por facto imputável ao trabalhador (disciplinar), sempre que o trabalhador seja representante dos trabalhadores, ouvir, além do próprio interessado, os restantes membros da estrutura a que aquele pertence (cfr. artigo 55.°, n.° 1, do Estatuto dos Trabalhadores). No caso de o despedimento se realizar sem respeito desta formalidade, o legislador espanhol confere ao empregador, no prazo de vinte dias, a possibilidade de executar um novo despedimento, com o intuito de observar a tramitação omitida (cfr. artigo 55.°, n.° 2, do Estatuto dos Trabalhadores)[104].

Também o regime francês prevê a possibilidade de ser ordenada a correcção do procedimento disciplinar, uma vez que se houver desrespeito das regras do procedimento, o tribunal ordena ao empregador o seu cumprimento, expurgando os vícios existentes (artigo L. 122-14-4, do Código do Trabalho)[105].

III. Vejamos mais de perto o regime proposto pelo Código de Trabalho.

---

[103] Para uma compreensão do poder disciplinar, *vd.*, por todos, PALMA RAMALHO, *Do Fundamento do Poder Disciplinar,* Almedina, Coimbra, 1993.

[104] Para mais desenvolvimentos, *vd.*, por exemplo, ALONSO OLEA – CASAS BAAMONDE, *Derecho del Trabajo*, cit., pp. 459 e ss.

[105] Para mais desenvolvimentos, *vd.*, por exemplo, JEAN-CLAUDE JAVILLIER, *Droit du Travail*, 7.ª édition, L.G.D.J., Paris, 1999, pp. 351 e ss; LARDY-PÉLISSIER, JEAN PÉLISSIER, AGNÈS ROSET e LYSIANE THOLY, *Le Code du Travail Annoté*, cit., pp. 179 e ss.

Determina o artigo 372.°, n.° 1, que *"o procedimento disciplinar deve iniciar-se nos sessenta dias subsequentes àquele em que o empregador, ou o superior hierárquico com competência disciplinar, teve conhecimento da infracção"*; por sua vez, fixa o n.° 2 que *"a infracção disciplinar prescreve ao fim de um ano a contar do momento em que teve lugar, salvo se os factos constituírem crime, caso em que são aplicáveis os prazos prescricionais da lei penal"*. Estes prazos são interrompidos com a comunicação da nota de culpa ao trabalhador (artigo 411.°, n.° 4) e *"no caso de ter sido impugnado o despedimento com base em invalidade do procedimento disciplinar, este pode ser reaberto até ao termo do prazo para contestar, iniciando-se o prazo interrompido nos termos do n.° 4 do artigo 411.°, não se aplicando, no entanto, este regime mais do que uma vez"* (artigo 436.°, n.° 2). Finalmente, o procedimento disciplinar *"só pode ser declarado inválido se"* faltar a comunicação da intenção de despedimento junta à nota de culpa ou não tiver esta sido elaborada nos termos previstos, não tiver sido respeitado o princípio do contraditório ou se a decisão de despedimento e os seus fundamentos não constarem de documento escrito (artigo 430.°, n.° 2).

Com base nestes artigos, podemos assentar que:

a) Existe um prazo de prescrição de sessenta dias[106] – a contar do conhecimento da infracção – e que visa, após o conhecimento da infracção, obrigar o empregador a decidir se julga, ou não, relevante agir disciplinarmente;

b) Existe um prazo de prescrição de um ano que se conta a partir do momento em que os factos ocorreram, independentemente do conhecimento do empregador, e que se refere à punibilidade; o objectivo é assegurar que o trabalhador não terá indefinidamente sobre si uma ameaça, cujas consequências nefastas para a sua "cidadania laboral" seriam evidentes[107];

c) Este prazo de prescrição será mais longo – igual ao prazo previsto na lei penal – se a conduta do trabalhador for simultaneamente qualificada como infracção disciplinar e crime, uma vez que os bens jurídicos afectados são de tal modo graves que se

---

[106] A qualificação do prazo de sessenta dias (artigo 372.°, n.° 1) como prescrição decorre do artigo 430.°, n.° 1.

[107] Para mais desenvolvimentos, cfr. MONTEIRO FERNANDES, *Direito do Trabalho*, cit., pp. 250 e ss.

justifica um regime excepcional e, por outro lado, assegura-se a unidade da ordem jurídica, de modo a impedir que uma conduta possa (ainda) ser apreciada num tribunal (penal) e não possa ser objecto de análise por parte do empregador;

d) Os prazos acima referidos são interrompidos com a comunicação da nota de culpa ao trabalhador, recomeçando as suas contagens se, após impugnação judicial com base em invalidade do procedimento disciplinar, o empregador reabrir o procedimento até ao termo do prazo para contestar;

e) Esta faculdade de reabrir o procedimento não pode ocorrer mais do que vez;

f) A faculdade concedida pelo legislador de reabertura do procedimento – apenas até ao termo do prazo para contestar – só é aplicável se a impugnação do despedimento tiver por base a invalidade do procedimento disciplinar, invalidade essa que apenas existe nos casos taxativamente previstos no Código do Trabalho.

IV. Coloca-se a seguinte questão: este regime, em especial o n.º 2 do artigo 436.º, colide com a Constituição?

Parece-nos inequívoco que não.

Vejamos quais os eventuais problemas que se podem colocar, trazendo à colação, uma vez mais, lugares paralelos do ordenamento.

V. Parece seguro que o princípio *non bis in idem* não está em causa, embora se reconheça que o trabalhador cuja conduta seja objecto de um procedimento disciplinar, goza dos princípios do direito penal (substantivo e processual)[108], entre os quais figura aquele princípio[109]. Com efeito, o princípio *non bis in idem,* consagrado no artigo 29.º, n.º 5, da Constituição comporta, como salientam GOMES CANOTILHO e VITAL MOREIRA, "duas dimensões: a) como *direito subjectivo fundamental,* garante ao cidadão o direito de não ser julgado mais do que uma vez

---

[108] Neste sentido, por exemplo, TERESA BELEZA (existe indicação no texto que esta parte foi escrita por CASTRO NEVES), *Direito Penal*, 1.º volume, 2.ª edição, Associação Académica da Faculdade de Direito de Lisboa, 1985, pp. 72 e ss, em relação ao direito penal substantivo; SOUSA MACEDO, *Poder Disciplinar Patronal*, Almedina, Coimbra, 1990, pp. 139 e ss, referindo-se ao processo penal.

[109] De salientar, entre outros, os princípios do contraditório, proporcionalidade e *in dubio pro reu.*

Estudos de Direito do Trabalho (Código do Trabalho)   53

pelos mesmos factos, conferindo-lhe, ao mesmo tempo, a possibilidade de se defender contra actos estaduais violadores desde direito (*direito de defesa negativo*); b) como *princípio constitucional objectivo* (dimensão objectiva do direito fundamental), obriga fundamentalmente o legislador à conformação do direito processual e à definição do caso julgado material de modo a impedir a existência de vários julgamentos pelo mesmo facto"[110].

No caso em análise não há qualquer duplo julgamento ou valoração – seja por parte do empregador, seja por parte do Tribunal –, pois o que se verifica é que o empregador, até ao fim do prazo para contestar, apercebendo-se que não cumpriu algum dos trâmites do procedimento disciplinar acima referido, reabre o procedimento, desaparecendo, deste modo, da ordem jurídica qualquer sanção anterior, pelo que não existe uma dupla valoração dos mesmos factos. Relativamente ao tribunal, uma vez que este ainda não tinha apreciado o fundo da questão o problema não se coloca.

Em suma, não se julga ou aprecia duas vezes, o que se verifica é que a primeira sanção é banida da ordem jurídica, com o objectivo de fazer prevalecer, repita-se, por uma só vez, a justiça material sobre a formal.

VI. Do exposto, julgamos resultar que não se poderá dizer que existirá um verdadeiro (e significativo) prolongamento dos prazos de prescrição, pois, por um lado, quem tem o domínio do facto sobre o momento em que a acção é intentada é o trabalhador; por outro lado, trata-se de uma faculdade até "*ao termo do prazo para contestar*", ou seja, estamos a falar de um aumento, quanto muito, de um período seguramente inferior a quatro meses.

Note-se ainda que, tal como acontece no regime do Decreto-Lei n.º 64-A/89, de 27 de Fevereiro (NLDESP) o procedimento disciplinar não tem um limite (expresso) de duração global. Com efeito, como escreve Monteiro Fernandes, "da tese jurisprudencial que se apontou, resultará a possibilidade de eternização da acção disciplinar, sem que o poder de punir se extinga. De resto, na mesma linha se decidiu que não existe qualquer limite legal da duração do processo disciplinar, devendo mesmo

---

[110] Gomes Canotilho – Vital Moreira, *Constituição da República Portuguesa Anotada*, cit., p. 194 (VI), itálico no original.

reputar-se ilegais os preceitos das convenções colectivas que fixem prazos para a conclusão deste processo"[111].

Ora, a situação em análise é bastante mais garantística do que a perfilhada pela jurisprudência; por outro lado, ficou demonstrado que na proposta do Código do Trabalho é o trabalhador quem tem o controlo do factor tempo, pois é ele que escolhe o momento em que a acção é intentada, uma vez que depois de a acção entrar em tribunal estaremos – pois, recorde-se, o empregador pode reabrir o procedimento até ao termo do prazo para contestar – perante um período, em regra, inferior a quatro meses.

VII. Igualmente relevante é trazer à discussão a hipótese de este mecanismo ser um convite ao desrespeito das regras formais, ou seja, instigar ao seguinte raciocínio: não vale a pena cumprir os trâmites legalmente impostos, pois teremos uma segunda oportunidade se o trabalhador impugnar judicialmente. Naturalmente que esta situação, a existir, revelaria uma diminuição das garantias do trabalhador que, como referimos, têm assento na Lei Fundamental, pois o trabalhador no procedimento disciplinar goza das garantias consagradas para o direito sancionatório (por exemplo, princípio do contraditório, da igualdade, *in dubio pro reo*, etc.)

É preciso, no entanto, ter presente que este mecanismo tem elevados custos para o empregador, pois caso pretenda utilizá-lo, no momento que pretender reabrir o procedimento disciplinar está obrigado – uma vez que há uma reposição do vínculo – a pagar todas as retribuições desde da data do despedimento até ao momento da sua decisão, sendo certo que em troca não recebeu a prestação; por outro lado, e salvo se a situação se subsumir no artigo 417.°, o empregador tem o dever de recolocá-lo no seu posto de trabalho sem prejuízo da sua categoria e antiguidade; finalmente, poderá ainda ter de indemnizar o trabalhador por todos os danos patrimoniais e não patrimoniais causados.

---

[111] MONTEIRO FERNANDES, *Direito do Trabalho*, cit., p. 252. A tese jurisprudencial a que o Autor se refere é a que preconiza que o prazo de prescrição (de um ano) se interrompe com a instauração do procedimento disciplinar. Rejeitamos, naturalmente, que da ausência de prazo expresso para a duração (total) do procedimento disciplinar resulte a possibilidade legal de se eternizar essa tramitação, pois o responsável pela tramitação disciplinar está sujeito a um dever de diligência.

Estudos de Direito do Trabalho (Código do Trabalho) 55

Tudo isso resulta das consequências da reposição do vínculo, aliás, tal como acontece numa situação paralela, ainda que diferente, como é a declaração de ilicitude (artigo 436.°, n.° 1).

Pode concluir-se, deste modo, que face às consequências existentes, não há qualquer instigação à violação das garantias do trabalhador, posição que se fosse diferente teria de ter igual valoração para os casos existentes noutras áreas do ordenamento jurídico, cuja análise será feita mais à frente.

VIII. Deve também salientar-se que a reabertura do procedimento disciplinar, naturalmente, não permite a invocação de factos que não foram objecto de acusação no momento inicial do procedimento disciplinar, pois é preciso não esquecer que se trata de uma "reabertura", o que, como o nome indica, tem de se ater aos factos constantes da nota de culpa; por outro lado, igual entendimento resulta do facto de a norma se referir ao *"prazo interrompido"*, ou seja, o procedimento disciplinar é o mesmo, pelo que só se podem analisar os factos que, repita-se, foram objecto da nota de culpa, pois só relativamente a estes é que há interrupção; finalmente, basta atender à *ratio* do preceito para se perceber que nunca poderá estar em causa a invocação de outros factos, pois esses, não sendo objecto de interrupção, dificilmente terão deixado de prescrever[112].

IX. Há ainda que salientar que o regime proposto pelo Código do Trabalho (artigo 436.°, n.° 2) existe também para o trabalhador. Com efeito, o trabalhador para resolver (justa causa) o contrato tem de respeitar o previsto no artigo 442.°, n.° 1, segundo o qual *"a declaração de resolução deve ser feita por escrito, com indicação sucinta dos factos que a justificam, nos trinta dias subsequentes ao conhecimento desses factos"*[113]. No caso de não haver justa causa, o empregador tem o direito a ser indemnizado, pois como determina o artigo 446.° *"a resolução do contrato pelo trabalhador com invocação de justa causa, quando esta não tenha sido provada, confere ao empregador o direito a uma indemnização pelos prejuízos causados não inferior ao montante calculado nos termos do artigo 448.°* [indemnização no valor da retribuição base e diuturnidades correspondente ao período de antecedência em falta, sem pre-

---

[112] Para a hipótese de não terem prescrito, seguem a mesma tramitação de quaisquer outros.

[113] Cfr. também a especificidade prevista no n.° 2.

juízo dos danos eventualmente causados em virtude da inobservância do prazo de aviso prévio ou emergente da violação de obrigações assumidas em pacto de permanência]".

Correlativamente à situação acima analisada (reabertura do procedimento disciplinar), o legislador prevê a hipótese de *"no caso de ter sido impugnada a resolução do contrato com base em ilicitude do procedimento previsto no n.º 1 do artigo 442.º, o trabalhador pode[r] corrigir o vício até ao termo do prazo para contestar, não se aplicando, no entanto, este regime mais do que uma vez"* (artigo 445.º). Ou seja, tal como o empregador pode corrigir o vício praticado no procedimento disciplinar, o trabalhador, ao desrespeitar algum trâmite, pode igualmente sanar o vício existente, naquilo que é uma inequívoca concretização da igualdade.

Julgamos assim que a merecer censura aquela norma, posição que rejeitamos, esta teria igualmente de obter o mesmo juízo.

X. Saliente-se, aliás, que situações idênticas à do artigo 436.º, n.º 2, ocorrem em diferentes ramos, de que são exemplo o Direito Administrativo, o Processo Civil e o Direito Processual Penal[114]. Com efeito, se um acto administrativo for inválido pode, desde logo, o autor do acto revogá-lo, dentro do prazo do respectivo recurso contencioso ou até à resposta da entidade recorrida, não ficando inibido de praticar novamente o acto expurgado dos vícios existentes (artigo 141.º do Código de Procedimento Administrativo)[115]. Igualmente, mesmo depois do trânsito em julgado de um recurso de anulação, a Administração pode renovar o acto, desde que expurgado dos vícios identificados pelo tribunal, o que não impede que o novo acto tenha novos vícios.

---

[114] Como salientam MENEZES LEITÃO, *A Conformidade da Proposta de Lei 29/IX (Código do Trabalho) com a Constituição da República Portuguesa*, policopiado, Lisboa, 2002, pp. 53 e ss, ROMANO MARTINEZ, "Considerações Gerais sobre o Código do Trabalho", *Revista de Direito e de Estudos Sociais*, ano XLIV (XVII da 2.ª série), 2003, n.ºs 1 e 2, p. 24, e PAULO OTERO, *Parecer sobre o Código do Trabalho*, 2002, policopiado, Lisboa, pp. 56 e ss.

[115] Sobre o preceito, *vd.* FREITAS DO AMARAL *et al.*, *Código do Procedimento Administrativo Anotado*, 3.ª edição, Almedina, Coimbra, 1998, pp. 254-255; VIEIRA DE ANDRADE, *A Justiça Administrativa*, 2.ª edição, Almedina, 1999, pp. 276 e ss; ESTEVES DE OLIVEIRA – COSTA GONÇALVES – PACHECO DE AMORIM, *Código do Procedimento Administrativo*, 2.ª edição, Almedina, Coimbra, 1997, pp. 681 e ss.

Estudos de Direito do Trabalho (Código do Trabalho) 57

No direito processual civil também há a possibilidade de o autor do acto instaurar outra acção com idêntico objecto se na primeira tiver havido apenas uma absolvição da instância (artigos 288.° e 289.° do Código do Processo Civil).

Também no Direito Processual Penal, de cujas garantias o direito disciplinar usufrui, a sentença pode ser nula e o tribunal tem a possibilidade de a sanar, bem como, não havendo nulidade, de a corrigir (artigos 379.° e 380.° do Código de Processo Penal)[116]. Por sua vez, o tribunal de recurso, verificados determinados vícios, pode ordenar a repetição do julgamento (cfr. artigo 410.°, n.° 2, e 426.° do Código de Processo Penal).

Em todos estes casos a justiça substancial sobrepõe-se à justiça formal, tendo presente que uma decisão que ignora a questão de mérito em virtude de motivos formais não pode, e não constitui, caso julgado relativamente ao fundo.

Nestas, como em muitas outras situações, a certeza e segurança jurídicas, enquanto vectores estruturantes do princípio do Estado de Direito são harmonizadas com a efectivação dos valores da justiça e da verdade material, sendo certo que, no nosso caso, e face aos valores temporais que estão em causa, aqueles bens não chegam a ser afectados. Recorde-se que na norma em apreço do Código do Trabalho, o tribunal nem sequer ainda se pronunciou sobre a questão e, por outro lado, estará em causa, no máximo, um acréscimo temporal (muito) limitado e diminuto.

XI. Em suma, na solução proposta pelo Código o que está em causa é uma articulação de prazos, como se verifica em muitos outros ramos do Direito; por outro lado, com esta possibilidade de correcção, o acréscimo à duração do procedimento é limitado e diminuto, não afectando qualquer norma constitucional.

§ 5.°) REINTEGRAÇÃO E RESPECTIVA EXCEPÇÃO (artigo 438.°, n.ᵒˢ 2, 3 e 4)

I. A matéria da reintegração tem sido objecto de diversas análises. Uma vez que este tem sido dos temas mais debatidos ao longo dos tem-

---

[116] Para mais desenvolvimentos, *vd.* MARQUES DA SILVA, *Curso de Processo Penal*, volume III, Verbo, Lisboa, 1994, pp. 281 e ss, em especial, pp. 294 e ss.

pos – como veremos – cumpre trazer à colação algumas notas de direito comparado para permitir uma melhor compreensão do regime proposto, principalmente numa altura em que cada vez mais se torna efectiva a harmonização da legislação – através, por exemplo, de Directivas comunitárias – entre os diversos países da União Europeia.

II. Existem diversos ordenamentos jurídicos onde a faculdade de não reintegração encontra consagração expressa.

Em relação ao ordenamento espanhol, há a referir, entre as diferentes causas de cessação (artigo 49.° do Estatuto dos Trabalhadores), que o despedimento disciplinar:

1) Se fundamenta no *"incumprimento [contratual] grave e culposo do trabalhador"*, considerando-se, por exemplo, incumprimento contratual *"a violação da boa fé contratual"* (artigo 54.°, n.os 1 e 2, alínea d), do Estatuto dos Trabalhadores);

2) Pode ser qualificado como procedente, improcedente ou nulo (artigo 55.°, n.° 3, do Estatuto);

3) No caso de ser improcedente, o empregador pode optar entre a reintegração e o pagamento de um montante, que inclui, desde logo, uma indemnização e o salário de tramitação, salvo no caso de se tratar de um representante dos trabalhadores, situação em que a opção cabe a este (artigo 56.° do Estatuto);

4) Relativamente ao despedimento nulo – sempre que tiver como motivo alguma das causas de discriminação previstas na Constituição ou na Lei ou se existir uma violação de direitos fundamentais ou de liberdades públicas do trabalhador, opera-se a reintegração imediata (artigo 55.°, n.os 5 e 6, do Estatuto)[117].

No que respeita ao ordenamento francês deve salientar-se, em matéria disciplinar, que:

1) Existe uma ampla admissibilidade desta modalidade, não havendo qualquer tipicidade;

---

[117] Para mais desenvolvimentos *vd.*, por exemplo, ALONSO OLEA – CASAS BAAMONDE, *Derecho del Trabajo*, cit., pp. 431 e ss, 443 e ss.

Note-se que o regime espanhol prevê a possibilidade de o Estado suportar parte do salário de tramitação e respectivos pagamentos à segurança social em situações de demora da decisão judicial (artigo 57.° do Estatuto).

Estudos de Direito do Trabalho (Código do Trabalho)

2) O despedimento tem de se fundamentar num motivo real e sério;
3) Se o tribunal decidir que é improcedente a causa invocada pelo empregador, qualquer das partes em litígio pode recusar a reintegração, cabendo o trabalhador a percepção de uma indemnização (artigo 122-14 do Código do Trabalho)[118].

Também o ordenamento italiano admite situações de não reintegração.

O despedimento do trabalhador com contrato de trabalho por tempo indeterminado apenas pode ocorrer com justa causa ou motivo justificado (artigo 1.º da Lei n.º 604/66, de 15 de Julho[119]). O despedimento com justa causa permite a cessação do contrato quando existe uma causa impeditiva da manutenção da relação laboral (artigo 2119.º do Código Civil); o motivo justificado (subjectivo) ocorre quando há um *"incumprimento manifesto das obrigações contratuais"* por parte do trabalhador ou *"razões inerentes à actividade produtiva, à organização do trabalho e ao fundamento regular desta"* (motivo justificado (objectivo)) (artigo 3.º da Lei n.º 604/66)[120].

No caso de um despedimento inválido, as consequências variam consoante a dimensão da empresa:

1) Se a empresa tiver sessenta ou mais trabalhadores em território italiano ou até quinze na unidade produtiva em causa, o empregador pode optar entre readmitir o trabalhador (constituindo-se um novo vínculo) nos três dias seguintes à decisão judicial ou pagar uma indemnização cujo montante varia entre duas vezes e meia e seis vezes o valor da última retribuição global mensal efectivamente auferida (artigo 8.º da Lei n.º 604/66); trata-se, em suma, da chamada *tutela obrigatória*;
2) Diversamente, se a empresa tiver mais de cinco trabalhadores – tratando-se de empresa agrícola – ou mais de quinze por unidade produtiva ou na área do mesmo município ou se tiver mais de

---

[118] Para mais desenvolvimentos *vd.*, por exemplo, LARDY-PÉLISSIER, JEAN PÉLISSIER, AGNÈS ROSET e LYSIANE THOLY, *Le Code du Travail Annoté*, cit., pp. 179 e ss.

[119] Este diploma não se aplica ao contrato de trabalho a termo (artigo 3.º).

[120] Saliente-se que existem no ordenamento italiano situações a que o regime ordinário do despedimento não se aplica, podendo exemplificar-se, com os dirigentes, desportistas profissionais e os trabalhadores do serviço doméstico. Nestes casos, não é preciso invocar qualquer fundamento, devendo apenas observar-se um período de aviso prévio.

sessenta trabalhadores em todo o território nacional, a decisão que declara inválido o despedimento determina:

i. A reintegração do trabalhador no seu posto de trabalho, podendo este, no entanto, optar entre ser reintegrado, devendo, neste caso, apresentar-se ao empregador no prazo de trinta dias após a notificação de reintegração efectuada por ele efectuada, ou receber uma indemnização igual a quinze meses de retribuição;

ii. O ressarcimento dos danos sofridos mediante uma indemnização correspondente ao montante da retribuição global mensal desde a data do despedimento até à data da reintegração (que não pode ser inferior ao correspondente a cinco meses de retribuição);

iii. O pagamento dos valores devidos à segurança social. Temos, assim, a denominada *tutela real* (artigo 18.° do Estatuto dos Trabalhadores).

3) Refira-se ainda que tratando-se de despedimento discriminatório – o realizado por motivos *"de credo político ou de fé religiosa, pela pertença a um sindicato e pela participação em actividades sindicais"* (artigo 4.° da Lei n.° 604/66, ou *"com fins de discriminação política, religiosa, racial, de língua e de sexo"* (artigo 15.° do Estatuto dos Trabalhadores italiano), – este é nulo, cabendo ao trabalhador escolher, sem que o empregador se possa opor, entre a reintegração e uma indemnização (*tutela real*)[121].

III. Relativamente ao regime consagrado pelo Código do Trabalho, prescreve o artigo 438.° do Código do Trabalho, cuja epígrafe é *reintegração,* que:

"1. O trabalhador pode optar pela reintegração na empresa até à sentença do tribunal.

---

[121] Para uma análise do regime italiano *vd.,* TIZIANO TREU, *Os Despedimentos em Itália – Regime Jurídico Vigente – Perspectivas de Reforma*, policopiado, Universidade Católica Portuguesa, 2003, pp. 5 e ss.

Este Autor faz ainda uma comparação sumária do regime italiano com o português (p. 7), bem como referências aos diplomas em discussão em Itália sobre esta matéria (pp. 10 e ss).

2. Em caso de microempresa ou relativamente a trabalhadores que ocupem cargos de administração ou de direcção, o empregador pode opor-se à reintegração se justificar que o regresso do trabalhador é gravemente prejudicial e perturbador para a prossecução da actividade empresarial.

3. O fundamento invocado pelo empregador é apreciado pelo tribunal.

4. O disposto no n.° 2 não se aplica sempre que a ilicitude do despedimento se fundar em motivos políticos, ideológicos, étnicos ou religiosos, ainda que com invocação de motivo diverso, bem como quando o juiz considere que o fundamento justificativo da oposição à reintegração foi culposamente criado pelo empregador".

Com base nesta redacção alguma doutrina tem levantado dúvidas sobre a compatibilização do previsto nos n.os 2 e 3 com a Constituição.

Vejamos, antes de mais, o regime, para depois analisarmos se os argumentos são procedentes.

IV. Em caso de despedimento ilícito, o trabalhador mantém, regra geral, o direito à reintegração em qualquer caso de despedimento ilícito, uma vez que a norma em causa abrange qualquer tipo de despedimento (artigo 438.°, n.° 1)[122]. Por outro lado, não basta que o empregador se oponha à reintegração, pois a decisão caberá, sempre, ao tribunal (artigo 438.°, n.° 3), donde se deve salientar, como faz ROMANO MARTINEZ, que não está em causa um direito potestativo do empregador[123]. É necessário que a "oposição do empregador" seja procedente, sendo certo que esta "oposição" não é mais, nem menos, do que o ónus que o empregador tem de apresentar, e provar, factos que levem o tribunal à convicção de que "*o regresso do trabalhador é gravemente prejudicial e perturbador para a prossecução da actividade empresarial*". Naturalmente que não se trata de uma oposição de facto – o que aliás constituiria um crime de desobediência e, por outro lado, seria fazer com que o juiz, perante a afirmação da prática de um futuro crime, decidisse de forma diferente para evitar

---

[122] Como reconhece LEAL AMADO, *Extinção do Contrato de Trabalho (Algumas Notas sobre o Regime do Despedimento na Proposta do Código do Trabalho)*, policopiado, 2003, p. 12.

[123] ROMANO MARTINEZ, "Considerações Gerais sobre o Código do Trabalho", cit., p. 25.

esse crime; como é evidente, tal situação não tem qualquer correspondência com esta realidade, tratando-se de uma oposição jurídica, que está dependente da apreciação do juiz. Julgamos, aliás, que esta situação nem sequer pode ser fonte de dúvidas face à clareza (cristalina) da redacção do n.º 3 do artigo 438.º, segundo o qual, e nunca é demais repetir, "*o fundamento invocado pelo empregador* [i.e., o conteúdo da oposição] *é apreciado pelo tribunal*".

Assim, o trabalhador tem, como *princípio geral*, o direito à reintegração, pelo que:

a) Se o trabalhador não quiser a reintegração e o empregador quiser, a posição do trabalhador prevalece;

b) Se o trabalhador quiser e o empregador não quiser a reintegração, o direito do trabalhador prevalece;

c) Esta última situação só não ocorrerá se, cumulativamente:

    i) Estiver em causa um trabalhador de uma microempresa – empresa que emprega até dez trabalhadores (artigo 91.º, n.º 1, alínea a)) – ou trabalhadores que ocupem cargos de administração ou de direcção (artigo 438.º, n.º 2);

    ii) O empregador provar que o "*regresso do trabalhador é gravemente prejudicial e perturbador para a prossecução da actividade empresarial*" (artigo 438.º, n.º 2, 1.ª parte);

    iii) Não estiver em causa um despedimento que se funde "*em motivos políticos, ideológicos, étnicos ou religiosos, ainda que com invocação de motivo diverso*" (artigo 438.º, n.º 4);

    iv) "*O juiz* [não] *considere que o fundamento justificativo da oposição à reintegração foi culposamente criado pelo empregador*" (artigo 438.º, n.º 2, 2.ª parte).

Note-se ainda que no caso de a oposição à reintegração ser procedente o valor indemnizatório aumenta substancialmente (artigo 439.º, n.ᵒˢ 4 e 5).

Resulta, deste modo, inequívoco que existe uma tipicidade resultante dos pressupostos referidos que confere ao Tribunal critérios orientadores e interpretativos que permitirão uma decisão segura e objectiva.

V. Um dos primeiros argumentos de oposição ao regime e que interessa, desde já, analisar, é que esta norma seria análoga à prevista no

Decreto da Assembleia da República n.º 81/V que autorizava, entre outras matérias, o Governo a rever o regime jurídico da cessação do contrato de trabalho, e que foi objecto de decisão de inconstitucionalidade[124]. Previa o artigo 2.º, alínea d), daquele diploma, a *"admissão de substituição judicial da reintegração do trabalhador, em caso de despedimento declarado ilícito, por indemnização quando, após pedido da entidade empregadora, o tribunal crie a convicção da impossibilidade de reatamento de normais relações de trabalho"*.

Parece resultar claro que qualquer semelhança entre esta norma e o artigo 438.º é meramente aparente, sendo de salientar, desde logo, as seguintes diferenças:

a) O Decreto da Assembleia da República tinha uma previsão mais ampla, uma vez que não existia qualquer delimitação como se verifica com o artigo 438.º, n.º 2, que apenas permite a não reintegração estando em causa uma *"microempresa ou relativamente a trabalhadores que ocupem cargos de administração ou de direcção"*[125];

b) Por outro lado, não há qualquer semelhança entre o pressuposto *"o tribunal crie a convicção da impossibilidade do reatamento de normais relações de trabalho"* e o *"gravemente prejudicial e perturbador para a prossecução de actividade empresarial"*, pois naquela situação o que está em causa é o juízo de normalidade do *reatamento das relações laborais*, situação que é de muito difícil verificação depois de um litígio desta natureza, enquanto que no Código do Trabalho é necessária uma situação gravemente – não bastando a mera afectação – prejudicial e perturbadora para a própria continuação da actividade empresarial, tutelando-se também a liberdade de iniciativa económica. As diferenças são visíveis;

---

[124] Cfr. LEAL AMADO, *Extinção do Contrato de Trabalho* ..., cit., p. 12, para quem a disposição é análoga, mas não idêntica; e cfr. Acórdão do Tribunal Constitucional n.º 107/88, de 31 de Maio de 1988, *Diário da República*, I série, 21 de Junho de 1988, pp. 2516 e ss, em especial, pp. 2526 e ss.

[125] No mesmo sentido, ALBINO MENDES BAPTISTA, "A Reintegração no Anteprojecto do Código do Trabalho", *Prontuário de Direito do Trabalho*, Centro de Estudos Judiciário, n.º 63, 2003, p. 95.

c) Acresce que o Decreto da Assembleia da República não excluía que o despedimento de fundasse *"em motivos políticos, ideológicos, étnicos ou religiosos, ainda que com invocação de motivo adverso"* ou que a *"impossibilidade do reatamento de normais relações de trabalho"* fosse resultante de actos do próprio empregador, o que não acontece com artigo 438.°, que no seu n.° 4 claramente veda tais possibilidades;

d) Em suma, não se exigia o conjunto de pressupostos (cumulativos) que acima identificámos.

Estas são diferenças essenciais que por si só, como tentaremos demonstrar, justificam uma conclusão diferente.

VI. A norma alegadamente em crise é o artigo 53.° da Constituição, segundo a qual *"é garantida aos trabalhadores a segurança no emprego, sendo proibidos os despedimentos sem justa causa ou por motivos políticos ou ideológicos"*[126]. Como se pode ler em aresto do Tribunal Constitucional, "da justa causa retira-se, no essencial, que o trabalhador não pode ser privado do trabalho por mero arbítrio do empregador"; e, mais à frente, "na teleologia da norma do artigo 53.° da Constituição está pois a ideia de que a estabilidade do emprego envolve uma «resistência» aos desígnios do empregador, que ela não pode ser posta em causa por mero exercício da vontade deste"[127]. Por outro lado, naturalmente que também concordamos que a reintegração deve ser a consequência *normal* do despedimento ilícito, sob pena de ser desrespeitado o preceito constitucional[128]. Ou seja: a tutela reintegratória, por imposição constitucional, tem de prevalecer, em regra, sobre a tutela indemnizatória.

---

[126] Podem ser compulsados elementos relevantes sobre os trabalhos preparatórios do artigo 53.° no Acórdão do Tribunal Constitucional n.° 107/88, de 31 de Maio de 1988, cit., p. 2524.

[127] Acórdão do Tribunal Constitucional n.° 581/95, de 31 de Outubro de 1995, *Diário da República*, de 22 de Janeiro de 1996, I série A, n.° 18, p. 102.

[128] Neste sentido, Acórdão do Tribunal Constitucional n.° 583/2000, de 20 de Dezembro, *Diário da República*, de 22 de Março de 2001, II série, número 69, p. 5164; Furtado Martins, "Despedimento Ilícito, Reintegração na Empresa e Dever de Ocupação Efectiva – Contributo para o Estudo dos Efeitos da Declaração da Invalidade do Despedimento", *Direito e Justiça – Revista da Faculdade de Direito da Universidade Católica Portuguesa – Suplemento*, Lisboa, 1992, p. 24.

Estudos de Direito do Trabalho (Código do Trabalho) 65

É, no caso em análise, o que julgamos ocorrer, pois não só a decisão compete ao um órgão (de soberania) independente – que só opera com esta, ou seja, o trabalhador tem direito a todas as consequências contratuais até à data da decisão judicial –, como está condicionada pela verificação de um conjunto de pressupostos que asseguram que qualquer arbitrariedade do empregador inviabilizará os seus objectivos.

Ou seja: como reconhece o próprio Tribunal Constitucional, "tratava-se, porém, de um circunstancialismo muito particular"[129], havendo, segundo o seu entendimento, ausência de garantias, razão pela qual declarou, no aresto n.º 107/88, inconstitucional o artigo 2.º, alínea d), do Decreto n.º 81/V. De facto, e como aí se escreveu: "o acto que extingue o contrato de trabalho, no regime da norma em apreço, vem a revelar-se ilícito, antijurídico, e, não obstante isso, pode vir a ocasionar o despedimento quando o juiz criar a convicção da impossibilidade do reatamento de normais relações de trabalho.

Quer isto dizer que a entidade patronal, ao desencadear um despedimento ilícito, originou uma situação de conflito e tensão na relação laboral, acabando o clima de perturbação a ela devido servir para levar o juiz a substituir a reintegração por indemnização.

Não existe aqui lugar para o apelo a qualquer princípio de *tu quoque*, de compensação de culpas, pois que, ao menos no recorte abstracto da situação normativa, apenas à entidade empregadora pertence responsabilidade na degradação da relação de trabalho, por efectuar um despedimento ilícito em termos de assim ser reconhecido pelo tribunal.

A culpa do empregador, através do mecanismo instituído nesta forma, volta-se, não contra ele próprio, mas sim contra o trabalhador, que acaba despedido, em última análise, por força de um acto judicialmente declarado ilícito e situado na esfera de exclusiva responsabilidade da entidade patronal. É que a eventual impossibilidade do *reatamento* de normais relações de trabalho dever-se-á, em direitas contas, ao menos na

---

[129] Acórdão do Tribunal Constitucional n.º 583/2000, de 20 de Dezembro, cit., p. 5164. Escreve-se ainda no aresto, no local citado, que esse circunstancialismo ao consistir na substituição da reintegração por indemnização permitiria que "«a entidade patronal sempre pudesse despedir o trabalhador à margem de qualquer "causa constitucionalmente lícita", bastando para tanto criar, mesmo que artificialmente, as condições objectivas»" para fazer cessar o contrato.

generalidade das situações, ao próprio despedimento ilícito e às tensões que se lhe seguiram e o acompanharam.

A substituição da reintegração pela indemnização, em semelhante quadro, permitiria que a entidade patronal sempre pudesse despedir o trabalhador à margem de qualquer «*causa constitucionalmente lícita*», bastando-lhe para tanto criar, mesmo que artificialmente, as condições objectivas (despedimento ilícito + perturbações da relação laboral = impossibilidade do reatamento de normais relações do trabalho) conducentes à cessação do contrato de trabalho"[130].

É, por isto mesmo, que o artigo 438.º tem um conjunto bastante amplo de pressupostos, entre os quais se inclui a exclusão da não reintegração sempre que "*o juiz considere que o fundamento justificativo da oposição à reintegração foi culposamente criado pelo empregador*" (artigo 438.º, n.º 4, 2.ª parte).

VII. É também preciso ter presente que não há valores constitucionais absolutos. Numa constituição é normal a existência de tensões entre normas que consagram diferentes valores. Com efeito, é o que acontece também no caso presente, uma vez que o legislador entende que o artigo 53.º da Constituição deve ser harmonizado, desde logo, com a liberdade de iniciativa económica (artigo 61.º).

No que respeita à *liberdade de iniciativa económica privada*, prescreve o artigo 61.º, n.º 1, da Constituição, que "*a iniciativa económica privada exerce-se livremente nos quadros definidos pela Constituição e pela lei e tendo em conta o interesse geral*"[131]. De acordo com AFONSO

---

[130] Acórdão do Tribunal Constitucional n.º 107/88, de 31 de Maio de 1988, cit., p. 2527, itálico no original.

[131] Este direito é pacificamente aceite como um direito fundamental de natureza análoga aos direitos, liberdades e garantias. Neste sentido, VIEIRA DE ANDRADE, *Os Direitos Fundamentais na Constituição Portuguesa de 1976*, cit., p. 194, GOMES CANOTILHO – VITAL MOREIRA, *Constituição da República Portuguesa Anotada*, cit., p. 326 (I); JORGE MIRANDA, *Manual de Direito Constitucional – Direitos Fundamentais*, cit., 1993, pp. 141 e 454; AFONSO VAZ, *Direito Económico – A Ordem Económica Portuguesa*, 4.ª edição, Coimbra Editora, 1998, p. 150.

Podem ser compulsados elementos históricos em JORGE MIRANDA, "Iniciativa Económica", AAVV, *Nos Dez Anos da Constituição*, organização de JORGE MIRANDA, Imprensa Nacional Casa da Moeda, Lisboa, 1986, *maxime*, pp. 69-73. Para mais desenvolvimentos sobre o direito de iniciativa económica privada, *vd*. COUTINHO DE ABREU, "Limites Constitucionais à Iniciativa Económica Privada", *Estudos em Homenagem ao*

Vaz, "a liberdade de iniciativa económica privada tem o seu fulcro sensível na liberdade de empresa, quando esta se entenda nas suas três vertentes ou *sub-liberdades*: *liberdade de investimento ou de acesso* (direito à empresa), *liberdade de organização* e *liberdade de contratação* (direito de empresa)"[132]; esta significa, desde logo, a possibilidade de o empresário escolher os seus fornecedores, tal como a mão-de-obra e a fixação de salários e de outras condições de trabalho[133], entre as quais necessariamente se inclui a liberdade de desvinculação[134].

Por outro lado, resulta do artigo 61.°, n.° 1, da CRP, que a iniciativa económica privada não só está sujeita a ser regulada por lei, como o seu exercício tem de ser feito *"nos quadros definidos pela Constituição e pela lei e tendo em conta o interesse geral"*[135]. Ressalta, então, do preceito citado que a liberdade de iniciativa económica também não é um direito absoluto, nem os seus limites se encontram, apenas, assegurados pela Lei Fundamental, sem prejuízo de um mínimo de conteúdo útil que a lei não pode aniquilar[136]. Com efeito, "a lei ordinária apenas pode explicitar o conteúdo da iniciativa privada e compatibilizá-lo com outros direitos ou valores de dignidade constitucional que com ela possam abstractamente conflituar – nesse sentido, e só nesse, lhe é consentido trazer

---

Prof. Doutor Ferrer Correia, Boletim da Faculdade de Direito da Universidade de Coimbra, número especial, volume III, Coimbra, 1991, pp. 411-425 (previamente publicado, com o mesmo título, em *Temas de Direito do Trabalho – Direito do Trabalho na Crise, Poder Empresarial, Greves Atípicas*, AAVV, *IV Jornadas Luso-Hispano- -Brasileiras de Direito do Trabalho*, Coimbra Editora, 1990, pp. 423-434); Gomes Canotilho – Vital Moreira, *op. cit.*, pp. 326-327 (I-IV); Jorge Miranda, *Manual de Direito Constitucional – Direitos Fundamentais*, cit.,, pp. 454-457; Afonso Vaz, *op. cit.*, pp. 164-171. Na jurisprudência constitucional, *vd.*, por exemplo, aresto n.° 76/85, de 6 de Maio, *Boletim do Ministério da Justiça* n.° 360 (Novembro), suplemento, 1986, pp. 296 e ss.

[132] Afonso Vaz, *Direito Económico – A Ordem Económica Portuguesa*, cit., p. 165, itálico no original.

[133] Cfr. Afonso Vaz, *Direito Económico – A Ordem Económica Portuguesa*, cit., p. 166.

[134] Neste sentido, Lobo Xavier, *O Despedimento Colectivo no Dimensionamento da Empresa*, Verbo, Lisboa, 2000, p. 264.

[135] Como explica Jorge Miranda, *Manual de Direito Constitucional – Direitos Fundamentais*, cit., pp. 456-457, não está em causa a aplicabilidade directa da norma, pois a natureza do direito não permitiria afastar tal situação.

[136] *Vd.* Acórdão do Tribunal Constitucional n.° 76/85, de 6 de Maio, p. 13.

limites ao exercício daquele direito e definir os quadros em que ele se pode exercer"[137].

Uma das situações susceptíveis de conflituar com este direito encontra-se na área laboral, mais exactamente nos direitos dos trabalhadores, desde logo no artigo 53.º da Constituição. De facto, a liberdade à iniciativa económica tem de sofrer restrições resultantes do artigo 53.º da Constituição[138]. No entanto, "as *restrições* e os *condicionamentos* dos direitos fundamentais – e o direito à iniciativa tem a natureza de direito fundamental – só se justificam quando, apara além do mais, se mostrem *necessários* e *adequados* à salvaguarda de outros direitos ou valores constitucionais. Por outro lado, têm sempre de ser proporcionados. E, tratando-se de restrições, têm de deixar intocado o conteúdo essencial do respectivo preceito constitucional (cf. artigo 18.º da Constituição)"[139].

Nestes termos, impõe-se uma tarefa de harmonização ou concordância prática dos bens jurídicos em causa (artigo 18.º, n.os 2 e 3).

Ora, o artigo 438.º, n.º 2, ao impor a necessidade de o regresso do trabalhador ser "*gravemente prejudicial e perturbador para a prossecução da actividade empresarial*" pretende salvaguardar o seu conteúdo essencial, elegendo como ponto fulcral a prossecução da actividade empresarial. Nestes termos garante-se também a eficácia do artigo 53.º que "criou um regime de verdadeira e própria estabilidade no sentido de não permitir a perda do emprego conseguido fora dos casos particularmente graves ou excepcionais"[140], como é o caso.

Por outro lado, note-se, esta medida é necessária – exigível para garantir a prossecução da actividade empresarial e, consequentemente, os outros postos de trabalho –, adequada – resulta dos objectivos em causa que é apropriada, – e proporcional – não se restringe mais do que o neces-

---

[137] Acórdão do Tribunal Constitucional n.º 76/85, de 6 de Maio, pp. 23-24.

[138] Como bem salienta o Acórdão do Tribunal Constitucional n.º 392/89, de 17 de Maio de 1989, *Diário da República*, de 14 de Setembro de 1989, II série, n.º 212, p. 9179.

[139] Acórdão do Tribunal Constitucional n.º 392/89, de 17 de Maio de 1989, cit., p. 9180.

[140] GOMES CANOTILHO – JORGE LEITE, "A Inconstitucionalidade da Lei dos Despedimentos", *Estudos em Homenagem ao Prof. Doutor Ferrer Correia*, Boletim da Faculdade de Direito da Universidade de Coimbra, número especial, volume III, Coimbra, 1991, p. 546.

Estudos de Direito do Trabalho (Código do Trabalho) 69

sário para a salvaguarda dos outros valores constitucionais –, respeitando-
-se, deste modo, o artigo 18.°, n.° 2, da CRP[141].

Caberá então ao juiz[142], num segundo momento, perante os factos concretos e mediante os instrumentos já determinados conferidos pela lei, concretizar a harmonização realizada pelo legislador entre dois direitos em colisão.

VIII. Deve também ter-se presente que existem outras situações em que o valor da empresa e da salvaguarda de outros postos de trabalho permitiu que o legislador consagrasse, por exemplo, o despedimento colectivo ou a extinção de postos de trabalho sem qualquer censura por parte do Tribunal Constitucional[143]. Não parece ser defensável que a Constituição consinta a existência do instituto do despedimento colectivo – na qual existe um maior número de trabalhadores afectados – para permitir a manutenção da empresa e consequentemente a não destruição de vários postos de trabalho, mas vede a possibilidade de um despedimento individual estando em causa a *"prossecução da actividade empresarial"* (artigo 438.°, n.° 2, *in fine*). Ou seja: permitiria o mais, mas proibiria o menos, contrariando assim traves mestras do nosso ordenamento.

---

[141] Pode encontrar-se, por exemplo, no Acórdão do Tribunal Constitucional n.° 392/89, de 17 de Maio de 1989, cit., p. 9180, uma situação em que o Tribunal afirma que uma cláusula de uma convenção – mais exactamente de uma portaria, pois aquela foi objecto de extensão – que obriga a empresa, que ganha o concurso de empreitada, a manter todos os trabalhadores que ali prestavam serviço, impõe uma restrição desproporcionada do direito à iniciativa económica privada, ainda que tal protecção constasse do artigo 53.° da CRP.

Sobre o princípio da proporcionalidade e os seus três sub-princípios (necessidade, adequação e racionalidade ou proporcionalidade *stricto sensu*), cfr., por todos, GOMES CANOTILHO – VITAL MOREIRA, *Constituição da República Portuguesa Anotada*, cit., p. 152 (XI); JORGE MIRANDA, *Manual de Direito Constitucional – Direitos Fundamentais*, cit., pp. 218-219.

[142] Escreve ANTÓNIO JOSÉ MOREIRA, "Código do Trabalho – Anteprojecto – Breve Apreciação Crítica", *Minerva – Revista de Estudos Laborais*, Instituto Lusíada de Direito do Trabalho, ano 1, n.° 1, 2002, p. 21, que este ponto é essencial para afastar invocáveis inconstitucionalidades face ao artigo 53.° da Constituição.

[143] Acórdão do Tribunal Constitucional n.° 64/91, de 4 de Abril de 1991, *Diário da República*, de 11 de Abril de 1991, I série, número 84, pp. 1978(14) e ss. Este ponto é salientado por ROMANO MARTINEZ, "Considerações Gerais sobre o Código do Trabalho", cit., p. 26.

Parece, então, ser manifesto, como expressamente reconhece o Tribunal Constitucional, que "a Constituição não quis afastar as hipóteses de desvinculação do trabalhador naquelas situações em que a relação de trabalho não tem viabilidade de subsistência e que não são imputáveis à livre vontade do empregador"[144]. Por outro lado, e referidos os valores constitucionalmente em presença, não parece resultarem dúvidas que, repetimos, está garantido o respeito pelo princípio da proporcionalidade em sentido amplo, uma vez que estamos perante uma medida necessária, adequada e proporcional face aos objectivos pretendidos.

IX. Vejamos, então, ainda mais de perto a delimitação feita pelo legislador na norma em análise e quais os valores subjacentes. Ou seja: o trabalhador tem, como *princípio geral*, o direito à reintegração que é um dos elementos estruturantes da garantia constitucional consagrada no artigo 53.º e que, como acabámos de ver, deve ser objecto de harmonização com a liberdade de iniciativa económica.

O artigo 438.º, n.º 2, tipifica como situações admissíveis de ponderação para a não reintegração o despedimento ilícito de um trabalhador de uma microempresa – empresa que emprega até dez trabalhadores (artigo 91.º, n.º 1, alínea a)) – ou trabalhadores que ocupem cargos de administração ou de direcção.

Relativamente à excepção da não reintegração em microempresa, o legislador teve exactamente presente as considerações expendidas pelo Tribunal Constitucional, segundo o qual "a estrutura das pequenas empresas não é, como a das grandes empresas, uma estrutura *impessoal, burocrática e racionalizada*. É uma estrutura pessoal, em que se afirma ainda a «autoridade carismática da entidade empregadora"[145]. "Numa estrutura empresarial em que as relações se caracterizam pela imediação e a pessoalização, o despedimento é mais dramatizado do que nas estruturas das grandes empresas. Ali não existe o «aparato» de uma organização prédada, que conta com meios jurídicos, formação desenvolvida de grupos de representantes de trabalhadores, regras internas e cadeias de autoridade, capazes de diluir o conflito. Se uma relação de trabalho está a «che-

---

[144] Acórdão do Tribunal Constitucional n.º 581/95, de 31 de Outubro de 1995, cit., p. 102.

[145] Acórdão do Tribunal Constitucional n.º 581/95, de 31 de Outubro de 1995, cit., p. 108, itálico no original.

Estudos de Direito do Trabalho (Código do Trabalho)   71

gar ao fim» numa pequena empresa, ela tem com certeza uma intensidade mais dramática para o conjunto da empresa do que a que existe nas proporções mais vastas de uma grande empresa"[146].

É nesta dimensão de empresas que um dos elementos mais relevantes da situação laboral encontra o seu eco máximo: a confiança. É necessariamente aqui que o elemento fiduciário assume contornos essenciais e que impõe o desvio à regra geral da reintegração sob pena de o Direito ignorar a realidade dos factos. Como certeiramente escreve BAPTISTA MACHADO, "minada pelo «conflito» que se lhe sobrepõe e a inviabiliza, a relação contratual como que se autodestrói. Ao reconhecer esta extinção do suporte de viabilidade da relação, o tribunal limita-se a declarar como de direito aquilo que já é de facto uma ruptura insanável"[147].

Por outro lado, o que levou o legislador a excepcionar o princípio geral da reintegração foi o intuito de não colocar em causa a própria existência da empresa, uma vez que não parece causar grandes dúvidas que uma empresa em acentuado grau de conflito é uma empresa a prazo, colocando igualmente a termo todos os postos de trabalho[148]. De facto, como afirma BAPTISTA MACHADO, "o conflito (...) tende consabidamente à «bipolarização», ou seja, à formação de campos de lealdade contrapostos, potenciando assim novos conflitos entre os restantes trabalhadores da empresa, o que não pode deixar de afectar o funcionamento desta"[149].

Nestes termos, poderemos mesmo afirmar que a excepção encontra ainda suporte nos próprios valores do artigo 53.° como forma de assegurar e garantir a manutenção de postos de trabalho.

X. A outra excepção da não reintegração ocorre perante *"trabalhadores que ocupem cargos de administração ou de direcção"* (artigo 438.°,

---

[146] Acórdão do Tribunal Constitucional n.° 581/95, de 31 de Outubro de 1995, cit., pp. 108-109.

[147] BAPTISTA MACHADO, "Constitucionalidade da Justa Causa Objectiva", *Revista de Direito e de Estudos Sociais*, ano XXXI (IV da 2.ª série), 1989, n.os 3-4, p. 546. Este parecer foi dado a propósito da elaboração do regime jurídico da cessação, cfr. *Boletim do Trabalho e Emprego*, 29 de Abril de 1988, separata n.° 2.

[148] Como sugestivamente escreve LOBO XAVIER, *O Despedimento Colectivo ...*, cit., pp. 273-274, "o excesso na segurança valerá o que contém um cofre de que se perdeu a chave".

[149] BAPTISTA MACHADO, "Constitucionalidade da Justa Causa Objectiva", cit., pp. 545-546.

n.º 2, 2.ª parte). Como ensina MENEZES CORDEIRO, o cargo dirigente "distingue-se dos restantes por desfrutar de privilégios funcionais e remuneratórios, por ser destinatário de deveres mais intensos, por carecer de menor protecção e por implicar uma maior confiança por parte da entidade empregadora", pelo que, conclui o Professor, "o trabalhador dirigente, como delegado da entidade empregadora, deve colocar-se, perante esta, numa posição de lealdade e de confiança cuja falta, a ocorrer, compromete com gravidade os canais hierárquicos da empresa"[150].

São exactamente situações destas, em que o elemento fiduciário assume relevância majorada e em que, consequentemente, a sua degradação pode afectar toda a estrutura empresarial, que a norma encontra o seu único âmbito de aplicação; por outro lado, estamos perante trabalhadores que não carecem do mesmo nível de protecção dos restantes, uma vez que a sua prestação assume um grau diverso de infungibilidade[151].

Foi, aliás, na esteira destas considerações, na qual se tutelam valores idênticos, que o Tribunal Constitucional decidiu não merecer qualquer censura o regime de comissão de serviço, mais precisamente a respectiva cessação, tendo afirmado que "nestes casos, a quebra de relação fiduciária torna absolutamente impossível o serviço (...), como se de impossibilidade objectiva se tratasse, não tendo sentido falar-se de derrogação de normas inderrogáveis a este propósito"[152].

Admitindo o actual (e o futuro) instituto da comissão de serviço regimes privativos de tutela laboral, nas quais se inclui o despedimento não vemos como pode levantar dúvidas a aplicação da excepção à não reintegração aos trabalhadores de administração e direcção[153].

---

[150] MENEZES CORDEIRO, *Manual de Direito do Trabalho*, cit., p. 672. Esta consideração mereceu acolhimento no aresto do Tribunal Constitucional n.º 64/91, de 4 de Abril de 1994, cit., p. 1978(11).

[151] Escreve ANTÓNIO JOSÉ MOREIRA, "Código do Trabalho – Anteprojecto ....", cit., p. 22, a este propósito – quadros dirigentes – que "é praticamente *communis opinio* que estes profissionais, muitas vezes, se confundem com os empregadores, desempenham, por delegação, muitos dos seus poderes, têm um estatuto retributivo substancialmente diferente, onde as *stock options* podem assumir parte leonina, enfim, estão bastante diferenciados dos *gamas*, da *arraia miúda*, e não foi por causa destes *alfas* mais que se construiu e consolidou o Direito do Trabalho", itálico no original.

[152] Acórdão do Tribunal Constitucional n.º 64/91, de 4 de Abril de 1994, cit., p. 1978(12).

[153] Cfr. FURTADO MARTINS, "Despedimento Ilícito, ...", cit., p. 29.

XI. Parece-nos, do exposto, que não se trata de apurar uma situação de culpa do trabalhador, mas de uma *justa causa objectiva*[154], pois haverá uma abstracção da eventual culpa do trabalhador. Numa situação destas, o Tribunal vai apreciar "se a relação contratual, depois de todas as perturbações por que passou e do clima conflituoso por estas criado nas relações entre as partes, e atendendo sobretudo à forma directa como são exercidos os poderes de direcção pelo empregador (o que pressupõe, em regra, uma reduzida dimensão da empresa), se acha ou não inviabilizada. Concluirá pela afirmativa se tal relação, por virtude das violações cometidas por ambas as partes e da lógica conflituosa da retaliação, que tal estado de coisas engendra, se acha tão duradoiramente perturbada, que *objectivamente* (do ponto de vista do terceiro imparcial) se deva ter por impossível uma frutuosa subsistência do vínculo obrigacional – ou um «funcionamento» normal desse vínculo no futuro"[155].

No entanto, e não obstante tratar-se de uma justa causa objectiva é, ainda, como já referimos, necessário que não exista culpa do empregador (artigo 438.º, n.º 4, 2.ª parte)[156], pelo que se se torna dispensável a culpa do trabalhador, é essencial a ausência da mesma por parte do empregador.

Por outro lado, e tratando-se de uma situação diferente de uma justa causa subjectiva, é igualmente importante salientar que também o regime é diferente, pois não só há uma regulação substantiva distinta, como, consequentemente, há um conjunto de garantias (acrescidas) concedidas ao trabalhador, entre as quais figuram o facto de a decisão caber ao juiz (artigo 438.º, n.º 3), um exigente conjunto de pressupostos (positivos e negativos) expressamente previstos (artigo 438.º, n.os 2 e 4) – o que claramente afasta qualquer hipótese de despedimento *ad nutum* –, e ainda conceder uma indemnização majorada (artigo 439.º, n.os 4 e 5), à qual

---

[154] Neste sentido, BAPTISTA MACHADO, "Constitucionalidade da Justa Causa Objectiva", cit., p. 545; BARBOSA DE MELO, "Reflexão sobre o Projecto de Diploma relativo à Cessação do Contrato Individual de Trabalho", *Revista de Direito e de Estudos Sociais*, ano XXXI (IV da 2.ª série), 1989, n.os 3-4, p. 527, a propósito da análise de um projecto que está publicado no *Boletim do Trabalho e Emprego*, de 17 de Dezembro de 1987, separata n.º 1; MENEZES LEITÃO, *A Conformidade da Proposta de Lei ...*, cit., 65, que também cita BAPTISTA MACHADO; ROMANO MARTINEZ, "Considerações Gerais sobre o Código do Trabalho", cit., p. 26.

[155] BAPTISTA MACHADO, "Constitucionalidade da Justa Causa Objectiva", cit., pp. 544-545.

[156] Esta é uma diferença relevante da situação analisada por BAPTISTA MACHADO.

acrescem, naturalmente, todos os danos patrimoniais e não patrimoniais (artigo 436.°, n.° 1, alínea a)) e o salário de tramitação até à data da decisão judicial (artigo 437.°, n.° 1).

Por essas razões, não faria sentido que o ordenamento constitucional permitisse o despedimento colectivo, a extinção de postos de trabalho e o despedimento por inadaptação (cfr., respectivamente, artigos 397.° e ss, 402.° e ss e 405.° e ss) e vedasse, com mais garantias e efeitos mais restritos, uma justa causa objectiva que visa, em última instância, salvar os restantes postos de trabalho.

XII. Deve ainda salientar-se que é também pelo respeito de valores constitucionais que a possibilidade de não reintegração não existe se estivermos perante um despedimento ilícito que se funde *"em motivos políticos, ideológicos, étnicos ou religiosos, ainda que com invocação de motivo diverso"* (artigo 438.°, n.° 4, 1.ª parte). Na verdade, numa situação destas, estaríamos perante uma violação grosseira de valores estruturantes de um Estado de Direito, que fazem parte do conteúdo do princípio da igualdade (artigo 13.° da CRP). Com efeito, ensina JORGE MIRANDA que "o sentido primário do princípio [da igualdade] é negativo: consiste na vedação de privilégios e de discriminações"[157].

É o caso.

XIII. Note-se, aliás, que a situação de não reintegração já encontra paralelos no nosso ordenamento jurídico. Com efeito, o artigo 31.°, n.° 1, do Contrato de Trabalho de Serviço Doméstico (Decreto-Lei n.° 235/92, de 24 de Outubro) consagra a possibilidade de reintegração apenas em caso de acordo[158]. Tal posição do legislador assenta também, desde logo, no carácter fiduciário deste tipo de relação, situação que não foi objecto

---

[157] JORGE MIRANDA, *Manual de Direito Constitucional – Direitos Fundamentais*, cit., p. 213. Segundo o Autor, *op. cit.*, pp. 213-214, privilégios "(…) são situações de vantagem não fundadas e discriminações situações de desvantagem; ao passo que discriminações positivas são situações de vantagem fundadas (…)".

[158] Prescreve este preceito que *"o despedimento decidido com alegação de justa causa e que venha a ser judicialmente declarado insubsistente, não havendo acordo quanto à reintegração do trabalhador, confere a este o direito a uma indemnização correspondente à retribuição de um mês por cada ano completo de serviço ou fracção, decorrido até à data em que tenha sido proferido o despedimento, nos casos de contrato sem termo ou com termo incerto, e às retribuições vincendas, nos casos de contrato a termo certo".*

Estudos de Direito do Trabalho (Código do Trabalho) 75

de qualquer censura jurídico-constitucional[159] e que encontra similitude nos fundamentos da opção do legislador.

Tal facto demonstra, por um lado, se dúvidas existissem, que o legislador expressamente reconheceu – e o Tribunal Constitucional não censurou – que há relações laborais que possuem características próprias e, por outro lado, que a regra geral da reintegração não é mais do que isso mesmo: uma regra geral com excepções[160].

Como escrevem JORGE LEITE e COUTINHO DE ALMEIDA, "as obrigações de natureza pessoal são, na verdade, incoercíveis (a perfilhação, o casamento, a obrigação do trabalhador prestar trabalho, etc.). Só que a obrigação de «reintegrar» não apresenta, como parece a Carbonnier, uma tal característica (...), ou seja, ela «não supõe uma actividade individual que não pode ser obtida sem coerção sobre a pessoa». Este é um reflexo da chamada objectivação ou despersonalização da relação de trabalho, patente sobretudo na grande empresa. Por isso mesmo, esta obrigação se deve excluir do âmbito do contrato de serviço doméstico e de empresas familiares ou quase familiares"[161].

XIV. Refira-se também que, e recorrendo uma vez mais ao ensino de ROMANO MARTINEZ, "no regime da função pública admite-se que o

---

[159] Cfr. sobre o contrato de trabalho doméstico, CARLOS ALEGRE, *Contrato de Serviço Doméstico Anotado*, colecção Vega Universidade, Lisboa, pp. 51 e ss; FRAÚSTO DA SILVA, "Serviço doméstico, intimidade e despedimento", *Revista de Direito e de Estudos Sociais*, ano XLII (XV da 2.ª série), 2001, n.ºs 3 e 4, pp. 227 e ss, em especial, quanto a esta matéria, pp. 296 e ss.

[160] Neste sentido, ALBINO MENDES BAPTISTA, "A Reintegração no Anteprojecto ...", cit., p. 92; Escreve a propósito FURTADO MARTINS, "Despedimento Ilícito, ...", cit., p. 29, "pensemos, por exemplo, nas relações de trabalho doméstico, em muitas das relações de trabalho em organizações não empresariais – tais como partidos políticos, associações sindicais e patronais, instituições religiosas, escritórios de profissionais liberais, etc.–, nas relações de trabalho em empresas de dimensão e natureza familiar ou quase familiar em que exista uma acentuada componente fiduciária, tal como acontece relativamente aos quadros dirigentes das empresas"; cfr. também pp. 28 e 30.

Note-se ainda que, por isso mesmo, o artigo 6.º, n.º 2, 2.ª parte, do Decreto-Lei n.º 595/74, de 7 de Novembro (diploma dos partidos políticos), determina: *"Considera-se, porém, como justa causa de despedimento o facto de o trabalhador se filiar em partido diferente daquele que o emprega ou fazer propaganda contra ele ou a favor de outro partido".*

[161] JORGE LEITE – COUTINHO DE ALMEIDA, *Colectânea de Leis de Trabalho*, Coimbra Editora, 1985, p. 264 (IV).

Estado ou outra pessoa colectiva pública, tendo o tribunal administrativo decretado a nulidade do acto de despedimento, invoque causa legítima de recusa da reintegração"[162].

Vejamos em que termos.

Na constituição da situação de emprego público tanto podemos estar perante um acto unilateral como bilateral. Com efeito, estabelece o artigo 5.º do Decreto-Lei n.º 184/89, de 2 de Junho, que a constituição da relação jurídica de emprego público verifica-se quer mediante nomeação – que é um acto unilateral da Administração com o objectivo de preencher, com carácter de permanência, um lugar do quadro, cujos efeitos estão condicionados à aceitação do nomeado (cfr. artigo 6.º do D.L. cit.) – quer através de contrato – que é, naturalmente, um acto bilateral que dá origem a uma relação transitória de trabalho subordinado, que tanto pode ser um contrato administrativo de provimento, como um contrato de trabalho a termo certo (cfr. arts. 7.º e ss do D.L. cit.).

Relativamente à cessação, a que também se aplica o artigo 53.º da CRP – note-se que o Direito Constitucional laboral abrange quer os trabalhadores cuja actividade é regulada pelo Direito do Trabalho, quer os trabalhadores cuja actividade está inserida no Direito da Função Pública[163] [164] – as modalidades, em geral, são (cfr. artigos 14.º, n.º 3, e 28.º do Decreto-

---

[162] ROMANO MARTINEZ, "Considerações Gerais sobre o Código do Trabalho", cit., p. 27.

[163] Neste sentido, *vd.*, nomeadamente, GOMES CANOTILHO – VITAL MOREIRA, *Constituição da República Portuguesa Anotada*, cit., p. 286 (III); JOÃO CAUPERS, *Os Direitos Fundamentais dos Trabalhadores e a Constituição*, Almedina, Coimbra, 1985, por exemplo, p. 80, onde o Autor conclui que o conceito de *trabalhador* plasmado na Constituição corresponde à noção de trabalhador subordinado e, pp. 83-93, em especial, p. 87, onde se refere ao princípio da igualdade de direitos entre os trabalhadores da função pública e os restantes trabalhadores, bem como pp. 85-86, com importantes referências aos trabalhos preparatórios da CRP; MENEZES CORDEIRO, "Da Constitucionalidade das Comissões de Serviço", *Revista de Direito e de Estudos Sociais*, ano XXXIII (VI da 2.ª série), 1991, n.ºs 1-2, p. 144, que se refere ao artigo 53.º da CRP; PEREIRA COUTINHO, "A relação de emprego público na Constituição – algumas notas", AAVV, *Estudos sobre a Constituição*, coordenador JORGE MIRANDA, III volume, 1979, p. 689 a 706; LIBERAL FERNANDES, *Autonomia Colectiva dos Trabalhadores da Administração. Crise do Modelo Clássico de Emprego Público*, «Stvdia Ivridica», n.º 9, Boletim da Faculdade de Direito da Universidade de Coimbra, Coimbra Editora, 1995, por exemplo, pp. 18 e 122-126. Como exemplos podemos apontar os artigos 53.º, 55.º e 56.º da CRP.

[164] Note-se que apesar da diferença de regimes, tanto o Direito do Trabalho (artigo 165.º, n.º 1, alínea b), da CRP, que abrange as matérias mais relevantes deste ramo) como

Estudos de Direito do Trabalho (Código do Trabalho) 77

-Lei n.º 427/89, de 7 de Dezembro), no caso de estarmos face a funcionários – constituição do vínculo por nomeação (artigo 4.º, n.º 5, do Decreto-Lei n.º 427/89, de 7 de Dezembro) ou agentes (artigo 14.º, n.º 2 do D.L. cit.):

a) Caducidade (*v.g.*, morte do funcionário, decurso do prazo do contrato a termo);
b) Aplicação da pena disciplinar expulsiva;
c) Aposentação;
d) Mútuo acordo, mediante indemnização;
e) No caso de estarmos face a um contrato de administrativo de provimento – agente – (artigo 30.º do D.L. cit.), este pode cessar por:

   i) mútuo acordo;
   ii) denúncia de qualquer das partes;
   iii) rescisão pelo contratado;
   iv) no caso de estarmos face a um funcionário existe ainda a possibilidade de exoneração (artigo 29.º do D.L. cit.).

No caso de um funcionário ilicitamente demitido, prescreve o artigo 83.º do Estatuto Disciplinar dos Funcionários e Agentes da Administração Central, Regional e Local (Decreto-Lei n.º 24/84, de 16 de Janeiro) que este "(...) *terá direito a ser provido em lugar de categoria igual ou equivalente* (...)", sendo certo que, conforme determina o artigo 95.º da Lei de Processo nos Tribunais Administrativos (Decreto-Lei n.º 267/95, de 16 de Julho), "*as decisões dos tribunais administrativos transitadas em julgado são obrigatórias, nos termos da Constituição da República Portuguesa, e à sua execução pelas autoridades competentes é aplicável o disposto nos artigos 5.º e seguintes do Decreto-Lei n.º 256-A/77, de 17 de Junho*". Consequentemente, o artigo 5.º deste diploma impõe à Administração e, em especial, à entidade autora do acto objecto de recurso o dever de executar[165]; por outro lado, o artigo 11.º, n.º 3, do mesmo diploma, fixa que, no caso de a execução ter sido requerida pelo interessado, o incumprimento de decisão transitada em julgado "*importa a pena de desobediência, sem prejuízo de outro procedimento especialmente fixado na lei*".

---

a Função Pública (artigo 165.º, n.º 1, alínea t), da CRP) fazem parte da reserva relativa da Assembleia da República.

[165] Cfr. também os artigos 831.º do Código Administrativo e 76.º do Regulamento do Supremo Tribunal Administrativo.

Nestes termos, o legislador fixa o mesmo princípio que no Direito do Trabalho: a reconstituição natural, conferindo ao trabalhador um direito subjectivo[166].

Este princípio, no entanto, contém um desvio: há causas legítimas de inexecução que permitem à Administração o incumprimento da decisão judicial. Estabelece o artigo 6.º, n.º 2, do Decreto-Lei n.º 256-A/77, que constituem causa legítima de inexecução "(...) *a impossibilidade e o grave prejuízo para o interesse público no cumprimento da sentença*". Há, deste modo, duas possibilidades: impossibilidade da execução ou grave prejuízo para o interesse público.

Uma das situações exemplificadas para a primeira hipótese – impossibilidade de execução – é exactamente a extinção de um cargo de um funcionário ilegalmente demitido, uma vez que, como afirma FREITAS DO AMARAL, não se pode reintegrar um funcionário num posto inexistente[167], sendo de salientar que, tal como na situação do Código do Trabalho (artigo 438.º, n.º 4), não podemos estar ante uma impossibilidade culposa, existindo ainda, no caso de não ser possível o recurso a esta excepção, a segunda alternativa, i.e., verificação de "(...) *grave prejuízo para o interesse público no cumprimento da sentença*"[168] [169].

---

[166] Neste sentido, quanto ao dever de executar relativamente à Administração, cfr. FREITAS DO AMARAL, *A Execução dos Tribunais Administrativos*, 2.ª edição, 1997, Almedina, pp. 27 e ss. Como escreve o Professor, *op. cit.*, p. 45, "a execução deverá pois entender-se que consiste na *prática, pela Administração activa, dos actos jurídicos e operações materiais necessários à reintegração efectiva da ordem jurídica violada, mediante a reconstituição da situação que existiria, se o acto ilegal não tivesse sido praticado*", itálico no original; e mais à frente: "Assim, se por efeito da demissão do funcionário este foi de facto afastado do serviço, a execução da sentença anulatória do acto punitivo não há-de limitar-se à prática de um acto de reintegração, antes tem de abranger também a afectiva reinstalação do agente no lugar que ocupava quando foi demitido" (p. 68).

[167] FREITAS DO AMARAL, *A Execução das Sentenças* ..., cit., p. 126. Para mais desenvolvimentos sobre a impossibilidade da execução, cfr. FREITAS DO AMARAL, *op. cit.*, pp. 125 e ss.

[168] FREITAS DO AMARAL, *A Execução das Sentenças* ..., cit., p. 129.

[169] Como escrevem GOMES CANOTILHO e VITAL MOREIRA, *Constituição da República Portuguesa Anotada*, cit., p. 922 (II), em anotação ao artigo 267.º da Constituição, actual 266.º, "o interesse público – expressão pouco utilizada, de resto, na Constituição (cfr. também artigo 269.º-1), mas que tem equivalentes noutras, como «interesse geral» (cfr. artigos 52.º-1, 65.º-2/c e 81.º/e), «interesse colectivo» (cfr. artigo 47.º/1), «utilidade pública», etc. – é um momento teleológico necessário de qualquer actividade administra-

Em situações como estas, devidamente analisadas pelo tribunal – artigos 7.°, n.° 1, e 8.° do Decreto-Lei n.° 256-A/77, tal como no Código do Trabalho (artigo 438.°, n.° 3) –, existe uma causa de exclusão da ilicitude, o que permite que a Administração incumpra licitamente a decisão judicial, surgindo o direito de indemnizar o titular do direito à execução[170].

Ou seja: a Administração pode licitamente opor-se à reintegração de um funcionário ilicitamente demitido sempre que existir uma causa legítima de inexecução[171], ficando obrigada a indemnizá-lo. Ora, tal mecanismo não tem merecido censura jurídico-constitucional, sendo certo que os funcionários públicos usufruem de idêntico regime de tutela constitucional[172].

---

tiva: as autoridades administrativas, mesmo no uso de poderes discricionários, não podem prosseguir uma qualquer finalidade, mas apenas a finalidade considerada pela lei ou pela Constituição, que será sempre uma finalidade de interesse público". Por outro lado, concordamos com FREITAS DO AMARAL, *Direito Administrativo*, volume II, Lisboa, 1988, pp. 81-82, quando afirma "(…) que a prossecução do interesse público não é o único critério da acção administrativa, nem tem um valor ou alcance ilimitados. Há que prosseguir, sem dúvida, o interesse público, mas respeitando simultaneamente os direitos subjectivos e os interesses legítimos dos particulares". E, por isso, bem se pode dizer que "está aqui retratada a essência do Direito Administrativo, que se caracteriza pela necessidade permanente de conciliar as exigências do interesse público com as garantias dos particulares", FREITAS DO AMARAL, *op. cit.*, p. 82.

O Código de Procedimento Administrativo, como se sabe, consagra igualmente o princípio do interesse público no artigo 4.°. Sobre este princípio, *vd.,* por todos, FREITAS DO AMARAL, *op. cit.*, pp. 35-39; FREITAS DO AMARAL et al., *Código do Procedimento Administrativo Anotado*, cit., p. 41; VIEIRA DE ANDRADE, "Interesse Público", AAVV, *Dicionário Jurídico da Administração Pública*, director José Pedro Fernandes, volume V (Gov-Mis), 1993, s.e., Lisboa, pp. 275-282; JOÃO CAUPERS, *Direito Administrativo*, Editorial Notícias, Lisboa, 1998, pp. 59-60 e 73-75; SÉRVULO CORREIA, *Noções de Direito Administrativo*, I, Editora Danubio, Lisboa, 1982, pp. 227-231; ESTEVES DE OLIVEIRA – COSTA GONÇALVES – PACHECO DE AMORIM, *Código do Procedimento Administrativo*, cit., pp. 96-98; FAUSTO QUADROS, "Procedimento Administrativo – Questões Introdutórias (§ 1.°) e Princípios Gerais do Código (§ 2.°)", *Dicionário Jurídico da Administração Pública*", volume VI, s.e., Lisboa, 1994, p. 474; M. REBELO DE SOUSA, *Lições de Direito Administrativo*, volume I, Lex, Lisboa, pp. 79-80 e 114-116.

[170] FREITAS DO AMARAL, *A Execução das Sentenças* …, cit., pp. 119 e ss.

[171] Estabelece o n.° 3 do artigo 7.° do Decreto-Lei n.° 256-A/77 que "*a declaração de inexistência de causa legítima de inexecução poderá ser solicitada ao tribunal pela própria Administração, em exposição fundamentada*".

[172] Os direitos fundamentais dos funcionários públicos não são objecto de restrições de princípio, apriorísticas, devendo ter sempre base constitucional. Neste sentido, VIEIRA

Deste modo, e tendo a previsão da norma do Código do Trabalho requisitos bastante mais limitados, não se encontra razão para, ainda por cima numa altura em que os dois ramos de Direito se têm vindo a aproximar[173], defender a inconstitucionalidade da norma laboral, mas o respeito da Constituição por parte do regime administrativo, ignorando-se, assim, a unidade da ordem jurídica.

XV. Em suma, como escreve MENEZES CORDEIRO, em parecer sobre o Anteprojecto, é "totalmente sustentável que a proibição de despedimento sem justa causa se mantenha efectiva quando, à sua ausência, a lei associe sanções (adequadas à seriedade da ocorrência) diversas da reintegração. Além disso – continua o Professor –, as cominações constitucionais devem sempre ser articuladas com os diversos valores que a própria Constituição assegura. Assim, *in concreto*, pode acontecer que uma determinada reintegração possa contundir com princípios constitucionais irrecusáveis. Pense-se em microempresas, nas quais a presença de algum trabalhador possa atentar contra a intimidade da vida privada de outras pessoas, ou em lugares de direcção, que não se entende possam ser preenchidos *iure imperii*.

A solução do Anteprojecto, no fundo, já se imporia mercê do Direito em vigor. A novidade reside na regulação processual para a apreciação do articular dos diversos vectores constitucionais"[174].

Por todo o referido, a norma não poderá merecer qualquer censura.

DE ANDRADE, *Os Direitos Fundamentais ..., cit.,* pp. 304-308, não obstante revelar uma concepção estatutária, segundo a qual o emprego público constitui uma relação especial de poder; ANA NEVES, *A Relação Jurídica de Emprego Público*, cit., pp. 82-83; LIBERAL FERNANDES, *Autonomia Colectiva dos Trabalhadores da Administração. Crise do Modelo Clássico de Emprego Público*, cit., p. 129.

[173] Cfr., por exemplo, neste sentido, JOÃO CAUPERS, "Situação Jurídica Comparada dos Trabalhadores da Administração Pública e dos Trabalhadores Abrangidos pela Legislação do Contrato de Trabalho", *Revista de Direito e de Estudos Sociais*, ano XXXI (IV da 2.° série), 1989, n.° 1-2, pp. 243 e ss.

[174] MENEZES CORDEIRO, *Inovações e Aspectos Constitucionais sobre o Anteprojecto do Código do Trabalho*, policopiado, 2002, pp. 112-113.

Estudos de Direito do Trabalho (Código do Trabalho)

§ 6.°) VIGÊNCIA DAS CONVENÇÕES COLECTIVAS (artigo 557.°, n.ᵒˢ 2, 3 e 4)

I. Actualmente vivemos numa época que se poderá designar de *"imobilismo* da *contratação colectiva"*. Em Portugal entre 1997 e 2002, foram depositadas, em média, cerca de quatrocentas convenções anuais[175]. Em nenhum país da União Europeia existe uma situação de bloqueio tão generalizado e prejudicial como no nosso país; para suportar a afirmação basta dizer que, por exemplo, em Espanha, no ano de 2001, foram registadas cerca de quatro mil e vinte e uma convenções[176], enquanto que em Portugal, no mesmo período, foram depositados trezentos e setenta e nove acordos, contando com as alterações parciais, pois convenções novas foram apenas quarenta e uma[177].

As causas são há muito conhecidas, podendo, entre outras, isolar-se, *primo*, a actual legislação, *rectius*, a interpretação de que ela é objecto, da qual resulta a perpetuação de um instrumento cuja vocação é *temporária; secundo*, o diminuto espaço de intervenção que, em regra, as convenções têm, i.e., excesso de imperatividade legal em detrimento de normas convénio-dispositivas[178].

---

[175] Este número inclui também alterações parciais, bem como adesões. Cfr. *Principais Características da Negociação Colectiva em Portugal (1994-2001)*, Secretaria de Estado do Trabalho e Formação, Colecção "Estudos", série C – "Trabalho", n.° 16, 2002, p. 30 e ss. Em 2002, de acordo com os dados da Direcção-Geral do Emprego e das Relações de Trabalho (DGERT), houve um ligeiro aumento, uma vez que a totalidade dos instrumentos negociais publicados foi de quatrocentos e dezanove, face aos trezentos e setenta e nove do ano anterior, devendo-se esse acréscimo ao maior número de adesões verificadas (oitenta e dois em 2002, quando em 2001 foram dezanove).

O conteúdo da contratação colectiva também deve ser motivo de preocupação, porquanto matérias como a segurança, higiene e saúde no trabalho ou a formação não surgem nos primeiros oito temas mais abordados entre 1997 e 2002 e apenas uma alteração respeita ao trabalho de pessoa com deficiência.

[176] Cfr. *Situación Actual de la Medición de la Cobertura de la Negociación Colectiva en España*, Comisión Consultiva Nacional de Convenios Colectivos, Colección Informe y Estudios, série Relaciones Laborales, n.° 45, Ministerio de Trabajo y Asuntos Sociales, Madrid, 2002, p. 17.

[177] Cfr. *Principais Características da Negociação Colectiva ...*, cit., p. 13; estamos a incluir também as adesões (19).

[178] Para uma apreciação crítica do sistema constante da LRCT, *vd.* MONTEIRO FERNANDES, "Reflexões sobre a Negociação Colectiva em Portugal", AAVV, *III Congresso Nacional de Direito do Trabalho – Memórias*, coordenação de António José

No actual e futuro Direito do Trabalho, a contratação colectiva é um factor essencial para a realização da justiça social, pelo que é facilmente compreensível que o legislador tenha eleito como elemento central da reforma laboral a revitalização da contratação colectiva que constitui, como salienta GINO GIUGNI, "juntamente com o direito de greve, o instituto mais típico do Direito do Trabalho"[179]. Por isso, as soluções previstas no Código do Trabalho visam, nesta matéria, acima de tudo revitalizar a contratação colectiva que deve ter um papel único na regulação das relações laborais.

Como se escreve na Exposição de Motivos da Proposta de lei n.º 29/IX (aprova o Código do Trabalho), "é objectivo estruturante do Código inverter a situação de estagnação da contratação colectiva, dinamizando-a, não só pelas múltiplas alusões a matérias a regular nessa sede, como por via da limitação temporal de vigência desses instrumentos"[180].

Moreira, Almedina, Coimbra, 2001, pp. 226 e ss; JOSÉ ANTÓNIO MESQUITA, "Reflexões sobre a Negociação Colectiva", AAVV, *II Congresso Nacional de Direito do Trabalho – Memórias*, coordenação de António Moreira, Almedina, Coimbra, 1999, pp. 219 e ss; GONÇALVES DA SILVA, *Notas sobre a Eficácia Normativa da Convenção Colectiva*, colecção cadernos laborais, n.º 1, Instituto de Direito do Trabalho, Almedina, Coimbra, 2002, em especial, pp. 68 e ss.; LOBO XAVIER, "Alguns Pontos Críticos das Convenções Colectivas de Trabalho", AAVV, *II Congresso Nacional de Direito do Trabalho – Memórias*, coordenação de António Moreira, Almedina, Coimbra, 1999, pp. 329 e ss. Com interesse para a questão, ALAIN SUPIOT, *et. al. Transformações do Trabalho e Futuro do Direito do Trabalho na Europa*, «Perspectivas Laborais», n.º 1, Associação de Estudos Laborais, Coimbra Editora, 2003, pp. 147 e ss.

[179] GINO GIUGNI, *Autonomia e Autotutela Colectiva no Direito do Trabalho*, Associação Académica da Faculdade de Direito de Lisboa, 1983, p. 5.

[180] Exposição de Motivos da Proposta de lei n.º 29/IX (aprova o Código do Trabalho) *Diário da Assembleia da República*, Separata n.º 24/IX, de 15 de Novembro de 2002, p. 7.

Pode ainda salientar-se na Exposição de Motivos, *Diário da Assembleia da República*, cit., pp. 9-10, na parte relativa às alterações em matéria de contratação colectiva, os seguintes pontos:

   a) "Revitalização da contratação colectiva, nomeadamente através do estabelecimento da obrigação de as convenções colectivas regularem o respectivo âmbito temporal, e da previsão de um regime supletivo aplicável em matéria de sobrevigência e de denúncia, sempre que tal se não encontre regulado por convenção;

   b) Consagração do princípio segundo o qual a mera sucessão de convenções colectivas não pode ser invocada para diminuir a protecção geral dos trabalhadores;

   c) Dinamização da arbitragem obrigatória, cabendo aos representantes das associações sindicais e patronais, com assento na Comissão Permanente de Concertação

II. Para o facto de a nossa situação não ter paralelo com qualquer outro país comunitário, muito contribuem, ainda que não somente, os regimes aí vigentes[181].

> Social, a elaboração da lista de árbitros, sendo a sua feitura deferida, em caso de recusa de elaboração, a uma comissão composta pelo Presidente do Conselho Económico e Social, que preside, e por dois representantes das associações sindicais e dois representantes das associações de empregadores, competindo ao Presidente do Conselho o desbloqueio da situação caso os procedimentos acima referidos não sejam eficazes;
>
> *d)* Limitação da possibilidade de recurso aos regulamentos de condições mínimas (portarias de regulamentação do trabalho) ao caso de inexistência de sujeitos colectivos;
>
> *e)* Reforço dos requisitos necessários para a elaboração de regulamentos de condições mínimas (portarias de regulamentação do trabalho), desde que circunstâncias sociais e económicas o justifiquem;
>
> *f)* Reiteração do princípio da responsabilização civil dos sujeitos outorgantes de convenções colectivas, bem como dos respectivos filiados, pelo seu incumprimento".

[181] Como se sabe, o Código do Trabalho mantém a regra geral existente no ordenamento, segundo a qual as convenções colectivas têm somente *eficácia inter-partes*. Nestes termos, o âmbito subjectivo (ou pessoal) da convenção é determinado, em regra (cfr. artigos 553.º e 554.º), pela filiação do empregador, caso não celebre a convenção directamente, e do trabalhador nas associações outorgantes. A isto se chama *princípio da dupla filiação*.

Os efeitos da convenção colectiva nos ordenamentos jurídicos estrangeiros não são idênticos. Na Alemanha, por exemplo, a convenção colectiva tem apenas efeitos inter-partes i.e., só os sujeitos outorgantes estão vinculados. Existe, contudo, uma excepção importante à regra de a convenção apenas abranger os filiados: se o empresário estiver vinculado à convenção, ainda que os trabalhadores não o estejam, aquele tem de cumprir o estipulado na convenção relativamente às normas de empresa e de organização social – § 3.º, § 1 e 2, da Lei das Convenções Colectivas (TVG – *Tarifvertragsgesetz*). Sobre os efeitos pessoais da convenção, vd. WOLFGANG DÄUBLER, *Derecho del Trabajo*, Ministerio de Trabayo y Seleridade Social, Madrid, 1994, pp. 149-150; HUECK-NIPPERDEY, *Compendio de Derecho del Trabajo*, Editorial Revista de Derecho Privado, Madrid, 1963 (tradução castelhana de Miguel Rodriguéz Piñero e Luis Enrique de la Villa, *Grundriß des Arbeitsrecht*, s.e., 1962), pp. 342-343; ALFRED SÖLLNER, *Grundriß des Arbeitsrechts*, Verlag Vahlen, Munchen, 1994, p. 150.

Já em Espanha, a convenção colectiva produz efeitos gerais – sem esquecer a destrinça feita pela doutrina e jurisprudência entre convenções colectivas estatutárias e extra-estatutárias (sobre a questão, entre muitos outros, ALONSO OLEA – CASAS BAAMONDE, *Derecho del Trabajo*, cit., entre outras, pp. 778-779, 863-873) –, ou seja, abrange todos os trabalhadores e empregadores incluídos no âmbito funcional e territorial da convenção, independentemente da existência de inscrição sindical ou associativa (artigo 82.º, n.º 3, do Estatuto do Trabalhadores – *Estatuto de los Trabajadores*) – vd., por todos, ALONSO OLEA-CASAS BAAMONDE, *op. cit.*, pp. 786-788, 823-826; SALA FRANCO – ALBIOL MONTESINOS,

84 *Luís Gonçalves da Silva*

Com efeito, na Alemanha, após o decurso do prazo, a convenção continua a produzir efeitos – na parte normativa – podendo, no entanto,

---

Derecho Sindical, 5.ª edición, Tirant lo Blanch, Valencia, 1998, pp. 342-345. *Vd.* também RIVERO LAMAS, "Estructura y Funciones de la Negociación Colectiva tras la Reforma Laboral de 1997", *Revista Española de Derecho del Trabajo*, n.º 89, 1998, pp. 381-410.

Em França distingue-se (artigos L 133-1 ss e R. 133-1 ss do Código do Trabalho – *Code du Travail*) entre *convenções colectivas ordinárias* e *convenções susceptíveis de extensão*, estando estas sujeitas a um regime mais exigente do que aquelas. De qualquer modo, os efeitos são semelhantes, uma vez que o elemento de conexão relevante é o *empregador*. Ou seja: é necessário que o empregador esteja filiado na associação outorgante, pois caso tal se não verifique, ainda que o trabalhador esteja inscrito na associação signatária, a convenção não pode obrigar aquele a seguir o regime acordado (artigo L. 135-1 e 2, Código do Trabalho). Nestes termos, a vinculação do empregador a uma convenção colectiva é elemento essencial e suficiente para que os efeitos desta se produzam na empresa e abranjam quer os trabalhadores filiados, quer os não filiados. Sobre a questão, *vd.*, entre outros, JEAN-CLAUDE JAVILLIER, *Manuel Droit du Travail*, cit., em especial, pp. 794-801; LARDY-PÉLISSIER, JEAN PÉLISSIER, AGNÈS ROSET e LYSIANE THOLY, *Le Code du Travail Annoté*, cit., pp. 354 e ss ; CHRISTOPHE RADÉ, *Droit du Travail*, 2.ª édition, Montchrestian, Paris, 2002, pp. 11 e ss.

Finalmente, em Itália existem quatro tipos de convenções colectivas:

a) as *corporativas*: foram celebradas pelas organizações sociais fascistas, durante o regime corporativo, e têm eficácia geral. Os contratos colectivos de direito corporativo mantiveram os seus efeitos, não obstante o fim do regime, pelo Decreto-Lei «Luogotenenziale», n.º 369, de 23 de Novembro de 1944. *Vd.* sobre o assunto, GINO GIUGNI, *Diritto Sindicale*, IX edizione, Cacucci Editore, Bari, 1992, pp. 133-35; GIULIANO MAZZONI, *Manuale di Diritto del Lavoro*, volume I, Giuffrè, Milano, 1988, p. 190; RENATO SCOGNAMIGLIO, *Diritto del Lavoro*, terza edizione, Jovene Editore, Napoli, 1994, p. 7;

b) as de *direito comum*: regem-se pelas regras previstas para o direito comum dos contratos, tendo o seu âmbito de aplicação definido pelo próprio contrato, *Vd.* GIULIANO MAZZONI, *op. cit.*, pp. 188-190; MATTIA PERSIANI, *Diritto Sindicale*, Nona Edizione, Cedam, Padova, 2003, pp. 95 e ss; G. ZAGREBELSKY, *Manuale di Diritto Costituzionale*, volume primo, Utet, Torino, 1988, p. 252;

c) as de *eficácia erga omnes*: segundo a Constituição (artigo 39.º, 3.º par.) são celebradas pelas associações reconhecidas e têm eficácia obrigatória para todos os membros da categoria; no entanto, este preceito constitucional tem tido problemas de concretização face aos obstáculos políticos e técnicos colocados, *vd.* GINO GIUGNI, *op. cit.*, 135; MATTIA PERSIANI, *Diritto Sindicale*, cit., pp. 24 e ss; M. ZAGREBELSKY, *op. cit.*, pp. 247-248;

d) e, por último, as que foram objecto da Lei n.º 741, de 14 de Julho de 1959: têm um efeito idêntico ao que, noutros ordenamentos, se atinge através da portaria de extensão e que este país não consagra. *Vd.* GINO GIUGNI, *op. cit.*, pp. 136-138; ANDREA LASSANDRI, *Il Diritto del Lavoro – La Contrattazione e il Contratto Collettivo*,

Estudos de Direito do Trabalho (Código do Trabalho)   85

as suas cláusulas ser substituídas por qualquer acordo, incluindo – ainda que não seja pacífico – o contrato de trabalho (cfr. § 4.°, n.° 5, da Lei da Convenção Colectiva, *Tarifvertragsgesetz*)[182].

Em Espanha, estatui o artigo 37.°, n.° 1, da Constituição, redacção, aliás, idêntica à consagrada na Constituição Portuguesa, que "*a lei garantirá o direito de negociação colectiva de trabalho entre os representantes dos trabalhadores e dos empresários, assim como a força vinculativa das convenções*"[183]. Com base nesta norma, o legislador fixou o dever de as partes negociadoras estipularem a duração da convenção, podendo esta prever períodos de vigência distintos para as matérias aí constantes (artigo 86.°, n.° 1, do Estatuto dos Trabalhadores).

Por outro lado, as convenções, salvo acordo em contrário, são prorrogadas anualmente, desde que não haja denúncia expressa das partes. Uma vez denunciada, e não havendo acordo, as cláusulas obrigacionais da convenção deixam de vigorar (artigos 86.°, n.os 2 e 3, 1.ª parte, do Estatuto

---

Ediesse, Roma, 2003, pp. 36 e ss; AAVV, *Problemi di Interpretazione e di Applicazione della Legge 1959, n.° 741 sui Minimi di Trattamento Económico e Normativo ai Lavatori*, Università di Firenze, direttore Giuliano Mazzoni, Giuffrè, Milano, 1962; GONÇALVES DA SILVA, *Contributo para o Estudo da Portaria de Extensão*, cit., pp. 56-58.

Sobre o debate acerca dos efeitos da convenção colectiva e a representatividade sindical, *vd.*, por exemplo, GIUSEPPE PERA, "Verso il Contratto Collettivo Generalmente Obbligatorio?", *Rivista Italiana di Diritto del Lavoro*, anno XIX, 2000, n.° 1, pp. 97-107.

Para uma visão geral, ainda que sucinta, do estado da negociação colectiva na União Europeia, *vd.* TIMO KAUPPINEN, "La Negociación Colectiva en las Relaciones Industriales de la Europa de la Union Monetaria", AAVV, *La Negociación Colectiva en el Escenario del Año 2000 – XII Jornadas de Estudio sobre la Negociación Colectiva*, «Coleccion Informes y Estudios», serie Relaciones Laborales, número 27, Ministerio de Trabajo y Asuntos Sociales, Madrid, 1999, pp. 19-65; ALESSANDRO GARILLI, "La Negociación Colectiva en las Relaciones Industriales de la Europa de la Union Monetaria", AAVV, *La Negociación Colectiva en el Escenario del Año 2000 – XII Jornadas de Estudio sobre la Negociación Colectiva*, «Coleccion Informes y Estudios», serie Relaciones Laborales, número 27, Ministerio de Trabajo y Asuntos Sociales, Madrid, 1999, pp. 67-90.

[182] Sobre a questão, WOLFGANG DÄUBLER, *Derecho del Trabajo*, cit., pp. 224 e ss.

[183] Para mais desenvolvimentos sobre a norma constitucional, *vd.* ALONSO OLEA, *Las Fuentes del Derecho en Especial del Derecho del Trabajo segun la Constitucion*, segunda edicion, Civitas, Madrid, 1990, pp. 111 e ss; PALOMEQUE LÓPEZ, "La Negociacion Colectiva en el Sistema Constitucional Espanol de Relaciones de Trabajo", AAVV, *II Congresso Nacional de Direito do Trabalho – Memórias*, coordenação de António Moreira, Almedina, Coimbra, 1999, pp. 237 e ss.

dos Trabalhadores). Quanto ao conteúdo normativo da convenção, decorrido o prazo de vigência, continua a vigorar nos termos nela estabelecidos. Na falta de acordo sobre a questão, a convenção mantém-se em vigor no que respeita às cláusulas normativas. Alguma doutrina afirma que a faculdade de dispor da vigência do conteúdo normativo da convenção, obriga as partes a concretizar a regulação alternativa que resulta aplicável no seu lugar, pois caso contrário, a prorrogação forçosa do conteúdo normativo actuará subsidiariamente como cláusula de garantia (artigo 86.°, n.° 3, 2.ª parte, do Estatuto dos Trabalhadores)[184].

Em França, a convenção colectiva pode ser celebrada quer por uma duração determinada quer por uma duração indeterminada; salvo existindo estipulação contrária, a convenção colectiva de duração determinada, cujo prazo de vigência tenha terminado, continua a produzir os seus efeitos como se de uma convenção colectiva de duração indeterminada se tratasse.

A doutrina entende que não se considera, nesta sede, "*estipulação contrária*" a cláusula de uma convenção colectiva que preveja a sua renegociação findo o prazo de vigência da mesma. Estabelece-se também que uma convenção colectiva de duração determinada não pode ter prazo de vigência superior a cinco anos.

Quando uma convenção tiver sido denunciada, continua a produzir efeitos até à entrada em vigor da nova convenção (substituta) ou, na sua falta, durante um ano, salvo acordo prevendo uma duração mais longa.

Em 1982, houve uma alteração relevante, tendo o legislador estabelecido que havendo denúncia, e desde que não exista nova convenção (substituta), os trabalhadores das empresas abrangidas conservam as *vantagens individuais que tiverem adquirido* através da aplicação da convenção (artigo L. 132 – 6, 7 e 8, do Código do Trabalho)[185].

---

[184] Sobre esta matéria, *vd.* TOMÁS SALA FRANCO, *Los Limites Legales al Contenido de la Negociación Colectiva*, «Coleccíon Informes y Estudios», n.° 39, Ministerio de Trabajo Y Asuntos Sociales, 2001, em especial, pp. 240 e ss; MONTOYA MELGAR – GALIANA MORENO – SEMPERE NAVARRO – RÍOS SALMERÓN, *Comentários al Estatuto de los Trabajadores*, 4.ª edición, Aranzadi, Navarra, 2001, pp. 553 e ss; ARUFE VARELA, *La Denuncia del Convenio Colectivo*, «Estudios de Derecho Laboral», Civitas, Madrid, 2000, em especial, pp. 129 e ss, com referência de direito comparado nas pp. 28 e ss.

[185] Relativamente a esta alteração, *vd.* MICHEL DESPAX, "La Dénonciation des Conventions Collectives de Travail aprés la Loi du 13 de Novembre 1982", *Droit Social*, 1984, n.° 11, pp. 531 e ss; EMMANUEL DOCKÈS, « Lá Avantage Individual Acquis», *Droit*

Estudos de Direito do Trabalho (Código do Trabalho) 87

Finalmente, em Itália, a regra que consagra a sobrevigência não se aplica às convenções de direito comum (são as que se regem pelas regras previstas para o direito comum dos contratos e que têm o seu âmbito de aplicação definido pelo próprio contrato (artigo 2078.° do Código Civil), de acordo com a jurisprudência constante. É, no entanto, usual o acordo sobre a previsão da duração da convenção, bem como da sua sobrevigência[186].

Como resulta desta breve incursão por outros ordenamentos, com mais ou menos amplitudes, todos têm mecanismos que possibilitam a limitação temporal das convenções.

III. Diversamente, no entendimento de alguma doutrina e jurisprudência[187], mas com a oposição de um amplo sector universitário[188], o actual regime português tem uma sobrevigência ilimitada. Prescreve o n.° 1, do artigo 11.°, da LRCT, que as convenções vigoram pelo prazo que delas constar.[189]. Sequencialmente o artigo 11.°, n.° 2, da LRCT, determina que *"a convenção colectiva e a decisão arbitral mantêm-se em vigor até serem substituídas por outro instrumento de regulamentação*

Social, 1993, n.° 11, pp. 826 e ss ; JEAN-CLAUDE JAVILLIER, *Les Reformes du Droit du Travail depuis le 10 de Mai 1981*, LGDL, Paris, 1982, pp. 307 e ss.

Sobre a matéria em geral, *vd.* JEAN-CLAUDE JAVILLIER, *Droit du Travail*, cit., pp. 792 e ss; CHRISTOPHE RADÉ, *Droit du Travail*, cit., pp. 14 e ss; LARDY-PÉLISSIER, JEAN PÉLISSIER, AGNÈS ROSET, LYSIANE THOLY, *Le Code du Travail Annoté*, cit., em especial, pp. 327 e ss.

[186] Sobre a questão, *vd.* MARIO GRANDI – GIUSEPPE PERA, *Commentario Breve alle Leggi sul Lavoro*, cit., pp. 331 e ss; ANDREA LASSANDRI, *Il Diritto del Lavoro – La Contrattazione e il Contratto Collettivo*, cit., pp. 45 e ss; MATTIA PERSIANI, *Diritto Sindicale*, cit., pp. 140 e ss, com indicação de diversa bibliografia.

[187] LIBERAL FERNANDES, "Transferência de Trabalhadores e Denúncia da Convenção Colectiva – O Problema da Aplicação do artigo 9.° do DL 519-C1/79, de 29-12", *Questões Laborais*, ano III, n.° 7, 1996, p. 103.

[188] Neste sentido, por exemplo, MENEZES CORDEIRO, *Convenções Colectivas de Trabalho e Alteração de Circunstâncias*, cit., p. 54; ROMANO MARTINEZ, *Direito do Trabalho*, cit., pp. 990 e ss; MÁRIO PINTO, *Direito do Trabalho*, cit., p. 328; GONÇALVES DA SILVA, *Notas sobre a Eficácia Normativa das Convenções Colectivas*, cit., pp. 68 e ss; LOBO XAVIER, "A Sobrevigência das Convenções Colectivas no Caso das Transmissões de Empresas. O Problema dos Direitos Adquiridos", *Revista de Direito e de Estudos Sociais*, ano XXXVI (IX da 2.ª série), 1994, n.ºs 1-2-3, p. 128; e na jurisprudência, Ac. do STJ, de 11 de Outubro de 1995, *Questões Laborais*, ano III, n.° 7, 1996, p. 98.

[189] LIBERAL FERNANDES, "Transferência de Trabalhadores e Denúncia da Convenção Colectiva – O Problema da Aplicação do artigo 9.° do DL 519 C1/79, de 29-12", cit., p. 103.

colectiva". É com base numa interpretação puramente literal desta norma que se têm mantido em vigor indefinidamente algumas convenções colectivas, com os resultados conhecidos[190].

IV. Face a este quadro, cujas consequências levaram, nunca é demais repetir, a um imobilismo da contratação colectiva, o legislador entendeu apresentar um regime temporal que permita o renascimento da contratação colectiva. Com efeito, prescreve o artigo 556.º, n.º 1, que "*a convenção colectiva vigora pelo prazo que dela constar, não podendo ser inferior a um ano, sem prejuízo do previsto no artigo seguinte*". Neste estabelece-se que "*decorrido o prazo de vigência previsto no n.º 1 do artigo anterior, a convenção colectiva renova-se nos termos nela previstos*" (artigo 557.º, n.º 1). Naturalmente que era preciso regular, ainda que supletivamente, o regime de vigência, pois no caso de as partes não o fazerem o sistema não podia ficar bloqueado[191]. Deste modo, não se poderá dizer, em caso algum, que o regime da caducidade é imposto às partes outorgantes, pois este é, repita-se, supletivo; por outro lado, o regime que impõe, e ainda por cima contra o acordado, uma sobrevigência ilimitada é o actual que não tem qualquer correspondência com a realidade do clausulado. No regime proposto a vontade das partes é respeitada ainda que exista, para salvaguarda de outros valores, uma sobrevigência limitada.

Por isso o legislador apresentou o seguinte regime de vigência, que apenas se aplica no silêncio das partes:

a) "*A convenção renova-se sucessivamente por períodos de um ano;*
b) *Havendo denúncia, a convenção colectiva renova-se por um período de um ano e, estando as partes em negociação, por novo período de um ano;*
c) *Decorridos os prazos previstos nas alíneas anteriores, a convenção colectiva mantém-se em vigor, desde que se tenha iniciado a conciliação ou a mediação, até à conclusão do respectivo proce-*

---

[190] Para mais desenvolvimentos sobre esta matéria, e com referências à doutrina, *vd.* GONÇALVES DA SILVA, *Notas sobre a Eficácia Normativa das Convenções Colectivas*, cit., pp. 68 e ss.

[191] Saliente-se ainda o artigo 541.º, alínea d), que prescreve o dever de as partes fixarem o regime temporal, embora, como não podia deixar de ser, o seu incumprimento não seja causa de recusa de depósito (artigo 550.º).

dimento, não podendo a sua vigência durar mais de seis meses" (n.º 2 do artigo 557.º).

"No caso de se ter iniciado a arbitragem durante o período fixado no número anterior, a convenção colectiva mantém os seus efeitos até à entrada em vigor da decisão arbitral" (n.º 3 do artigo 557.º).

"Decorrida a sobrevigência prevista nos números anteriores, a convenção cessa os seus efeitos" (n.º 4 do artigo 557.º.)

Refira-se ainda que o regime apresentado para a denúncia estabelece que:

a) *"A convenção colectiva pode ser denunciada, por qualquer das outorgantes, mediante comunicação escrita dirigida à outra parte, desde que seja acompanhada de uma proposta negocial"* (artigo 558.º, n.º 1);

b) Por outro lado, *"a denúncia deve ser feita com uma antecedência de, pelo menos, três meses, relativamente ao termo de prazo de vigência"* acordado pelas partes ou resultante da renovação automática, tenha esta base convencional ou legal (artigo 558.º, n.º 2).

Finalmente, há ainda a referir que as partes, decorrido o período de um ano, têm a possibilidade de acordarem a revogação da convenção (artigo 559.º).

Face ao exposto podemos assentar nos seguintes pontos:

1) O regime de vigência das convenções deve ser regulado pelos outorgantes, sendo apenas injuntivo o período mínimo de um ano;

2) No caso de as partes não o fazerem não pode ser recusado o depósito;

3) No caso de silêncio das partes sobre a matéria, e para que o sistema não fique bloqueado, era preciso regular, ainda que supletivamente;

4) Deste regime supletivo resulta a renovação sucessiva anual da convenção;

5) Para que assim não se verifique é necessário que uma das partes a denuncie;

6) Essa denúncia tem de ser feita, por escrito, com uma antecedência mínima de três meses, relativamente ao fim do prazo de vigência, quer este seja contratual ou legal e, por outro lado, tem

de ser acompanhada de uma proposta negocial, de modo a garantir que as partes iniciam negociações (artigo 544.° e ss);
7) Havendo denúncia, a convenção renova-se por mais um ano e, estando as partes em negociação, por mais um ano;
8) Findo esse período, se houver conciliação ou mediação há prorrogação da sobrevigência, no máximo por mais seis meses;
9) Havendo arbitragem (voluntária ou obrigatória) a convenção mantém-se em vigor até à decisão arbitral;
10) Findo todos estes mecanismos, e apenas no caso de não ter havido acordo ou decisão arbitral – que nos casos mais graves e, naturalmente, dentro dos pressupostos legais, contará com a arbitragem obrigatória (artigo 557.° e ss) –, a convenção cessa os seus efeitos.

Em suma: para quem quiser chegar a acordo, o prazo mínimo supletivo, de dois anos e meio é mais do que suficiente, mas para quem não o pretende é naturalmente muito pouco, como muito pouco seria igualmente qualquer outro prazo.

V. Este regime, que assenta na responsabilização da autonomia colectiva e na sua revitalização, colide com algum valor constitucional?
É o que veremos depois de analisar as injunções da Lei Fundamental.

VI. Compulsando a Constituição Portuguesa facilmente se constata que o Estado não detém o monopólio da elaboração normativa (*v.g.*, artigos 56.°, n.° 3, 227.° e 241.°). De facto, o nosso ordenamento, como realça JORGE LEITE, apresenta uma concepção pluralista da produção jurídica e, em especial, no que respeita às condições de trabalho, o que demonstra que o Estado não detém o exclusivo da produção normativa[192]. Assim sendo, cabe invocar, desde logo, a autonomia normativa que confere a determinadas entidades intermédias, nomeadamente aos trabalhadores e aos empregadores, "(...) uma verdadeira *potestas normandi*, ou seja, um poder de criação de autênticas regras de conduta, de atribuição de direitos e deveres relacionados com a sua situação de assalariados (artigo 56.°/3)"[193].

---

[192] JORGE LEITE, *Direito do Trabalho*, volume I, cit., p. 79.

[193] JORGE LEITE, *Direito do Trabalho*, cit., pp. 79-80. Conforme salienta este Autor, *op. cit.*, p. 233, o fundamento da convenção colectiva, no nosso ordenamento, é a Consti-

Estudos de Direito do Trabalho (Código do Trabalho)

VII. A autonomia colectiva[194], mais exactamente o direito de contratação colectiva[195], corolário da liberdade sindical, encontra, como decorre do exposto, arrimo na Constituição Portuguesa (artigo 56.°, n.° 3), tal como em diversos documentos internacionais[196] [197]. Prescreve a Lei Fundamental, no preceito referido, que *"compete às associações sindicais*

---

tuição, cujo artigo 56.°, n.° 3, concede às associações sindicais a competência para exercer o direito de contratação colectiva.

[194] Sobre o conceito de *autonomia* e as suas diferentes concepções, *vd.*, por todos, Bigotte Chorão, "Autonomia", *Temas Fundamentais de Direito*, Almedina, Coimbra, 1991, pp. 251-264 (previamente publicado no *Dicionário Jurídico da Administração Pública*, volume I, s.e., Coimbra, 1965, pp. 606-613; Menezes Cordeiro, *Direito das Obrigações*, 1.° volume, Associação Académica da Faculdade de Direito de Lisboa, reimpressão, 1994, pp. 49-113, para quem, p. 90, os contratos colectivos têm como fonte, no que respeita à sua técnica normativa, o Direito das Obrigações; Monteiro Fernandes, *Direito do Trabalho*, cit., pp. 622-631; Baptista Machado, *Participação e Descentralização, Democratização e Neutralidade na Constituição de 76*, Almedina, Coimbra, 1982, p. 8; e, em especial, Alarcón Caracuel, "La Autonomia: Concepto, Legitimacion para Negociar y Eficacia de los Acuerdos", AAVV, *La Reforma de la Negociacion Colectiva*, coordinadores Manuel R. Alarcon – Salvador Del Rey, Marcial Pons, Madrid, 1995, pp. 51-72; Santoro-Passarelli, "Autonomia", *Enciclopedia del Diritto*, volume IV (Atto-Bana), Giuffrè, Varese, 1959, pp. 349-375.

[195] Sobre o conteúdo do direito de contratação colectiva, *vd.*, entre outros, Gomes Canotilho – Vital Moreira, *Constituição da República Portuguesa Anotada*, cit, pp. 307-308 (VIII a XI); João Caupers, *Os Direitos Fundamentais dos Trabalhadores e a Constituição*, cit, pp. 105-106; "Direitos dos Trabalhadores em Geral e Direito de Contratação Colectiva em Especial", AAVV, *Nos Dez Anos da Constituição*, organização de Jorge Miranda, Imprensa Nacional Casa da Moeda, Lisboa, 1986, pp. 50-51; Ribeiro Lopes, "Contratação Colectiva", AAVV, *I Congresso Nacional de Direito do Trabalho – Memórias*, coordenação de António Moreira, Almedina, Coimbra, 1998, pp. 49-50; Mário Pinto, *Direito do Trabalho*, cit.,, pp. 287-300; Gonçalves da Silva, *Contributo para o Estudo da Portaria de Extensão*, cit., pp. 319-332.

[196] Entre os diversos textos internacionais, com referências directas ou indirectas, saliente-se da Organização Internacional do Trabalho: a) Convenção n.° 87, datada de 1948, aprovada para ratificação pelo Decreto-Lei n.° 45/77, de 19 de Abril; b) Convenção n.° 98, de 1949, aprovada para ratificação pelo Decreto-Lei n.° 45 758, de 12 de Junho de 1964; c) Recomendação n.° 91, de 1951. Por sua vez, no âmbito do Conselho da Europa realce para a Carta Social Europeia, assinada em Turim, em 1961, aprovada pela Resolução da Assembleia da República n.° 21/91, de 6 de Agosto e ratificada pelo Decreto do Presidente da República n.° 38/91, de 6 de Agosto. Também merece destaque, no espaço comunitário, a Carta Comunitária dos Direitos Sociais Fundamentais dos Trabalhadores, aprovada no âmbito da Comunidade Europeia (hoje União Europeia), no Conselho Europeu de Estrasburgo, de 8 e 9 de Dezembro de 1989, por onze Estados membros (com exclusão do Reino Unido).

exercer o direito de contratação colectiva, o qual é garantido nos termos da lei"[198], cabendo-lhe ainda estabelecer "... *as regras respeitantes à*

Refira-se que no âmbito do Tratado da União Europeia foram celebrados o *Protocolo e o Acordo Relativo à Política Social*, este apenas por onze Estados membros, uma vez que o Reino Unido se auto-excluiu. Neste Acordo, anexo ao Tratado, estabeleceu-se, nos termos do artigo 2.°, n.° 6, que é da exclusiva competência dos Estados membros a matéria do direito sindical (bem como as remunerações, a greve e o «lock-out»).

Saliente-se igualmente que o artigo 4.° do *Acordo* se refere às convenções colectivas europeias, i.e., contratos colectivos celebrados por associações sindicais e associações de empregadores de âmbito europeu.

Para mais desenvolvimentos sobre o *Acordo*, *vd*. BARROS MOURA, "Direito do Trabalho e Integração Económica", *Questões Laborais*, ano II, n.° 5, 1995, pp. 99-103. Sobre a convenção colectiva europeia, *vd*. DIAS COIMBRA, "A Convenção Colectiva de Âmbito Europeu: Eficácia Jurídica", *Questões Laborais*, ano I, n.° 3, 1994, pp. 144-153, e "A Negociação Colectiva Europeia: o Trabalho a Tempo Parcial", *Questões Laborais*, ano VI, n.° 13, 1999, *maxime*, pp. 72-77.

O regime previsto no *Acordo* foi integrado nos artigos 136.° a 141.° do Tratado de Amesterdão.

[197] Como observa RIBEIRO LOPES, "Contratação Colectiva", cit., p. 50, existe uma diferente abordagem dos instrumentos internacionais ratificados por Portugal e aquela que é apresentada pela nossa Lei Fundamental. Com efeito, enquanto as convenções n.os 87 – versa a liberdade sindical e a protecção do direito sindical – e 98 – incide sobre o direito de organização e de negociação colectiva – revelam uma igualdade, no que respeita à sua matéria, de tratamento entre trabalhadores e empregadores, a nossa Lei Fundamental não consagrou (expressamente) o direito de os empregadores se associarem através de associações de empregadores para defesa dos seus direitos e, consequentemente, o direito de contratação colectiva, bem como qualquer referência à participação na elaboração da legislação do trabalho.

Dizemos que a Constituição não consagrou expressamente, pois, pelo menos no que respeita ao direito de contratação colectiva, somos da opinião que tal faz parte do conteúdo do direito de iniciativa privada – na sua vertente de direito de contratação –, que é considerado pela doutrina, como vimos, um direito fundamental de natureza análoga aos direitos, liberdades e garantias.

[198] Foi discutida entre nós a questão de saber se o "direito de contratação colectiva" é um direito ou uma garantia institucional (sobre a diferença entre direito e garantia, *vd*. VIEIRA DE ANDRADE, *Os Direitos Fundamentais*..., cit., pp. 70-71, 90-93; JORGE MIRANDA, *Manual de Direito Constitucional – Direitos Fundamentais*, cit., pp. 68-71).

Sobre o debate, sem esquecer a data em que o mesmo decorre, *vd*., defendendo não ser propriamente um direito, Parecer da Comissão Constitucional n.° 18/78, de 27 de Julho, 6.° volume, INCM, Lisboa, 1979, *maxime*, p. 23, voto de vencido NUNES DE ALMEIDA, pp. 51-53; VIEIRA DE ANDRADE, *op. cit.*, pp. 89-90, e ainda nota 52, se bem o interpretamos.

legitimidade para a celebração das convenções colectivas de trabalho, bem como à eficácia das respectivas normas" (artigo 56.°, n.° 4).

Pode, então, inferir-se que o poder normativo das associações sindicais e de empregadores se alicerça directamente na Constituição, sendo assegurado pela lei. Ou seja: com base no preceito constitucional, o direito de contratação colectiva não necessita do posterior reconhecimento de qualquer acto infra-constitucional, cabendo apenas à lei garanti-lo, conforme prescrição constitucional[199]. E como forma de garanti-lo tem de fixar as regras relativas à legitimidade, bem como à sua eficácia, pois como se escreve em aresto do Tribunal Constitucional, "uma coisa é certa: no nosso direito vigente, as convenções colectivas de trabalho não têm constitucionalmente fixado o regime da sua eficácia, já que a Constituição remete tal fixação para a lei (...)"[200].

Aliás, nem outro entendimento seria possível face à letra do artigo 56.°, n.° 4, sob pena de não ter qualquer correspondência com a letra, uma vez que a referência à eficácia é, desde logo, a temporal, ou seja, a vigência e caducidade das convenções. Sendo esta uma das tarefas remetidas pelo legislador constituinte ao legislador ordinário, é certo que a liberdade não é absoluta, pois por exemplo, não pode consagrar regimes que simplesmente contribuam para o esvaziamento – como o actual – do direito de contratação colectiva.

Ao invés defendem estarmos perante um direito fundamental, GOMES CANOTILHO e VITAL MOREIRA, *Constituição da República Portuguesa Anotada*, cit., p. 307 (VIII), FERNANDA PALMA, no voto de vencida do aresto n.° 966/96, de 11 de Julho, publicado na *Revista de Direito e de Estudos Sociais*, ano XXXIX (XII da 2.ª série), 1997, n.os 1-2-3, p. 144, que se refere à versão originária da Constituição; e ainda o Tribunal Constitucional no acórdão n.° 996/96, publicado na *Revista de Direito e de Estudos Sociais*, ano XXXIX (XII da 2.ª série), 1997, n.os 1-2-3, p. 138.

Finalmente, refira-se a posição de JORGE MIRANDA, *op. cit.*, p. 70, que, não obstante expressar algumas dúvidas qualificativas face à contratação colectiva, defende um igual regime jurídico para os direitos fundamentais e garantias institucionais, quanto à salvaguarda do conteúdo essencial perante o legislador ordinário, quanto aos destinatários das normas e quanto aos órgãos competentes para a sua regulamentação legislativa. Em escrito posterior, "A Actividade do Tribunal Constitucional em 1994", *O Direito*, ano 127.°, 1995, III-IV, p. 427, o Professor considera a contratação colectiva uma garantia institucional.

[199] Neste sentido, JORGE LEITE, *Direito do Trabalho*, volume I, cit., p. 91.

[200] Acórdão do Tribunal Constitucional n.° 172/93, de 10 de Fevereiro de 1993, p. 5.

Ora, é exactamente para revitalizar a contratação colectiva que houve necessidade de modificar o regime actual, assentando, como vimos, o regime constante do Código do Trabalho na autonomia colectiva, ao contrário do actual que permite que uma das partes, ao não celebrar nova convenção, mantenha indefinidamente o instrumento cujo prazo há muito expirou.

VIII. Cabe, então, questionar: qual é o conteúdo do direito de contratação colectiva?

Segundo João Caupers traduz-se em diversas faculdades:

a) "a primeira faculdade que nos salta a vista é a *de apresentar propostas de convenções colectivas, negociá-las e outorgar os acordos conseguidos*"[201];

b) "a segunda faculdade é a de exigir *o reconhecimento da capacidade negocial das entidades e associações patronais (…)*"[202];

c) "a terceira faculdade é a de *exigir uma resposta às suas propostas negociais, faculdade naturalmente dirigida às entidades patronais*"[203];

d) "a quarta faculdade é a de *dispor de matéria para negociar*"[204];

e) "a quinta faculdade é a de *exigir que o Estado disponha e faça uso de meios eficazes para prevenir a frustração do direito de contratação colectiva*"[205].

Quanto às quatro primeiras alíneas é fácil de ver que nenhuma afectação existe. Relativamente à última, poderá mesmo dizer-se que o regime proposto resulta de uma injunção constitucional, demonstrada que está a falência do actual regime, pelo que não só não colide com ela, como é uma imposição.

---

[201] João Caupers, "Direitos dos Trabalhadores em Geral e Direito de Contratação Colectiva em Especial", cit., p. 50, itálico no original.

[202] João Caupers, "Direitos dos Trabalhadores em Geral e Direito de Contratação Colectiva em Especial", cit., p. 50, itálico no original.

[203] João Caupers, "Direitos dos Trabalhadores em Geral e Direito de Contratação Colectiva em Especial", cit., p. 50, itálico no original.

[204] João Caupers, "Direitos dos Trabalhadores em Geral e Direito de Contratação Colectiva em Especial", cit., p. 50, itálico no original.

[205] João Caupers, "Direitos dos Trabalhadores em Geral e Direito de Contratação Colectiva em Especial", cit., p. 50, itálico no original.

Nestes termos consideramos que a norma não é sequer afectada, pois não faz seguramente parte do seu conteúdo a imposição de um regime – antes pelo contrário – de vigência ilimitada da convenção colectiva, pelo que não poderemos falar em restrição, uma vez que estamos ainda no (total) domínio da conformação do legislador ordinário.

IX. Outro argumento por vezes invocado é que o novo regime colocaria em causa o (eventual) princípio do não retrocesso social. Assim, cabe perguntar: o facto de o regime proposto não manter a sobrevigência ilimitada – com os efeitos nefastos apresentados – viola o (eventual) princípio do não retrocesso social?

A existência deste princípio – preconizado no âmbito dos direitos sociais – é objecto de ampla controvérsia podendo dizer-se que a doutrina se encontra dividida[206]; enquanto GOMES CANOTILHO, VITAL MOREIRA, JORGE MIRANDA ou JOÃO CAUPERS[207] defendem a sua existência, ROMANO MARTINEZ, AFONSO VAZ e VIEIRA DE ANDRADE[208] rejeitam-no.

Sem ser necessário entrar na discussão da sua existência – ou sequer da sua aplicação aos direitos, liberdades e garantias – e, em caso de resposta positiva, do seu grau de intensidade, podemos analisar a posição do Tribunal Constitucional, a propósito do Serviço Nacional de Saúde. Segundo este órgão, "após ter emanado uma lei requerida pela Constituição para realizar um direito fundamental, é interdito ao legislador revogar

---

[206] É certo que, por vezes as posições não são tão distantes, sendo mais uma questão de grau. No entanto, por facilidade expositiva fazemos este agrupamento.

[207] GOMES CANOTILHO, *Constituição Dirigente* ..., cit., pp. 374 e ss; GOMES CANOTILHO e VITAL MOREIRA, *Constituição da República Portuguesa Anotada*, cit., p. 144. Por sua vez, JOÃO CAUPERS, *Os Direitos dos Trabalhadores* ..., cit., pp. 42 e ss; JORGE MIRANDA, *Manual de Direito Constitucional – Direitos Fundamentais*, cit.,, p. 397;

[208] VIEIRA DE ANDRADE, *Direitos Fundamentais* ..., cit., pp. 390 e ss, que afirma: "A *liberdade constitutiva* e a *auto-revisibilidade*, ainda que limitadas, constituem características *típicas* da função legislativa e elas seriam praticamente eliminadas se, em matérias tão vastas como as abrangidas pelos direitos sociais, o legislador fosse obrigado a manter integralmente o nível de realização e a respeitar os direitos por ele criado", itálico no original (p. 392). ROMANO MARTINEZ, *Direito do Trabalho*, cit., p. 232 e ss, embora se refira especificamente à área do Direito do Trabalho; AFONSO VAZ, *Lei e Reserva de Lei...*, cit., pp. 383 e ss, que, em análise a uma eventual reserva de conteúdo constitucional, escreve: "Por decisão constituinte, o legislador tem liberdade constitutiva e autoreversibilidade ali onde a Constituição não reservou, nem *podia* reservar, o conteúdo material", itálico no original (pp. 385-386).

essa lei repondo o estado de coisas anterior. A instituição, serviço ou instituto jurídico por ela criados passam a ter a sua existência constitucionalmente garantida. Uma nova lei pode vir a alterá-los ou reformá-los, nos limites constitucionalmente admitidos, mas não pode vir extingui-los ou revogá-los"[209]. Mais recentemente, o Tribunal Constitucional defendeu que "a admitir-se a existência de tal princípio nunca ele poderia abranger todo e qualquer encurtamento dos benefícios sociais mas apenas aquele que atingisse o núcleo essencial dos correspondentes direitos – *maxime* – o núcleo essencial do direito à existência inerente ao respeito pela dignidade da pessoa humana"[210].

Ora, o legislador apresenta, como lhe compete, um sistema que além de ter como objectivo a revitalização de uma contratação colectiva quase inexistente, mantém um prazo de sobrevigência, mais do que razoável, para que as partes negoceiem livremente e sem constrangimentos temporais. No entanto, e como forma de assegurar uma efectiva contratação colectiva e, por outro lado, respeitar a autonomia colectiva, é necessário que o regime tenha limites temporais, sob pena de voltarmos à sobrevigência ilimitada, cujos efeitos são conhecidos e a compatibilidade com a Constituição é, no mínimo, discutível.

Em suma, reforma, altera, mas não extingue a sobrevigência.

X. No que respeita à aplicação deste (eventual) princípio – trata-se de um mera hipótese de análise, sem com isto querermos dizer que concordamos ou concedemos na existência de qualquer princípio de não retrocesso social – à cessação das convenções – ou seja, relação entre convenções e não já, como vimos anteriormente, na relação entre lei revogada e lei revogatória –, uma vez que pode, em abstracto, não haver sucessão destes instrumentos, MENEZES LEITÃO[211] e PAULO OTERO[212] já demonstraram a sua total inaplicação. Como escreve este Professor, "(…) a proibição de retrocesso social nunca pode impedir que um acto legislativo disponha em sen-

---

[209] Acórdão do Tribunal Constitucional n.º 39/84, de 11 de Abril, *Diário da República*, I série, de 5 de Maio de 1984, n.º 104, p. 1465.

[210] Acórdão do Tribunal Constitucional n.º 583/2000, de 20 de Dezembro, cit., p. 5164.

[211] MENEZES LEITÃO, *A Conformidade da Proposta de Lei* …, cit., pp. 81 e ss.

[212] PAULO OTERO, *O Poder de Substituição em Direito Administrativo – Enquadramento Dogmático-Constitucional*, Dissertação de Doutoramento, volume II, Lex, Lisboa, 1995, pp. 620 e ss.

tido contrário a um decreto regulamentar, sob pena de substituir o princípio da preferência da lei em relação o regulamento por um princípio da preferência do regulamento em relação à lei. Visto numa outra perspectiva, o nível de realização dos direitos sociais através de decreto regulamentar passaria a assumir verdadeiro valor constitucional, perdendo a lei a sua força formal positiva: todas as relações normativas do artigo 115.°, n.° 2, [actual artigo 112.°] teriam de ser repensadas; o regulamento deixa de ser uma mera autovinculação para a Administração, passando também a ser uma heterovinculação para o poder legislativo"[213].

Por outro lado, e como escreve PAULO OTERO, "no limite, desde que se admita a faculdade de tais direitos sociais [o que não é sequer o caso] serem implementados por via regulamentar em áreas fora da reserva de lei, nem seria de excluir que fosse vedado revogar um decreto regulamentar por uma simples lei, exigindo-se que só por lei de revisão constitucional esse regulamento fosse passível de revogação! O poder legislativo passaria aqui, em boa verdade, a estar refém do poder administrativo"[214].

Ora, se não está a Administração sujeita a tal princípio, por identidade ou maioria de razão, ele não se poderá aplicar à contratação colectiva, pois isso, naturalmente, implicaria uma ingerência na vontade das partes que apenas fixaram determinado período de vigência, passando a ficar, então, adstritas, uma vez celebrada uma convenção, a manter eternamente a existência de um regime convencional; por outro lado, esta situação obrigaria, por si só, a manter, pelo menos, as regras mais favoráveis, em caso de sucessão de convenções, o que levaria à censura do artigo 560.°, n.° 3, que se basta com a inserção formal da cláusula de maior favorabilidade ou, então, à interpretação segundo a qual esta norma obriga (eventualmente a Administração laboral, no momento do depósito) a analisar o conteúdo da convenção de forma a garantir que não houve qualquer retrocesso social.

Pelo exposto, julgamos que facilmente se constata a impossibilidade absoluta de se defender um tal regime.

XI. Uma nota final para referir a inexistência de vazio contratual. De facto, prescrevendo o 557.°, n.° 4, a cessação dos efeitos da convenção, hipótese como demonstrámos de difícil verificação, cumpre questionar:

---

[213] PAULO OTERO, *O Poder de Substituição ...,* cit., pp. 621.
[214] PAULO OTERO, *Parecer sobre o Código do Trabalho,* cit., p. 33.

qual é o regime que se aplica aos milhões de trabalhadores que não são filiados? Qual é o regime que se aplica aos trabalhadores filiados em sindicatos que não outorgam convenções? Ora, se o vazio, nos casos em que se verificar, violar a Constituição, então, o único regime compatível é impor a obrigatoriedade de celebração de convenções colectivas, pois em muitas situações há ausência de regime convencional.

Por outro lado, se o argumento é o facto de haver uma convenção e deixar de existir, então o problema deve ser tratado na lógica do princípio do não retrocesso social, situação que, como vimos, não se aplica ao caso presente.

XII. Note-se, ainda, que entendimento diferente levaria necessariamente a juízo de desconformidade quer do actual artigo 9.º da LRCT, quer do artigo 555.º. Com efeito, nestes preceitos não há qualquer imposição, e bem, de uma vez decorridos os doze meses continuar a aplicar-se o estatuto[215] plasmado no instrumento de regulamentação colectiva, cessando, assim, a sua eficácia face ao transmissário e respectivos trabalhadores. Ou seja: se por um lado, o legislador estatuiu um prazo mínimo de doze meses, o que pode acarretar que o prazo de vigência seja legalmente prorrogado, caso a duração dos efeitos (em falta) da convenção seja inferior, de modo a perfazer os referidos doze meses[216], por outro, considerou que doze meses são o prazo razoável para impor o regime convencional ao transmissário e que findo estes cessam os efeitos do instrumento aplicável.

E não se diga que as situações são totalmente diferentes, pois neste caso há uma especificidade que é a aplicação excepcional a quem não outorgou, e no regime geral trata-se de fazer cessar um regime outorgado pelos destinatários. Esta diferença não é claramente suficiente para que a medida da diferença possa ser num caso a eternização de uma convenção

---

[215] Concordamos com LIBERAL FERNANDES, "Transferência de Trabalhadores e Denúncia da Convenção Colectiva – O Problema da Aplicação do Artigo 9.º do DL 519--C1/79, de 29-12", cit., p. 104, quando preconiza que o estatuto inclui as condições fixadas individualmente, tal como as estabelecidas nos instrumentos de regulamentação colectiva, onde se incluem as de natureza obrigacional e as de natureza normativa. Devemos, contudo, especificar que, em nossa opinião, a manutenção das condições fixadas individualmente não decorre do artigo 9.º da LRCT, mas do artigo 37.º da LCT.

[216] Neste sentido, MONTEIRO FERNANDES, *Direito do Trabalho*, cit., p. 767; LOBO XAVIER, "A Sobrevigência das Convenções Colectivas no Caso das Transmissões de Empresas. O Problema dos Direitos Adquiridos", cit., p. 125.

e noutra a existência de uma limitação temporal. Em ambas trata-se de respeitar a autonomia colectiva.

Nestes termos, parece mais uma vez que nenhum dos regimes deve merecer juízo de desconformidade constitucional.

§ 7.°) REGIME TRANSITÓRIO DE UNIFORMIZAÇÃO DE CONVENCÕES
(artigo 15.° da lei que aprova o Código do Trabalho)

I. Com o objectivo de assegurar uma renovação dos contratos colectivos e, por outro lado, de obter, tanto quanto possível, uma uniformização de regimes aplicáveis às empresas, o legislador apresentou um regime transitório, segundo o qual para os *"casos em que, após a entrada em vigor do Código do Trabalho, seja outorgado instrumento de regulamentação colectiva de trabalho negocial aplicável em empresa ou sector nos quais se encontrem em vigor um ou mais instrumentos outorgados antes da data da entrada em vigor do Código do Trabalho é observado o seguinte procedimento:*

a) *Os trabalhadores da empresa ou sector, que não sejam filiados em sindicato outorgante, susceptíveis de serem abrangidos pelo âmbito sectorial ou profissional de aplicação do instrumento de regulamentação colectiva de trabalho negocial em causa, podem escolher, por escrito, o instrumento que lhes é aplicável;*

b) *Sempre que, decorridos no mínimo três meses após a entrada em vigor do novo instrumento, a maioria dos trabalhadores estiver abrangida ou tiver entretanto optado pela sua aplicação, cessam os efeitos dos anteriores instrumentos, de âmbito sectorial e profissional idêntico ao do novo instrumento, aplicáveis na empresa;*

c) *Sempre que, decorridos no mínimo seis meses após a entrada em vigor do novo instrumento, a maioria dos trabalhadores das empresas do sector susceptíveis de serem abrangidos pelo âmbito sectorial ou profissional de aplicação do instrumento de regulamentação colectiva de trabalho negocial em causa, estiver abrangida ou tiver entretanto optado pela sua aplicação, cessam os efeitos dos anteriores instrumentos, de âmbito sectorial e profissional idêntico ao do novo instrumento, aplicáveis no sector;*

d) Após a cessação dos efeitos do instrumento anteriormente aplicável, em virtude do disposto nas alíneas b) e c), os demais trabalhadores podem optar pela aplicação do novo instrumento" (artigo 15.º, n.º 1).

"2. O disposto no número anterior é apenas aplicável se o novo instrumento de regulamentação colectiva de trabalho negocial tiver sido outorgado por sindicato que, no momento da escolha prevista na alínea a), disponha de significativa representatividade e autonomia negociais aferidas, nomeadamente, em função da verificação de um dos seguintes requisitos:

a) Represente 5% dos trabalhadores do sector de actividade,
b) Tiver um mínimo de 1500 filiados,
c) Estiver filiado em associação com assento na Comissão Permanente de Concertação Social;
d) Possua uma adequada capacidade financeira decorrente do pagamento das quotizações sindicais dos respectivos filiados.

3. O disposto no número anterior não prejudica a capacidade de qualquer sindicato celebrar convenções colectivas" (artigo 15.º, n.os 2 e 3, respectivamente).

II. Face ao exposto podemos assentar nas seguintes premissas:
1. O regime apenas se aplica a instrumentos negociais;
2. É necessário que estejamos perante instrumentos outorgados antes da entrada em vigor do Código e um instrumento celebrado posteriormente;
3. Os trabalhadores que não sejam filiados em sindicatos outorgantes e, naturalmente, cuja actividade se insira no âmbito sectorial ou profissional, podem escolher, por escrito, o instrumento que lhes é aplicável;
4. Decorridos três meses, e desde que a maioria dos trabalhadores tenha, entretanto, aderido ao novo instrumento, cessa a aplicação dos outros instrumentos na empresa;
5. Este mecanismo também se aplica, exigindo-se agora o decurso de seis meses para que os mesmos efeitos se verifiquem, relativamente ao sector;

Estudos de Direito do Trabalho (Código do Trabalho)

6. Após a cessação dos efeitos dos instrumentos, os demais trabalhadores, ou seja, os filiados noutros sindicatos, podem optar pela aplicação da fonte convencional;

7. O regime acima descrito é apenas aplicável no caso de o novo instrumento negocial – o posterior à entrada em vigor do Código do Trabalho – ter sido outorgado por sindicato que possua *"significativa representatividade e autonomia negociais"*;

8. Para a fixação deste requisito, é conferido ao intérprete um critério (exemplificativo) que assenta na representação de mais de cinco por cento dos trabalhadores do sector de actividade; ou no facto de se tratar de um sindicato que tem um mínimo de mil e quinhentos filiados; ou de um sindicato que se encontra filiado em associação com assento na Comissão Permanente de Concertação Social ou, finalmente, que possua capacidade financeira decorrente do pagamento das quotizações. Com estas referências o legislador quis assegurar que se trata de um sindicato com efectiva representatividade de trabalhadores.

III. Viola este regime a Constituição? Julgamos que não pelos seguintes motivos:

1. É um regime transitório como decorre, desde logo, da sua epígrafe;

2. É um regime excepcional e de emergência que, por uma lado, visa actualizar as convenções e, por outro, pretende contribuir para a melhoria desta fonte laboral, numa altura que se encontra em graves dificuldades;

3. Não há qualquer desincentivo à filiação ou à participação sindical, uma vez que os efeitos de uma filiação ultrapassam, e em muito, a mera aplicação de uma convenção (ex. serviços de apoio jurídico);

4. A real e efectiva representatividade sindical sai reforçada, pois em qualquer momento o sindicato – com representação na empresa ou no sector – pode celebrar uma convenção de forma a paralisar o mecanismo descrito, podendo assim constatar-se quais os sindicatos que têm efectiva representatividade;

5. Este regime insere-se na liberdade de conformação decorrente do artigo 56.º, n.º 4, sendo certo que não há qualquer restrição à capacidade para celebrar convenções (artigo 56.º, n.os 1 e 3, da CRP), como, aliás, o legislador expressamente refere no artigo 15.º, n.º 3, do Decreto que aprova o Código do Trabalho.

§ 8.°) CLÁUSULA DE PAZ SOCIAL RELATIVA (artigo 606.°)

I. A cláusula de paz social pode ser relativa ou absoluta; no primeiro caso, ficam limitados, nos termos acordados, os conflitos relativos a matérias previstas na convenção e durante a sua vigência; no segundo caso, ficam vedados quaisquer conflitos laborais protagonizados pelos outorgantes.

Importa ter presente que a situação em análise se reporta, apenas e somente, à cláusula de paz social relativa.

II. Na Alemanha, o dever de paz social relativo é mesmo considerado implícito à celebração de uma convenção colectiva, não carecendo, deste modo, de estipulação expressa. Como refere alguma jurisprudência alemã, em toda a convenção se impõe automaticamente a obrigação de não aplicar quaisquer medidas com vista a alterar o acordo existente[217].

Em Espanha, a questão recebe resposta expressa da legislação, uma vez que o Real Decreto-Lei n.° 17/1977, de 4 de Março, afirma que é ilegal uma greve que tenha "(...) *por objecto alterar, dentro do seu período de vigência, o estabelecido na convenção colectiva (...)*" (artigo 11.°, alínea c)); na mesma linha, o artigo 20.° do mesmo diploma, prescreve que não devem as entidades competentes para a apreciação de conflitos colectivos aceitar os que visem "(...) *modificar o estabelecido numa convenção colectiva (...)*". Nestes termos, a doutrina tem entendido que existe um dever de paz implícito (com base na lei) e que tem carácter relativo, sendo que apenas respeita aos conflitos económicos, mas não aos jurídicos[218].

III. Prescreve o artigo 606.° que a contratação colectiva pode estabelecer "(...) *limitações, durante a vigência do instrumento de regulamentação colectiva de trabalho, à declaração de greve por parte dos sin-*

---

[217] WOLFGANG DÄUBLER, *Derecho del Trabajo*, cit., pp. 157 e ss; ULRICH ZACHERT, *Lecciones de Derecho del Trabajo Alemán*, Ministerio de Trabajo y Assuntos Sociales, 1998 (tradução da versão italiana, *Lezioni de Diritto del Lavoro Tedesco*, Dipartiment di Scienze Giurudiche de la Università degli Studi di Trento, 1995) pp. 68 e ss.

[218] Cfr. ALONSO OLEA – CASAS BAAMONDE, *Derecho del Trabajo*, cit., pp. 836 e ss, em especial pp. 838 e ss. Saliente-se ainda o artigo 8.° do Real Decreto-Lei n.° 17/1977, de 4 de Março – que admite a possibilidade de as partes acordarem a renúncia à greve durante a vigência de uma convenção – e 20.° do Estatuto dos Trabalhadores – que afirma que as convenções podem regular a paz laboral através das cláusulas acordadas.

dicatos outorgantes por motivos relacionados com o conteúdo dessa convenção"[219].

Do regime consagrado no Código do Trabalho resulta claro que:

1) O legislador permite que no âmbito da autonomia colectiva, as partes estipulem, ao nível colectivo, limitações ao recurso à greve durante a vigência da convenção colectiva;

2) O âmbito dessas limitações – que, nos termos desta norma, em caso algum poderá ultrapassar o conteúdo da convenção – fará parte do conteúdo da própria cláusula, ou seja, os outorgantes fixarão a extensão da cláusula, nada impedindo que as partes acordem que a cláusula apenas incide sobre determinadas matérias e que relativamente à outras nada se convencione;

3) Concomitantemente, deve ter-se presente que o Código do Trabalho impõe como prazo mínimo de vigência da convenção um ano (artigo 556.°, n.° 1), de modo a existir um período de tréguas;

4) A limitação susceptível de ser objecto da convenção apenas diz respeito aos *"motivos relacionados com o conteúdo dessa convenção"* (artigo 606.°), o que quer dizer que se trata de garantir o efectivo e eficaz cumprimento do acordado;

5) Essa limitação, naturalmente que não é imune ao comportamento do empregador: no caso de o empregador incumprir a convenção, o sindicato poderá recorrer à greve[220];

6) Não é igualmente imune a institutos como a alteração das circunstâncias (artigo 437.° do CC), o que quer dizer que, verificados os seus pressupostos, a cláusula sofrerá a respectiva modificação[221];

---

[219] ANTÓNIO JOSÉ MOREIRA, "Código do Trabalho – Anteprojecto ....", cit., p. 22, escreve mesmo que "a norma é dispensável já que o mesmo [dever de paz social relativo] representa a irradiação do princípio geral da boa fé na execução dos contratos e tanto bastará".

[220] Neste sentido se pronuncia o Tribunal Constitucional Espanhol, por exemplo, na Sentença n.° 11/1981, de 8 de Abril de 1981, *Jurisprudencia Constitucional*, tomo primeiro, Boletin Ofecial del Estado, 1982, p. 198, e no aresto n.° 332/1994, de 19 de Dezembro, *Jurisprudencia Constitucional*, tomo cuadragesimo, 1994, Boletin Oficial del Estado, 1995, p. 881.

[221] No mesmo sentido, ALONSO OLEA- CASAS BAAMONDE, *Derecho del Trabajo*, cit., p. 839. Quanto à aplicação do instituto da alteração das circunstâncias às convenções colectivas, cfr. MENEZES CORDEIRO, *Convenções Colectivas de Trabalho e Alteração das Circunstâncias*, Lex, Lisboa, 1995, *passim*, em especial, pp. 67 e ss. No mesmo sentido se

7) Essa limitação não abrange, naturalmente, o recurso à greve dos sindicatos outorgantes para reivindicar situações relacionadas com outras fontes ou com matérias que não impliquem alteração da convenção[222];

8) É importante salientar, uma vez mais, que os trabalhadores filiados poderão aderir a uma greve declarada por outro sindicato, mantendo-se, deste modo, o direito à greve ao nível individual[223];

9) Deste modo, coerentemente, afirma o Código que "*o direito à greve é irrenunciável*" (artigo 592.°, n.° 3), pois não há qualquer renúncia; a renúncia é um acto abdicativo e definitivo, enquanto que o que aqui está é uma situação transitória que não afecta o direito, mas apenas limita, na vertente colectiva, o seu exercício temporal[224];

---

pronuncia o Tribunal Constitucional Espanhol, por exemplo, na Sentença n.° 11/1981, de 8 de Abril de 1981, cit., pp. 199-199, e no aresto n.° 332/1994, de 19 de Dezembro, cit., p. 881. Diferentemente, MONTEIRO FERNANDES, *Direito do Trabalho*, cit., pp. 754 e ss.

[222] No mesmo sentido, Tribunal Constitucional Espanhol no aresto n.° 332/1994, de 19 de Dezembro, cit., p. 881.

[223] Como afirma LOBO XAVIER, *Direito da Greve*, Verbo, Lisboa, 1984, p. 149, "com a outorga na convenção colectiva, os sindicatos limitam apenas o direito de que dispõem que é a faculdade de proclamarem a greve, o que não incide propriamente sobre o exercício do direito individual da greve de cada trabalhador".

[224] Como escreve LOBO XAVIER, *Direito da Greve*, cit., p. 143, "note-se bem que a irrenunciabilidade não significa propriamente *indisponibilidade*. Se a renúncia ao direito à greve, como acto abdicativo de direitos, definitivo e irrevogável, está certamente vedada às convenções colectivas individuais ou colectivas, o mesmo já não se poderá dizer de actos que apenas contendem com as modalidades de exercício desse direito. A esses actos corresponde, aliás, uma *contrapartida* patronal, actuando-se assim pela negociação das modalidades do exercício da greve os fins que a efectivação da mesma greve poderia prosseguir – daí que talvez não se possa sequer falar em actos de disposição a este propósito", itálico no original. Na mesma linha, pode ler-se na jurisprudência constitucional espanhola, analisando o vocábulo «renúncia» que se encontra no n.° 1 do artigo 8.° do Real Decreto-Lei n.° 17/77, "que é claro que não estamos em presença de uma verdadeira renuncia. E isto (...) porque a renúncia é sempre um acto definitivo e irrevogável e a chamada «renúncia» do n.° 1 do artigo 8.° é apenas temporária e transitória (durante a vigência da convenção) e não afecta ao direito em si mesmo, mas apenas o seu exercício, de modo que não há qualquer extinção do direito, mas um compromisso de não o exercer, que se traduz numa pura obrigação, que pode ser incumprida mediante as consequências do incumprimento. Quando o acordo de não exercer o direito se fixa obtendo-se em troca determinadas compensações, não se pode dizer que uma cláusula de paz laboral seja ilícita e menos ainda contrária à Constituição", Sentença n.° 11/1981, de 8 de Abril de 1981, cit., p. 199.

10) Acresce que fixar uma cláusula destas é negociar, e obter, naturalmente, contrapartidas, pelo que se trata ainda de utilizar a greve, só que não sob a forma de luta, mas de uma trégua.

IV. Relativamente a esta matéria, prescreve o n.º 1 do artigo 57.º da Constituição, que *"é garantido o direito à greve"*; por sua vez, o n.º 2, determina que *"compete aos trabalhadores definir o âmbito de interesses a defender através da greve, não podendo a lei limitar essa âmbito"*[225]. No que respeita a este último preceito julgamos que a cláusula em questão em nada colide com ele, pois a cláusula de paz social relativa resulta da autonomia colectiva e não de qualquer imposição do legislador. Por outro lado, consideramos que o facto de o preceito, no seu n.º 2, se dirigir ao legislador revela que esta é uma norma que tem, por um lado, como destinatário o legislador e que, por outro lado, em nada veda a cláusula de paz social (relativa), dando assim origem à seguinte asserção: se é aos trabalhadores que compete o âmbito de interesses a defender, sem prejuízo, naturalmente, de esse interesse estar a cargo dos sindicatos, então, através destes pode ser delimitado o âmbito; ou seja, os motivos não podem ser limitados pelo legislador – salvo para harmonizar a greve com outros direitos constitucionais –, mas podem os seus representantes delimitar o âmbito e, nestes termos, acordarem que relativamente a certa matéria e durante algum tempo não recorrerão – salvo casos excepcionais, como referimos – a esta forma de luta.

Pelo exposto, podemos afirmar que o n.º 2 do artigo 57.º não só não proíbe, como "convida" à celebração de uma cláusula de paz social (relativa), não se afectando, deste modo, a garantia do direito.

V. Devemos, no entanto, salientar que também em Portugal se deve actualmente considerar como inerente a qualquer convenção o dever de paz relativo, ou seja, a obrigação de respeitar e cumprir a convenção celebrada[226]. Julgamos que não pode merecer apoio do ordenamento compor-

---

[225] O n.º 3 regula a definição de serviços mínimos e o n.º 4 proíbe o lock-out.

[226] MONTEIRO FERNANDES, *Direito de Greve – Notas e Comentários à Lei n.º 65/77, de 26 de Agosto*, Almedina, Coimbra, 1982, pp. 27-28, defende que está implicitamente consagrado no nosso sistema legal o dever de paz relativo; cfr. também do Autor, *Direito do Trabalho*, cit., pp. 754 e ss, onde nos ficam algumas dúvidas se mantém a posição; LOBO XAVIER, *Direito da Greve*, cit., pp. 146 e ss.

tamentos de incumprimento – pense-se no *pacta sunt servanda* e na boa fé – face a um acordo celebrado, pois caso contrário a jurisdicidade da convenção seria inexistente, afectando a sua principal função social: ser um *tratado de paz*[227].

De qualquer modo, e como forma de preservar a certeza e segurança jurídica, o legislador entendeu remeter para a contratação colectiva esta tarefa.

VI. Como refere MENEZES CORDEIRO, é preciso ter presente a destrinça entre as limitações ao nível individual e ao nível colectivo[228]; naquela situação – ao nível dos trabalhadores – não há qualquer limitação à greve, pois estes mantêm, naturalmente, a possibilidade de fazerem greve, aderindo, por exemplo, a uma greve decretada por qualquer sindicato; inversamente, ao nível colectivo, o sindicato outorgante não poderá decretar greve, mas, deve salientar-se, que apenas não poderá decretar a greve para alterar o conteúdo acordado. Como facilmente se concordará, o que aqui está em causa é o nível colectivo.

A cláusula de paz relativa, como cláusula que é, resulta de um acordo de vontades – e para o caso de não considerarmos que decorre directamente do próprio n.° 2 do artigo 57.° nem implicitamente da própria convenção colectiva – o que fazemos como mera hipótese académica –, há que equacionar a possibilidade de existirem autolimitações (colectivas) ao direito à greve. Como ensina VIEIRA DE ANDRADE, "as condições de validade jurídica da disposição limitadora do exercício de direitos, liberdades e garantias respeitam essencialmente à garantia da autenticidade e da genuinidade da manifestação de vontade do titular que justifica a restrição ou a ofensa: a *renúncia*, o *acordo*, o *consentimento autorizante* ou *aquiesciente* só podem admitir-se como fundamento legítimo de uma

---

[227] GINO GIUGNI, "Direito do Trabalho", cit., p. 337.

Diferentemente a Procuradoria-Geral da República, no processo n.° 156/81, de 3 de Dezembro de 1981, *Diário da República*, de 28 de Maio de 1982, II série, n.° 121, pp. 4295 e ss, afirmou: "o legislador, na Lei n.° 65/77, não formulou qualquer restrição em tal domínio, limitando-se a repetir que a greve é um direito dos trabalhadores, a quem cabe «definir o âmbito de interesses a defender» através da mesma.

Impõe-se, assim, concluir, face ao direito constituído, pela licitude da greve desencadeada na vigência de instrumentos de regulamentação colectiva do trabalho, visando a sua revisão e alteração, quando legalmente o mesmo não pode ser denunciado" (p. 4298).

[228] MENEZES CORDEIRO, *Manual de Direito do Trabalho*, cit., pp. 403 e ss.

(auto)limitação dos direitos fundamentais se forem o produto inequívoco de uma *vontade livre e esclarecida*"[229]. Ora, isso é seguramente o que acontece no caso em análise, pois a manifestação de vontade é produzida pelo próprio titular, não existe qualquer vulnerabilidade – pois os sindicatos estão em situação de igualdade, de facto, com as associações de empregadores[230] –, sendo certo que os sindicatos possuem o conhecimento concreto das consequências da limitação e expressarão essa vontade de forma inequívoca.

Fica assim demonstrada que a possibilidade de limitação do direito à greve com base na autonomia colectiva seria possível sem qualquer intervenção do legislador.

Esta é, aliás, a posição há muito sufragada pela principal doutrina jus-laboralista. Na verdade, MENEZES CORDEIRO[231], MONTEIRO FERNANDES[232], ROMANO MARTINEZ[233], MÁRIO PINTO[234] e LOBO XAVIER[235] preconizam a sua admissibilidade[236].

VII. Suponhamos, no entanto, por mero exercício de análise e sem conceder, que tal faculdade não era possível sem expressa intervenção do legislador, ainda que deixando a sua concretização à autonomia colectiva.

---

[229] VIEIRA DE ANDRADE, *Direitos Fundamentais* ..., cit., pp. 319-320, itálico no original. De acordo com o Professor, *ibidem*, para que a vontade seja *livre* é necessário que a manifestação da vontade seja produzida pelo próprio titular e não haja qualquer coacção, seja ela moral, física ou económica (vulnerabilidade); por outro lado, a vontade será esclarecida se se basear no conhecimento concreto das consequências da limitação, inexistir qualquer erro e houver uma vontade inequívoca, não sendo suficiente, em princípio, o consentimento presumido.

[230] Neste sentido, MÁRIO PINTO – FURTADO MARTINS, *As Fontes do Direito do Trabalho*, cit., p. 49. Com interesse para a questão, *vd.* NIKITAS ALIPRANTIS, *La Place da la Convention Collective dans la Hierarchie des Normes*, cit., pp. 49-50.

[231] MENEZES CORDEIRO, *Manual de Direito do Trabalho*, cit., pp. 403 e ss.

[232] MONTEIRO FERNANDES, *Direito do Trabalho*, cit., pp. 752 e ss.

[233] ROMANO MARTINEZ, *Direito do Trabalho*, cit., p. 1055.

[234] MÁRIO PINTO, *Direito do Trabalho*, cit., pp. 321-322.

[235] LOBO XAVIER, *Direito da Greve*, cit., pp. 142 e ss, em especial 147 e ss.

[236] É também a posição de MENEZES CORDEIRO, *Inovações e Aspectos Constitucionais* ..., cit., pp. 171-172; MENEZES LEITÃO, *A Conformidade da Proposta de Lei* ..., cit., pp. 91 e ss. GOMES CANOTILHO – VITAL MOREIRA, *Constituição da República Portuguesa Anotada*, cit., p. 310 (IV), defendem que o legislador deve interditar cláusulas contratuais antigreve, parecendo-nos que se referem a cláusulas individuais.

Interessa, então, apurar da possibilidade de o legislador intervir nessa matéria.

O direito à greve é um direito, liberdade e garantia constitucionalmente consagrado (artigo 57.°); por outro lado, como referimos, o direito de contratação colectiva (artigo 56.°, n.os 3 e 4) e a liberdade de iniciativa económica (artigo 61.°) são igualmente direitos, liberdades e garantias.

O direito à greve não é um direito absoluto ou ilimitado[237], pelo que carece de uma harmonização quando estão em causa outros direitos com idêntica dignidade.

Sabemos que o direito de contratação colectiva é um direito, liberdades e garantia, que como tal só deve ser restringido para salvaguardar outros direitos constitucionalmente plasmados[238]. Deste modo, a proibição à contratação colectiva de qualquer intervenção nesta matéria tem de ter apoio constitucional, o que no caso não se encontra. O legislador já vedou a possibilidade de cláusula de paz absoluta, pois apenas admitiu a relativa e fê-lo face à necessidade de garantir que um determinado núcleo do direito à greve não seja objecto de qualquer transacção.

No que respeita à liberdade de iniciativa económica, e embora a Constituição não tenha consagrado expressamente o direito de contratação colectiva para os empregadores, somos da opinião, como referimos, que tal faz parte do conteúdo do direito de iniciativa privada – na sua vertente de direito de contratação –, que é considerado pela doutrina como um direito fundamental de natureza análoga aos direitos, liberdades e garantias[239].

---

[237] JORGE LEITE, *Direito do Trabalho volume I*, cit., p. 297.

[238] Com interesse para a questão, *vd.* o Acórdão do Tribunal Constitucional n.° 517/97, de 15 de Julho de 1997, *Diário da República*, 10 de Novembro de 1998, II série, n.° 260, pp. 15 978, onde são analisadas as diferentes posições face ao artigo 56.°, n.° 4, da Constituição, colhendo nós a posição maioritária aí referida.

[239] Neste sentido, uma vez mais, VIEIRA DE ANDRADE, *Os Direitos Fundamentais ...*, cit., p. 194, GOMES CANOTILHO – VITAL MOREIRA, *Constituição da República Portuguesa Anotada*, cit., p. 326 (I); JORGE MIRANDA, *Manual de Direito Constitucional – Direitos Fundamentais*, cit., pp. 141 e 454; AFONSO VAZ, *Direito Económico*, cit., p. 150). Sobre o direito de iniciativa económica privada, *vd.* COUTINHO DE ABREU, "Limites Constitucionais à Iniciativa Económica Privada", cit., pp. 411-425; GOMES CANOTILHO – VITAL MOREIRA, *op. cit.*, pp. 326-327 (I-IV); JORGE MIRANDA, *op. cit.*, pp. 454-457; AFONSO VAZ, *op. cit.*, pp. 164-171. Na jurisprudência constitucional, *vd.*, por exemplo, aresto n.° 76/85, de 6 de Maio, pp. 296 e ss.

Estudos de Direito do Trabalho (Código do Trabalho) 109

Resulta, então, que a lei não pode limitar o âmbito da greve. Ora, a lei não limita o âmbito; o que a lei faz é apenas legitimar expressamente a intervenção da contratação colectiva, permitindo, deste modo, que os sujeitos colectivos regulem o âmbito de vinculação da convenção celebrada e, por outro lado, garante o direito de iniciativa económica e de contratação colectiva.

VIII. Em termos próximos escreve Bacelar Gouveia, que "a essa mesma conclusão se chega por outra via, considerando o facto de estarmos perante a possibilidade de a disponibilidade negocial ser especificamente feita no âmbito da contratação colectiva.

Não se trata de uma disposição que se opera numa contratualização qualquer, mas sim de uma disposição que acontece através de uma contratualização singularmente concebida pela Constituição, em relação à qual do mesmo modo se fazem sentir os direitos fundamentais dos trabalhadores, agora numa vertente institucional.

É que os direitos das associações sindicais, como tivemos ocasião de observar, admitem como importante faculdade – sendo mesmo, no plano sociológico-laboral, o mais importante direito – o direito de contratação colectiva.

Quer isto dizer que aos sindicatos se atribui a possibilidade de poderem conformar, por intermédio de fontes regulativas próprias, com o acordo das entidades patronais, espaços da vida colectiva laboral, apresentando-se assim uma fonte autónoma do Direito do Trabalho.

Ora, a possibilidade de negociar o direito à greve conferida aos instrumentos de regulamentação colectiva de trabalho pode também inscrever-se no âmbito da previsão de outro direito fundamental, que é o direito à contratação colectiva, de que são titulares dos sindicatos e as entidades patronais.

A disponibilidade negocial – neste caso, com o âmbito específico do exercício do direito à greve – não é apenas vista de uma perspectiva neutral do ponto de vista constitucional, mas pode muito bem ser concebida como dele se extraindo uma posição favorável.

A contratação colectiva, não obstante no texto constitucional não lhe ser atribuída uma delimitação material, deve naturalmente interessar-se pelo regime do direito à greve, esta constituindo mesmo um dos seus núcleos fundamentais. A não ser assim, desviar-se-ia a contratação colectiva do seu propósito geral, que é indirectamente referenciado como

110 Luís Gonçalves da Silva

sendo os interesses dos trabalhadores, porque "compete às associações sindicais defender e promover a defesa dos direitos e interesses dos trabalhadores que representem"[240].

É ainda de acrescentar que as associações sindicais, tanto na posição de contraentes nas convenções colectivas como na declaração de greve, se encontram numa mesma posição, tendo em ambas as circunstâncias capacidade jurídica para tanto, na Constituição e na lei, sendo a aceitação desta cláusula de paz social relativa uma consequência daquela primeira posição"[241].

IX. Deve chamar-se à atenção para o facto de a Lei n.º 30/92, de 20 de Outubro[242], também ter admitido que através da contratação colectiva se regulasse o direito à greve. Com efeito, no n.º 4 do artigo 8.º – artigo único do diploma acima citado – fixava-se que os serviços mínimos podiam ser definidos por convenção colectiva – ou por acordo com os trabalhadores –, constituindo a obrigação de prestar os serviços mínimos uma restrição ao direito à greve face à necessidade de tutela de outros bens jurídicos de idêntica relevância[243]. O legislador permitiu que a medida dessa restrição fosse fixada pelos sujeitos colectivos, sem prejuízo, naturalmente, de ter respeitar o princípio da proporcionalidade em sentido amplo.

Dito de outra forma: a lei delegou na contratação colectiva – ou num acordo entre os empregadores e os representantes dos trabalhadores,

---

[240] Artigo 56°, n.º 1, da Constituição.

[241] BACELAR GOUVEIA, O *Anteprojecto do Código do Trabalho e a Constituição Portuguesa – Parecer de Direito*, policopiado, Lisboa, 2002, pp. 154-155.

[242] O Acórdão do Tribunal Constitucional n.º 868/96, de 4 de Julho, *Diário da República*, de 16 de Outubro de 1996, I série A, n.º 240/96, pp. 3619 e ss, declarou inconstitucional, com força obrigatória geral, por violação do disposto no n.º 2 do artigo 171.º da Constituição da República –, actual 168.º, n.º 2, votação na generalidade e na especialidade –, as normas contidas nos n.º 2, alínea g), 4, 5, 7, 8 e 9 do artigo 8.º da Lei n.º 65/77, bem como declarou, consequencialmente, a inconstitucionalidade da norma contida no n.º 6 do citado artigo, tendo sido repristinada a redacção inicial do preceito na parte sancionada.

A desconformidade com a Lei Fundamental revestiu, como se disse, carácter formal, uma vez que não foram sujeitos a votação na especialidade a alínea g) do n.º 2 e os n.º 4, 5, 8 e 9 do artigo 8.º do diploma em apreciação.

[243] Cfr. Acórdão do Tribunal Constitucional n.º 289/92, de 2 de Setembro de 1992, *Diário da República*, de 19 de Setembro de 1992, II série, n.º 217, p. 8839.

situação que nem sequer tem a mesma dignidade constitucional – a fixação dos serviços mínimos, o que quer dizer que legitimou – ainda que se possa defender a sua desnecessidade – a intervenção da contratação colectiva para salvaguardar outros bens jurídicos que se encontravam em colisão com o direito à greve, podendo salientar-se, desde logo, o direito à vida (artigo 24.º da CRP); por outro lado, respeitou também o espaço de intervenção da contratação colectiva, reconhecendo as inegáveis vantagens de serem as partes a regularem áreas de potencial conflito.

Ora, esta situação não foi objecto de qualquer censura por parte do Tribunal Constitucional[244], pelo que também não vemos qualquer motivo para, estando também em causa valores com dignidade constitucional, o ser agora.

Saliente-se, ainda, que a não ser este o entendimento correcto também as normas do Código do Trabalho que permitem a intervenção da contratação colectiva na matéria dos serviços mínimos violariam a Constituição (artigos 541.º, alínea g) e 599.º, n.º 1).

X. Pelo exposto, julgamos que, também nesta matéria, não existe qualquer violação da Lei Fundamental.

§ 9.º) CONCLUSÃO

Da análise efectuada e pelos argumentos apresentados conclui-se que as normas em apreciação não merecem qualquer censura jurídico-constitucional, razão pela qual não devem ser objecto de alteração.

Este é, salvo melhor opinião, o parecer de

LUÍS GONÇALVES DA SILVA

Lisboa, 6 de Junho de 2003.

---

[244] Cfr. Acórdão do Tribunal Constitucional n.º 289/92, de 2 de Setembro de 1992, cit., p. 8840.

VISITA GUIADA AO CÓDIGO DO TRABALHO:
A PRIMEIRA FASE DA REFORMA LABORAL * **

SUMÁRIO: § 1.°) **Introdução** 1.1. *Considerações prévias* 1.2. *Tramitação do Código do Trabalho* 1.3.) *Compromisso tripartido* § 2.°) **Linhas da reforma** § 3.°) **Codificação** § 4.°) **Principais novidades do Código do Trabalho** 4.1. *Generalidades* 4.2. *Principais alterações* (Parte Geral, Livro I) 4.2.1. Alguns aspectos gerais 4.2.2. Fontes e aplicação do Direito do Trabalho (Título I) 4.2.3. Contrato de trabalho (Título II) 4.2.3.1. Disposições gerais (capítulo I) 4.2.3.1.1. Noção e âmbito do contrato de trabalho (Secção I) 4.2.3.1.2. Sujeitos (Secção II) 4.2.3.1.3. Formação do contrato (Secção III) 4.2.3.1.4. Período

---

* Publicado em AAVV, *A Reforma do Código do Trabalho – Jornadas do CEG/IGT*, Coimbra Editora, 2004.

Nota Prévia: O presente texto corresponde, com desenvolvimento, à conferência proferida no dia 22 de Janeiro de 2004, nas Jornadas sobre o Código do Trabalho, organizadas pela Centro de Estudos Judiciários e a Inspecção-Geral do Trabalho, entidades a quem felicitamos pelo evento e agradecemos o respectivo convite. O objectivo da conferência e do presente texto é apresentar uma (sumária) perspectiva geral da elaboração do Código do Trabalho e das suas principais novidades.

** Conforme tem sido referido pelo XIV Governo Constitucional, a 1.ª fase é constituída pelo Código do Trabalho. A segunda fase é formada pela legislação especial do Código do Trabalho, que contém a regulação da generalidade das matérias, tendo sido aprovada, em votação final na Assembleia da República, no dia 20 de Maio de 2004, e publicada no dia 29 de Julho de 2004. Trata-se da Lei n.° 35/2004, de 29 de Julho, cuja entrada em vigor ocorrerá trinta dias após a publicação (artigo 3.°); a segunda fase é também constituída pela legislação especial relativa à capacidade de trabalho reduzida, acidentes de trabalho e doenças profissionais que, por acordo entre o Governo e os parceiros sociais, não fez parte do diploma publicado, e será apresentada em breve aos parceiros. A terceira fase tem como objecto os contratos de trabalho com regime especial (ex: doméstico, desportivo, transportes, trabalho temporário, etc.), estando já em fase de discussão, na Comissão Permanente de Concertação Social, o regime do trabalho temporário. Os restantes contratos estão em fase de elaboração.

experimental (Secção IV) 4.2.3.1.5. Direitos, deveres e garantias das partes (Secção VII) 4.2.3.1.6. Cláusulas acessórias (Secção VIII) 4.2.3.2. Prestação do trabalho (Capítulo II) 4.2.3.2.1. Disposições gerais (Secção I) 4.2.3.2.2. Duração e organização do tempo de trabalho (Secção III) 4.2.3.2.3. Teletrabalho (Secção IV) 4.2.3.2.4. Comissão de serviço (Secção V) 4.2.3.3. Retribuição e outras atribuições patrimoniais (Capítulo III) 4.2.3.4. Segurança, higiene e saúde no trabalho, acidentes de trabalho e doenças profissionais (Capítulos IV, V e VI) 4.2.3.5. Vicissitudes contratuais (Capítulo VII) 4.2.3.5.1. Mobilidade (Secção I) 4.2.3.5.2. Transmissão da empresa ou estabelecimento (Secção II) 4.2.3.5.3. Cedência ocasional (Secção III) 4.2.3.5.4. Redução da actividade e suspensão do contrato (Secção IV) 4.2.3.6. Incumprimento do contrato (Capítulo VIII) 4.2.3.6.1. Disposições gerais (Secção I) 4.2.3.6.2. Poder disciplinar (Secção II) 4.2.3.7. Cessação do contrato (Capítulo IX) 4.2.3.7.1. Caducidade (Secção II) 4.2.3.7.2. Cessação por iniciativa do empregador (Secção IV) 4.2.3.7.3. Cessação por iniciativa do trabalhador (Secção V) 4.2.4. Direito colectivo (Título III) 4.2.4.1. Sujeitos (Subtítulo I) 4.2.4.1.1. Estruturas de representação colectiva dos trabalhadores (Capítulo I) e Associações de empregadores (Capítulo II) 4.2.4.2 Instrumentos de regulamentação colectiva de trabalho (Subtítulo II) 4.2.4.2.1. Princípios gerais (Capítulo I) 4.2.4.2.1.1. Concorrência de instrumentos (Secção II) 4.2.4.2.2. Convenção colectiva (Capítulo II) 4.2.4.2.2.1. Âmbito temporal (Secção VI) 4.2.4.2.2.2. Cumprimento (Secção VII) 4.2.4.2.2.3. Arbitragem (Secção IV) 4.2.4.2.2.3. Regulamento de extensão e de condições mínimas (Secção V e VI) 4.2.4.3. Conflitos colectivos (Subtítulo III) 4.2.4.3.1. Greve (Capítulo II) 4.3. Principais alterações (responsabilidade penal e contra-ordenacional, Livro II) [1]

---

[1] Principais abreviaturas utilizadas: a) DESP INADAP – Despedimento por Inadaptação (Decreto-Lei n.° 400/91, 16 de Outubro); b) LCT – Lei do Contrato de Trabalho (Decreto-Lei n.° 49 408, de 24 de Novembro de 1969); c) LDT – Lei da Duração do Trabalho (Decreto-Lei n.° 409/71, de 27 de Setembro); d) LFFF – Lei das Férias, Feriados e Faltas (Decreto-Lei n.° 874/76, de 28 de Dezembro); e) LRCT – Decreto-Lei n.° 519-C1/79, de 20 de Dezembro; f) LS – Lei Sindical (Decreto-Lei n.° 215-B/75, de 30 de Abril); g) LTSUP – Decreto-Lei n.° 421/83, de 2 de Dezembro; h) NLDESP – Nova Lei dos Despedimentos (Decreto-Lei n.° 64-A/89, de 27 de Fevereiro).

§ 1.°) INTRODUÇÃO

1.1. Considerações prévias

I. A anterior legislação laboral pode ser caracterizada como uma *"selva" de regimes laborais*[2]. Com efeito, como se escreve na Exposição de Motivos da Proposta de lei n.° 29/IX (Código do Trabalho), "a legislação laboral até agora vigente é constituída por um conjunto de diplomas dispersos e com origens temporalmente diversas, tendo subjacentes concepções políticas e sociais marcadamente diferentes que correspondem a distintos momentos históricos. De facto, mantêm-se em vigor diplomas elaborados sob Constituições e regimes políticos diversos, e sujeitos a várias alterações ao longo dos tempos — *v.g.*, Lei do Contrato de Trabalho (1969), Lei da Duração do Trabalho (1971), Lei Sindical (1975), Lei das Férias, Feriados e Faltas (1976), Lei da Greve (1977), Lei da Suspensão ou Redução da Prestação de Trabalho (1983), Lei dos Salários em Atraso (1986), Lei da Cessação do Contrato de Trabalho e da Celebração e Caducidade do Contrato a Termo (1989), Lei do Despedimento por Inadaptação (1991), Lei dos Acidentes de Trabalho (1997) e Lei do Trabalho a Tempo Parcial (1999). A isto acresce que a regulamentação de vários institutos se encontra dispersa por distintos diplomas — assim, a discriminação em função do sexo (1979 e 1997) e o tempo de trabalho (1971, 1996 e 1998) —, ou em diplomas sucessivamente alterados — por exemplo, a protecção da maternidade e da paternidade (1984, 1995, 1997, 1998, 1999 e 2000).

Desta proliferação de fontes resultam múltiplas contradições, com as consequentes dificuldades interpretativas e, sobretudo, uma acentuada inadequação do regime jurídico à vida quotidiana dos trabalhadores e dos empregadores"[3].

---

[2] A expressão é de MÁRIO PINTO, "A Codificação do Direito do Trabalho", AAVV, *Anais das I Jornadas Luso-Hispano-Brasileiras de Direito do Trabalho*, Lisboa, 1982, p. 196.

[3] Proposta de lei da iniciativa do Governo que aprova o Código do Trabalho, Separata n.° 24/IX do *Diário da Assembleia da República*, de 15 de Novembro de 2002, p. 3. Cfr. também GONÇALVES DA SILVA, "Breve Apreciação do Capítulo I (Âmbito e Fontes) da Proposta da Comissão de Análise e Sistematização da Legislação Laboral", *Revista da Faculdade de Direito da Universidade de Lisboa*, volume XLII, n.° 2, 2001, pp. 159 e ss.

Está assim, desde logo, explicada a necessidade imperiosa e urgente de avançar com uma reforma laboral.

II. O XV Governo Constitucional (Primeiro-Ministro Dr. DURÃO BARROSO), em cumprimento do seu programa de Governo apresentou, então, à Assembleia da República, uma profunda reforma laboral, que assumiu o modelo de Código do Trabalho.

Esta reforma é feita no estrito cumprimento do programa do Governo, na qual se escreve que "a legislação laboral em vigor carece, nalguns dos seus aspectos, de urgente revisão em ordem à sua sistematização e adaptação às novas necessidades da organização do trabalho e ao reforço da produtividade e da competitividade da economia nacional.

Neste contexto, constituem medidas prioritárias:

– sistematizar, sintetizar e simplificar a legislação laboral em vigor, tornando-a mais acessível e compreensível para todos os seus destinatários;

– promover a adaptabilidade e a flexibilidade da organização do trabalho, por forma a aumentar a competitividade da economia e das empresas;

– criar as condições que permitam flexibilizar os horários de trabalho, estabelecendo igualmente as condições para uma melhor gestão do trabalho e um maior desenvolvimento do trabalho a tempo parcial, com vista a facilitar a adaptação aos desafios colocados pela globalização;

– adoptar as medidas necessárias com vista a permitir um aumento da mobilidade dos trabalhadores, por forma a assegurar uma maior convergência regional e uma economia mais competitiva;

– promover a introdução de novos métodos de trabalho mais adequados às necessidades das PME e das microempresas, nomeadamente o trabalho a tempo parcial, em regime de prestação de serviços e/ou no domicílio"[4][5].

---

[4] Programa do XV Governo Constitucional, *Diário da Assembleia da República*, 18 de Abril de 2002, II série – A, número 2, IX legislatura, 1.ª Sessão Legislativa (2002--2003), Suplemento, ponto 3, p. 6 (26); Proposta de lei da iniciativa do Governo que aprova o Código do Trabalho, cit., pp. 3-4.

[5] Como se escreveu "ontem", e se mantém, em alguns casos, ainda actual hoje, na Proposta de lei n.º 6 (regime do contrato de trabalho), apresentada na VIII legislatura da

Estudos de Direito do Trabalho (Código do Trabalho) 117

III. No processo de elaboração do Código, o Ministério da Segurança Social e do Trabalho teve presente, desde logo, os trabalhos da Comissão de Análise e Sistematização da Legislação Laboral (CLL). Recorde-se que – Despacho n.º 5875/2000, de 15 de Março – o Ministro do Trabalho e da Solidariedade do XIV Governo Constitucional (Primeiro-Ministro Eng.º ANTÓNIO GUTERRES), nomeou uma Comissão de Análise e Sistematização da Legislação Laboral (CLL) "(...) tendo em vista a acessibilidade dos regimes legais, a necessidade de abrir espaços à negociação colectiva e, ainda, o propósito de elevar o nível de adequação e eficiência da legislação laboral (...)", competindo, para o efeito, à Comissão "(...) proceder ao levantamento, análise e sistematização das leis laborais existentes e propor as reformulações consideradas necessárias para posterior apreciação na CPCS [Comissão Permanente de Concertação Social]"[6].

O Relatório elaborado por esta Comissão que antecede a Proposta refere-se a duas fases sucessivas de trabalho: análise e sistematização e, seguidamente, elaboração de propostas de alteração[7] [8]. "Em execução do

---

Assembleia Nacional, com o intuito de alterar a Lei n.º 1:952, de 10 Março de 1937, "não será ocioso chamar ainda a atenção para a tendência que por vezes se nota, de serem tidas como limitação máxima as prerrogativas mínimas previstas na legislação do trabalho. Não faltará quem se disponha a dar só o que a lei obriga, como se, por vezes, a justiça não reclamasse mais. Tal circunstância, quando aliada à transformação do condicionalismo social e económico considerado na elaboração da lei, também impõe que seja revista para se não tornar prejudicial ou inútil", *Diário das Sessões da Assembleia Nacional*, de 20 de Dezembro de 1961, 5.º suplemento ao número 4, p. 138 (361).

[6] O Despacho n.º 5875/2000, de 24 de Fevereiro, foi publicado no *Diário da República*, de 15 de Março de 2000, II série, número 63, p. 4952.

Nos termos do Despacho n.º 16 989/2000, de 27 de Julho de 2000, o mandato da Comissão – o Despacho regula também as respectivas formas de pagamento dos seus membros – foi fixado em vinte e quatro meses (*Diário da República*, de 22 de Agosto de 2000, II série, p. 13 767). No entanto, este prazo inicial acabaria por ser prorrogado por mais três meses, de forma a que a Comissão pudesse "(...) concluir a análise e sistematização em curso e apresentar eventuais propostas de alteração da legislação em vigor", Despacho n.º 5025/2002, de 14 de Fevereiro de 2002, publicado no *Diário da República*, de 6 de Março de 2002, II série, p. 4352.

[7] Ponto 1, p. 2 do Relatório.

[8] Como, aliás, o reconhece a Comissão ao escrever que a análise e sistematização "(...) não poderia, contudo, obstar a que, pelas próprias necessidades reconstrutivas que a sistematização implicava, a Comissão adoptasse, pontualmente, uma atitude mais criativa. De qualquer modo, sempre que esteve em causa a possibilidade de mudança de perspec-

mandato que lhe foi confiado, a Comissão apresentou, em dois momentos distintos – Setembro de 2001 e, já após a entrada em funções do XV Governo Constitucional, Maio de 2002 –, propostas de sistematização relativas ao direito individual e ao direito colectivo, respectivamente, acompanhadas de relatórios explicativos e de declarações de voto de alguns dos seus membros. Num número muito limitado de matérias, as propostas de sistematização incluíam igualmente, em alternativa, algumas propostas tendo em vista modificar a legislação em vigor"[9].

IV. Concluído o mandato da Comissão[10] e analisadas as propostas por ela apresentadas, constatou-se que as suas propostas eram de mera sistematização e depuração[11]. Estava condicionado, deste modo, o aproveitamento do seu trabalho, uma vez que os objectivos do XV Governo constitucional eram diversos.

De facto, os objectivos do Governo eram diferentes, pois como se viu, o que estava em causa era uma verdadeira reforma laboral e não uma mera sistematização.

---

tiva ou de inflexão nas soluções existentes, a Comissão demorou-se na análise e discussão da necessidade e da oportunidade de tais intervenções". Só que o facto de a Comissão ser apenas "pontualmente" mais criativa – o que nem sempre correspondeu à realidade, como se pode verificar, por exemplo, em matéria de direitos, deveres e garantias das partes, o que, aliás, a Comissão reconhece ao afirmar que "(...) acabou por aprovar uma profunda reformulação desse capítulo (...)", (ponto 12, p. 14) –, não se sabendo qual o critério subjacente para essas intervenções "cirúrgicas", permitiu que outras, tão ou mais importantes, ficassem por fazer, além de impossibilitar uma perspectiva de "clínica geral" na resolução de diversas patologias.

[9] Proposta de lei da iniciativa do Governo que aprova o Código do Trabalho, cit., ponto 1, p. 3.

[10] A Comissão foi presidida por MONTEIRO FERNANDES e constituída por mais dez elementos. Os nomes dos membros (iniciais) constam do Despacho e dos membros posteriores do Relatório que precede a Proposta da Comissão, ponto 2, pp. 2 e ss.

[11] Uma análise do trabalho da Comissão pode ser visto em, AAVV, Revisão da Legislação Laboral, Ministério do Trabalho e da Solidariedade, 2002, pp. 126 e ss; *Revista da Faculdade de Direito da Universidade de Lisboa*, volume XLII, 2001, n.º 2, pp. 1563 e ss, onde estão estudos de ROMANO MARTINEZ, PALMA RAMALHO, GUILHERME MACHADO DRAY, LUÍS MIGUEL MONTEIRO e GONÇALVES DA SILVA.

1.2. Tramitação do Código do Trabalho

I. Cabe aqui recordar e assinalar, pela sua importância histórica, a tramitação seguida na elaboração do Código do Trabalho.

O Anteprojecto do Código do Trabalho foi aprovado, em reunião de Conselho de Ministros, no dia 18 de Julho de 2002, ou seja, menos de três meses após o início dos trabalhos.

Decorridos cinco dias, 23 de Julho, o Governo, através do Ministro da Segurança Social e do Trabalho (Dr. Bagão Félix) e do Secretário de Estado do Trabalho (Dr. Luís Pais Antunes), apresentou aos parceiros sociais, em reunião da Comissão Permanente de Concertação Social, o Anteprojecto. O debate nesta Comissão ocorreu entre os dias 12 de Setembro e 7 de Novembro de 2002, na qual foram apresentadas várias centenas de propostas e pareceres.

Em resultado dos debates, o Anteprojecto deu lugar ao Projecto, cuja aprovação em Conselho de Ministros se realizou no dia 12 de Novembro.

Passados dois dias, 14 de Novembro de 2002, entrou na Assembleia da República a Proposta de lei do Código do Trabalho que recebeu o n.º 29/IX, tendo sido publicada na separata 24/IX do *Diário da Assembleia da República*, de 15 de Novembro. A apreciação pública, nos termos constitucionais e legais, decorreu entre 15 de Novembro e 16 de Dezembro de 2002.

Em meados de Janeiro de 2003, mais exactamente a 16 de Janeiro, a proposta de lei foi aprovada na generalidade – votos a favor: PSD e CDS-PP, votos contra: restantes partidos –, tendo o debate no plenário sido realizado no dia anterior, i.e., a 15 de Janeiro[12].

Após baixar à 8.ª Comissão – Comissão de Trabalho e de Assuntos Sociais – no mesmo dia (16 de Janeiro), realizou-se a discussão na especialidade, que decorreu entre os dias 16 de Janeiro e 31 de Março de 2003, na qual se inclui a audição de diversas entidades. A Proposta de lei foi objecto de votação final global – votos a favor: PSD e CDS-PP, votos contra: restantes partidos – no dia 10 de Abril, tendo sido aprovada pelo Decreto n.º 51/IX[13].

---

[12] A tramitação pormenorizada da Proposta de lei n.º 29/IX, consta do endereço electrónico da Assembleia da República (http://www3.parlamento.pt/PLC/Iniciativa. aspx?ID_Ini=19303), que contém os respectivos documentos.

[13] O Decreto está publicado no *Diário da Assembleia da República (Suplemento)*,

O Decreto foi então enviado para promulgação, no dia 16 de Maio de 2003, tendo o Senhor Presidente da República, com base nos artigos 278.º, n.ºs 1 e 3, da Constituição, e 51.º, n.º 1, e 57.º, n.º 1, da Lei sobre Organização, Funcionamento e Processo do Tribunal Constitucional, requerido ao Tribunal Constitucional a fiscalização preventiva de alguns artigos – alíneas a) b) e c) do n.º 1 do 15.º da Proposta que aprova o Código do Trabalho, 4.º, n.º 1, 17.º, n.º 2, 436.º, n.º 2, interpretação conjugada dos n.ºs 2, 3 e 4 do 438.º, interpretação conjugada dos n.ºs 2, 3 e 4 do artigo 557.º, o segundo segmento normativo do 606.º, todos do Código do Trabalho –, do Decreto da Assembleia da República n.º 51/IX.

O Tribunal Constitucional pronunciou-se, através do Acórdão n.º 306/2003, de 25 de Junho de 2003[14], pela não inconstitucionalidade da maioria das regras apreciadas, tendo o Presidente da República vetado a proposta, nos termos do n.º 1 do artigo 279.º da Constituição, através de mensagem de 27 de Junho, lida a 1 de Julho no plenário da Assembleia da República. As alterações necessárias, resultantes do Acórdão do Tribunal Constitucional foram imediatamente introduzidas, expurgando-se assim as (poucas) normas declaradas inconstitucionais, sendo o Código do Trabalho na Assembleia da República sido objecto de votação final global no dia 15 de Julho de 2003, surgindo assim o Decreto n.º 132/IX[15]. O texto foi novamente enviado para o Presidente da República (29 de Julho), que o promulgou a 4 de Agosto.

Surgia, então, a Lei n.º 99/2003, de 27 de Agosto, que aprovou o Código do Trabalho e foi publicado em anexo, fazendo parte daquela lei (artigo 1.º) [16].

II. Deve ainda referir-se a existência histórica do acordo tripartido, designado por *Compromisso Tripartido*, celebrado pelo Governo, a CIP (Confederação da Indústria Portuguesa) e UGT (União Geral dos Trabalhadores). Com efeito, o Governo na busca incessante de um acordo, sem

---

X Legislatura, 1.ª sessão legislativa, II série – A, número 96, de 22 de Maio de 2003, pp. 3922(2) e ss.

[14] O aresto do Tribunal Constitucional n.º 306/2003, de 25 de Junho de 2003, foi publicado no *Diário da República*, I série A, 18 de Julho de 2003, pp. 4142e ss.

[15] *Diário da Assembleia da República*, X Legislatura, 1.ª sessão legislativa, II série – A, número 120, de 2 de Agosto de 2003, pp. 4736 e ss.

[16] Como se sabe, o Código do Trabalho entrou em vigor no dia 1 de Dezembro de 2003 (artigo 3.º, n.º 1, da Lei n.º 99/2003).

Estudos de Direito do Trabalho (Código do Trabalho) 121

abdicar dos seus objectivos e valores, conseguiu a adesão dos parceiros acima referidos, tendo os grupos parlamentares introduzido as propostas necessárias na Proposta de lei n.° 29/IX, como veremos a seguir.

III. A terminar deve também destacar-se o facto de ao longo dos trabalhos de elaboração do Código do Trabalho ter havido uma ampla participação de toda a sociedade. De facto, foram enviadas, e devidamente analisadas, várias centenas de contributos, cuja origem vão desde organizações representativas de trabalhadores e de empregadores, docentes universitários, advogados, consultores e especialistas em Direito do Trabalho até ao anónimo cidadão.

Concomitantemente realizaram-se mais de duas centenas de conferências com membros do Governo e foram feitas cerca de meio milhão de visitas à página do Ministério da Segurança Social e do Trabalho onde estava a Proposta do Código.

Foi de facto uma participação que envolveu todos os quadrantes da sociedade portuguesa, constituindo um exemplo de cidadania.

Foi, em suma, um debate de todos e para todos, de que não há memória a propósito da elaboração de qualquer legislação.

1.3. Compromisso tripartido

I. Como vimos foi celebrado o Compromisso Tripartido entre o Governo, a CIP (Confederação da Indústria Portuguesa) e UGT (União Geral dos Trabalhadores) com vista a introduzir alterações na Proposta de lei n.° 29/IX. Do Compromisso Tripartido podemos salientar as seguintes matérias[17]:

1) Regime do tempo de trabalho (artigo 10.° da Lei n.° 99/2003, de 27 de Agosto);
2) Garantias de retribuição e trabalho nocturno (artigo 11.°);
3) Convenções vigentes (artigo 13.°);

---

[17] O compromisso tripartido integral pode ser consultado em www.msst.gov.pt.

Sobre a natureza deste tipo de acordos, *vd.* GONÇALVES DA SILVA, "Sujeitos Colectivos", *Estudos do Instituto de Direito do Trabalho*, volume III, coordenação de Romano Martinez, Almedina, Coimbra, 2002, pp. 319 a 326.

4) Regime transitório de uniformização (artigo 15.°) que viria a ser declarado inconstitucional pelo Tribunal Constitucional no aresto n.° 306/2003, de 25 de Junho;
5) Presunção de contrato de trabalho (artigo 12.° do Código do Trabalho);
6) Fixação dos objectivos da formação profissional (artigo 124.°);
7) Prescrição da formação contínua (artigo 125.°);
8) Duração do contrato a termo certo (artigo 139.°);
9) Limite da adaptabilidade (artigo 164.°, n.° 2);
10) Alteração do período de referência (artigo 166.°, n.° 4);
11) Fiscalização de doença (artigos 219.°, n.os 4 a 9, e 229.°, n.os 3 a 8);
12) Segurança, higiene e saúde no trabalho (exemplo, artigos 272.° a 274.°);
13) Transmissão da empresa ou estabelecimento (artigo 318.°, n.° 2);
14) Efeitos da ilicitude da cessação do contrato de trabalho (artigos 436.°, n.° 2, e 445.°);
15) Noção de comissão intersindical de empresa (artigo 476.°, alí-nea g));
16) Promoção da contratação colectiva (artigo 539.°);
17) Sucessão de convenções (artigo 560.°);
18) Determinação da arbitragem obrigatória (artigo 568.°);
19) Proibição de substituição dos grevistas (artigo 596.°, n.° 2);
20) Pluralidade de infracções (artigo 624.°);
21) Sanções acessórias (artigo 627.°).

§ 2.°) LINHAS DA REFORMA

I. A execução da reforma laboral obedeceu a diversas preocupações, tendo presente, por um lado, o caos legislativo existente e, por outro, a desadequada regulação existente. Foi, então, necessário traçar os quadros estruturantes da reforma.

II. De acordo com a Exposição de Motivos, "a orientação que presidiu à elaboração do Código do Trabalho pode ser sintetizada através dos seguintes vectores:

Estudos de Direito do Trabalho (Código do Trabalho) 123

a) abertura à introdução de novas formas de trabalho, mais adequadas às necessidades dos trabalhadores e das empresas;

b) promoção da adaptabilidade e flexibilidade da disciplina laboral, nomeadamente quanto à organização do tempo, espaço e funções laborais, de modo a aumentar a competitividade da economia, das empresas e o consequente crescimento de emprego;

c) maior acessibilidade e compreensão do regime existente;

d) sistematização da legislação dispersa, elaborada em épocas distintas;

e) integração de lacunas e resolução de algumas dúvidas suscitadas na aplicação das normas agora revogadas;

f) incentivo à participação dos organismos representativos de trabalhadores e empregadores na vida laboral, em particular no que respeita à contratação colectiva"[18].

III. No discurso aquando a votação global do Código do Trabalho na Assembleia da República, o Governo, pela voz do Ministro da Segurança Social e do Trabalho, afirmou que as principais linhas orientadoras da proposta de Código do Trabalho são:

"1. A ideia de cooperação solidária no seio da empresa. De facto, é elementar perceber-se hoje que entre o empregador e o trabalhador há a empresa. que entre a empresa e o emprego há o trabalho. Que entre o empregador e a empresa há a responsabilidade social;

2. O justo equilíbrio entre competitividade económica, personalismo laboral, coesão social e justiça distributiva;

3. A modernização das nossas empresas e da nossa economia tendo em atenção as exigências da mundialização das trocas, da deslocalização empresarial e do alargamento da União Europeia;

4. O primado da corresponsabilidade e da exigência, o reforço da ética do esforço e do mérito como elementos estruturantes do progresso e da justiça, no pleno respeito pela igualdade de oportunidades, mas afastando o igualitarismo artificial de resultados. É preciso não esquecer que a pior injustiça é a que nivela o que é diferente;

---

[18] Proposta de lei da iniciativa do Governo que aprova o Código do Trabalho, cit., ponto 3.1., p. 6.

5. A necessidade de adaptar a legislação a novas formas de trabalho e a novas categorias de trabalhadores, como sejam os que trabalham a tempo parcial, os teletrabalhadores, os jovens pais e mães trabalhadores, as situações de cedência ocasional ou de trabalho temporário, os trabalhadores deficientes ou com menor capacidade, bem como a consideração específica das empresas de menor dimensão, em regra boas geradoras de novos empregos;

6. A expressa consagração de direitos de personalidade dos trabalhadores e de um conjunto de garantias dos seus direitos e créditos, designadamente face às novas formas de organização societária;

7. A justa, responsável e harmoniosa conciliação entre direitos e deveres de todas as partes no seio das empresas;

8. A contribuição para um dos mais decisivos desafios de uma economia humana e humanizada: a melhor partilha entre o trabalho, a família e os tempos livres das pessoas;

9. O reconhecimento da adaptabilidade, da flexibilidade e da organização do tempo de trabalho como factores imprescindíveis numa economia em permanente mutação empresarial, gestionária e profissional, devendo sublinhar-se que, com a nova lei, e nesta matéria os trabalhadores deixam de ser objecto para serem parte nas decisões que a eles respeitam;

10. O reforço e revitalização da contratação colectiva, como sede, por excelência, da livre e responsável formação de vontade das partes, eliminando bloqueios ao seu ajustamento e desenvolvimento, como, aliás, é a regra nos países mais desenvolvidos da Europa. É que subsistem, ainda, muitas convenções colectivas feitas à medida de um mundo que já não existe, e que na aparência da defesa dos chamados "direitos adquiridos" acabam por prejudicar o futuro das empresas e respectivos postos de trabalho;

11. A salvaguarda da efectividade da lei e da defesa do Estado de Direito, que erradique o sentimento de impunidade resultante do acentuado grau de incumprimento das normas laborais, desincentive formas de emprego clandestinas, previna abusos, sancione irregularidades e penalize a irresponsabilidade, o desleixo e o absentismo. Uma lei que reforce o Estado fiscalizador em detrimento do Estado controlador de procedimentos administrativos;

12. O fortalecimento do investimento nacional e a criação de condições de atracção de investimento estrangeiro gerador de riqueza e de postos de trabalho, bem como da promoção da qualidade empresarial, gestionária e profissional;

Estudos de Direito do Trabalho (Código do Trabalho)   125

13. A criação de condições que estimulem o emprego produtivo e dêem renovadas esperanças aos que não têm trabalho e aos jovens no início das suas vidas activas;

14. A consideração da formação profissional, do reforço de condições de higiene, saúde e segurança laborais como investimentos estratégicos e verdadeiros activos das empresas e dos trabalhadores e não como meros exercícios formais sem consistência"[19].

§ 3.°) CODIFICAÇÃO

I. Na Proposta de lei apresentada, o legislador optou por um código. As vantagens de uma codificação são conhecidas – coerência do conjunto normativo, uniformidade conceptual, melhor ordenação sistemática, fixação de princípios gerais, em suma, maior perfeição científica, melhor justiça nas soluções adoptadas e na aplicação do Direito, bem como maior facilidade no acesso ao Direito vigente[20]. De facto, como escreve MENEZES LEITÃO, a codificação "(...) corresponde ao estádio mais avançado de evolução científica de um ramo do Direito e ao mesmo tempo na forma mais simples de estabelecer o seu conhecimento pelos particulares"[21]. Por isso, e face ao actual estado da legislação laboral, podemos afirmar que a opção pela codificação representa um passo importante na concretização do Estado do Direito, pois permitirá, desde logo, uma maior e mais fácil acesso ao Direito existente[22].

Se é verdade, no entanto, que tal posição mereceu diversos aplausos, também foi objecto de algumas críticas, que podem ser sintetizadas nas seguintes ideias:

a) *"o Direito do Trabalho ainda não está suficientemente estável para ser codificado, devendo olhar-se para os outros países da Europa"*;

---

[19] BAGÃO FÉLIX, Discurso apresentado na Assembleia da República, no dia 15 de Janeiro de 2003, www.msst.gov.pt.

[20] Cfr. MÁRIO PINTO, "A Codificação do Direito do Trabalho", cit., pp. 168-169.

[21] MENEZES LEITÃO, *A Conformidade da Proposta de Lei 29/IX (Código do Trabalho) com a Constituição da República Portuguesa – Parecer*, policopiado, 2002, p. 15.

[22] Com interesse para o debate, *vd.* REIS MARQUES, *Codificação e Paradigmas da Modernidade*, Coimbra, 2003; AAVV, *La Codification*, direcção de Bernard Beignier, Dalloz, Paris, 1996.

b) "A codificação rigidificará o Direito do Trabalho"[23].

Vejamos se os argumentos são procedentes.

II. A discussão da codificação do Direito do Trabalho não tem sido objecto de grande atenção entre nós[24]. Todavia, no âmbito da Comissão de Análise e Sistematização da Legislação Laboral (CLL) a matéria foi objecto de discussão[25], tendo esta revelado "preferência pela fórmula de uma «lei do contrato de trabalho enriquecida» ou «reincorporada», tendo como complementos leis autónomas sobre certos temas e, ainda, os regimes especiais de trabalho"[26].

A propósito dessa questão tivemos oportunidade de nos pronunciarmos, e não tendo encontrado argumentos para mudar de posição, recuperamos o que então escrevemos[27].

Há cerca de cinquenta e oito anos, escreveu VAZ SERRA, e depois GALVÃO TELLES citando-o, a propósito da feitura do actual Código Civil, que "(...) entre nós o direito relativo às relações entre o trabalhador e a empresa (prescindindo já de outros aspectos) não pode dizer-se que tenha alcançado uma fase definitiva ou suficientemente estável para consentir a sua codificação, não parecendo, por isso, aconselhável, nas matérias abrangidas pela legislação social, ir além da enunciação de alguns princípios

---

[23] É uma das desvantagens apresentadas por MÁRIO PINTO, "A Codificação do Direito do Trabalho", cit., p. 169.

[24] Basta, por exemplo, ver o que se passa em Espanha, onde, em 1957, ALONSO GARCIA, apresentou a sua tese de doutoramento exactamente sobre a Codificação do Direito do Trabalho (*La Codificacion del Derecho del Trabajo*, Consejo Superior de Investigaciones Cientificas, Madrid, 1957).

Há, no entanto, que salientar o facto de no ano de 1982, nas I Jornadas Luso-Hispano--Brasileiras de Direito do Trabalho, um dos temas do encontro ter sido "A codificação do Direito do Trabalho", cujas exposições estiveram a cargo de MÁRIO PINTO, SERRANO CARVAJAL e BUENO MAGANO, sendo certo que desde essa data os pressupostos sociais, políticos e jurídicos aí referidos foram profundamente alterados, cfr. AAVV, *Anais das I Jornadas Luso-Hispano-Brasileiras de Direito do Trabalho*, Lisboa, 1982, pp. 159-232.

[25] Ponto 7, pp. 8 e ss do Relatório que antecede a Proposta.

[26] Ponto 7, p. 9, do Relatório que antecede a Proposta.

[27] Nos pontos II e III seguimos a posição expressa oralmente, no dia 15 de Novembro de 2001, aquando da análise da Proposta de Lei do Trabalho da Comissão de Análise e Sistematização da Legislação Laboral (CLL) e posteriormente publicada, sob o título "Breve Apreciação do Capítulo I (Âmbito e Fontes) da Proposta de Comissão de Análise e Sistematização da Legislação Laboral", cit., pp. 1594-1595.

mais gerais (nos contratos em especial e na responsabilidade civil). Deixar-se-á às leis especiais o cuidado de desenvolver a regulamentação"[28].

Ao exposto acrescentava GALVÃO TELLES: "a exposta orientação justifica-se plenamente.... O Direito do Trabalho, de tão larga importância nos tempos que correm e diante de qual se abre um futuro promissor, encontra-se ainda em franca evolução legislativa, doutrinária e jurisprudencial, embora já estejam lançados os fecundos germes do seu desenvolvimento e crescimento. Uma vez que a sua elaboração ainda não está completa, se bem que se possam dar como mais ou menos definidas as directrizes fundamentais das suas transformações, seria prematuro aprisioná-lo nos quadros estáveis de um Código, e parece prudente apenas fixar neste essas directrizes, deixando o mais para a legislação complementar"[29].

III. Ora, a situação é hoje completamente diferente. O Direito do Trabalho possui actualmente maturidade, desenvolvimento e estabilidade suficiente para que os seus traços caracterizadores e estruturantes possam constar de um código [30]. Como afirma VAZ SERRA, "o direito está sempre, mais ou menos, em crise; jamais se suspende verdadeiramente o fluir das ideias que aspiram à protecção do direito positivo; e, portanto, o Estado, que fosse a esperar, para fazer a codificação do seu direito, pela

---

[28] VAZ SERRA, "A Revisão Geral do Código Civil (Alguns Factos e Comentários)", *Boletim da Faculdade de Direito da Universidade de Coimbra*, volume XXII (1946), 1947, p. 493, sendo também relevante pp. 473 e ss; GALVÃO TELLES "Contratos Civis – Exposição de Motivos", Revista da Faculdade de Direito da Universidade Lisboa, volume IX, 1953, p. 199. Cfr. ainda o Parecer da Câmara Corporativa n.º 45/VII (regime do contrato de trabalho) *Diário das Sessões*, cit., de 20 de Dezembro de 1961, p. 138 (362), da qual foi relator Galvão Telles.

[29] GALVÃO TELLES "Contratos Civis ...", cit., p. 200. Cfr. igualmente o Parecer da Câmara Corporativa n.º 45/VII (regime do contrato de trabalho), *Diário das Sessões*, de 20 de Dezembro de 1961, cit., p. 138 (373).

[30] Como escreve PALMA RAMALHO, "O Novo Código do Trabalho – Reflexões sobre a Proposta de Lei relativa ao Novo Código do Trabalho", *Estudos de Direito do Trabalho*, volume I, Almedina, Coimbra, 2003, p. 22, "no caso do Direito do Trabalho português, a unificação das normas num conjunto coerente e lógico, que constitua uma codificação em sentido próprio, é efectivamente possível, porque este ramo jurídico já atingiu um grau de maturidade e de independência dogmáticas, que torna viável a sua tradução num quadro normativo de âmbito global, dotado de coerência interna e informado por princípios orientadores gerais".

completa estabilização das condições sociais de que ele depende, correria o risco de esperar indefinidamente"[31].

Por outro lado, é preciso ter presente que um código pode variar entre a tentativa de elaboração de um conjunto de regras e princípios tão completo quanto possível, dir-se-ia mesmo exaustivo, e a fixação de regras gerais, deixando para leis especiais algumas especificações[32].

Foi esta última opção que o legislador tomou.

IV. Relativamente ao argumento de que se "deve olhar para os outros países da Europa", é preciso referir que:

a) Não deixa de ser curioso que se invoquem os ordenamentos estrangeiros quando se julga que é favorável, mas se os critique quando não apontam no sentido das posições que se pretende ver sufragadas; ser pioneira, embora não seja o caso, não é necessariamente criticável, antes pelo contrário;

b) No entanto, também nesta situação a invocação da realidade estrangeira, revela algum desconhecimento, pois, por exemplo:

i) Em França, houve uma decisão de codificação, logo em 1901, que foi aprovada, em diferentes partes, a partir de 1910[33];

ii) Na Alemanha, existe, por exemplo, não só uma fortíssima corrente codificadora, como o Tratado da Unificação Alemã impõe ao legislador uma parte geral do Código do Trabalho, como ainda já houve elaboração de projectos legislativos neste sentido, que não foram consagrados por (meras) questões políticas[34];

iii) Em Espanha, o artigo 8.º das disposições adicionais do Estatuto dos Trabalhadores, cuja epígrafe é Código do Trabalho, impõe ao Ministério do Trabalho e da Segurança Social a elaboração de um Código do Trabalho[35].

---

[31] VAZ SERRA, "A Revisão Geral do Código Civil ...", cit., p. 477.

[32] Cfr.VAZ SERRA, "A Revisão Geral do Código Civil ...", cit., p. 469.

[33] Para mais desenvolvimentos, MÁRIO PINTO, "A Codificação do Direito do Trabalho", AAVV, *Anais das I Jornadas ...*, cit., p. 179.

[34] Cfr. artigo 30.º, n.º 1, alínea 1), *Bundesgesestzblatt*, teill II, n.º 35, 1998, p. 899; ULRICH ZACHERT, *Lecciones de Derecho del Trabajo Alemán*, Informes y Estudios, Serie General, n.º 13, Ministerio de Trabajo y Asuntos Sociales, 1998, p. 31.

Estudos de Direito do Trabalho (Código do Trabalho)   129

Constata-se, assim, que a realidade de alguns países é diversa da que se tem afirmado.

V. No que respeita à eventual rigidificação do Direito do Trabalho por se ter optado pela codificação, há que referir o seguinte:

a) Primeiro: a nossa legislação laboral é rígida[36], caduca e contraditória e nunca tivemos um código, antes pelo contrário, sempre tivemos uma enorme pulverização de diplomas, o que, como se comprova, em nada contribuiu para a tornar mais flexível;

b) Segundo: "o Código do Trabalho, à imagem de outros diplomas aprovados nas últimas dezenas de anos com o título Código – como o Código do Imposto sobre o Valor Acrescentado ou o Código dos Valores Mobiliários –, não corresponde ao clássico conceito de codificação que presidiu à elaboração dos códigos oitocentistas ou, no século XX, à feitura do Código Civil e do Código Penal. Trata-se de uma sistematização integrada, justificada por valorações específicas do Direito do Trabalho – e, portanto, diferente da que se encontra no Código Civil ou no Código Penal –, com soluções que permitem uma propensão para a estabilidade"[37];

c) Terceiro: razão tem pois o que se escreve na Proposta de lei, segundo a qual "a codificação não obsta, evidentemente, a que as regras agora enunciadas sejam alteradas, melhoradas e adaptadas a novas circunstâncias, pois qualquer ramo do Direito está permanentemente em mutação e a sua evolução não pode ser posta em causa pela existência de um conjunto sistemático — tenden-

---

[35] Sobre a questão, *vd.* Serrano Carjaval, "A Codificação do Direito do Trabalho", AAVV, *Anais das I Jornadas Luso-Hispano-Brasileiras de Direito do Trabalho*, Lisboa, 1982, pp. 207 e ss.

[36] Neste sentido, entre muitos outros, Francisco Lima, *Análise Económica das Diferentes Formas de Flexibilização do Mercado de Trabalho*, Lisboa, 2002, policopiado, pp. 3 e 4; Silva Lopes, "A flexibilidade no Mercado de Trabalho e o Emprego em Portugal", AAVV, Seminário "Flexibilidade e Relações de Trabalho", *Conselho Económico e Social, Série "Estudos e Documentos"*, 1998, Lisboa, pp. 99 e ss, *maxime*, pp. 116-118.

[37] Proposta de lei da iniciativa do Governo que aprova o Código do Trabalho, cit., ponto 3.2., p. 6. Também parece ser esta a posição de Mário Pinto, "A Codificação do Direito do Trabalho", cit., pp. 162-164 que fala mesmo numa "(...) nova linhagem de códigos que não respeita os pergaminhos da antiga" (p. 162).

cialmente sintético e científico — de normas, denominado Código. Um Código não pressupõe, por isso, nem a estagnação das relações sociais, nem dos preceitos que as regem"[38].

VI. Pensamos, por isso, que a codificação era tecnicamente possível e juridicamente necessária.

Acertadamente decidiu, pois, o legislador.

VII. A ordenação formal-sistemática do Código, conforme está explicada na Exposição de Motivos, encontra-se dividida em dois Livros: parte geral do Direito do Trabalho (I) e responsabilidade penal e contra-ordenacional (II). O Livro I encontra-se dividido em três Títulos: Fontes e aplicação do Direito do Trabalho (I), Contrato de Trabalho (II) e Direito Colectivo (III). A parte geral, após referência às fontes, e depois da noção de contrato de trabalho e de regras que também delimitam o âmbito de aplicação do diploma, contém a matéria dos sujeitos individuais (trabalhador e empregador). Aqui o Código do Trabalho manifesta, desde logo, a sua perspectiva personalista: "as pessoas, em particular os trabalhadores, constituem o fundamento de todas as ponderações. Com efeito, o Código revela, independentemente da expressa consagração dos direitos da personalidade, uma preocupação em manter um equilíbrio entre as necessidades dos trabalhadores e dos empregadores, tendo presente que sem aqueles não é possível a existência destes, e sem estes aqueles não existiriam. É esta comunhão de interesses que está presente em todo o texto"[39].

O Título III regula os sujeitos colectivos, entes que são de singular importância para a realização e efectivação do Direito do Trabalho.

Regressando ao Título II (Livro I) (contrato de trabalho), há que salientar a regulação da matéria dos sujeitos (trabalhador e empregador), o que inclui naturalmente normas de protecção (capítulo I), seguindo-se as regras atinentes à prestação de trabalho (capítulo II), retribuição e outras prestações patrimoniais (capítulo III), segurança, higiene e saúde no trabalho (capítulo IV), acidentes de trabalho (capítulo V), doenças pro-

---

[38] Proposta de lei da iniciativa do Governo que aprova o Código do Trabalho, cit., ponto 3.2., p. 6.

[39] Proposta de lei da iniciativa do Governo que aprova o Código do Trabalho, cit., ponto 3.3., p. 6.

Estudos de Direito do Trabalho (Código do Trabalho)

fissionais (capítulo VI), vicissitudes contratuais (capítulo VII) e, finalmente, a matéria do incumprimento do contrato (capítulo VIII) e da cessação do vínculo (capítulo IX).

O Título III começa com o tratamento dos sujeitos colectivos (Subtítulo I) dos trabalhadores (comissões de trabalhadores, conselhos europeus de empresa, associações sindicais, capítulo I), seguem-se as associações de empregadores (capítulo II), depois surge a matéria da participação dos sujeitos na elaboração da legislação do trabalho (capítulo III) e, a terminar, os instrumentos de regulamentação colectiva de trabalho (Subtítulo II) e os conflitos colectivos (Subtítulo III).

O segundo Livro contém as normas que regulam a responsabilidade penal (capítulo I) e contra-ordenacional (capítulo II) cuja aplicação é gerada pelo incumprimento das regras laborais.

O Código ficou, assim, sistematizado[40]:

Livro I – Parte geral

Título I – Fontes e aplicação do Direito do trabalho (1.º a 9.º)

Título II – Contrato de trabalho

Capítulo I – Disposições gerais

Secção I – Noção e âmbito (10.º e 13.º)

Secção II – Sujeitos

Subsecção I – Capacidade (14.º)

Subsecção II – Direitos de personalidade (15.º a 21.º)

Subsecção III – Igualdade e não discriminação

Divisão I – Disposições gerais (22.º a 26.º)

Divisão II – Igualdade e não discriminação em função do sexo (27.º a 32.º)

Subsecção IV – Protecção da maternidade e da paternidade (33.º a 52.º)

Subsecção V – Trabalho de menores (53.º a 70.º)

Subsecção VI – Trabalhador com capacidade de trabalho reduzida (71.º e 72.º)

---

[40] Sobre a sistematização do Código do Trabalho, cfr. ROMANO MARTINEZ, "Considerações Gerais sobre o Código do Trabalho", *Revista de Direito e de Estudos Sociais*, ano XLIV (XVII da 2.ª série), n.os 1 e 2, 2003, pp. 12- 16, e, do mesmo autor, AAVV, "O Código do Trabalho – Directrizes da Reforma; Sistematização; Algumas questões", *Estudos de Direito do Trabalho em Homenagem ao Prof. Manuel Alonso Olea*, coordenação de MONTEIRO FERNANDES, Almedina, Coimbra, 2004, pp. 576-571; PALMA RAMALHO, "O Novo Código do Trabalho ...", cit., em especial, pp. 37 e ss.

Subsecção VII – Trabalhador portador de deficiência ou doença crónica (73.º e 78.º)

Subsecção VIII – Trabalhador estudante (79.º a 85.º)

Subsecção IX – Trabalhador estrangeiro (86.º a 90.º)

Subsecção X – Empresas (91.º e 92.º)

Secção III – Formação do contrato

Subsecção I – Negociação (93.º)

Subsecção II – Contrato-promessa (94.º)

Subsecção III – Contrato de trabalho de adesão (95.º e 96.º)

Subsecção IV – Informação (97.º a 101.º)

Subsecção V – Forma (102.º e 103.º)

Secção IV – Período experimental (104.º a 110.º)

Secção V – Objecto (111.º a 113.º)

Secção VI – Invalidade do contrato de trabalho (114.º a 118.º)

Secção VII – Direitos, deveres e garantias das partes

Subsecção I – Disposições gerais (119.º e 122.º)

Subsecção II – Formação profissional (123.º e 126.º)

Secção VIII – Cláusulas acessórias

Subsecção I – Condição e termo (127.º e 128.º)

Subsecção II – Termo resolutivo

Divisão I – Disposições gerais (129.º a 138.º)

Divisão II – Termo certo (139.º a 142.º)

Divisão II – Termo incerto (143.º a 145.º)

Subsecção III – Cláusulas de limitação da liberdade de trabalho (146.º a 148.º)

Capítulo II – Prestação do trabalho

Secção I – Disposições gerais (149.º a 153.º)

Secção II – Local de trabalho (154.º)

Secção III – Duração e organização do tempo de trabalho

Subsecção I – Noções e princípios gerais (155.º a 162.º)

Subsecção II – Limites à duração do trabalho (163.º a 169.º)

Subsecção III – Horário de trabalho (170.º a 179.º)

Subsecção IV – Trabalho a tempo parcial (180.º a 187.º)

Subsecção V – Trabalho por turnos (188.º a 191.º)

Subsecção VI – Trabalho nocturno (192.º a 196.º)

Subsecção VII – Trabalho suplementar (197.º a 204.º)

Subsecção VIII – Descanso semanal (205.º a 207.º)

Subsecção IX – Feriados (208.º e 210.º)

Estudos de Direito do Trabalho (Código do Trabalho) 133

Subsecção X – Férias (211.º a 223.º)
Subsecção XI – Faltas (224.º e 232.º)
Secção IV – Teletrabalho (233.º a 243.º)
Secção V – Comissão de serviço (244.º a 248.º)
Capítulo III – Retribuição e outras atribuições patrimoniais
Secção I – Disposições gerais (249.º a 262.º)
Secção II – Determinação do valor da retribuição (263.º a 265.º)
Secção III – Retribuição mínima (266.º)
Secção IV – Cumprimento (267.º a 269.º)
Secção V – Garantias (270.º e 271.º)
Capítulo IV – Segurança, higiene e saúde no trabalho (272.º a 280.º)
Capítulo V – Acidentes de trabalho
Secção I – Âmbito (281.º a 283.º)
Secção II – Delimitação do acidente de trabalho (284.º a 287.º)
Secção III – Exclusão e redução da responsabilidade (288.º a 294.º)
Secção IV – Agravamento da responsabilidade (295.º)
Secção V – Indemnização (296.º a 301.º)
Secção VI – Garantia de cumprimento (302.º a 305.º)
Secção VII – Ocupação e reabilitação do trabalhador (306.º e 307.º)
Secção VIII – Exercício de direitos (308.º)
Capítulo VI – Doenças profissionais (309.º a 312.º)
Capítulo VII – Vicissitudes contratuais
Secção I – Mobilidade (313.º a 317.º)
Secção II – Transmissão da empresa ou estabelecimento (318.º a 321.º)
Secção III – Cedência ocasional (322.º a 329.º)
Secção IV – Redução da actividade e suspensão do contrato
Subsecção I – Disposições gerais (330.º a 332.º)
Subsecção II – Suspensão do contrato de trabalho por facto respeitante ao trabalhador (333.º e 334.º)
Subsecção III – Redução temporária do período normal de trabalho ou suspensão do contrato de trabalho por facto respeitante ao empregador
Divisão I – Situações de crise empresarial (335.º a 349.º)
Divisão II – Encerramento temporário do estabelecimento ou diminuição temporária da actividade (350.º a 353.º)
Subsecção IV – Licenças (354.º e 355.º)
Subsecção V – Pré-reforma (356.º a 362.º)

Capítulo VIII – Incumprimento do contrato
Secção I – Disposições gerais (363.º e 364.º)
Secção II – Poder disciplinar (365.º a 376.º)
Secção III – Garantias dos créditos (377.º a 380.º)
Secção IV – Prescrição (381.º)
Capítulo IX – Cessação do contrato
Secção I – Disposições gerais (382.º a 386.º)
Secção II – Caducidade (387.º a 392.º)
Secção III – Revogação (393.º a 395.º)
Secção IV – Cessação por iniciativa do empregador
  Subsecção I – Resolução
    Divisão I – Despedimento por facto imputável ao trabalhador (396.º)
    Divisão II – Despedimento colectivo (397.º a 401.º)
    Divisão III – Despedimento por extinção do posto de trabalho (402.º a 404.º)
    Divisão IV – Despedimento por inadaptação (405.º a 410.º)
  Subsecção II – Procedimento
    Divisão I – Despedimento por facto imputável ao trabalhador (411.º a 418.º)
    Divisão II – Despedimento colectivo (419.º a 422.º)
    Divisão III – Despedimento por extinção do posto de trabalho (423.º a 425.º)
    Divisão IV – Despedimento por inadaptação (426.º a 428.º)
  Subsecção III – Ilicitude do despedimento (429.º a 440.º)
Secção V – Cessação por iniciativa do trabalhador
  Subsecção I – Resolução (441.º a 446.º)
  Subsecção II – Denúncia (447.º a 450.º)
Título III – Direito colectivo
Subtítulo I – Sujeitos
Capítulo I – Estruturas de representação colectiva dos trabalhadores
Secção I – Princípios
  Subsecção I – Disposições gerais (451.º a 453.º)
  Subsecção II – Protecção especial dos representantes dos trabalhadores (454.º a 457.º)
  Subsecção III – Dever de reserva e confidencialidade (458.º a 460.º)
Secção II – Comissões de trabalhadores

Estudos de Direito do Trabalho (Código do Trabalho) 135

Subsecção I – Constituição, estatutos e eleição das comissões e das subcomissões de trabalhadores (461.º a 465.º)

Subsecção II – Direitos em geral (466.º a 470.º)

Secção III – Conselhos de empresa europeus (471.º a 474.º)

Secção IV – Associações sindicais

Subsecção I – Disposições preliminares (475.º a 479.º)

Subsecção II – Organização sindical (480.º a 491.º)

Subsecção III – Quotização sindical (492.º a 495.º)

Subsecção IV – Exercício da actividade sindical na empresa (496.º a 504.º)

Subsecção V – Membros da direcção das associações sindicais (505.º)

Capítulo II – Associação de empregadores

Secção I – Disposições preliminares (506.º a 510.º)

Secção II – Constituição e organização (511.º a 523.º)

Capítulo III – Participação na elaboração de legislação do trabalho (524.º a 530.º)

Subtítulo II – Instrumentos de regulamentação colectiva de trabalho

Capítulo I – Princípios gerais

Secção I – Disposições gerais (531.º a 534.º)

Secção II – Concorrência de instrumentos de regulamentação colectiva de trabalho (535.º a 538.º)

Capítulo II – Convenção colectiva

Secção I – Princípio geral (539.º)

Secção II – Representação, objecto e conteúdo (540.º a 543.º)

Secção III – Negociação (544.º a 548.º)

Secção IV – Depósito (549.º a 551.º)

Secção V – Âmbito pessoal (552.º a 555.º)

Secção VI – Âmbito temporal (556.º a 560.º)

Secção VII – Cumprimento (561.º e 562.º)

Capítulo III – Acordo de adesão (563.º)

Capítulo IV – Arbitragem

Secção I – Arbitragem voluntária (564.º a 566.º)

Secção II – Arbitragem obrigatória (567.º a 572.º)

Capítulo V – Regulamento de extensão (573.º a 576.º)

Capítulo VI – Regulamento de condições mínimas (577.º a 580.º)

Capítulo VII – Publicação e entrada em vigor (581.º)

Subtítulo III – Conflitos colectivos

Capítulo I – Resolução de conflitos colectivos
Secção I – Princípio geral (582.°)
Secção II – Conciliação (583.° a 586.°)
Secção III – Mediação (587.° a 589.°)
Secção IV – Arbitragem (590.°)
Capítulo II – Greve (591.° a 606.°)
Livro II – Responsabilidade penal e contra-ordenacional
Capítulo I – Responsabilidade Penal
Secção I – Disposição geral (607.°)
Secção II – Crimes (608.° a 613.°)
Capítulo II – Responsabilidade contra-ordenacional
Secção I – Regime geral
Subsecção I – Disposições gerais (614.° a 629.°)
Subsecção II – Procedimento (630.° a 640.°)
Secção II – Contra-ordenações em especial (641.° a 689.°).

§ 4.°) PRINCIPAIS NOVIDADES DO CÓDIGO DO TRABALHO[41]

4.1. Generalidades

I. As principais alterações introduzidas pelo Código do Trabalho foram de diversa ordem, sendo certo que a Proposta de lei (n.° 29/IX) apresentada pelo Governo foi objecto de várias modificações resultantes da discussão na especialidade na Comissão Parlamentar de Trabalho e dos Assuntos Sociais da Assembleia da República, o que inclui, naturalmente, o "Compromisso Tripartido" e as propostas dos outros partidos. Cabe, então, fazer uma análise, ainda que sumária, das principais alterações introduzidas no ordenamento laboral.

II. Em termos gerais, como se pode ler na Exposição de Motivos, "foi introduzida alguma flexibilidade em determinadas áreas. De facto, em várias matérias — nomeadamente, duração do trabalho, local de realização da prestação, funções exercidas — o Código preconiza uma adap-

---

[41] Para uma análise do Código do Trabalho, *vd.* MENEZES LEITÃO, *Código do Trabalho Anotado*, 2.ª edição, Almedina, Coimbra, 2004; ROMANO MARTINEZ, LUÍS MIGUEL MONTEIRO, JOANA VASCONCELOS, PEDRO MADEIRA DE BRITO, GUILHEME DRAY e LUÍS GONÇALVES DA SILVA, *Código do Trabalho Anotado*, 3.ª edição, 2004.

Estudos de Direito do Trabalho (Código do Trabalho) 137

tação da prestação do trabalhador às necessidades da empresa. Mas não o faz esquecendo ou ignorando a posição jurídica do trabalhador; pelo contrário, fá-lo conferindo-lhe direitos, designadamente fazendo depender o recurso a determinadas medidas de um procedimento adequado.

Não há, assim, uma ausência de regras: está em causa tão-só permitir a adaptação do regime de trabalho à vida real do mundo laboral e, deste modo, conseguir uma maior efectividade do Direito do Trabalho, pois, quanto mais próximo este estiver da realidade, antecipando necessidades e regulando-as de forma justa e equilibrada, mais garantias são asseguradas ao trabalhador por este ramo do Direito"[42].

Por outro lado, "acrescenta-se, ainda, que se procedeu a uma maior responsabilização das partes no que respeita ao cumprimento, tanto do contrato de trabalho como dos instrumentos de regulamentação colectiva de trabalho. Essa responsabilização passa pelo agravamento das sanções disciplinares, pelo aumento das coimas e pela remissão para regras de responsabilidade civil.

Resta referir que é objectivo estruturante do Código inverter a situação de estagnação da contratação colectiva, dinamizando-a, não só pelas múltiplas alusões a matérias a regular nessa sede, como por via da limitação temporal de vigência desses instrumentos.

Note-se ainda que presentemente o Direito do Trabalho tem-se internacionalizado, por via não só das convenções e recomendações da Organização Internacional do Trabalho, como das obrigações comunitárias, sem esquecer os efeitos incontornáveis da internacionalização da economia. No entanto, não se procedeu à mera «importação» de regimes jurídicos dos nossos parceiros comunitários; tratou-se, sim, de procurar soluções que permitam à nossa economia ser competitiva, sem, todavia, perder de vista a realidade sócio-económica nacional.

Além da resolução de diversos problemas que careciam de uma solução normativa, procedendo à eliminação de antinomias entre normas e ao esclarecimento de situações ambíguas, de que é exemplo o regime do tempo de trabalho, importa atentar em algumas das alterações, que se indicam de modo sintético"[43].

---

[42] Proposta de lei da iniciativa do Governo que aprova o Código do Trabalho, cit., ponto 3.4., p. 7.

[43] Proposta de lei da iniciativa do Governo que aprova o Código do Trabalho, cit., ponto 3.4., p. 7.

4.2. Principais alterações (Parte Geral, Livro I)

4.2.1. Alguns aspectos gerais[44]

I. A *articulação do regime do contrato de trabalho com o direito colectivo* é um ponto que merece relevância. A separação entre o Direito individual e o Direito colectivo, que não corresponde à realidade dos factos, tem causado alguns problemas, uma vez que as duas áreas se interpenetram e, consequentemente, se condicionam[45]. A divisão entre Direito individual e o Direito colectivo, se é certo que pode ter vantagens expositivas e pedagógicas, é igualmente correcto que as normas que regulam estas matérias devem estar harmonizadas e encadeadas, pois muitas delas, apesar de se terem encontrado anteriormente inseridas em diplomas que consagravam formalmente Direito colectivo, tratam simultaneamente de questões atinentes ao Direito individual e colectivo (*v.g.*, artigos 32.° e 35.° da LS)[46]. Não ter isso em atenção dificulta, para não dizer que impede, a harmonia e coerência que as normas que regulam situações com a mesma natureza devem ter entre si (cfr. Título II e III).

II. Outro ponto que também merece ser salientado é *a redução da necessidade de autorizações por parte da Inspecção-Geral do Trabalho na tomada de decisões empresariais* – exemplo, aprovação do regulamento interno de empresa (artigo 39.°, n.° 3, da LCT, e artigo 153.°, n.° 4) e autorização de isenção de horário de trabalho (artigo 13.°, n.° 3, da LDT e artigo 177.°, n.° 3) – *sem prejuízo, naturalmente, do reforço da sua função fiscalizadora*. As competências e atribuições da Inspecção-Geral do Trabalho (IGT) constam do Decreto-Lei n.° 102/2000, de 2 de Junho – actualmente em fase de revisão –, na qual se mantém a promoção

---

[44] Por facilidade expositiva e de compreensão, seguimos a sequência e a sistematização constante do Código do Trabalho, sem naturalmente ignorar a Exposição de Motivos que consta da Proposta de lei da iniciativa do Governo que aprova o Código do Trabalho, cit., pp. 3-10, bem como as alterações introduzidas na Assembleia da República.

[45] Cfr., por exemplo, ROMANO MARTINEZ, "As Razões de Ser do Direito do Trabalho", AAVV, *II Congresso Nacional de Direito do Trabalho – Memórias*, coordenação de António Moreira, Almedina, Coimbra, 1999, p. 131.

[46] Este é um bom exemplo de que como a delimitação do objecto decidida pela Comissão de Análise e Sistematização da Legislação Laboral (CLL) (Relatório, cit., pontos 4, pp. 4 e ss, e 7, p. 9, nota 9) tem fortes implicações em situações que extravasam a mera análise e sistematização da legislação existente.

Estudos de Direito do Trabalho (Código do Trabalho) 139

e controlo do cumprimento das disposições respeitantes às condições de trabalho (artigo 3.°, n.° 1). A alteração visa, no essencial, libertar a Inspecção-Geral do Trabalho de tarefas puramente administrativas, e cuja eficácia é diminuta, para permitir uma maior concentração de meios na fiscalização do respeito das regras laborais e, desta forma, tornar o Direito do Trabalho mais efectivo.

III. Destaque também para *a diminuição de prazos procedimentais*. A excessiva duração dos prazos procedimentais de diversos institutos laborais era uma realidade que, muitas vezes, diminuía, quando não anulava, a eficácia da sua utilização; por exemplo, os prazos anteriores em matéria de redução temporária do período normal de trabalho ou suspensão do contrato de trabalho por motivo respeitante ao empregador (situações de crise empresarial, artigos 5.° e ss do Decreto-lei n.° 398/83, de 2 de Novembro) não eram adequados às limitações temporais que, em regra, existem. No entanto, é preciso não ignorar que a participação, por exemplo, das estruturas representativas dos trabalhadores nesse tipo de procedimentos, caso existam, são essenciais para assegurar, desde logo, a legitimidade da decisão, pelo que a redução destes género de prazos deve atender aos diferentes interesses (cfr. artigos 335.° e ss).

4.2.2. Fontes e aplicação do Direito do Trabalho (Título I)

I. O princípio do tratamento mais favorável tem sido, desde sempre, objecto de ampla controvérsia; controvérsia que inclui a sua própria existência ou o plano em que o princípio se projecta – interpretativo, norma de conflitos, etc[47].

---

[47] Sobre o *tratamento mais favorável face ao regime anterior*, *vd.*, entre outros, MENEZES CORDEIRO, "O Princípio do Tratamento Mais Favorável no Direito do Trabalho", *Direito e Justiça*, Revista da Faculdade de Ciências Humanas – Universidade Católica Portuguesa, volume de Homenagem ao Prof. Doutor Gonçalves Cavaleiro Ferreira, volume III, 1987/1988, pp. 111-139, e *Manual de Direito do Trabalho*, Almedina, Coimbra, reimpressão, 1994, pp. 69-76 e 205-223; ROMANO MARTINEZ, *Direito do Trabalho*, Almedina, Coimbra, 2002, pp. 217 e ss, e 261 e ss; RAÚL VENTURA, *Teoria da Relação Jurídica de Trabalho*, Estudo de Direito Privado, Porto, 1944, pp. 195-199; PALMA RAMALHO, *Da Autonomia Dogmática do Direito do Trabalho*, «Colecção Teses», Almedina, Coimbra, 2000, pp. 926 e ss; LOBO XAVIER, *Curso de Direito do Trabalho*, 2.ª edição, Verbo, Lisboa, 1993, pp. 254-266.

II. No Código do Trabalho a questão foi devidamente recolocada, devendo ser objecto de uma tripla referência[48]:

1) Relação da lei com os instrumentos de regulamentação colectiva de trabalho;
2) Relação da lei com o contrato de trabalho;
3) Relação dos instrumentos de regulamentação colectiva de trabalho com o contrato de trabalho.

Vejamos cada uma delas.

III. No que respeita à relação da lei com os instrumentos de regulamentação colectiva de trabalho há que chamar à atenção para o artigo 4.º, n.º 1 – corresponde, com alterações, ao artigo 13.º, n.º 1, da LCT –, segundo o qual *"as normas deste Código podem, sem prejuízo do disposto no número seguinte, ser afastadas por instrumentos de regulamentação colectiva, salvo quando delas resultar o contrário"*.

Este preceito estabelece a relação entre as normas do Código do Trabalho e as disposições dos instrumentos de regulamentação colectiva de trabalho. O seu intuito é delimitar o espaço de intervenção dos instrumentos de regulamentação.

A norma permite a intervenção dos instrumentos de regulamentação, quer em sentido mais favorável aos trabalhadores, quer em sentido menos favorável, uma vez que nesta situação os trabalhadores são representados – instrumentos de natureza negocial – pelos sindicatos, razão pela qual se encontram em situação de igualdade (formal e material) com os empregadores. É, no entanto, necessário que da norma do Código não resulte o contrário – *salvo quando delas não resultar o contrário* –, ou seja, que o legislador não tenha proibido a intervenção dos instrumentos de regulamentação colectiva de trabalho.

IV. Na relação da lei com o contrato de trabalho há que referir o que prescreve o artigo 4.º, n.º 3: *"as normas deste Código só podem ser afastadas por contrato de trabalho quando este estabeleça condições mais favoráveis para o trabalhador e se delas não resultar o contrário"*.

---

[48] Para mais desenvolvimentos sobre a matéria, *vd.* GONÇALVES DA SILVA, "Princípios Gerais da Contratação Colectiva no Código do Trabalho*", VI Congresso Nacional de Direito do Trabalho – Memórias*, coordenação de António José Moreira, Almedina, Coimbra, 2004, pp. 227 e ss.

Estudos de Direito do Trabalho (Código do Trabalho) 141

Este artigo determina a relação entre as normas do Código e as cláusulas do contrato de trabalho. De acordo com o preceito, as cláusulas do contrato de trabalho só podem afastar a aplicação das normas do Código se forem, por um lado, mais favoráveis e, por outro, tal situação for permitida por elas.

A diferente posição das partes envolvidas exige este duplo requisito, de forma a acautelar a situação dos trabalhadores.

V. Finalmente na relação dos instrumentos de regulamentação colectiva com o contrato de trabalho há a salientar o prescrito no artigo 531.º – corresponde, com alterações, ao artigo 14.º n.º 1, da LRCT –, cuja epígrafe também é *princípio do tratamento mais favorável,* segundo o qual *"as disposições dos instrumentos de regulamentação colectiva de trabalho só podem ser afastadas por contrato de trabalho quando este estabeleça condições mais favoráveis para o trabalhador e se daquelas disposições não resultar o contrário".*

Este preceito revela a diferença de regimes que o legislador fixou, consoante esteja em causa uma relação entre a lei e os instrumentos de regulamentação colectiva, entre a lei e o contrato de trabalho – cuja regulação consta do artigo 4.º – ou entre os instrumentos de regulamentação colectiva e o contrato, situação que é prevista pela presente norma.

Tendo presente a identidade da situação – entre a relação da lei e o contrato e entre os instrumentos de regulamentação e o contrato – facilmente se percebe a similitude da redacção do artigo 4.º, n.º 3, com este preceito. De facto, os valores a acautelar são idênticos, pois estando em causa a relação dos instrumentos de regulamentação colectiva de trabalho com o contrato de trabalho, a supremacia que o empregador tem nesta situação impõe que o legislador apresente especiais garantias.

4.2.3. Contrato de trabalho (Título II)

4.2.3.1. Disposições gerais (Capítulo I)

4.2.3.1.1. Noção e âmbito do contrato de trabalho (Secção I)

A presunção do contrato de trabalho é uma das novidades do Código do Trabalho (artigo 12.º)[49]. O legislador estabeleceu uma presunção ilidí-

---

[49] A matéria da presunção de existência de contrato de trabalho – substancialmente diversa da consagrada – já tinha sido objecto de um projecto de Decreto-Lei, publicado

vel (artigo 350.º, n.º 2, do Código Civil), fixando para o efeito um conjunto de requisitos cumulativos, aliás, na esteira do que acontece noutros ordenamentos jurídicos (por exemplo, no espanhol, artigo 8.º, n.º 1, do Estatuto dos Trabalhadores). Deve salientar-se que nada impede que na falta de qualquer daqueles requisitos exista um contrato de trabalho e como tal seja qualificado, o que fica apenas em crise é a existência de presunção.

4.2.3.1.2. Sujeitos (Secção II)

I. A *consagração expressa de regras sobre direitos de personalidade no âmbito laboral é uma novidade de singular relevância.* O desenvolvimento das novas tecnologias, bem como o avanço da genética e da ciência em geral são cada vez mais realidades incontornáveis e que colidem, *rectius*, podem colidir, com os direitos dos trabalhadores. Por outro lado, também o empregador pode ver determinados direitos afectados por condutas dos trabalhadores. Deste modo, era imperioso que o legislador regulasse, para as especificidades da situação laboral, os direitos de personalidade dos sujeitos laborais.

Saliente-se dentro dos direitos de personalidade a matéria das novas tecnologias que são uma realidade da sociedade hodierna, por isso não é de estranhar a p*revisão de garantias do trabalhador no que respeita à utilização de novas tecnologias* (em especial, artigos 20.º e 21.º). A necessidade de regular novas realidades que fazem parte do quotidiano laboral é indiscutível.

Nessa regulação, foi importante a experiência e o Direito existente, podendo salientar-se, a nossa Constituição e o Código Civil, bem como diplomas existentes noutros ordenamentos, por exemplo, Consolidação das Leis do Trabalho (Brasil), Código do Trabalho (França), Estatuto dos Trabalhadores (Espanha e Itália) e o Código Suíço.

II. Em matéria de igualdade deve referir-se a *instituição de um regime unitário relativamente à igualdade e não discriminação, que não se cinge à tradicional proibição de discriminação em função do sexo.*

---

no *Boletim do Trabalho e Emprego*, separata n.º 2, de 8 de Abril de 1996, pp. 5 e 6, que não foi introduzido no ordenamento jurídico.

Como sabemos, o regime da igualdade encontrava-se disperso por diversos diplomas (podendo salientar-se Decretos-Lei n.° 392/79, de 20 de Setembro, Leis n.ᵒˢ 105/97, de 13 de Setembro, 9/2001, de 21 de Maio), o que dificultava a sua articulação. Por outro lado, assentavam na tutela da igualdade do sexo, apresentando assim um carácter algo redutor, razão pela qual o Código (artigos 22.° a 32.°) contém um tratamento uniformizador e mais abrangente da matéria, independentemente das causas.

Igualmente inovador é a *qualificação de qualquer forma de assédio como comportamento discriminatório e consequentemente ilícito* (artigo 24.°).

Também merece destaque a *consagração expressa da obrigação geral de indemnização por danos patrimoniais e não patrimoniais resultantes de condutas discriminatórias* (artigo 26.°)[50].

III. O a*largamento da duração da licença de paternidade em caso de falecimento da mãe* constitui outra inovação, tendo esta, que era de catorze dias, passado para trinta (artigo 35.°, n.° 3).

Houve também um a*umento do período durante o qual a mãe ou o pai têm direito a recorrer ao trabalho a tempo parcial, bem como da idade do filho da trabalhadora isenta da obrigatoriedade de prestar trabalho suplementar.*

Relativamente ao trabalho a tempo parcial, refira-se que o direito de recorrer a esta modalidade da prestação laboral foi alargado de seis para doze meses (artigo 42.°, n.° 1, alínea b)). No que respeita ao aumento da idade do filho que isenta a mãe da obrigatoriedade de prestar trabalho suplementar, este passou de dez para doze meses (artigo 45.°, n.° 1).

---

[50] Nestas matérias atendeu-se, naturalmente, às imposições constitucionais e comunitárias, sendo de realçar relativamente a estas a Directiva do Conselho 75/117/CEE, de 10 de Fevereiro de 1975, relativa à aproximação das legislações dos Estados Membros no que se refere à aplicação do princípio da igualdade de remuneração entre os trabalhadores masculinos e femininos; a Directiva do Conselho 76/207/CEE, de 9 de Fevereiro de 1976, relativa à concretização do princípio da igualdade de tratamento entre homens e mulheres no que se refere ao acesso ao emprego, à formação e promoção profissionais e às condições de trabalho, alterada pela Directiva 2002/73/CE do Parlamento Europeu e do Conselho, de 23 de Setembro de 2002; a Directiva 97/80/CE do Conselho, de 15 de Dezembro de 1997, relativa ao ónus da prova nos casos de discriminação baseada no sexo; a Directiva 2000/43/CE do Conselho, de 29 de Junho de 2000, que aplica o princípio da igualdade de tratamento entre as pessoas, sem distinção de origem racial ou étnica; a Directiva 2000/78/CE do Conselho, de 27 de Novembro de 2000, que estabelece um quadro geral de igualdade de tratamento no emprego e na actividade profissional.

Estas alterações constituem exemplos de mais um passo no reforço dos valores da família.

IV. O Código do Trabalho consagrou, com carácter inovador, um conjunto *de princípios relativamente ao trabalhador com capacidade de trabalho reduzida ou portador de deficiência.* Nesta matéria adoptou-se a diferença, que corresponde à realidade dos factos, entre capacidade de trabalho reduzida e deficiência, uma vez que não existe necessariamente qualquer relação entre os dois tipos de situações (artigos 71.º e ss).

V. A *criação de regras que diferenciam o regime jurídico em função da dimensão da empresa – microempresa, pequena, média e grande empresa* (artigo 91.º) –, *em diferentes matérias* é outra novidade de relevo. Qualquer regime jurídico deve atender à realidade subjacente, pelo que a regulação pode, e deve, ser diferente consoante a dimensão da empresa. Esta é uma situação importante, pois permite agilizar a gestão das empresas, sem, naturalmente, colocar em causa as garantias dos trabalhadores. Foram, deste modo, introduzidas regras que atendem à dimensão da empresa, ou seja, que fixam regimes diferentes consoante o número de trabalhadores (*v.g.,* artigos 173.º, n.º 3, 200.º, n.º 1, als. a) e b), 217.º, n.º 8, 390.º, n.º 4, 391.º, n.º 3, e 438.º, n.º 2).
Deve salientar-se que foi adaptado um critério diferente para a fixação dos valores das coimas (cfr. artigo 620.º).

VI. A situação laboral é cada vez mais uma realidade que envolve relações societárias, deixando, muitas vezes, os trabalhadores desprovidos de quaisquer garantias. Por isso era urgente e imperiosa uma intervenção legislativa que acautelasse essas garantias, razão pela qual o Código do Trabalho *fixa regras aplicáveis ao trabalho a prestar no âmbito de grupos de sociedades* (em especial, artigos 92.º, 378.º e 379.º).

4.2.3.1.3. Formação do contrato (Secção III)

A *consagração de deveres recíprocos impostos a cada uma das partes de informar a contraparte da sua situação jurídica e das alterações relevantes para o cumprimento do contrato de trabalho* é outro dos pontos que deve ser salientado.

Estudos de Direito do Trabalho (Código do Trabalho) 145

Como se sabe, a relação laboral deve também pautar-se por regras de boa fé, entre as quais figuram o dever de informar a outra parte das situações juridicamente relevantes. Por outro lado, o dever de informação, a cargo do empregador resulta da Directiva n.° 91/533/CEE, de 14 de Outubro de 1991, cuja transposição foi realizada pelo Decreto-lei n.° 5/94, de 11 de Janeiro.

O Código do Trabalho manteve, no essencial, o regime constante do diploma acima citado (artigos 97.° e ss), tendo, no entanto, introduzido algumas regras que impõe também deveres ao trabalhador (ex. artigo 97.°, n.° 2), aliás, já resultantes do princípio da boa fé.

4.2.3.1.4. Período experimental (Secção IV)

I. A relevância e os objectivos do *período experimental* impõem que as partes ajam de modo a permitir um efectivo conhecimento recíproco. Por isso, o legislador entendeu impor expressamente, aquilo que era comummente aceite, ou seja, *o dever de as partes actuarem de modo a possibilitar, durante o período experimental, a apreciação do interesse na manutenção do contrato* (artigo 104.°, n.° 2).

II. A *fixação de um período de aviso prévio, no período experimental, depois de sessenta dias de duração do contrato* constitui outro ponto de relevo. Após sessenta dias de período experimental, julgou o legislador que se justifica a existência de um aviso prévio de sete dias, sem, naturalmente, afectar a liberdade de denúncia, pois o que está em causa é antecedência da cessação do contrato e não a própria ruptura do mesmo (artigo 105.°, n.° 2).

III. A contagem do período experimental é outra matéria que importa trazer à colação. Com efeito, o Código do Trabalho determina que "*as acções de formação ministradas pelo empregador ou frequentadas por determinação deste, desde que não excedam metade do período experimental*" fazem parte do período experimental (artigo 106.°, n.° 1, *in fine*).

Por outro lado, o Código prescreve que na "*contagem do período experimental não se incluem, os dias de faltas – ainda que justificadas – de licença e de dispensa, bem como de suspensão do contrato* (artigo

106.°, n.° 2). Nesta matéria teve-se também presente a orientação jurisprudencial[51] – ainda que não unânime –, segundo a qual os dias de faltas não contam para contagem do período experimental, o que se compreende se atendermos à *ratio* do instituto.

IV. Outra novidade é a s*upressão da diferente duração do período experimental em função do número de trabalhadores da empresa*. O regime da NLDESP, diferenciava entre empresa com mais de vinte trabalhadores e as empresas com vinte ou menos trabalhadores, fixando, respectivamente, em sessenta e noventa dias o período experimental (artigo 55.°, n.° 2). Ou seja: em empresas de maior dimensão havia um menor período experimental, o que poderia colidir com a lógica do instituto, pois, em regra, quanto maior for a empresa mais se dilui a identificação da relação e correlativamente mais dificuldade têm as partes em se aperceber das condições existentes. Deste modo, ou se invertia a regra ou se uniformizava o regime: optou o legislador por esta última hipótese (artigo 107.°, alínea a)).

V. Finalmente, ainda a propósito do período experimental refira-se a norma que se refere expressamente aos contratos em comissão de serviço, segundo a qual "*a existência de período experimental depende de estipulação expressa no respectivo acordo*", não podendo, "*nestes casos, exceder cento e oitenta dias*" (artigo 109.°, n.os 1 e 2, respectivamente)

4.2.3.1.5. Direitos, deveres e garantias das partes (Secção VII)

I. Nesta matéria merece especial atenção o princípio geral consagrado no artigo 119.°. Deste preceito resulta, desde logo, de forma inequívoca que o Código do Trabalho *perspectiva a relação laboral como uma comunhão de interesses*, rejeitando, assim, a visão do século IXX em que a prestação do trabalho tinha subjacente uma luta de classes.

II. Outro ponto relevante é a consagração expressa do *dever de ocupação efectiva na esfera do empregador*. Com efeito, passa a ser – posi-

---

[51] Por exemplo, Acórdão da Relação de Lisboa, de 18 de Janeiro de 1995, *Colectânea de Jurisprudência*, XX, tomo I, p. 174, e Acórdão da Relação de Coimbra, de 20 de Janeiro de 2000, *Colectânea de Jurisprudência*, XXV, tomo I, pp. 66.

Estudos de Direito do Trabalho (Código do Trabalho) 147

ção há muito preconizada pela jurisprudência e doutrina[52] e com consagração, por exemplo, no ordenamento espanhol (artigo 4.º, n.º 2, alínea a), do Estatuto dos Trabalhadores) – previsto o dever de ocupação efectiva, uma vez que é proibido ao empregador *"obstar, injustificadamente, à prestação efectiva do trabalho"* (artigo 122.º, alínea b)).

III. A *formação profissional* é um instituto essencial para o desenvolvimento e eficácia da actividade laboral. Isso mesmo está espelhado no Código do Trabalho que, entre outras fontes, efectiva o Acordo sobre Política de Emprego, Mercado de Trabalho, Educação e Formação, celebrado no âmbito Conselho Económico e Social, em Fevereiro de 2001. Trata-se da prescrição *de um dever geral de formação, tendo presente que há um interesse comum das partes* (artigos 123.º e ss).

4.2.3.1.6. Cláusulas acessórias (Secção VIII)

I. O Código do Trabalho, ao contrário do regime constante da NLDESP que utilizava a técnica da enumeração taxativa (artigo 41.º), estabelece uma *cláusula geral para a admissibilidade da contratação a termo* – inspirado no Código do Trabalho francês (artigo L 122.º, § 1.º) –, o que permitirá uma maior adequação à realidade e controlo da licitude do recurso a este instrumento jurídico (artigo 129.º, n.º 1, segundo o qual *"o contrato de trabalho a termo só pode ser celebrado para a satisfação de necessidades temporárias da empresa e pelo período estritamente necessário à satisfação dessas necessidades"*), sem prejuízo da existência de uma lista exemplificativa (n.º 2)

II. Foi mantido um limite geral absoluto para a duração do contrato a termo (certo). Com efeito, além do limite geral que resulta do artigo 129.º, n.º 1 – segundo o qual o contrato a termo *"só pode ser celebrado pelo período estritamente necessário à satisfação"* das necessidades –, há

---

[52] Na doutrina, pode ver-se, por exemplo, sobre a questão, NUNES DE CARVALHO, "Sobre o Dever de Ocupação Efectiva", *Revista de Direito e de Estudos Sociais*, ano XXXIII, 2.ª série, 1991, n.os 3-4, pp. 261 e ss; MENEZES CORDEIRO, *Manual de Direito do Trabalho*, cit., pp. 654 e ss; ROMANO MARTINEZ, *Direito do Trabalho*, cit., pp. 518 e ss. Pode encontrar-se amplas referências jurisprudências nos Autores acima indicados.

um outro limite, para os contratos a termo (certo) que, independentemente da manutenção da necessidade temporária, é imposto (artigo 139.º).

III. Os limites expressos para a celebração dos contratos a termo sucessivos foram objecto de regulação pela Lei n.º 18/2001, de 3 de Julho, que aditou um preceito à NLDESP (artigo 41.º-A). No entanto, as deficiências técnicas que o diploma contém causaram graves dificuldades na sua aplicação. Foi, assim, necessário *corrigir e clarificar o regime respeitante à proibição de contratos sucessivos*, desde logo, qual a duração existente do impedimento para a celebração de contratos sucessivos (artigos 132.º).

IV. As especificidades existentes em matéria de formação nos contratos de trabalho a termo levaram a que o legislador consagrasse *deveres específicos nesta matéria*. Além das genéricas vantagens da formação, o trabalhador contratado a termo tem necessidade de ter mais capacidade de resposta às futuras ofertas de trabalho – e por isso maior polivalência –, uma vez que tem um vínculo precário. Por outro lado, o facto de a formação representar um investimento do empregador e trabalhador na relação laboral aumenta a possibilidade de o contrato a termo dar origem a um contrato sem termo. Foram, assim, criadas um conjunto de regras (específicas) de modo a garantir uma efectiva e adequada formação profissional também nos contratos a termo (artigo 137.º).

V. Outra inovação igualmente relevante é a *previsão da possibilidade de aumento da taxa social única, a cargo do empregador, em função do número de trabalhadores contratados a termo e da duração dos contratos, salvo tratando-se de trabalhadores à procura de primeiro emprego ou de desempregados de longa duração* (artigo 138.º). A regra que prevê a majoração da taxa social única justifica-se pelo correlativo aumento de custos (futuros), a cargo da Segurança Social, no caso de cessação do contrato, que representa o recurso a este forma de contratação. É, por outro lado, preciso ver que em algumas situações o custo adicional com a taxa social única pode ter um efeito contraproducente, razão pela qual foi excepcionada a aplicação do preceito aos jovens à procura de primeiro emprego e a desempregados de longa duração (artigo 138.º).

Estudos de Direito do Trabalho (Código do Trabalho)   149

4.2.3.2. Prestação do trabalho (Capítulo II)

4.2.3.2.1. Disposições gerais (Secção I)

Com o Código do Trabalho alargou-se o âmbito da prestação a que o trabalhador está adstrito a realizar, uma vez que se centrou a questão no *conceito de actividade do trabalhador* (artigo 151.°). Com este passo visa-se diminuir a rigidez laboral conferindo-se maior realismo do que é a vida dos trabalhadores e das empresas.

4.2.3.2.2. Duração e organização do tempo de trabalho (Secção III)

I. Face à necessidade de conferir maior flexibilidade a alguns institutos, o legislador regulou a *admissibilidade, por contrato de trabalho ou por instrumento de regulamentação colectiva de trabalho, de regimes de adaptabilidade limitada do tempo de trabalho* (artigos 164.° a 166.°).

A matéria do tempo de trabalho era seguramente uma das áreas onde existia maior confusão legislativa, o que afecta a própria flexibilidade. Com efeito, a existência de três diplomas – LDT, Leis n.os 21/96, de 23 de Julho, e 73/98, de 10 de Novembro[53] – contribuíram para a existência de querelas doutrinárias sobre a própria manutenção de algumas regras jurídicas. Por isso, um dos objectivos centrais foi esclarecer a articulação de regimes – que passou a constar uniformemente do Código – admitindo a flexibilização do tempo de trabalho através de instrumento de regulamentação colectiva – tendo, neste caso, o limite absoluto de doze horas diárias e sessenta horas semanais, bem como cinquenta horas em média num período de dois meses (artigo 164.°) – ou de contrato de trabalho – caso em quem os limites são de duas horas diárias e cinquenta horas semanais (artigo 165.°).

Como resulta claro estamos a falar de valores absolutos, uma vez que findo o período de referência – que se manteve, regra geral, nos limite de quatro meses, sendo possível chegar aos seis ou doze meses

---

[53] A confusão causada pela Lei n.° 21/96, de 23 de Julho, está bem expressa nas palavras do Provedor de Justiça, para quem o diploma "apresenta uma redacção deficiente, problemática, confusa e obscura", Recomendação da Provedoria de Justiça n.° 4/B/97, p. 12.

150   *Luís Gonçalves da Silva*

através de instrumento de regulamentação colectiva de trabalho (artigo 166.°)[54] – , a média semanal tem de ser de quarenta horas semanais e oito horas diárias (artigos 163.° e ss).

II. Em matéria de tempo de trabalho é também preciso salientar a modificação *da antecedência necessária para se introduzirem alterações no horário de trabalho,* cujo regime anterior determinava o aviso prévio de uma semana ou, tratando-se de horários com adaptabilidade, duas semanas (artigo 12.°, n.° 3, alínea c), da LDT). O Código do Trabalho fixou a antecedência de sete dias, ainda que vigore o regime de adaptabilidade, e de três dias, no caso de microempresas, para a execução da alteração de horário (artigo 173.°, n.ºs 2 e 3).

III. A possibilidade de os instrumentos de regulamentação colectiva de trabalho preverem outras situações de admissibilidade de isenção de horário de trabalho, constitui uma novidade que confere flexibilidade ao instituto (artigo 177.° n.° 2).

Por outro lado, e tendo presente que a uniformização legal do regime da isenção do horário de trabalho criava diversas dificuldades de aplicação, em caso de ausência de convenção colectiva, o legislador *especificou modalidades de isenção* (artigo 178.°), fixando diferentes *consequências remuneratórias* (artigo 256.°) e afastando, assim, o modelo único existente.

IV. É também importante referir que o Código *atribuiu ao trabalhador que pretenda passar ao regime de reforma parcial um direito de preferência na prestação de trabalho a tempo parcial,* harmonizando-se dois institutos jurídicos de grande importância para a relação laboral (artigo 183.°, n.° 2).

V. O *trabalho nocturno passou, na falta de instrumento de regulamentação colectiva de trabalho, a estar compreendido no período entre*

---

[54] Seguiu-se também aqui a Directiva n.° 93/104/CE, do Conselho, de 23 de Novembro, relativa a determinados aspectos da organização do tempo de trabalho, alterada pela Directiva n.° 2000/34/CE, do Parlamento Europeu e do Conselho, de 22 de Junho. Estas Directivas serão revogadas (2 de Agosto de 2004) pela Directiva n.° 2003/88/CE, do Parlamento Europeu e do Conselho, de 4 de Novembro, relativa a determinados aspectos da organização do tempo de trabalho.

as vinte e duas horas e as sete horas do dia seguinte (artigo 192.°, n.° 3). A LDT, como sabemos, data de 1971 pelo que era necessário proceder a uma actualização e, por outro lado, harmonizar, sem esquecer a nossa matriz nem a especial penosidade do trabalho nocturno, o regime com o dos nossos parceiros da União Europeia. De facto, se atendermos à legislação vigente na generalidade dos nossos parceiros comunitários (por exemplo: Espanha: 22h00 – 6h00; França: 21h00 – 6h00; Grã-Bretanha 0h00 – 5h00; Alemanha: 23h00 – 6h00), facilmente perceberemos o anacronismo da situação, pelo que se impunha a adaptação do período de trabalho nocturno à realidade dos nossos dias[55].

Saliente-se, ainda, que o período de trabalho nocturno compreendido entre as vinte e três horas e as sete horas aplicar-se-á apenas no caso de outro não se encontrar estabelecido por instrumento de regulação colectiva. Neste caso, as únicas limitações à vontade das partes são as que resultam da duração mínima e máxima (não pode ser inferior a sete nem superior a onze horas) e o período compreendido entre as zero horas e as cinco horas que, obrigatoriamente, será considerado *trabalho nocturno* (artigo 192.°, n.os 3 e 2, respectivamente).

VI. A *diminuição dos limites anuais do trabalho suplementar* – cento e setenta e cinco horas por ano para as microempresas e pequenas empresas e cento e cinquenta horas anuais para as médias e grandes empresas (artigo 200.°, n.° 1, alíneas a) e b)) – visa permitir que outros trabalhadores tenham acesso ao mercado de trabalho, ou seja, em vez de o empregador recorrer aos trabalhadores já empregados pretende-se que utilize outros, conferindo-lhes assim a possibilidade de terem contacto com a realidade laboral. O legislador permite, no entanto, que se chegue às duzentas horas por ano – que era o montante existente no artigo 5.°, n.° 1, alínea b) da LTSUP) –, mediante instrumento de regulamentação colectiva de trabalho (artigo 200.°, n.° 2).

---

[55] Esta alteração foi também feita no estrito cumprimento do disposto na Directiva 93/104/CE do Conselho, de 23 de Novembro – relativa a determinados aspectos da organização do tempo de trabalho, alterada pela Directiva n.° 2000/34/CE, do Parlamento Europeu e do Conselho, de 22 de Junho. Estas Directivas serão revogadas (2 de Agosto de 2004) pela Directiva n.° 2003/88/CE, do Parlamento Europeu e do Conselho, de 4 de Novembro, relativa a determinados aspectos da organização do tempo de trabalho – que, refira-se, estabelece que o *período nocturno* deverá obrigatoriamente abranger o período compreendido entre as vinte e quatro horas e as cinco horas (artigo 2.°, n.° 3).

VII. A *possibilidade de, mediante legislação especial, os feriados serem observados na segunda-feira subsequente* constitui outra novidade do Código do Trabalho. O objectivo do legislador é evitar a paralisação desordenada das empresas, assegurando deste modo que os dias de suspensão da actividade económica sejam previsíveis e comuns aos diversos agentes económicos, naturalmente sem descaracterizar o dia de festejo que constitui o feriado. Por isso só alguns feriados estarão em condições de ser gozados e festejados à 2.ª feira (artigo 208.º, n.º 3).

VIII. O Código do Trabalho possui também uma perspectiva de direito premial. De facto, consagrou-se um *aumento, até um máximo de três dias úteis, do período mínimo de férias (vinte e dois dias úteis) em caso de inexistência de faltas ou de o trabalhador ter dado um número diminuto de faltas justificadas* (artigo 213.º, n.º 3).

Estão em causa situações em que o trabalhador poderia (e pode) licitamente faltar – pois apenas se trata de faltas justificadas –, tendo entendido o legislador conferir a possibilidade de o trabalhador optar por satisfazer as suas necessidades fora do período em que devia desempenhar a actividade a que está adstrito – ex: marcação de exames médicos – e usufruir do aumento do dia de férias, estando, naturalmente, sempre salvaguardado, no caso de haver faltas, o mínimo de vinte e dois dias de férias (artigo 213.º, n.ºs 1 e 3). Não está em causa a diminuição do número de dias de férias, mas apenas o seu aumento.

IX. Outra alteração verificada com o Código do Trabalho decorreu, desde logo, da necessidade de *compatibilizar o regime de férias* (artigos 211.º a 223.º) *com o Direito Comunitário,* designadamente com a Directiva n.º 93/104/CE do Conselho de 23 de Novembro de 1993[56]. Esta Directiva prescreve que "*os Estados membros tomarão as medidas necessárias para que todos os trabalhadores beneficiem de férias anuais remuneradas de pelo menos quatro semanas, de acordo com as condições de*

---

[56] Como já referimos a Directiva n.º 93/104/CE, do Conselho, de 23 de Novembro, foi alterada pela Directiva 2000/34/CE do Parlamento Europeu e do Conselho, de 22 de Junho de 2000, ainda que nesta matéria se tenha mantido a redacção inicial. Estas Directivas serão revogadas (2 de Agosto de 2004) pela Directiva n.º 2003/88/CE, do Parlamento Europeu e do Conselho, de 4 de Novembro, relativa a determinados aspectos da organização do tempo de trabalho.

Estudos de Direito do Trabalho (Código do Trabalho) 153

obtenção e de concessão previstas nas legislações e/ou práticas nacionais" (artigo 7.°, n.° 1); por sua vez, o n.° 2 prescreve que "*o período mínimo de férias anuais remuneradas não pode ser substituído por retribuição financeira, excepto nos casos de cessação da relação de trabalho*". É clara a colisão da anterior legislação – por exemplo, o artigo 28.°, n.° 2, da LFFF, consagrava como mínimo quinze dias úteis, prescrevendo o Código vinte dias úteis, artigo 232.°, n.° 2 – com a fonte comunitária. Procedeu-se, assim, à sua compatibilização.

X. Em matéria de férias também merece destaque a *determinação, relativamente ao ano da contratação, de uma regra geral segundo a qual, após seis meses completos de serviço efectivo, o trabalhador tem direito a dois dias úteis por cada mês até ao máximo de vinte dias.* Fixa-se como princípio geral a proporcionalidade entre a execução do contrato e os dias de férias de forma a garantir uma maior justiça no exercício daquele direito (cfr. artigos 3.°, n.os 2 e 3, da LFFF, e 212.°, n.° 2);

XI. A *limitação do pagamento das faltas justificadas dos candidatos a eleições para cargos públicos* constitui outro marco do Código do Trabalho (artigos 225.°, n.° 2, alínea h) e 230.°, n.° 4).

O anterior regime prescrevia que os candidatos têm direito a dispensa de funções nos trinta dias anteriores à data das eleições, contando esse tempo para todos os efeitos, incluindo a retribuição (cfr. artigo 8.° da Lei n.° 46/79, de 16 de Maio, cuja última alteração foi feita pela Lei orgânica n.° 2/2000, de 14 de Julho, regula a eleição dos Deputados da Assembleia da República; artigo 8.° da Lei Orgânica n.° 1/2001, de 14 de Agosto, regula a eleição dos órgãos das autarquias locais; artigo 8.° Decreto-Lei n.° 267/80, de 8 de Agosto, cuja última alteração foi feita pela Lei orgânica n.° 2/2000, de 14 de Julho, regula as eleições relativas à Assembleia Legislativa Regional dos Açores e que também é aplicável às eleições para a Assembleia Legislativa Regional da Madeira, segundo o entendimento da Comissão Nacional de Eleições através da Deliberação de 21 de Setembro de 1984, reiterada, por exemplo, em 22 de Julho de 1988 e 25 de Agosto de 1992)[57]. Em diversas eleições autárquicas houve

---

[57] É evidente que os preceitos que constam de lei orgânica não foram alterados pelo Código do Trabalho, porquanto tendo o Código sido aprovado por uma lei (sem valor reforçado), não tem força jurídica para alterar uma lei de valor reforçado como é a lei orgânica (artigo 112.°, n.° 3, da Constituição).

vários problemas de funcionamento das empresas devido à falta de trabalhadores, tendo mesmo existido empresas que não puderam funcionar. Nestes termos era necessário impor limites – tendo servido de inspiração o Código do Trabalho francês (artigo L. 122-24-1) –, uma vez que os encargos imputados às empresas ultrapassavam, em muito, a sua função social, com danos evidentes para estas e para os trabalhadores, sem, naturalmente, ignorar que a participação na vida pública (artigo 48.º da Constituição) é um direito com dignidade constitucional.

XII. O empregador passa com o Código do Trabalho a poder *encerrar, total ou parcialmente, a empresa ou estabelecimento por período superior a quinze dias, quando a natureza da actividade assim o exigir, bem como durante as férias escolares do natal, com o limite de cinco dias* (artigo 216.º, alíneas c) e d)). Trata-se de flexibilizar a admissibilidade do encerramento da empresa atenuando assim alguma rigidez existente no regime anterior (artigo 4.º, n.º 2, da LFFF).

XIII. A *possibilidade expressa de o empregador, em caso de faltas por doença, promover a fiscalização da situação invocada pelo trabalhador* é outra das inovações do Código do Trabalho (artigo 229.º, n.os 3 a 8). Esta fiscalização há muito que era preconizada pela jurisprudência e doutrina[58], bem como regulado em algumas convenções colectivas[59].

É de inteira justiça que o empregador possa confirmar se o motivo apresentado corresponde, ou não, à realidade, não se podendo ignorar que em certas situações pode estar em causa a privacidade do trabalhador e daí a referência a *motivo atendível*, cláusula que torna lícita a recusa do trabalhador em se submeter à fiscalização (artigo 229.º, n.º 6). Por outro lado, é importante ter presente que a fiscalização já tinha previsão expressa em caso de doença durante as férias (o que se mantém, artigo 12.º, n.º 3, *in fine*, da LFFF, artigo 219.º, n.os 4 a 9).

---

[58] Cfr. Acórdão do Supremo Tribunal de Justiça, de 20 de Dezembro de 1986, *Revista de Direito e de Estudos Sociais*, ano XXIX (II da 2.ª série), 1987, n.º 2, pp. 213 e ss. Na doutrina, em anotação ao aresto, LOBO XAVIER, "Atestado Médico e Controlo das Faltas por Doença", *Revista de Direito e de Estudos Sociais*, ano XXIX (II da 2.ª série), 1987, n.º 2, pp. 222 e ss.

[59] É o caso do sector bancário, podendo exemplificar-se com o Acordo Colectivo de Trabalho celebrado entre o Grupo Banco Comercial Português e os Sindicatos dos Bancários do Centro, do Norte e do Sul e Ilhas (cláusulas 71.º e ss), publicado no *Boletim do Trabalho e Emprego*, n.º 48, 1.ª série, de 29 de Dezembro de 2001.

Estudos de Direito do Trabalho (Código do Trabalho) 155

4.2.3.2.3. Teletrabalho (Secção IV)

O teletrabalho é actualmente uma realidade incontornável, resultante do aumento da utilização da informática e das tecnologias de informação e de comunicação, nomeadamente nos países do espaço comunitário, pelo que se pode encontrar em alguns ordenamentos jurídicos (designadamente em Itália), regras reguladoras desta matéria. Por outro lado, e revelador da sua relevância na União Europeia, é o acordo celebrado, no dia 16 de Julho de 2002, entre a CES (Confederação Europeia dos Sindicatos), a UNICE (União das Confederações da Indústria e dos Empregadores da Europa) e o CEEP (Centro Europeu de Empresas Públicas), onde se fixaram normas, por exemplo, sobre a organização do tempo de trabalho ou a formação. Justificava-se, assim, *a introdução de normas relativas ao regime do teletrabalho* que adaptam as regras gerais tendo presente as especificidades existentes (artigos 233.º a 243.º).

4.2.3.2.4. Comissão de serviço (Secção V)

A *comissão de serviço foi objecto de alargamento relativamente ao seu âmbito de aplicação*. Foi eliminada a restrição do n.º 2 do artigo 1.º do Decreto-Lei n.º 404/91, de 16 de Outubro, tendo sido ainda alargada a sua admissibilidade pelo acrescento de cargos *"equivalentes"* aos da administração, bem como pela eliminação do vocábulo *"directamente"* relativamente aos cargos de *"direcção dependentes da administração"* (artigo 244.º).

4.2.3.3. Retribuição e outras atribuições patrimoniais (Capítulo III)

I. A expressa referência *de critérios, nomeadamente de mérito, produtividade, assiduidade ou antiguidade* dos trabalhadores como factor de diferenciação retributiva visa instigar os empregadores a desenvolverem esta matéria, devendo referir-se que se trata de situações já existentes no quotidiano das empresas (artigos 28.º, n.º 2, e 261.º, n.ºs 1 e 3[60]).

---

[60] Com interesse para a questão consulte-se o Projecto de Decreto-lei relativo à definição do conceito de retribuição, *Boletim do Trabalho e Emprego*, separata n.º 3, de 30 de Junho de 1998, p. 5, que não foi introduzido no ordenamento jurídico.

II. Com o intuito de alcançar alguma estabilidade numa matéria cuja relevância para a vida dos trabalhadores e empregadores é essencial, foi *definido o conceito de retribuição base*, bem como de *diuturnidades* (artigo 250.°, n.° 2, alíneas a) e b), respectivamente). Deve salientar-se que as diuturnidades são uma realidade há muito existente na contratação colectiva, tendo o legislador aproveitado para fixar o seu conteúdo e daí retirar diversas consequências (ex: 439.°, n.os 1, 3 e 5).

III. O montante do subsídio de férias, não raras vezes, era objecto de ampla controvérsia (artigos 6.°, n.os 1 e 2, da LFFF), defendendo-se, em muitas situações, que o preceito deveria ser objecto de redução teleológica – pense-se no caso de a renda de casa integrar a retribuição, nesta situação tem sido defendido que não havia duplicação do valor. Com a nova redacção de vários preceitos em matéria de retribuição, visou-se esclarecer algumas dúvidas (ex: artigos 250.°, 252.°, n.° 4, 255.°, n.° 2, 257.°, n.° 3, alínea c)).

IV. O Código do Trabalho diminuiu *a possibilidade de o empregador invocar a compensação, como se constata no caso de amortizações de capital e pagamento de juros de empréstimos concedidos pelo empregador ao trabalhador e de abonos ou adiantamentos por conta da retribuição do trabalhador* (cfr. artigo 95.°, n.° 2, da LCT, e 270.°, n.° 3).

4.2.3.4. Segurança, higiene e saúde no trabalho, acidentes de trabalho e doenças profissionais (Capítulos IV, V e VI)

A importância da matéria da segurança, higiene e saúde no trabalho, bem como dos acidentes de trabalho e doenças profissionais impunha a sua consagração num diploma como o Código do Trabalho. Compreende-se, deste modo, que o diploma contenha uma *definição de princípios gerais em matéria de segurança, higiene e saúde no trabalho* (artigos 272.° a 280.°), tal como a regulação doa acidentes de trabalho e das doenças profissionais (artigos 281.° a 308.° e 309.° a 312.°, respectivamente).

Em matéria de segurança, higiene e saúde no trabalho, plasmaram-se vários preceitos constantes dos Decreto-Leis n.os 441/91, de 14 de Novembro, e 26/94, de 1 de Fevereiro[61].

---

[61] Foram tidas em conta a Directiva 89/391/CEE, Directiva 89/654/CEE (Prescrições mínimas de Segurança e Saúde para os locais de trabalho), Directiva 89/655/CEE,

Estudos de Direito do Trabalho (Código do Trabalho) 157

No que respeita aos acidente de trabalho, seguiu-se, no essencial, de perto o regime constante da Lei n.º 100/97, de 13 de Setembro (Acidentes de Trabalho), Decreto-lei n.º 143/99, de 30 de Abril (Reparação dos Acidentes de Trabalho); relativamente às doenças profissionais manteve-se basicamente o regime constante do Decreto-lei n.º 248/99, de 2 de Julho (Reparação das Doenças Profissionais).

4.2.3.5. Vicissitudes contratuais (Capítulo VII)

4.2.3.5.1. Mobilidade (Secção I)

A omissão existente na anterior legislação (artigo 24.º da LCT) entre *alterações definitivas e temporárias do espaço geográfico* em que o trabalhador está adstrito a realizar a prestação não tem qualquer fundamento, tendo sido necessário colmatar esta lacuna (315.º). Concomitantemente consagrou-se o procedimento necessário para o empregador efectuar alterações no local de trabalho (artigo 317.º). A procedimentalização do exercício do poder de direcção, em matéria de local de trabalho é revelador da vertente personalista do Código do Trabalho; por outro lado, aumenta a eficácia e a legitimidade de quem decide.

4.2.3.5.2. Transmissão da empresa ou estabelecimento (Secção II)

A necessidade de *compatibilizar o regime da transmissão da empresa ou estabelecimento com o Direito Comunitário, nomeadamente com a Directiva n.º 2001/23/CE do Conselho, de 12 de Março de 2001* foi também um dos propósitos do legislador. Aquele instrumento comunitário fixa, entre outras regras, vários deveres ao transmitente e ao transmissário que a legislação nacional não consagrava, podendo exemplificar-se com o

---

alterada pela Directiva 95/63/CEE (Equipamentos de trabalho), Directiva 90/270/CEE (Equipamentos dotados de visor), Directiva 89/656/CEE (Equipamentos de protecção individual), Directiva 92/58/CEE (Sinalização de segurança), Directiva 86/188/CEE (Ruído), Directiva 96/29/EURATOM (Radiações ionizantes), Directivas 98/24/CE, 91/322/CEE, 2000/39 CEE (Agentes Químicos), Directivas 90/394/CEE, alteradas 97/42/CEE e 1999/38/CEE(Cancerígenos), Directiva 91/382/CEE (Amianto), Directiva 82/605/CEE (Chumbo) e Directivas 90/679/CEE, 93/88/CEE e 95/30/CE (Agentes Biológicos).

dever de comunicar aos representantes dos trabalhadores a data efectiva ou proposta da transferência, as consequências jurídicas, económicas e sociais da transferência para os trabalhadores e as medidas previstas relativamente a estes (cfr. artigo 320.º e artigo 7.º, n.º 1, da Directiva). Naturalmente que se aproveitou a elaboração do Código do Trabalho para adequar o direito nacional ao Direito Comunitário.

4.2.3.5.3. Cedência ocasional (Secção III)

Com o objectivo de não permitir a eternização da cedência ocasional – instituto, como a própria denominação indica, não é compatível com uma situação definitiva – com as desvantagens que isso acarreta para o trabalhador, o legislador entendeu limitar a duração da cedência de forma a garantir que se trata de uma situação excepcional e, consequentemente, limitada no tempo, impondo como limite global máximo – trata-se da anualização da cedência – a duração de cinco anos (artigo 324.º, alínea d)).

4.2.3.5.4. Redução da actividade e suspensão do contrato (Secção IV)

I. Importa referir a previsão no Código do Trabalho de que *a reforma parcial determina a redução do período normal de trabalho, nos termos a definir por legislação especial.* Trata-se de prever expressamente, entre outras, que é também causa de redução do período normal de trabalho a situação de reforma parcial (artigo 330.º, n.º 3).

II. Depois de, por lapso – expressamente reconhecido no Despacho Ministerial, de 3 de Abril de 1978, embora destituído de relevância jurídica (externa)[62] –, o legislador ter revogado (artigo 31.º da LFFF) o preceito da LCT relativo ao descanso semanal (artigo 51.º), bem como a matéria atinente à suspensão da prestação do trabalho por impedimento prolongado (secção IV do Capítulo IV da LCT) havia necessidade de

---

[62] Publicado no *Boletim do Trabalho e Emprego*, de 22 de Abril de 1978, 1.ª série, n.º 15.

Estudos de Direito do Trabalho (Código do Trabalho) 159

regular a matéria da suspensão, na parte não abrangida pelo Decreto-Lei n.° 398/83, de 2 de Novembro. Regulou-se, assim, a *suspensão do contrato de trabalho por facto imputável ao empregador ou por motivo de força maior* (cfr. artigos 78.° e 79.° da LCT e 350.° a 353.°).

4.2.3.6. Incumprimento do contrato (Capítulo VIII)

4.2.3.6.1. Disposições gerais (Secção I)

I. O *atraso no cumprimento de prestações pecuniárias* tem como consequência o pagamento dos respectivos juros, pelo que em nome da certeza e segurança jurídica, o legislador previu expressamente – é preciso ter presente que a redacção constante do artigo 269.°, n.° 4, já se encontrava no artigo 2.° do Decreto-lei n.° 69/85, de 18 de Março – a situação no caso de mora na área laboral (artigos 269.°, n.° 4 e 364.°, n.° 1, neste caso de forma mais ampla).

II. No caso de mora de quinze ou sessenta dias no pagamento da retribuição, o trabalhador tem o direito de, respectivamente, suspender a prestação ou resolver o contrato, nos termos que serão definidos em legislação especial (artigo 364.°, n.° 2), situação que é diversa da prevista no artigo 3.°, n.° 1, da Lei n.° 17/86, de 16 de Junho (Lei dos Salários em Atraso), que conferia a possibilidade de rescindir ou suspender após período superior a trinta dias da *"data do vencimento da primeira retribuição não paga"*.

4.2.3.6.2. Poder disciplinar (Secção II)

I. A existência de uma maior variedade de sanções disciplinares é um importante elemento para que, no momento da aplicação da sanção, se possa fazer justiça, pois torna mais fácil encontrar a medida punitiva correcta. Tendo presente que apenas por instrumento de regulamentação colectiva de trabalho é possível prever outras sanções para além das legalmente previstas, o legislador acrescentou à previsão legal *a sanção disciplinar de perda de dias de férias, sem prejuízo de um período mínimo de vinte dias de férias* (cfr. artigos 27.°, n.° 1, da LCT, e 366.°, alínea c)).

Por outro lado, o Código do Trabalho, a*umentou os limites máximos de algumas sanções disciplinares aplicáveis ao trabalhador, como a suspensão do trabalho com perda de retribuição e de antiguidade.* É preciso atender que a lei que consagrava as sanções disciplinares e os respectivos limites data de 1969, pelo que parece indiscutível a necessidade de actualizar estes elementos (cfr. artigos 27.° a 29.° da LCT e 366.°, 368.° e 369.°).

II. Ainda em matéria disciplinar deve referir-se a *regra segundo a qual o prazo de prescrição do procedimento disciplinar é igual ao previsto na lei penal sempre que o facto constitua crime* (artigo 372.°, n.° 2, *in fine*). Uma conduta que pode ser simultaneamente qualificada como infracção disciplinar e como crime exige, face à gravidade da situação, que o tratamento temporal seja idêntico, de forma a garantir que a conduta de um trabalhador possa ser apreciada do ponto de vista penal e concomitantemente na perspectiva laboral.

III. Os grupos de empresas são uma realidade incontornável do moderno Direito do Trabalho, sendo necessário regular esta situação, nomeadamente para assegurar um conjunto de garantias ao trabalhador. Idêntica preocupação de tutela deve existir quando estamos perante sócios que têm uma posição de especial supremacia. Foi isso que o legislador fez ao consagrar, *relativamente aos créditos laborais do trabalhador emergentes do contrato de trabalho, violação ou cessação, um regime de responsabilidade solidária das sociedades em relação de domínio ou de grupo, bem como dos sócios que exercem uma influência dominante na sociedade ou que sejam gerentes, administradores ou directores* (artigos 378.° e 379.°).

4.2.3.7. Cessação do contrato (Capítulo IX)[63]

4.2.3.7.1. Caducidade (Secção II)

Na sequência das regras constantes da Directiva n.° 98/59/CE, do Conselho, de 20 de Junho, e com vista *a garantir uma maior tutela da*

---

[63] Sobre esta matéria, *vd.* ROMANO MARTINEZ, *Apontamentos sobre a Cessação do Contrato de Trabalho à luz do Código do Trabalho*, Associação Académica da Faculdade de Direito de Lisboa, Lisboa, 2004.

situação dos trabalhadores, o legislador submeteu *a caducidade dos contratos de trabalho em caso de encerramento ou de falência da empresa às regras do despedimento colectivo* (artigo 390.°, n.° 3). Excepcionou deste regime – atentas as especificidades existentes – as microempresas, impondo, no entanto, a obrigatoriedade de o empregador informar o trabalhador com sessenta dias de antecedência face ao encerramento (artigo 390.°, n.° 4).

4.2.3.7.2. Cessação por iniciativa do empregador (Secção IV)

I. A exemplificação do elenco legal de comportamentos que podem constituir justa causa de despedimento constante do 9.° Decreto-Lei n.° 64-A/89, de 27 de Fevereiro, remonta, no essencial, a 1975 (artigo 10.° do Decreto-Lei n.° 372-A/75, de 16 de Julho). Compreende-se assim que o legislador não tenha deixado de introduzir algumas alterações – *por exemplo, aditamento do vocábulo "civil" na alínea g) do n.° 3 do artigo 396.° e eliminação da referência a "actos lesivos da economia nacional"* – na lista exemplificativa do n.° 3 do artigo 396.°.

II. O Código do Trabalho passou a estabelecer uma *presunção ilidível* (artigo 350.°, n.° 2, do Código Civil) *de que, no despedimento colectivo, o trabalhador, quando recebe a compensação, aceita a cessação do contrato* (artigo 401.°, n.° 4). Convém, no entanto, deixar claro que esta regra – que contém, repita-se, uma presunção (ilidível) – é substancialmente diversa da que existia na versão originária do Decreto-Lei n.° 64-A/89, de 27 de Fevereiro, artigo 23.°, n.° 4, segundo a qual *"o recebimento pelo trabalhador da compensação a que se refere o presente artigo vale como aceitação de despedimento"* – posteriormente revogada pela Lei n.° 32/99, de 18 de Maio.

III. Em matéria de despedimento colectivo deve ainda salientar-se o *aumento do prazo de impugnação do despedimento colectivo*. O prazo para impugnar o despedimento colectivo era de noventa dias (artigos 25.°, n.° 2, da NLDESP), o que em várias situações se revelava diminuto. Por outro lado, tendo presente que passou a existir uma presunção de aceitação do despedimento, impunha-se o alargamento do prazo de impugnação, *in casu*, para seis meses (435.°, n.° 2);

IV. O Código do Trabalho inova também ao impor, *no despedimento por inadaptação, a obrigatoriedade de o trabalhador ter um prazo não inferior a trinta dias para adaptação ao posto de trabalho* – antes o legislador utilizava a expressão *"um período suficiente de adaptação"*, alínea c) do n.º 1 do artigo 3.º da NLDESP – quantificando, deste modo, a obrigação de formação (artigo 407.º, n.º 1, alínea c)).

V. A complexidade de muitos procedimentos disciplinares há muito que demonstrou a dificuldade – para não dizer mesmo a impossibilidade – de uma efectiva defesa no curto prazo de cinco dias úteis (artigo 10.º, n.º 4, da NLDESP). Por isso, o legislador optou por uma *duplicação do prazo de resposta à nota de culpa*, tendo, deste modo, passado para dez dias úteis (artigo 413.º).

VI. Em matéria de procedimento disciplinar, deve também referir-se a possibilidade de suspensão preventiva do trabalhador *"ser determinada trinta dias antes da notificação da nota de culpa, desde que o emprega-dor, por escrito, justifique que, tendo em conta indícios de facto imputá-veis ao trabalhador, a sua presença se mostra inconveniente, nomeada-mente para a averiguação de tais factos, e que não foi ainda possível elaborar a nota de culpa"* (artigo 417.º, n.º 2). É uma inovação relevante para a averiguação dos factos e naturalmente a tutela da estrutura empre-sarial, uma vez que a complexidade de elaboração de uma nota de culpa nem sempre é compatível com a sua realização imediata.

VII. O Código do Trabalho consagrou – com inspiração nos orde-namentos espanhol (artigo 55.º, n.º 2, do Estatuto dos Trabalhadores) e francês (artigo L. 122-14-4, do Código do Trabalho) – a possibilidade *de tendo sido impugnado o despedimento com base em invalidade do procedimento disciplinar, este poder ser reaberto até ao termo do prazo para contestar, iniciando-se o prazo interrompido, não se aplicando, no entanto, este regime mais do que uma vez* (artigo 436.º, n.º 2, e 430.º, n.º 2).

O objectivo é simples: fazer prevalecer, dentro de determinados parâmetros, a justiça material sobre a justiça formal.

VIII. No caso de indemnização por despedimento ilícito, *o tribunal passou a poder fixar, dentro da moldura legal (quinze e quarenta e cinco* *dias de retribuição e diuturnidades por cada ano completo ou fracção de antiguidade), a indemnização devida* (artigo 439.º).

Trata-se de conferir maior flexibilidade e consequentemente justiça material às situações jurídicas existentes.

IX. O *reconhecimento (expresso) do direito ao ressarcimento de danos não patrimoniais em caso de ilicitude do despedimento* é outra das novidades do Código do Trabalho (artigo 436.º, n.º 1, alínea a)). Nos últimos anos a jurisprudência tem-se pronunciado neste sentido, área em que está em sintonia com a maioria da doutrina[64]. O legislador recebeu, deste modo, uma vez mais, os ensinamentos constantes da jurisprudência e doutrina

X. Outra inovação importante foi a *consagração da regra segundo a qual a fracção de duração do contrato é contada de modo proporcional, para efeito de cálculo do valor da indemnização, nomeadamente em caso de declaração de ilicitude do despedimento* (artigo 439.º, n.º 1, *vd.* também artigo 443.º, n.º 2; anteriormente o regime estava no n.º 3 do artigo 13.º e no artigo 36.º da NLDESP). O objectivo desta norma foi introduzir um factor de igualdade, de modo a garantir que as situações desiguais são tratadas de forma desigual, mas proporcional.

XI. A consagração da *regra segundo a qual o montante do subsídio de desemprego auferido pelo trabalhador é deduzido no montante da indemnização devida por despedimento ilícito, cabendo ao empregador a obrigação de entregar essa quantia à segurança social* é outra novidade relevante (artigo 437.º, n.º 3). Estando prevista a obrigatoriedade de dedução dos valores auferidos por outras actividades – embora mais limitada (cfr. n.º 2 do artigo 13.º da NLDESP e artigo 437.º, n.º 2 – , não havia nenhuma razão, antes pelo contrário, para a regra não ser estendida

---

[64] Veja uma referência (sumária) à evolução da jurisprudência nesta matéria, MARIA ADELAIDE DOMINGOS, *Notícias da Jurisprudência*, Prontuário de Direito do Trabalho, Centro de Estudos Judiciários n.º 62, 2002, pp. 65 e ss. Na doutrina, consulte-se ALBINO MENDES BAPTISTA, "A Ressarcibilidade dos Danos não Patrimoniais em sede de Ilicitude de Despedimento (A Propósito do Acórdão do Supremo Tribunal de Justiça, de 14 de Novembro de 2001)", *Prontuário de Direito do Trabalho*, Centro de estudos Judiciários, n.º 62, 2002, pp. 123 e ss; MENEZES CORDEIRO, *Manual de Direito do Trabalho*, cit., p. 845; ROMANO MARTINEZ, *Direito do Trabalho*, cit., p. 880.

às situações em que o trabalhador recebeu subsídio de desemprego, tanto mais que está em causa uma despesa pública (artigo 437.º, n.º 3).

XII. Em matéria de cessação há também a destacar – com forte inspiração nos ordenamento espanhol, francês e italiano, respectivamente artigos 55.º e 56.º do Estatuto dos Trabalhadores, artigo L. 122-14, do Código do Trabalho, artigo 18.º do Estatuto dos Trabalhadores e Lei n.º 604/66, de 15 de Julho, respectivamente – a possibilidade de – não obstante a manutenção da regra geral da reintegração (artigo 438.º, n.º 1) – em casos excepcionais tipificados na lei – microempresas ou trabalhadores que ocupem cargos de administração ou de direcção –, *o empregador manifestar* (fundadamente) *a sua oposição à reintegração do trabalhador* (artigo 438.º, n.º 2). Para que a oposição do empregador à reintegração do trabalhador seja procedente é necessário que aquele prove que o regresso do trabalhador é prejudicial e perturbador para a prossecução da actividade empresarial (artigo 438.º, n.º 2, *in fine*), cabendo, no entanto, a decisão exclusivamente ao tribunal (artigo 438.º, n.º 3).

A possibilidade de não reintegração é excluída se estiver em causa um despedimento fundado *"em motivos políticos, ideológicos, étnicos ou religiosos, ainda que com invocação de motivo diverso, bem como quando o juiz considere que o fundamento justificativo da oposição à reintegração foi culposamente criado pelo empregador"*(artigo 438.º, n.º 4).

XIII. Caso a oposição à reintegração seja julgada procedente pelo tribunal, o trabalhador tem direito a uma indemnização, *a fixar por aquele, dentro dos parâmetros previstos no Código*, cujos montantes mínimos e máximos são superiores – trinta e sessenta, respectivamente em vez de quinze e quarenta e cinco dias – ao valor se se tratasse de uma opção do trabalhador (artigo 439.º, n.ºs 1 e 4).

4.2.3.7.3. Cessação por iniciativa do trabalhador (Secção V)

I. Paralelamente ao que foi consagrado relativamente ao empregador (artigo 436.º, n.º 2), o legislador consagrou um regime idêntico para a cessação por iniciativa do trabalhador, quando esta tiver sido impugnada com base em ilicitude do procedimento a que aquele estava adstrito (artigo 445.º). Trata-se, como dissemos, de fazer prevalecer a substância face à forma, ainda que, naturalmente, com limites.

II. Vimos que no caso de indemnização por despedimento ilícito, *o tribunal passou a poder fixar, dentro da moldura legal (quinze e quarenta e cinco dias de retribuição e diuturnidades por cada ano completo ou fracção de antiguidade), a indemnização devida* (artigo 439.°). O mesmo acontece, *mutatis mutandis*, no caso de *cessação por iniciativa do trabalhador* (artigo 443.°).

III. Finalmente, em matéria de cessação do contrato de trabalho por iniciativa do trabalhador merece ainda destaque a *diminuição do número de dias de ausência que constituem presunção de abandono do trabalho* (artigo 450.°, n.° 2). Com efeito, enquanto o regime anterior fixava a presunção nos quinze dias úteis (artigo 40.°, n.° 2, da NLDESP), o Código do Trabalho estabeleceu dez dias úteis.

4.2.4. Direito colectivo (Título III)

4.2.4.1. Sujeitos (Subtítulo I)

4.2.4.1.1. Estruturas de representação colectiva dos trabalhadores (Capítulo I) e associações de empregadores (Capítulo II)

I. Na matéria relativa aos sujeitos colectivos há a salientar o e*stabelecimento de regras sobre os deveres gerais de informação e consulta às estruturas de representação colectiva de trabalhadores* (artigos 458.° a 460.°). Tratam-se de preceitos inspirados, nomeadamente, nos artigos 23.°, n.ᵒˢ 2 e 3, da LCOMT, e 25.° e 33.° da Lei n.° 40/99, de 9 de Junho.

II. A Lei Sindical consagrava a incompatibilidade do exercício de cargos em corpos gerentes de associações sindicais com o exercício de cargos de direcção em partidos políticos ou instituições religiosas (artigo 6.°, n.° 3). O Código do Trabalho alargou essa incompatibilidade num duplo sentido: por um lado, ao estendê-la a *"outras associações relativamente aos quais exista conflito de interesses"* (artigo 481.°, *in fine*) e, por outro, prescrevendo o mesmo regime para as associações de empregadores (artigo 509.°).

III. A discussão da existência ou não de personalidade jurídica por parte das comissões de trabalhadores era matéria doutrinariamente controvertida[65]. O legislador sanou a questão ao prever expressamente a sua aquisição (artigo 462.º).

IV. Os créditos de horas dos membros das subcomissões de trabalhadores, comissões de trabalhadores e comissões coordenadoras foram adaptados às necessidades existentes, quer por parte dos trabalhadores, quer por parte dos empregadores. Com efeito, o legislador restringiu o número de horas mensais dos membros das entidades acima referidas, introduzindo ainda uma variação para o caso das microempresas (cfr. artigo 20.º, n.º 1, da LCOMT, e artigo 467.º, n.os 1 e 2), tendo também diminuído para metade, nas empresas do sector empresarial do Estado com mais de mil trabalhadores, a possibilidade de nestas empresas haver um trabalhador a tempo inteiro, ou seja, as comissões de trabalhadores passam a poder ter um dos seus membros disponíveis durante metade do seu período normal de trabalho (cfr. artigo 20.º, n.º 6, da LCOMT, e artigo 467.º, n.º 7).

V. A *simplificação das regras em matéria de sujeitos colectivos* foi outra das novidades introduzidas pelo Código do Trabalho. Como exemplo dessa simplificação pode referir-se a eliminação das regras de constituição da associação sindical (artigo 8.º da LS), bem como o início do exercício de actividades, na falta de publicação dos estatutos no *Boletim do Trabalho e Emprego*, no prazo de trinta dias após o registo (cfr. artigo 10.º, n.º 5, da LS, e 483.º, n.º 5, *in fine*).

---

[65] Cfr. sobre a questão GONÇALVES DA SILVA, *A Portaria de Extensão: Contributo para o seu Estudo*, Dissertação de Mestrado, Faculdade de Direito de Lisboa, policopiado, 1999, pp. 432 e ss; e, mais recentemente, "Sujeitos Colectivos", cit., pp. 356 e ss. Nestes textos defendemos que as comissões de trabalhadores têm personalidade jurídica, na esteira das posições de MENEZES CORDEIRO e ROMANO MARTINEZ.

Estudos de Direito do Trabalho (Código do Trabalho) 167

4.2.4.2. Instrumentos de regulamentação colectiva de trabalho (Subtítulo II)

4.2.4.2.1. Princípios gerais (Capítulo I)

4.2.4.2.1.1. Concorrência de instrumentos (Secção II)

Um ponto que merece destaque é o da *concorrência de convenções colectivas*. Nesta matéria devemos salientar a referência expressa à possibilidade de os outorgantes *afastarem as regras de concorrência previstas para os instrumentos negociais* (artigo 536.°, n.° 2, negociação articulada), bem como a prescrição de normas em matéria de *concorrência de instrumentos de regulamentação colectiva de trabalho não negociais* (artigo 537.°).

4.2.4.2.2. Convenção colectiva (Capítulo II)

4.2.4.2.2.1. Âmbito temporal (Secção VI)

I. Face à situação existente da contratação colectiva[66], o Código do Trabalho tem como objectivo estruturante a *revitalização da contratação colectiva*. Para o efeito, e entre outras medidas, consagrou a *vocação temporária da convenção colectiva* (cfr. artigo 11.°, n.° 2, da LRCT, e artigos 556.° a 559.°), prescrevendo, na falta de regulação das partes (artigos 541.°, alínea d), 556.°, n.° 1, e 557.°, n.° 2), após denúncia (artigo 558.°), uma *sobrevigência limitada* (artigo 557.°, n.os 2, 3 e 4).

II. A matéria da *sucessão de convenções* também tem novidades (artigo 560.°). Entre elas, podemos destacar a determinação que a conven-

---

[66] Para uma caracterização da situação na área da contratação colectiva, *vd.* GONÇALVES DA SILVA, "Princípios Gerais da Contratação Colectiva no Código do Trabalho", cit., pp. 227-231. Sobre a contratação colectiva no Código do Trabalho, para além do artigo acima citado, pode ver-se, do mesmo Autor, "Do Âmbito Temporal da Convenção Colectiva", *Estudos de Direito do Trabalho em Homenagem ao Professor Manuel Alonso Olea*, coordenação de MONTEIRO FERNANDES, Almedina, Coimbra, 2004, pp. 457-506; "Nótula sobre os Efeitos Colectivos da Transmissão da Empresa", *Subjudice – Justiça e Sociedade*, n.° 27, 2004, pp. 127-136.

ção posterior revoga integralmente a convenção anterior, deixando naturalmente outra solução a cargo da autonomia colectiva (artigo 560.°, n.° 1).

O legislador prescreveu ainda que a "*a mera sucessão de convenções colectivas não pode ser invocada para diminuir o nível de protecção global dos trabalhadores*" (artigo 560.°, n.° 2), norma inspirada na solução utilizada pelas Directivas comunitárias.

É de salientar também o n.° 3 do artigo 560.° – inspirado no artigo 15.° da LRCT – segundo a qual "*os direitos de correntes de convenção colectiva só podem ser reduzidos por nova convenção de cujo texto conste, em termos expressos, o seu carácter globalmente mais favorável*", sendo certo que "*a nova convenção prejudica os direitos decorrentes de convenção anterior, salvo se, na nova convenção, forem expressamente ressalvados pelas partes*" (artigo 560.°, n.° 4).

Daquela norma (n.° 3 do artigo 560.°) e da sua articulação com o artigo 4.°, n.° 1, resulta que estamos perante uma *cláusula de estilo*, cujo conteúdo não é sindicável e encontra explicação em meras razões históricas.

4.2.4.2.2.2. Cumprimento (Secção VII)

As regras de cumprimento da convenção colectiva também são novas, sendo de salientar a ligação expressa com o instituto da *alteração das circunstâncias* (artigo 561.°, n.° 2), bem como a aplicação do mecanismo da *responsabilidade civil* em caso de incumprimento dos outorgantes da convenção e dos respectivos filiados (artigo 562.°). Independentemente da posição sobre a natureza da convenção colectiva que se adopte, o incumprimento de obrigações gera responsabilidade civil, pelo que não há qualquer motivo para não consagrar expressamente o regime geral previsto no ordenamento para o inadimplemento: a responsabilidade civil (artigo 562.°).

4.2.4.2.2.3. Arbitragem (Secção IV)

A *dinamização da arbitragem obrigatória* foi outra das preocupações do legislador. Foram introduzidas alterações na LRCT (artigo 35.°), na sequência do Acordo Económico e Social celebrado no âmbito do Conselho Permanente de Concertação Social, em Outubro de 1990. Estas alterações foram concretizadas pelo Decreto-Lei n.° 209/92, de 2 de Outubro,

Estudos de Direito do Trabalho (Código do Trabalho) 169

tendo a arbitragem obrigatória tido mera existência formal. Esta situação resultou do facto de, na ausência de escolha das partes dos árbitros, competir ao secretário-geral do Conselho Económico e Social o sorteio dos árbitros, *"de entre árbitros constantes de uma lista acordada pelas partes trabalhadora e empregadora do Conselho Económico e Social e publicada no Boletim do Trabalho e Emprego"* (artigo 35.º, n.º 8).

Essa lista nunca foi elaborada, pelo que bastava que as partes em diferendo não indicassem o árbitro para o sistema bloquear, facto que nos permite afirmar que a arbitragem obrigatória, doze anos após o diploma de 1992, teve apenas uma mera existência formal.

Não é de estranhar, portanto, que o legislador tenha também eleito como questão central da reforma laboral a transformação do instituto da arbitragem obrigatória (formal) num instrumento materialmente existente. Para isso fixou uma tramitação temporalmente limitada, segundo a qual cabe aos representantes das associações sindicais e de empregadores, com assento na Comissão Permanente de Concertação Social, a elaboração da lista de árbitros, sendo a sua feitura deferida, em caso de recusa de elaboração, a uma comissão composta pelo Presidente do Conselho Económico e Social, que preside, e por dois representantes das associações sindicais e dois representantes das associações de empregadores, competindo ao Presidente do Conselho o desbloqueio da situação caso os procedimentos acima referidos não sejam eficazes (artigo 570.º).

4.2.4.2.2.3. Regulamento de extensão e de condições mínimas (Secção V e VI)

Paralelamente à instigação da contratação colectiva, o legislador limitou a *possibilidade de recurso aos regulamentos de extensão e de condições* mínimas (anteriores portarias de extensão e de regulamentação do trabalho). A introdução da expressão *"circunstâncias sociais e económicas"* (cfr. artigos 29.º e 36.º da LRCT com os artigos 575.º, n.º 3 e 578.º), inspirou-se no regime existente nos ordenamentos alemão (§ 5.º, n.º 2, da Lei de Contratação Colectiva (*Tarifvertragsgesestz*) e espanhol (artigo 92.º, n.º 2, do Estatuto dos Trabalhadores, e 3.º, n.º 1, alínea b) do Decreto 572/1982, de 5 de Março). Por outro lado, condicionou-se a emissão do regulamento de condições mínimas à inexistência de sujeitos colectivos (artigo 578.º).

170   Luís Gonçalves da Silva

Em suma, trata de reconhecer-se que no moderno Direito do Trabalho a intervenção administrativa deve ser a excepção e não a regra, pois esta cabe à contratação colectiva (artigo 3.°). Por isso era necessário garantir que o regime jurídico assegura uma efectiva subsidiariedade dos instrumentos não negociais face aos negociais.

4.2.4.3. Conflitos colectivos (Subtítulo III)

4.2.4.3.1. Greve (Capítulo II)

I. O legislador passou a exigir – o que é facilmente explicável face ao princípio da boa fé – que o aviso prévio de greve contenha *"uma proposta de definição dos serviços necessários à segurança e manutenção do equipamento e instalações, bem como, sempre que a greve se realize em empresa ou estabelecimento que se destine à satisfação de necessidades sociais impreteríveis, uma proposta de definição de serviços mínimos"* (artigo 595.°, n.° 3).

O objectivo é, tanto quanto possível, que sejam as partes envolvidas a definir os serviços necessários.

II. Depois da declaração de inconstitucionalidade com força obrigatória geral da Lei n.° 30/92, de 20 de Outubro, por razões formais, pelo Acórdão n.° 868/96, de 4 de Julho[67], impunha-se a necessidade, por expressa determinação constitucional (artigo 57.°, n.° 2), a fixação de um *procedimento com vista ao estabelecimento dos serviços mínimos* assente no primado da autonomia colectiva (artigo 599.°).

III. Com o objectivo de assegurar que o Estado não seja concomitantemente parte e árbitro na fixação dos serviços mínimos, o Código do Trabalhou a*tribuiu a competência para a definição dos serviços mínimos, na ausência de previsão em instrumento de regulamentação colectiva ou de acordo com os representantes dos trabalhadores, a um colégio arbitral constituído em moldes idênticos aos previstos para a arbitragem*

---

[67] Publicado no *Diário da República*, de 26 de Outubro de 1996, I série A, n.° 240/96, pp. 3619 e ss.

obrigatória, sempre que a greve tiver sido decretada em empresas do sector público empresarial (artigo 599.°, n.° 4).

Garante-se, assim, a isenção e independência de quem decide.

IV. Na sequência do expresso reconhecimento pela doutrina[68] da admissibilidade *de «cláusula de paz social relativa», a incluir em instrumento de regulamentação colectiva negocial* (artigo 606.°), entendeu o legislador recolher mais este contributo e prever expressamente a sua *admissibilidade* situação que é aceite em diversos ordenamento europeus[69].

---

[68] É caso de MENEZES CORDEIRO, *Manual de Direito do Trabalho*, cit., 1994, pp. 403 e ss. MONTEIRO FERNANDES, *Direito do Trabalho*, 12.ª edição, Almedina, Coimbra, 2004, pp. 776 e ss ROMANO MARTINEZ, *Direito do Trabalho*, cit., p. 1055. MÁRIO PINTO, *Direito do Trabalho*, Universidade Católica Editora, Lisboa, 1996, pp. 321-322; LOBO XAVIER, *Direito da Greve*, Verbo, Lisboa, 1984, pp. 142 e ss, em especial 147 e ss

[69] Na Alemanha, o dever de paz social relativo é mesmo considerado implícito à celebração de uma convenção colectiva, não carecendo, deste modo, de estipulação expressa. Como refere alguma jurisprudência alemã, em toda a convenção se impõe automaticamente a obrigação de não aplicar quaisquer medidas com vista a alterar o acordo existente, cfr. WOLFGANG DÄUBLER, *Derecho del Trabajo*, Ministerio de Trabajo y Seguridad Social, Madrid, 1994 (tradução castelhana de M.ª Paz Acero Serna e Pío Acero Lópes, *Das Arbeitsrecht*, "rororo aktuell", 1 e 2, Rowohlt Taschenbuch Verlag GmbH, Hamburg, 1990), pp. 157 e ss; ULRICH ZACHERT, *Lecciones de Derecho del Trabajo Alemán*, Ministerio de Trabajo y Assuntos Sociales, 1998 (tradução da versão italiana, *Lezioni di Diritto del Lavoro Tedesco*, Dipartimento di Scienze Giurudiche de la Università degli Studi di Trento, 1995) pp. 68 e ss.

Em Espanha, a questão recebe resposta expressa da legislação, uma vez que o Real Decreto-Lei n.° 17/1977, de 4 de Março, afirma que é ilegal uma greve que tenha "(...) *por objecto alterar, dentro do seu período de vigência, o estabelecido na convenção colectiva* (...)" (artigo 11.°, alínea c)). Na mesma linha, o artigo 20.° do mesmo diploma, prescreve que não devem as entidades competentes para a apreciação de conflitos colectivos aceitar os que visem "(...) *modificar o estabelecido numa convenção colectiva* (...)". Nestes termos, a doutrina tem entendido que existe um dever de paz implícito (com base na lei) e que tem carácter relativo, sendo que apenas respeita aos conflitos económicos, mas não aos jurídicos, cfr. ALONSO OLEA-CASAS BAAMONDE, *Derecho del Trabajo*, 21.ª edición, Thomson – Civitas, Madrid, 2003, pp. 928 e ss. Saliente-se ainda o artigo 8.° do Real Decreto-Lei n.° 17/1977 – que admite a possibilidade de as partes acordarem a renúncia à greve durante a vigência de uma convenção – e o artigo 20.° do Estatuto dos Trabalhadores – que afirma que as convenções podem regular a paz laboral através das cláusulas acordadas.

4.3. Principais alterações (responsabilidade penal e contra-ordenacional, Livro II)

I. O mero facto de o Código do Trabalho consagrar num Livro único o regime das contra-ordenações laborais constitui para o intérprete e aplicador uma vantagem inequívoca de clareza e segurança (Livro II, artigos 607.º e ss), ou seja, uma *simplificação do regime*. Esta simplificação também se sente em termos materiais, podendo dar-se como *exemplo a eliminação da confirmação do auto de notícia* por parte do delegado ou subdelegado competente (cfr. artigo 22.º da Lei n.º 116/99, de 4 de Agosto, e 635.º).

II. Uma das novidades em matéria penal foi *a expressa consagração da responsabilidade penal das pessoas colectivas* (artigo 607.º), clarificando-se, assim, o regime existente.

III. A utilização do trabalho de menores era punida com multa – artigo único do Decreto-Lei n.º 286/88, de 12 de Agosto –, passando com o Código do Trabalho a ser *punida com pena de prisão efectiva*, o que constitui um importante mecanismo para a prevenção deste flagelo social (artigo 608.º).

IV. O *aumento do valor das coimas* justifica-se, por um lado, na necessidade de tornar cada vez mais efectivo o Direito do Trabalho, atribuindo-se reais responsabilidades aos seus agentes – sem com isto querer dizer que a aumento, por si só, garante uma maior eficácia – e, por outro, em cumprir o previsto no artigo 28.º da Lei n.º 116/99, de 4 de Agosto.

PRINCÍPIOS GERAIS DA CONTRATAÇÃO COLECTIVA
NO CÓDIGO DO TRABALHO*

SUMÁRIO **§ 1.º) Introdução** 1.1. A reforma em matéria de contratação colectiva **§ 2.º) Princípios gerais** 2.1. Princípio da subsidiariedade 2.2. Princípio do tratamento mais favorável 2.2.1. Lei e instrumentos de regulamentação colectiva de trabalho 2.2.2. Lei e contrato de trabalho 2.1.3. Instrumentos de regulamentação colectiva de trabalho e contrato de trabalho 2.2.4. Sucessão de convenções 2.3. Princípio da forma escrita 2.4. Princípio da disponibilidade do conteúdo 2.5. Princípio da não retroactividade 2.6. Princípio da publicidade 2.7. Princípio da unidade do instrumento de regulamentação colectiva de trabalho 2.8. Princípio de negociação 2.9. Princípio do controlo formal das convenções colectivas 2.10. Princípio da dupla filiação 2.11. Princípio da estabilidade temporal 2.12. Princípio da sobrevigência limitada 2.13. Princípio da responsabilidade civil

§ 1.º) INTRODUÇÃO[1]

1.1. A reforma em matéria de contratação colectiva

I. A convenção colectiva é um dos principais marcos do Direito do Trabalho. Como escreve GINO GUIGNI, "o contrato colectivo é, junta-

---

* Publicado em *VI Congresso Nacional de Direito do Trabalho – Memórias*, coordenação de António José Moreira, Almedina, Coimbra, 2004, pp. 227-257.

[1] O presente texto corresponde, com actualizações e desenvolvimentos, à conferência proferida no VI Congresso Nacional de Direito do Trabalho, no dia 14 de Fevereiro de 2003. Agradecemos o convite que nos foi endereçado pelo Senhor Professor Doutor António José Moreira, aproveitando para felicitar o Senhor Professor pela organização deste tipo de eventos, que muito têm contribuído para o desenvolvimento do Direito do Trabalho.

Com o intuito de simplificar a exposição, agrupámos a matéria da contratação colectiva – sem prejuízo de fazermos algumas referências aos instrumentos de regulamentação colectiva, sempre que for importante para a exposição – sob a forma de princípios, de modo a através destes apresentarmos uma exposição tão ampla quanto possível e, por

mente, com o direito de greve, o instituto mais típico do Direito do Trabalho, no sentido de ser específico de tal ramo do Direito"[2].

Além da singular especificidade, igual particularidade decorre da sua relevância social. De facto, como se sabe, com a auto-regulação consegue-se, por um lado, uma maior e mais efectiva eficácia do conteúdo fixado, por outro, atinge-se maior adequação à realidade, pois são os destinatários – ou mais exactamente, pelo menos do lado dos trabalhadores, os seus representantes – que melhor conhecem as suas necessidades e, por último, adquire-se maior pacificação das situações laborais, uma vez que o facto de ter sido outorgado pelos principais interessados, faz com que haja uma maior satisfação dos resultados alcançados.

II. Actualmente vivemos numa época que se poderá designar de *imobilismo* da *contratação colectiva*. Em Portugal entre 1997 e 2002, foram depositadas, em média, cerca de quatrocentas convenções anuais[3].

---

outro lado, a cumprir os limites temporais da conferência. A sequência da exposição segue, em regra, a ordem dos artigos pela qual surgem no Código do Trabalho.

Principais abreviaturas utilizadas: a) CC – Código Civil; b) CRP – Constituição da República Portuguesa (de 1976); c) LAP – Lei das Associações Patronais (Decreto-Lei n.º 215-C/75, de 30 de Abril); d) LCT – Lei do Contrato de Trabalho (Decreto-Lei n.º 49408, de 24 de Novembro de 1969); e) LS – Lei Sindical (Decreto-Lei n.º 215-B/75, de 30 de Abril); f) LRCT – Lei de Regulamentação Colectiva (Decreto-Lei n.º 519-C1/79, de 29 de Dezembro).

Todos os preceitos sem indicação de fonte referem-se ao Código do Trabalho, aprovado pela Lei n.º 99/2003, de 27 de Agosto, tendo aquele sido objecto da Declaração de Rectificação n.º 15/2003, de 21 de Outubro de 2003, *Diário da República*, I série-A, número 250, de 28 de Outubro de 2003.

[2] GINO GUIGNI, *Autonomia e Autotutela Colectiva no Direito do Trabalho*, Associação Académica da Faculdade de Direito de Lisboa, 1983, p. 5.

[3] Este número inclui alterações parciais e adesões. Cfr. *Principais Características da Negociação Colectiva em Portugal (1994-2001)*, Secretaria de Estado do Trabalho e Formação, Colecção "Estudos", série C – "Trabalho", n.º 16, 2002, p. 30 e ss. Em 2002, de acordo com os dados da Direcção-Geral do Emprego e das Relações de Trabalho (DGERT), houve um ligeiro aumento, uma vez que a totalidade dos instrumentos negociais publicados foi de quatrocentos e dezanove, face aos trezentos e setenta e nove do ano anterior, devendo-se esse acréscimo ao maior número de adesões verificadas (oitenta e dois em 2002, quando em 2001 foram dezanove).

O conteúdo da contratação colectiva também deve ser motivo de preocupação, porquanto matérias como a segurança, higiene e saúde no trabalho ou a formação não surgem nos primeiros oito temas mais abordados entre 1997 e 2002 e apenas uma alteração respeita ao trabalho de pessoa com deficiência.

Em nenhum país da União Europeia existe uma situação de bloqueio tão generalizado e prejudicial como no nosso país; para suportar a afirmação basta dizer que, por exemplo, em Espanha, no ano de 2001, foram registadas cerca de quatro mil e vinte e uma convenções[4], enquanto que em Portugal, no mesmo período, foram depositados trezentos e setenta e nove acordos, contando com as alterações parciais, pois convenções novas foram apenas quarenta e uma[5].

As causas são há muito conhecidas, podendo, entre outras, isolar-se, *primo*, a legislação (colectiva) do trabalho, *rectius*, a interpretação de que ela é objecto, da qual resulta a perpetuação de um instrumento cuja vocação é *temporária*[6]; *secundo*, o diminuto espaço de intervenção que, em regra, as convenções têm, i.e., excesso de imperatividade legal em detrimento de normas convénio-dispositivas[7].

No actual e futuro Direito do Trabalho a contratação colectiva é um factor essencial para a realização da justiça social, pelo que é facilmente

---

[4] Cfr. *Situación Actual de la Medición de la Cobertura de la Negociación Colectiva en España*, Comisión Consultiva Nacional de Convenios Colectivos, Colección Informe y Estudios, série Relaciones Laborales, n.° 45, Ministerio de Trabajo y Asuntos Sociales, Madrid, 2002, p. 17.

[5] Cfr. *Principais Características da Negociação Colectiva...*, cit., p. 13; estamos a incluir também as adesões (19). Sobre a classificação dos instrumentos, cfr. artigo 2.°.

[6] Cfr.. GONÇALVES DA SILVA, *Notas sobre a Eficácia Normativa das Convenções Colectivas*, colecção cadernos laborais, n.° 1, Instituto de Direito do Trabalho, Almedina, Coimbra, 2002, em especial, pp. 68.

[7] Para uma apreciação crítica do sistema anterior ao Código do Trabalho, *vd.* MONTEIRO FERNANDES, "Reflexões sobre a Negociação Colectiva em Portugal", AAVV, *III Congresso Nacional de Direito do Trabalho – Memórias*, coordenação de António José Moreira, Almedina, Coimbra, 2001, pp. 226 e ss; JOSÉ ANTÓNIO MESQUITA, "Reflexões sobre a Negociação Colectiva", AAVV, *II Congresso Nacional de Direito do Trabalho – Memórias*, coordenação de António Moreira, Almedina, Coimbra, 1999, pp. 219 e ss; GONÇALVES DA SILVA, *Notas sobre a Eficácia Normativa das Convenções Colectivas*, cit., pp. 68 e ss; LOBO XAVIER, "Alguns Pontos Críticos das Convenções Colectivas de Trabalho", AAVV, *II Congresso Nacional de Direito do Trabalho – Memórias*, coordenação de António Moreira, Almedina, Coimbra, 1999, pp. 329 e ss. e, mais recentemente, tendo presente o Código, "Cláusulas de Paz, Vigência e Sobrevigência", AAVV, *Alguns Aspectos Cruciais do Código do Trabalho*, Principia, Cascais, 2003, pp. 128 e ss. Com interesse para a questão, ALAIN SUPIOT, *et. al. Transformações do Trabalho e Futuro do Direito do Trabalho na Europa*, «Perspectivas Laborais», n.° 1, Associação de Estudos Laborais, Coimbra Editora, 2003, pp. 147 e ss.

compreensível que o legislador tenha eleito como elemento central da reforma laboral a revitalização da contratação colectiva.

III. As soluções previstas no Código do Trabalho visam, quanto a esta matéria, acima de tudo revitalizar a contratação colectiva que deve ter um papel único na regulação das relações laborais. Como se escreve na Exposição de Motivos da Proposta de lei n.° 29/IX (aprova o Código do Trabalho), "é objectivo estruturante do Código inverter a situação de estagnação da contratação colectiva, dinamizando-a, não só pelas múltiplas alusões a matérias a regular nessa sede, como por via da limitação temporal de vigência desses instrumentos"[8].

Das alterações relativas à contratação colectiva identificadas na Exposição de Motivos salientam-se:

"A) Revitalização da contratação colectiva, nomeadamente através do estabelecimento da obrigação de as convenções colectivas regularem o respectivo âmbito temporal, e da previsão de um regime supletivo aplicável em matéria de sobrevigência e de denúncia, sempre que tal se não encontre regulado por convenção;

B) Consagração do princípio segundo o qual a mera sucessão de convenções colectivas não pode ser invocada para diminuir a protecção geral dos trabalhadores;

C) Dinamização da arbitragem obrigatória, cabendo aos representantes das associações sindicais e patronais, com assento na Comissão Permanente de Concertação Social, a elaboração da lista de árbitros, sendo a sua feitura deferida, em caso de recusa de elaboração, a uma comissão composta pelo Presidente do Conselho Económico e Social, que preside, e por dois representantes das associações sindicais e dois representantes das associações de empregadores, competindo ao Presidente do Conselho o desbloqueio da situação caso os procedimentos acima referidos não sejam eficazes;

D) Limitação da possibilidade de recurso aos regulamentos de condições mínimas (portarias de regulamentação do trabalho) ao caso de inexistência de sujeitos colectivos;

---

[8] *Diário da Assembleia da República*, Separata n.° 24/IX, de 15 de Novembro de 2002, Aprova o Código do Trabalho (Proposta de lei da iniciativa do Governo), p. 7.

Estudos de Direito do Trabalho (Código do Trabalho)

E) Reforço dos requisitos necessários para a elaboração de regulamentos de condições mínimas (portarias de regulamentação do trabalho), desde que circunstâncias sociais e económicas o justifiquem;

F) Reiteração do princípio da responsabilização civil dos sujeitos outorgantes de convenções colectivas, bem como dos respectivos filiados, pelo seu incumprimento"[9].

Do exposto decorre claramente a opção do legislador por uma contratação colectiva dinâmica, em detrimento da actual estática, pelo que este desígnio deve ser também tido em conta em matéria de interpretação-aplicação.

IV. Nesta como em todas as outras matérias não há qualquer seguidismo face aos ordenamentos estrangeiros. Cada país tem subja-cente uma realidade complexa que não pode ser meramente transposta para o nosso ordenamento; isso seria desvirtuar e ignorar a realidade de cada ordenamento[10].

§ 2.°) PRINCÍPIOS GERAIS

2.1. Princípio da subsidiariedade

I. De acordo com o artigo 3.°[11], cuja epígrafe é *subsidiariedade*, "os instrumentos de regulamentação colectiva de trabalho não negociais só podem ser emitidos na falta de instrumentos de regulamentação colectiva de trabalho negociais, salvo tratando-se de arbitragem obrigatória"[12].

---

[9] *Diário da Assembleia da República*, Separata n.° 24/IX, de 15 de Novembro de 2002, cit., pp. 9-10.

[10] Podem ser consultados elementos de Direito Comparado, nesta, e noutras matérias, em AAVV, *Código do Trabalho – Pareceres*, IV volume, Ministério da Segurança Social e do Trabalho, Lisboa, 2004.

[11] Inspirado no artigo 38.° da LRCT.

[12] Para uma análise dos preceitos relativos ao Código do trabalho, *vd.* MENEZES LEITÃO, *Código do Trabalho Anotado*, Almedina, Coimbra, 2003; ROMANO MARTINEZ – LUÍS MIGUEL MONTEIRO – JOANA VASCONCELOS – MADEIRA DE BRITO – GUILHERME DRAY – GONÇALVES DA SILVA, *Código do Trabalho Anotado*, Almedina, Coimbra, 2003.

II. Este preceito, ao fixar o princípio da subsidiariedade da intervenção das fontes não negociais face às negociais, revela que o legislador entendeu que as fontes privilegiadas para regularem as situações laborais são os instrumentos de natureza negocial, ou seja, prefere a auto-regulação à hetero-regulação. De facto, como referimos, com a auto-regulação consegue-se resultados que não são atingíveis com a hetero-regulação.

III. A razão do preceito – na sua parte final – excepcionar o princípio da subsidiariedade relativamente à arbitragem obrigatória, deve-se ao facto de, nos termos do artigo 567.°, n.° 1, poder haver arbitragem nos conflitos que resultem da revisão de uma convenção colectiva, ou seja, pode haver um conflito que assenta na revisão de um instrumento de natureza negocial, pelo que nestes casos a arbitragem obrigatória não pode ser subsidiária – o que não quer dizer que o recurso a este instrumento não negocial não seja excepcional (cfr. artigo 567.°) –, sob pena de se inviabilizar a sua finalidade. Dito de outro modo, se a arbitragem fosse também subsidiária face à existência de um conflito numa revisão de uma convenção, então estava inviabilizado o recurso, nestes casos, à arbitragem obrigatória, o que seria uma forte amputação do seu âmbito de intervenção.

IV. Consequentemente, o legislador determina no artigo 538.°[13] que *"a entrada em vigor de um instrumento de regulamentação colectiva de trabalho negocial afasta a aplicação, no respectivo âmbito, de um anterior instrumento de regulamentação colectiva de trabalho negocial"*. Deste preceito resulta também a subsidiariedade, pois, como prescreve, esta mantém-se mesmo quando está em causa a posterior entrada em vigor de um instrumento negocial que regula uma área coberta por um não negocial.

---

[13] Também inspirado no artigo 38.° da LRCT. Note-se que, por um lado, o artigo 538.° alarga o âmbito de aplicação, uma vez que não se refere apenas à relação entre a convenção colectiva e os regulamentos de condições mínimas e, por outro lado, não utiliza o termo *cessar automaticamente a vigência*, pois não é verdadeiramente uma questão de fim de vigência, mas de não aplicação, uma vez que o instrumento não negocial continuará a aplicar-se – como diz a norma *no respectivo âmbito* – aos trabalhadores e empregadores não abrangidos pela instrumento negocial.

2.2. Princípio do tratamento mais favorável

I. O princípio do tratamento mais favorável tem sido, desde sempre, objecto de ampla controvérsia; controvérsia que inclui a sua própria existência ou o plano em que o princípio se projecta – interpretativo, norma de conflitos, etc[14].

II. No Código do Trabalho a questão foi devidamente recolocada, devendo ser objecto de uma quadrupla análise:

1) Relação da lei com os instrumentos de regulamentação colectiva de trabalho;
2) Relação da lei com o contrato de trabalho;
3) Relação dos instrumentos de regulamentação colectiva de trabalho com o contrato de trabalho.
4) Relação entre convenções colectivas.

---

[14] Sobre o *tratamento mais favorável, vd.*, entre outros, CARLOS ALBERTO AMORIM, *Direito do Trabalho – Da Convenção Colectiva de Trabalho*, policopiado, Coimbra, 1978, pp. 60-61; ANTÓNIO ARAÚJO, "Princípio «Pro Operario» e Interpretação de Normas Juslaborais", *Revista Jurídica da Associação Académica da Faculdade de Direito de Lisboa*, número temático – Direito do Trabalho, n.º 15 (nova série), 1991, pp. 29-48; MENEZES CORDEIRO, "O Princípio do Tratamento Mais Favorável no Direito do Trabalho", *Direito e Justiça*, Revista da Faculdade de Ciências Humanas – Universidade Católica Portuguesa, volume de Homenagem ao Prof. Doutor Gonçalves Cavaleiro Ferreira, volume III, 1987/1988, pp. 111-139, e *Manual de Direito do Trabalho*, Almedina, Coimbra, reimpressão, 1994, pp. 69-76 e 205-223; MONTEIRO FERNANDES, "Introdução à Jurisdição do Trabalho", *Estudos Sociais e Corporativos*, ano IV, n.º 13, 1965, pp. 114-116, "Princípio do Tratamento Mais Favorável ao Trabalhador – Sua Função", *Estudos de Direito do Trabalho*, Almedina, Coimbra, 1972, pp. 7-27 (previamente publicado em *Estudos Sociais e Corporativos*, ano VI, n.º 21, 1967, pp. 73-93), e *Direito do Trabalho*, 11.ª edição, Almedina, Coimbra, 2002, pp. 114-119; RIBEIRO LOPES, *Direito do Trabalho – Sumários Desenvolvidos das Aulas –*, policopiado, Lisboa, 1977-1978, pp. 57-85; ACÁCIO LOURENÇO, "O Princípio do Tratamento Mais Favorável", *Estudos sobre Temas de Direito do Trabalho*, Perspectivas e Realidades, Lisboa, 1979, pp. 91-110; ROMANO MARTINEZ, *Direito do Trabalho*, Almedina, Coimbra, 2002, pp. 217 e ss e 261 e ss; BARROS MOURA, *A Convenção Colectiva entre as Fontes de Direito do Trabalho*, Almedina, Coimbra, 1984, pp. 155-166; MÁRIO PINTO, *Direito do Trabalho*, Universidade Católica, Lisboa, 1996, pp. 163-168; RAÚL VENTURA, *Teoria da Relação Jurídica de Trabalho*, Estudo de Direito Privado, Porto, 1944, pp. 195-199; PALMA RAMALHO, *Da Autonomia Dogmática do Direito do Trabalho*, «Colecção Teses», Almedina, Coimbra, 2001, pp. 926 e ss; LOBO XAVIER, *Curso de Direito do Trabalho*, 2.ª edição, Verbo, Lisboa, 1993, pp. 254-266.

Vejamos cada uma delas.

2.2.1. Lei e instrumentos de regulamentação colectiva de trabalho

I. Nesta matéria há que chamar atenção para o artigo 4.°, n.° 1, cuja epígrafe é *princípio do tratamento mais favorável*, segundo o qual *"as normas deste Código podem, sem prejuízo do disposto no número seguinte, ser afastadas por instrumentos de regulamentação colectiva, salvo quando delas resultar o contrário"*[15].

Este preceito estabelece a relação entre as normas do Código do Trabalho e as disposições dos instrumentos de regulamentação colectiva de trabalho. O seu intuito é delimitar o espaço de intervenção dos instrumentos de regulamentação.

A norma permite a intervenção dos instrumentos de regulamentação, quer em sentido mais favorável aos trabalhadores, quer em sentido menos favorável, uma vez que nesta situação os trabalhadores são representados – instrumentos de natureza negocial – pelos sindicatos, razão pela qual se encontram em situação de igualdade (formal e material) com os empregadores. É, no entanto, necessário que da norma do Código não resulte o contrário – *salvo quando delas não resultar o contrário* –, ou seja, que o legislador não tenha proibido a intervenção dos instrumentos de regulamentação. Note-se que essa proibição tanto pode ser absoluta – caso das normas imperativas de conteúdo fixo, que contêm valores de ordem pública – como relativa – no caso, por exemplo, das normas imperativas-permissivas.

II. Com efeito, se a lei contiver uma norma imperativa de conteúdo fixo, o instrumento de regulamentação não pode dispor de forma diferente; se a convenção contiver uma cláusula imperativa-permissiva – i.e., a cláusula tem uma parte imperativa (proibitiva), que proíbe uma intervenção nessa área, e uma parte permissiva, que permite o estabelecimento de condições diferentes – o instrumento de regulamentação apenas pode incidir sobre esta parte; se a lei contiver uma norma supletiva, o instrumento pode estipular em qualquer sentido.

---

[15] Corresponde, com alterações, ao artigo 13.°, n.° 1, da LCT.

Estudos de Direito do Trabalho (Código do Trabalho) 181

Daqui decorre, então, que todo o espaço de intervenção resultará sempre da extensão deixada pelo legislador, devendo aquele ser identificado através das regras de interpretação.

2.2.2. Lei e contrato de trabalho

I. Nesta matéria há que chamar atenção para o que prescreve o artigo 4.°, n.° 3: *"as normas deste Código só podem ser afastadas por contrato de trabalho quando este estabeleça condições mais favoráveis para o trabalhador e se delas não resultar o contrário".*

Este artigo determina a relação entre as normas do Código e as cláusulas do contrato de trabalho. De acordo com o preceito, as cláusulas do contrato de trabalho só podem afastar a aplicação das normas do Código se forem, por um lado, mais favoráveis e, por outro, tal situação for permitida por elas.

II. No que respeita ao primeiro requisito, julgamos que cabe ao trabalhador apurar se a situação é ou não mais favorável, não nos parecendo que tal qualificação seja sindicável por terceiros. Com efeito, estamos no âmbito da autonomia privada, além de ser o trabalhador que está na posse de todos os elementos e que melhor pode decidir o que é, ou não, mais favorável para si. Nas situações em que o legislador entendeu que há perigo de violação de valores essenciais, face à supremacia do empregador, tomou as devidas cautelas, pois nestes casos o segundo requisito não estará verificado. Noutros termos: a tutela de valores de ordem pública – conjunto de princípios e normas que contém valores essenciais – está assegurada através do segundo requisito.

Relativamente ao segundo requisito – *e se delas não resultar o contrário* –, a tarefa a realizar para concretizar este último requisito é a mesma que acima foi descrita a propósito dos instrumentos de regulamentação colectiva.

2.2.3. Instrumentos de regulamentação colectiva de trabalho e contrato de trabalho

I. Nesta matéria há que salientar o artigo 531.°, cuja epígrafe também é *princípio do tratamento mais favorável,* segundo o qual *"as dispo-*

sições dos instrumentos de regulamentação colectiva de trabalho só podem ser afastadas por contrato de trabalho quando este estabeleça condições mais favoráveis para o trabalhador e se daquelas disposições não resultar o contrário"[16].

Este preceito revela a diferença de regimes que o legislador fixou, consoante esteja em causa a relação entre a lei e os instrumentos de regulamentação colectiva, entre a lei e o contrato de trabalho – cuja regulação consta do artigo 4.º – ou entre os instrumentos de regulamentação colectiva e o contrato, situação que é prevista pela presente norma.

Tendo presente a identidade da situação – entre a relação da lei e o contrato e entre os instrumentos de regulamentação e o contrato – facilmente se percebe a similitude da redacção do artigo 4.º, n.º 3, com este preceito. De facto, os valores a acautelar são idênticos, pois estando em causa a relação dos instrumentos de regulamentação colectiva de trabalho com o contrato de trabalho, a supremacia que o empregador tem nesta situação impõe que o legislador apresente especiais garantias.

Por isso mesmo, para que a cláusula de um contrato de trabalho afaste o disposto num instrumento de regulamentação colectiva são necessários dois requisitos, tal como para que o contrato afaste a lei: a) ser mais favorável para o trabalhador e, por outro lado, b) que as disposições do instrumento a isso não se oponham (*e se daquelas disposições não resultar o contrário*).

II. Relativamente ao primeiro requisito, julgamos que o comentário feito a propósito do artigo 4.º, n.º 3, é também aplicável, ou seja, cabe ao trabalhador apurar se a situação é ou não mais favorável, não sendo tal qualificação sindicável por terceiros.

O segundo requisito estará, ou não, verificado, depois de, através da interpretação, determinarmos o espaço de intervenção fixado pelo conteúdo do instrumento. Ou seja: tal como dissemos a propósito da relação entre a lei e o contrato de trabalho, o centro da questão está, quanto ao segundo requisito, em saber qual a natureza da disposição do instrumento de regulamentação colectiva de trabalho, pois, se por exemplo, estivermos perante uma disposição imperativa de conteúdo fixo, então o contrato não se poderá afastar dele.

---

[16] Corresponde, com alterações, ao artigo 14.º n.º 1, da LRCT.

2.2.4. Sucessão de convenções

I. Determina o artigo 560.º, n.º 1, que *"a convenção posterior revoga integralmente a convenção anterior, salvo nas matérias expressamente ressalvadas pelas partes"*; por sua vez, o n.º 2 prescreve que *"a mera sucessão de convenções colectivas não pode ser invocada para diminuir o nível de protecção global dos trabalhadores"*; o n.º 3 tem como conteúdo: *"os direitos decorrentes de convenção colectiva só podem ser reduzidos por nova convenção de cujo texto conste, em termos expressos, o seu carácter globalmente mais favorável"*; e, finalmente, o n.º 4 refere que *"no caso previsto no número anterior, a nova convenção prejudica os direitos decorrentes de convenção anterior, salvo se, na nova convenção, forem expressamente ressalvados pelas partes"*[17].

II. Parece ser inequívoco que o preceito só se aplica às situações em que esteja em causa a sucessão de convenções, ou seja, quando o confronto opera entre convenções. Isso resulta com clareza quer da inserção sistemática da secção, quer da epígrafe do artigo, quer da letra e do espírito do preceito.

III. O n.º 1 visa introduzir uma clarificação em matéria de sucessão de convenções, uma vez que muitas são as situações em que surgem dificuldades sobre a identificação das normas revogadas e as mantidas em vigor. Nesta medida, o legislador estabeleceu que a nova convenção revoga a totalidade da convenção anterior, salvo nas matérias que as partes expressamente ressalvarem.

---

[17] Corresponde, com alterações, ao artigo 15.º da LRCT. Os n.ºs 1 e 2 são novos. Para mais desenvolvimentos sobre a matéria da sucessão de convenções, *vd.* MENEZES CORDEIRO, *Manual de Direito do Trabalho*, cit., pp. 298 e ss, "Dos Conflitos Temporais de Instrumentos de Regulamentação Colectiva de Trabalho", AAVV, *Estudos em Memória do Professor Doutor João de Castro Mendes*, Lex, Lisboa, s.d., pp. 459 e ss; MONTEIRO FERNANDES, *Direito do Trabalho*, cit., pp. 785 e ss; MENEZES LEITÃO, *Código do Trabalho Anotado*, cit., pp. 386 e ss; ROMANO MARTINEZ, *Direito do Trabalho*, cit., pp. 242 e ss; PALMA RAMALHO, *Da Autonomia Dogmática do Direito do Trabalho*, cit., pp. 835 e ss e 932 e ss; LOBO XAVIER, *Curso de Direito do Trabalho*, cit., pp. 277 e ss, "Sucessão no Tempo de Instrumentos de Regulamentação Colectiva e Princípio do Tratamento Mais Favorável", *Revista de Direito e de Estudos Sociais*, ano XXIX (II da 2.ª série), 1987, n.º 4, pp. 465 e ss.

Afasta-se, deste modo, a possibilidade, em nome da certeza e da segurança jurídicas, de mediante mera declaração tácita serem mantidas em vigor cláusulas da convenção anterior.

IV. O n.º 2 deste preceito visa deixar claro que *a mera sucessão de convenções* não pode constituir um fundamento para diminuir o nível global de tutela dos trabalhadores, situação que não impossibilita, naturalmente, que, estando as partes de acordo, exista, por exemplo, uma diminuição de direitos dos trabalhadores.

V. O n.º 3 manteve a ideia de que as convenções devem ter uma cláusula de estilo, segundo a qual o novo texto é *globalmente mais favorável*. Naturalmente que se trata de uma cláusula (administrativa ou judicialmente) insindicável, pois a autonomia colectiva não permite esta ingerência e, por outro lado, quem está mandatado para identificar o carácter globalmente mais favorável são os representantes dos trabalhadores.

A vantagem e a razão de ser da norma é alertar as associações sindicais para a responsabilidade da tutela da situação dos trabalhadores e, por outro lado, facultar com maior intensidade um controlo dos representados face aos representantes. Isto não quer dizer, naturalmente, que a sua existência fosse imprescindível, mas razões históricas justificaram a sua manutenção.

Atribuir-lhe, aliás, outro valor – como a lógica de que a negociação colectiva é um constante somatório de direitos dos trabalhadores – é falsear o realismo dos factos, pois muitas são – e serão – as situações em que o aumento de qualquer direito pode ter como consequência o fim de todos os direitos dos trabalhadores; basta pensar que em momentos de crise, por exemplo, o objectivo pode ser apenas manter o contrato de trabalho. Ora, qualquer regra que ignore a realidade jamais terá uma eficácia efectiva.

Naturalmente que o legislador conhecia a situação, pelo que o objectivo da norma não foi certamente falsear a realidade da vida laboral.

VI. No n.º 4 determina-se que a nova convenção prejudica os direitos decorrentes de convenção anterior, ou seja, a nova convenção elimina todos os direitos – e naturalmente os deveres – que tenham origem em convenção anterior, seja imediatamente anterior ou mais antiga – razão pela qual o legislador utiliza a proposição *de* a seguir a *decorrentes* –,

Estudos de Direito do Trabalho (Código do Trabalho)

pois é preciso ter presente que actualmente muitas são as situações em que as cláusulas convencionais estão insertas, face a diversas alterações, em várias convenções[18].

Para que não haja a eliminação dos direitos previstos em convenção anterior, é necessário que as partes outorguem expressamente a sua ressalva.

Deste modo, e como se constata, a regra é um afloramento do já previsto no n.° 1, conferindo-se maior certeza e segurança ao conteúdo das convenções.

VII. Do exposto resulta que o princípio do tratamento mais favorável aqui consagrado assume uma função essencialmente formal, aliás, como não poderia deixar de ser, pois "se se proibissem reduções de regalias retirar-se-ia aos IRCT aquela "verdade" de retracto fiel dos tempos, de que decorre a instabilidade das normas colectivas, conatural à sua ajustabilidade aos contextos"[19].

2.3. Princípio da forma escrita

Prescreve o artigo 532.°, sob a epígrafe *forma*, que *"os instrumentos de regulamentação colectiva de trabalho revestem a forma escrita, sob pena de nulidade"*[20].

A necessidade de a convenção revestir a forma escrita resulta, desde logo, da tramitação legalmente imposta, podendo exemplificar-se com a publicação no *Boletim do Trabalho e Emprego* (artigo 581.°). Naturalmente que sem a forma escrita este acto seria materialmente impossível.

O desrespeito da forma escrita gera a nulidade do instrumento.

---

[18] Por outro lado, se dúvidas existissem, fica bem claro que os direitos – e naturalmente os deveres – têm sempre como fonte a convenção, não havendo qualquer inserção do seu conteúdo no contrato individual de trabalho. Sobre esta questão, cfr. GONÇALVES DA SILVA, "Do Âmbito Temporal da Convenção Colectiva", *Estudos em Homenagem ao Professor Doutor Alonso Olea,* coordenado por MONTEIRO FERNANDES, Almedina, Coimbra, 2004, pp. 473 e ss.

[19] LOBO XAVIER, "A Sobrevigência das Convenções Colectivas no caso das Transmissões de Empresas. O Problema dos «Direitos Adquiridos»", *Revista de Direito e de Estudos Sociais*, ano XXXVI (IX da 2.ª série), 1994, n.ᵒˢ 1-2-3, p. 130.

[20] Corresponde ao artigo 4.°, n.° 1, da LRCT.

2.4. Princípio da disponibilidade do conteúdo

I. As alíneas a) e b) e n.° 2 do artigo 533.°[21] determinam os limites do conteúdo da convenção colectiva – ou mais exactamente dos instrumentos de regulamentação colectiva de trabalho –, ou seja, delimita o âmbito material da convenção colectiva[22].

O princípio é da liberdade de intervenção da convenção colectiva em qualquer matéria, salvo quando existirem proibições que tanto podem resultar, naturalmente, de outras fontes gerais – por exemplo, a Constituição – como especiais; é preciso ter presente que estamos ante um direito, liberdade e garantia (artigo 56.°, n.ᵒˢ 3 e 4), cuja restrição está sujeita ao artigo 18.° da Lei Fundamental.

II. A prescrição da alínea a) – proíbe que as convenções colectivas contrariem normas legais imperativas – resulta da posição hierárquica da lei face aos instrumentos de regulamentação e visa dissipar quaisquer dúvidas – ainda que remotas – sobre essa posição.

O legislador entendeu, deste modo, manter a redacção da anterior lei (LRCT), devendo esta alínea ser interpretada no sentido de abranger, desde logo, quer as normas imperativas de conteúdo fixo, quer as imperativas permissivas[23].

III. No que respeita à alínea b) – proíbe a possibilidade de as convenções colectivas regularem actividades económicas, nomeadamente, no tocante aos períodos de funcionamento das empresas, ao regime fiscal e à formação dos preços –, a limitação encontra justificação no facto de a regulação destas matérias por parte dos instrumentos de regulamentação

---

[21] Corresponde, com ligeiras alterações, aos artigos 6.°, n° 1 alíneas b), d) e f) e 13.° da LRCT. O n.° 2 – tem subjacente a (nova) Lei de Bases da Segurança Social (Lei n.° 32/2002, de 20 de Dezembro) – é novo, embora inspirado na alínea e) do artigo 6.° da LRCT.

Foi eliminada a alínea a) por ser desnecessária e a b) em virtude da nova concepção da relação entre os instrumentos de regulamentação colectiva a e lei (cfr. artigo 4.°, n.ᵒˢ 1 e 3).

[22] Note-se que os artigos 541.° e 543.° também têm regras sobre o conteúdo, resultando desta a obrigatoriedade de incluir diversas matérias, que podem ter como consequência a recusa de depósito (artigo 550.°, n.° 1, alínea a)).

[23] Para mais desenvolvimentos, cfr. GONÇALVES DA SILVA, *Da Eficácia Normativa das Convenções Colectivas*, cit., pp. 49 e ss.

Estudos de Direito do Trabalho (Código do Trabalho) 187

colectivas poder colocar em causa valores fundamentais da organização económica, como a livre concorrência.

IV. O n.º 2 tem subjacente a nova Lei de Bases da Segurança Social (aprovada pela Lei n.º 32/2002, de 20 de Dezembro), encontrando-se o subsistema previdencial nos artigos 27.º e ss[24].

2.5. Princípio da não retroactividade

I. Determina a alínea c) do n.º 1 do artigo 533.º[25] que os instrumentos de regulamentação colectiva *"não podem conferir eficácia retroactiva a qualquer das suas cláusulas, salvo tratando-se de cláusulas de natureza pecuniária de instrumento de regulamentação colectiva de trabalho negocial".*

Temos, assim, o princípio geral da não retroactividade, excepcionando-se as cláusulas de natureza pecuniária de instrumentos de natureza negocial.

A lei proíbe a retroactividade dos instrumentos de regulamentação – significa que os efeitos dos instrumentos não se podem repercutir nas situações jurídicas que se desenvolveram em período anterior à sua entrada em vigor –, uma vez que esta afectaria, desde logo, a liberdade de iniciativa económica (artigo 61.º, n.º 1, da CRP). De facto, a retroactividade impossibilita que os empresários computem, com a antecipação necessária, os custos atinentes às cláusulas pecuniárias, o que coloca em crise a confiança que é essencial para uma efectiva iniciativa privada – que tem, como se sabe, arrimo na Lei Fundamental (artigo 61.º, n.º 1) –, além de fazer perigar o sistema de economia de mercado tal como o princípio da protecção da confiança, verdadeiros alicerces do Estado de Direito.

Por outro lado, note-se que uma posição diferente desta teria, inevitavelmente, como consequência admitir a violação de um direito adqui-

---

[24] Para uma análise sobre a matéria, cfr. ILÍDIO DAS NEVES, *Lei de Bases da Segurança Social – Comentada e Anotada*, Coimbra Editora, 2003.

[25] Corresponde, com alterações, ao artigo 6.º, n.º 1, alínea f) e 13.º da LRCT. A LRCT utilizava o termo mais restrito *tabelas salariais* e, por outro lado, impunha limites temporais à retroactividade.

rido. De facto, o empregador já realizou as prestações de natureza pecuniária a um determinado valor, pelo que obrigá-lo a um acréscimo pecuniário é, sem dúvida, violar um direito adquirido, cujo respeito é considerado um princípio geral de Direito.

II. Diversamente, o legislador permite a título excepcional a regulação retroactiva dos instrumentos de natureza negocial. A excepção ao princípio geral da não retroactividade dos instrumentos de regulamentação colectiva, no âmbito das cláusulas pecuniárias justifica-se com o fim de evitar que o prolongar das negociações tenha como consequência a perda do valor real da retribuição durante esse período; por outro lado, são os próprios destinatários da regulação que o estabelecem – auto-regulação – não havendo, assim, valores de segurança ou direitos adquiridos afectados.

2.6. Princípio da publicidade

I. Prescreve o artigo 534.º sob a epígrafe *publicidade,* que *"o empregador deve afixar na empresa, em local apropriado, a indicação dos instrumentos de regulamentação colectiva de trabalho aplicáveis"*[26]; por outro lado, os n.ºs 1 e 2 do artigo 581.º determinam a publicação no *Boletim do Trabalho e Emprego* dos instrumentos de regulamentação e da respectiva cessação[27].

II. O objectivo do artigo 534.º é simples: garantir uma informação genérica e actualizada dos instrumentos de regulamentação que regulam a situação jurídica dos trabalhadores e dos empregadores. Com isso reforça-se a tutela dos trabalhadores, pois estes ao conhecerem o regime aplicável têm maior consciência dos seus direitos e deveres[28].

---

[26] O preceito foi inspirado no artigo 8.º da Lei das Convenções Colectivas alemã (*Tarifvertragsgesetz*), cuja epígrafe é *publicidade da convenção colectiva*, segundo o qual *"as entidades empregadoras estão obrigadas a adoptar medidas necessárias à publicação e divulgação da convenção colectiva aplicável à respectiva empresa, dentro do local de trabalho, e em local apropriado".*

[27] Corresponde, com alterações, aos artigos 10.º, 26° e 39° da LRCT, tendo o n.º 1 um novo dever quanto à revogação; os n.ºs 2, 3 e 4 são novos.

[28] Note-se que uma informação individualizada dos instrumentos de regulamentação aplicáveis já resulta dos artigos 98.º, n.º 1, alínea j). No entanto, a informação sobre

Estudos de Direito do Trabalho (Código do Trabalho) 189

III. No que respeita aos n.º 1 do artigo 581.º[29] saliente-se que foi acrescentado o dever de a revogação dos instrumentos de regulamentação colectiva de trabalho ser também publicada no *Boletim do Trabalho e Emprego*. Parece indiscutível que o acto de revogação ao fazer cessar os efeitos de um instrumento de regulamentação deve ter a mesma publicidade do que o acto de entrada em vigor, pois só assim se consegue que os interessados tenham possibilidade de efectivamente conhecer a vigência das respectivas fontes.

Por outro lado, o n.º 1 determina ainda que os instrumentos entram em vigor nos mesmos termos das leis. A entrada em vigor – i.e., o momento a partir do qual os instrumentos produzem efeitos jurídicos – é necessariamente posterior à sua publicação, pois só a partir daquela é que os destinatários tem condições de conhecer a existência e o conteúdo da fonte. A entrada em vigor ocorre na altura indicada no instrumento ou de acordo com os prazos legais supletivos – os prazos supletivos são: 5.º dia no continente; no 15.º dia nas regiões autónomas; e no 30.º dia em Macau e no estrangeiro –, mas em caso algum entra em vigor no próprio dia da publicação (artigo 2.º, n.ºs 1 e 2, da Lei n.º 74/98, de 11 de Novembro).

O n.º 2 justifica-se devido ao novo regime da eficácia temporal das convenções, regime esse que permite a cessação mediante, por exemplo, a denúncia (cfr. artigo 558.º). A certeza e a segurança jurídicas obrigam à publicação de avisos que informem os sujeitos laborais sobre a data da cessação da vigência das convenções colectivas.

2.7. Princípio da unidade do instrumento de regulamentação colectiva de trabalho

I. O Código do Trabalho consagra em várias normas, relativas à concorrência de instrumentos de regulamentação colectiva de trabalho (artigos 535.º e ss) – i.e., quando dois ou mais instrumentos de regulamentação colectiva regulam a mesma situação jurídica-laboral, o que se verifica quando há sobreposição cumulativa relativa ao âmbito pessoal, temporal,

---

as alterações dos instrumentos não têm de ser comunicadas (artigo 101.º, n.º 2), pelo que a importância do preceito é indiscutível.

[29] Não nos referimos ao n.º 3, uma vez que trata dos regulamentos que não são objecto de análise.

espacial e material –, a opção pela aplicação de um único instrumento. De facto, o legislador não optou pela aplicação cumulativa das fontes em concorrência – por exemplo, mandando aplicar as cláusulas mais favoráveis em cada matéria –, mas sim pela aplicação de uma só fonte.

II. Em matéria de concorrência de instrumentos negociais verticais – cujo âmbito se define por sector de actividade – e horizontais – cujo âmbito se define por profissão ou profissões –, o legislador optou[30] pela aplicação daquela, atendendo à especificidade do seu âmbito (artigo 535.°).

Nos casos de instrumentos concorrentes terem natureza negocial, manteve-se o princípio da especialidade (artigo 536.°, n.° 1), podendo este critério[31] ser afastado pela autonomia colectiva (artigo 536, n.° 2).

No caso de a concorrência entre instrumentos negociais não ser solucionada pelos critérios acima referidos, a escolha do instrumento compete aos trabalhadores da empresa[32], que a devem comunicar ao empregador e aos serviços da Administração laboral.

Havendo omissão da escolha, aplica-se o instrumento mais recente e, no caso de terem a mesma data[33], aplica-se o instrumento que regular a principal actividade da empresa (artigo 536.°, n.os 5 e 6).

III. Relativamente à concorrência entre instrumentos não negociais, o legislador[34] optou pela aplicação da decisão de arbitragem obrigatória em detrimento de quaisquer outros (artigo 537.°, n.° 1, alínea a)); por outro lado, sendo as fontes concorrentes regulamentos, aplica-se o regulamento de extensão (artigo 537.°, n.° 1, alínea b)); por fim, em caso de concorrência entre regulamentos de extensão, o critério é o mesmo do que o previsto para as convenções (artigo 537.°, n.° 2).

---

[30] Tal como estava consagrado no artigo 12.° da LRCT.

[31] O que constitui uma novidade, pelo menos, em virtude da expressa tomada de decisão do legislador.

[32] E não, como acontecia na LRCT, ao sindicato representativo do maior número de trabalhadores em relação aos quais se verifica a concorrência (artigo 14.°, n.° 2, alínea b)).

[33] Opção que foi inspirada no ordenamento italiano e na doutrina portuguesa para o caso de a LRCT não resolver a questão, MENEZES CORDEIRO, *Manual de Direito do Trabalho*, cit., p. 303, nota 26. Sobre a concorrência, *vd.* PAULA PONCES CAMANHO, "Convenções Colectivas de Trabalho. Acordo de Empresa. Conflito de Convenções", *Revista de Direito e de Estudos Sociais*, ano XLIII (XVI da 2.ª série), 2002, n.os 2, 3 e 4, pp. 187 e ss.

[34] O que constitui uma novidade.

Estudos de Direito do Trabalho (Código do Trabalho)   191

IV. Finalmente, havendo concorrência entre instrumentos negociais e não negociais, a preferência surge face à aplicação dos negociais (artigo 538.°).

Do exposto resulta, por um lado, que os critérios levam à aplicação de um instrumento e não parte dele e, por outro lado, que subjacente às opções consagradas está, como não poderia deixar de ser, a preferência pela autonomia colectiva em detrimento dos instrumentos não negociais.

2.8. Princípio de negociação

I. O legislador fixa, nos artigos 544.° e ss[35], um conjunto de normas de onde resulta que as partes têm um dever de negociar. Com efeito, mediante o envio de uma proposta à contraparte, esta tem o dever de responder nos trinta dias seguintes – salvo se houver prazo convencionado ou mais longo indicado pelo proponente – de forma a exprimir uma posição sobre todas as cláusulas da proposta, que pode consistir na aceitação, recusa ou contraproposta (artigo 545.°, n.os 1 e 2)[36].

Deste modo, podemos dizer que há um princípio de negociação, situação que não se confunde com o dever de celebração, pois enquanto naquele caso há apenas o dever de desenvolver contactos com o objectivo de celebrar uma convenção, neste haveria a obrigação de o fazer[37].

II. Este princípio é conformado pelo da boa fé, da qual resulta, desde logo, o dever de as partes responderem com a máxima brevidade possível às propostas e contrapropostas, respeitar, no caso de existir, o protocolo negocial – consiste num acordo prévio à própria negociação sobre o seu modo de desenvolvimento –, bem como de se fazerem repre-

---

[35] Como resultava dos 16.° e ss da LRCT.

[36] Saliente-se que a falta de resposta ou de contraproposta, no prazo e nos termos referidos, legitima a entidade proponente a requerer a conciliação (n.° 3 do mesmo preceito). Por outro lado, a falta de resposta nos termos previstos nos n.° 1 e 2 do artigo 545.° constitui uma infracção grave (artigo 686.°).

[37] MENEZES CORDEIRO, *Manual de Direito do Trabalho*, cit., p. 271, utiliza a expressão *contratação induzida ou provocada*, reconhecendo que várias regras incitam as partes a contratar, mas não se lhes substituem.

sentar nas reuniões e contactos que tenham em vista a prevenção ou a resolução de conflitos (artigo 547.º, n.º 1)[38].

2.9. Princípio do controlo formal das convenções colectivas

A convenção colectiva, bem como a respectiva revogação – sendo certo que esta é também uma convenção – devem ser enviadas aos serviços competentes do ministério responsável pela área laboral para ser depositada (artigo 549.º, n.º 1). A Administração deve, assim, proceder ao depósito, ou seja, registar a convenção – incluindo revogação – celebrada[39].

Os poderes de controlo da Administração são meramente formais. Com efeito, está vedada aos serviços do ministério responsável pela área laboral qualquer apreciação respeitante ao conteúdo da convenção colectiva, como resulta do conteúdo dos motivos taxativamente previstos para a recusa de depósito (artigo 550.º, n.º 1).

Deste modo, o controlo material está a cargo dos tribunais.

2.10. Princípio da dupla filiação

I. Determina o n.º 1 do artigo 540.º que *"a convenção colectiva de trabalho obriga os empregadores que a subscrevem e os inscritos nas associações de empregadores signatárias, bem como os trabalhadores ao seu serviço que sejam membros das associações sindicais outorgantes"*; por sua vez, o n.º 2, prescreve que *"a convenção outorgada pelas uniões, federações e confederações obrigam os empregadores e os trabalhadores inscritos, respectivamente, nas associações de empregadores e nos sindicatos representados nos termos dos estatutos daquelas organizações quando outorguem em nome próprio ou em conformidade com os mandatos a que se refere o artigo 540.º"*[40].

---

[38] O incumprimento destes deveres constitui contra-ordenação grave (artigo 687.º, n.º 4).

[39] É à Direcção Geral do Emprego e das Condições de Trabalho (DGERT), que compete, nos termos da alínea d) do n.º 2 do artigo 3.º, do Decreto-Lei n.º 266/2002, de 26 de Novembro, promover o depósito e a publicação das convenções colectivas de trabalho.

[40] Corresponde, com alterações formais, ao artigo 7.º da LRCT

Estudos de Direito do Trabalho (Código do Trabalho) 193

Foi mantida a regra geral existente no ordenamento – ao contrário do que, acontece noutros ordenamentos[41] –, segundo a qual as conven-

---

[41] Os efeitos da convenção colectiva nos ordenamentos jurídicos estrangeiros não são idênticos. Na Alemanha, por exemplo, a convenção colectiva tem apenas efeitos interpartes i.e., só os sujeitos outorgantes estão vinculados. Existe, contudo, uma excepção importante à regra de a convenção apenas abranger os filiados: se o empresário estiver vinculado à convenção, ainda que os trabalhadores não o estejam, aquele tem de cumprir o estipulado na convenção relativamente às normas de empresa e de organização social – § 3.º, § 1 e 2, da Lei das Convenções Colectivas (TVG – *Tarifvertragsgesetz*). Sobre os efeitos pessoais da convenção, vd. WOLFGANG DÄUBLER, *Derecho del Trabajo*, Ministerio de Trabajo y Seguridad Social, Madrid, 1994 (tradução castelhana de Mª Paz Acero Serna e Pío Acero Lópes, *Das Arbeitsrecht*, 1 e 2, Rowohlt Taschenbuch Verlag GmbH, Hamburg, 1990), pp. 149-150; HUECK-NIPPERDEY, *Compendio de Derecho del Trabajo*, Editorial Revista de Derecho Privado, Madrid, 1963 (tradução castelhana de Miguel Rodriguéz Piñero e Luis Enrique de la Villa, *Grundriss des Arbeitsrecht*, s.e., 1962), pp. 342-343; ALFRED SÖLLNER, *Grundrib des Arbeitsrechts*, Verlag Vahlen, Munchen, 1994, p. 150.

Já em Espanha, a convenção colectiva produz efeitos gerais – sem esquecer a destrinça feita pela doutrina e jurisprudência entre convenções colectivas estatutárias e extra-estatutárias (sobre a questão, entre muitos outros, ALONSO OLEA – CASAS BAAMONDE, *Derecho del Trabajo*, decimoquinta edicion, Civitas, Madrid, 1997, entre outras, pp. 778-779, 863-873) –, ou seja, abrange todos os trabalhadores e empregadores incluídos no âmbito funcional e territorial da convenção, independentemente da existência de inscrição sindical ou associativa (artigo 82.º, n.º 3, do Estatuto do Trabalhadores – *Estatuto de los Trabajadores*) – vd., por todos, ALONSO OLEA-CASAS BAAMONDE, *op. cit.*, pp. 786-788, 823-826; SALA FRANCO – ALBIOL MONTESINOS, *Derecho Sindical*, 5.ª edición, Tirant lo Blanch, Valencia, 1998, pp. 342-345. Vd. também RIVERO LAMAS, "Estructura y Funciones de la Negociación Colectiva tras la Reforma Laboral de 1997", *Revista Española de Derecho del Trabajo*, n.º 89, 1998, pp. 381-410.

Em França distingue-se (artigos L 133-1 ss e R. 133-1 ss do Código do Trabalho – *Code du Travail*) entre *convenções colectivas ordinárias* e *convenções susceptíveis de extensão*, estando estas sujeitas a um regime mais exigente do que aquelas. De qualquer modo, os efeitos são semelhantes, uma vez que o elemento de conexão relevante é o *empregador*. Ou seja: é necessário que o empregador esteja filiado na associação outorgante, pois caso tal se não verifique, ainda que o trabalhador esteja inscrito na associação signatária, a convenção não pode obrigar aquele a seguir o regime acordado (artigo L 135-1 e 2, Código do Trabalho). Nestes termos, a vinculação do empregador a uma convenção colectiva é elemento essencial e suficiente para que os efeitos desta se produzam na empresa e abranjam quer os trabalhadores filiados, quer os não filiados. Sobre a questão, vd., entre outros, JEAN-CLAUDE JAVILLIER, *Manuel Droit du Travail*, 7 édition, LGDJ, Paris, 1999, em especial, pp. 794-801; LARDY-PÉLISSIER, JEAN PÉLISSIER, AGNÈS ROSET E LYSIANE THOLY, *Le Code du Travail Annoté*, Groupe Revue Fiduciare, Paris, 2001, pp. 354 e ss; CHRISTOPHE RADÉ, *Droit du Travail*, 2.ª édition, Montchrestian, Paris, 2002, pp. 11 e ss.

ções colectivas têm somente *eficácia inter-partes*. Nestes termos, o âmbito subjectivo (ou pessoal) da convenção é determinado, em regra

> Finalmente, em Itália existem quatro tipos de convenções colectivas:
>
> *a*) as *corporativas*: foram celebradas pelas organizações sociais fascistas, durante o regime corporativo, e têm eficácia geral. Os contratos colectivos de direito corporativo mantiveram os seus efeitos, não obstante o fim do regime, pelo Decreto-Lei «Luogotenenziale», n.º 369, de 23 de Novembro de 1944. *Vd.* sobre o assunto, GINO GIUGNI, *Diritto Sindicale*, IX edizione, Cacucci Editore, Bari, 1992, pp. 133-35; GIULIANO MAZZONI, *Manuale di Diritto del Lavoro*, volume I, Giuffrè, Milano, 1988, p. 190; RENATO SCOGNAMIGLIO, *Diritto del Lavoro*, terza edizione, Jovene Editore, Napoli, 1994, p. 7;
>
> *b*) as de *direito comum*: regem-se pelas regras previstas para o direito comum dos contratos, tendo o seu âmbito de aplicação definido pelo próprio contrato, *Vd.* GIULIANO MAZZONI, *op. cit.*, pp. 188-190; MATTIA PERSIANI, *Diritto Sindicale*, nona edizione, Cedam, Padova, 2003, pp. 95 e ss; G. ZAGREBELSKY, *Manuale di Diritto Costituzionale*, volume primo, Utet, Torino, 1988, p. 252;
>
> *c*) as de *eficácia erga omnes*: segundo a Constituição (artigo 39.º, 3.º par.) são celebradas pelas associações reconhecidas e têm eficácia obrigatória para todos os membros da categoria; no entanto, este preceito constitucional tem tido problemas de concretização face aos obstáculos políticos e técnicos colocados, *vd.* GINO GIUGNI, *op. cit.*, 135; MATTIA PERSIANI, *Diritto Sindicale*, cit., pp. 24 e ss; M. ZAGREBELSKY, *op. cit.*, pp. 247-248;
>
> *d*) e, por último, as que foram objecto da Lei n.º 741, de 14 de Julho de 1959: têm um efeito idêntico ao que, noutros ordenamentos, se atinge através da portaria de extensão e que este país não consagra. *Vd.* GINO GIUGNI, *op. cit.*, pp. 136-138; ANDREA LASSANDRI, *Il Diritto del Lavoro – La Contrattazione e il Contratto Collettivo*, Ediesse, Roma, 2003, pp. 36 e ss; AAVV, *Problemi di Interpretazione e di Applicazione della Legge 1959, n.º 741 sui Minimi di Trattamento Económico e Normativo ai Lavatori*, Università di Firenze, direttore Giuliano Mazzoni, Giuffrè, Milano, 1962; GONÇALVES DA SILVA, *Contributo para o Estudo da Portaria de Extensão*, Tese de Mestrado, policopiado, Lisboa, 1999, pp. 56-58. Sobre o debate acerca dos efeitos da convenção colectiva e a representatividade sindical, *vd.*, por exemplo, GIUSEPPE PERA, "Verso il Contratto Collettivo Generalmente Obbligatorio?", *Rivista Italiana di Diritto del Lavoro*, anno XIX, 2000, n.º 1, pp. 97-107.
>
> Para uma visão geral, ainda que sucinta, do estado da negociação colectiva na União Europeia, *vd.* TIMO KAUPPINEN, "La Negociación Colectiva en las Relaciones Industriales de la Europa de la Union Monetaria", AAVV, *La Negociación Colectiva en el Escenario del Año 2000 – XII Jornadas de Estudio sobre la Negociación Colectiva*, «Coleccion Informes y Estudios», serie Relaciones Laborales, número 27, Ministerio de Trabajo y Asuntos Sociales, Madrid, 1999, pp. 19-65; ALESSANDRO GARILLI, "La Negociación Colectiva en las Relaciones Industriales de la Europa de la Union Monetaria", AAVV, *La Negociación Colectiva en el Escenario del Año 2000 – XII Jornadas de Estudio sobre la Negociación Colectiva*, «Coleccion Informes y Estudios», serie

Estudos de Direito do Trabalho (Código do Trabalho)   195

(cfr. artigos 553.º e 554.º), pela filiação do empregador, caso não celebre a convenção directamente, e do trabalhador nas associações outorgantes. A isto se chama *princípio da dupla filiação*[42].

II. A diferença entre os n.ºs 1 e 2 é que o primeiro prescreve a eficácia da convenção outorgada directamente pelos empregadores ou por associações de empregadores e por sindicatos, enquanto o n.º 2 regula a eficácia da convenção subscrita por associações de segundo grau, ou seja, associação de associações. Com efeito, o n.º 2 regula as situações em que a convenção é celebrada por organizações de associações de empregadores ou por associações de sindicatos (cfr., respectivamente, artigos 476.º, alíneas a), b), c) e d) e 508.º), prescrevendo o preceito que obriga os empregadores e os trabalhadores inscritos nas associações outorgantes representados nos termos previstos nos estatutos quando outorguem em nome próprio ou em conformidade com os mandatos prescritos no n.º 2 do artigo 540.º[43].

III. Há também que salientar uma nova excepção ao princípio da dupla filiação, constante do artigo 15.º da Lei n.º 99/2003, de 27 de Agosto[44].

Relaciones Laborales, número 27, Ministerio de Trabajo y Asuntos Sociales, Madrid, 1999, pp. 67-90.

[42] Relativamente ao ónus da prova da situação jurídica de filiado, aplica-se o artigo 342.º, n.º 1, do CC. Sobre a questão, Acórdão do Supremo Tribunal de Justiça, de 20 de Janeiro de 1993, *Colectânea de Jurisprudência*, 1993, n.º 1, p. 238 e ss; Acórdão do Supremo Tribunal de Justiça, de 12 de Janeiro de 1994, *Acórdãos Doutrinais do Supremo Tribunal Administrativo*, n.º 389, pp. 613 e ss.

[43] Sobre os efeitos (subjectivos) da convenção, *vd.* Acórdão do Supremo Tribunal de Justiça, de 1 de Junho de 1984, *Acórdãos Doutrinais do Supremo Tribunal Administrativo*, n.º 274, pp. 1199 e ss; Sentença do Tribunal do Trabalho de Lisboa, de 26 de Junho de 1986, *Colectânea de Jurisprudência*, 1986, n.º 4, pp. 329 e ss; Acórdão do Supremo Tribunal de Justiça, de 2 de Outubro de 1996, *Acórdãos Doutrinais do Supremo Tribunal Administrativo*, n.º 423, pp. 380 e ss.

[44] Existem outras excepções que, aliás, já constavam da LRCT, podendo exemplificar-se com os artigos 553.º e 555.º. Para mais desenvolvimentos, cfr. GONÇALVES DA SILVA, *Notas sobre a Eficácia Normativa das Convenções Colectivas*, cit., pp. 54 e ss; "Nótula sobre os Efeitos Colectivos da Transmissão da Empresa", *Subjudice*, n.º 27, 2004, pp. 127 e ss; ROMANO MARTINEZ – LUÍS MIGUEL MONTEIRO – JOANA VASCONCELOS – MADEIRA DE BRITO – GUILHERME DRAY – GONÇALVES DA SILVA, *Código do Trabalho Anotado*, cit., respectivamente, pp. 779 e ss e 782 e ss.

Neste preceito, o legislador[45] permite que um trabalhador – não filiado em sindicato outorgante e cuja situação jurídico-laboral (sec-torial ou profissional) se subsuma no âmbito de aplicação do instrumento – escolha, por escrito, sem carecer do acordo do empregador, a aplicação de uma convenção que regula a situação na empresa, desde que, por um lado, exista um instrumento posterior à entrada em vigor do Código do Trabalho (1 de Dezembro de 2003, artigo 3.°, n.° 1, da Lei n.° 99/2003) e, por outro, seja aplicável à empresa um ou mais instrumentos anteriores a essa data[46].

---

[45] Para mais desenvolvimento sobre o preceito, *vd.* ROMANO MARTINEZ – LUÍS MIGUEL MONTEIRO – JOANA VASCONCELOS – MADEIRA DE BRITO – GUILHERME DRAY – GONÇALVES DA SILVA, *Código do Trabalho Anotado*, cit., pp. 48 e ss.

[46] Esta situação não se confunde com a aplicação de uma convenção a trabalhador não filiado em sindicato outorgante mediante acordo entre aquele (trabalhador) e o empregador. Neste caso, o empregador pode, caso o trabalhador esteja de acordo, aplicar cláusulas da convenção. Tal pode acontecer, desde logo, em matéria retributiva, pois a disparidade de regimes contratuais pode causar, por um lado, dificuldades na organização da empresa e, por outro, conflitos internos quando os trabalhadores se encontrem em situação de igualdade funcional.

Diferentemente, a situação referida no texto permite que o trabalhador opte – portanto, unilateralmente – por uma convenção que passa a regular a sua situação jurídica.

Alguma jurisprudência tem, contudo, ido mais longe (*vd.*, por exemplo, Acórdão do Supremo Tribunal de Justiça, de 26 Maio de 1988, *Boletim do Trabalho e Emprego*, 2.ª série, n.ᵒˢ 4-5-6, p. 396; Acórdão do Supremo Tribunal de Justiça, de 14 de Novembro de 1990, *Acs. Doutrinais do Supremo Tribunal Administrativo*, n.° 350, pp. 268 e ss; Acórdão do Supremo Tribunal de Justiça, de 17 de Fevereiro de 1993, *Acórdãos Doutrinais do Supremo Tribunal Administrativo*, n.° 378, pp. 709 e ss) e defendido que o "princípio do trabalho igual salário igual" impõe que os trabalhadores sindicalizados e não sindicalizados possuam o mesmo regime retributivo.

Não nos parece a melhor solução, pois tal entendimento aniquila o princípio da filiação sindical, ou seja, neutraliza a filiação sindical e, deste modo, todas as consequências inerentes à sindicalização (*v.g.*, pagamento da quota e acção sindical); além de que a aplicação de igual retribuição ignora as contrapartidas fixadas aquando da negociação, essas só aplicáveis aos sindicalizados e, note-se, dificilmente identificáveis. É certo que se pode argumentar que apenas se trata de uma parte da convenção, além de que tal injunção tem base constitucional; só que a filiação sindical tem igualmente consagração na Lei Fundamental (artigo 55.°, n.° 2, alínea b)). Sobre a questão, e divergindo da posição jurisprudencial, MENEZES CORDEIRO, *Manual de Direito do Trabalho*, cit., pp. 147, 736-737; MONTEIRO FERNANDES, *Direito do Trabalho*, cit., pp. 765-766, nota 2; MAIA DA SILVA, "Os Direitos Constitucionais dos Trabalhadores e a sua Articulação com o Direito Ordinário", AAVV, *III Congresso Nacional de Direito do Trabalho – Memórias*, coordenação de

Estudos de Direito do Trabalho (Código do Trabalho) 197

Com o intuito de evitar a constante alteração da convenção aplicável – face aos efeitos nefastos que uma situação destas acarretaria – fixou-se que após a opção do trabalhador, a convenção se aplica até ao final do seu prazo ou, sendo esta objecto de alteração, até à respectiva entrada em vigor (artigo 15.°, n.° 2, da Lei n.° 99/2003); não tendo a convenção prazo de vigência, o prazo de aplicação é de um ano (artigo 15.°, n.° 3, da Lei n.° 99/2003).

O trabalhador poderá usufruir deste regime, i.e. utilizar o mecanismo da opção, dentro dos limites temporais dos n.os 2 e 3, e, por outro lado, desde que se mantenha o pressuposto da existência de convenções posteriores e anteriores à entrada em vigor do Código aplicáveis na empresa.

2.11. Princípio da estabilidade temporal

I. Nos termos do n.° 1 do artigo 556.° *"a convenção colectiva vigora pelo prazo que dela constar, não podendo ser inferior a um ano, sem prejuízo do previsto no artigo seguinte*; o n.° 2, determina que *a convenção colectiva pode ter diferentes períodos de vigência para cada matéria ou grupo homogéneo de cláusulas"*[47].

No n.° 1, deu-se guarida à autonomia colectiva, ao determinar-se que compete às partes a indicação do prazo de vigência da convenção. São as partes, e apenas as partes, que regulam a vigência dos instrumentos outorgados.

António Moreira, Almedina, Coimbra, 2001, pp. 120 e ss; LOBO XAVIER, *Curso de Direito do Trabalho*, cit., pp. 371-373, 401-402; LOBO XAVIER – NUNES CARVALHO – "Princípio da Igualdade: a Trabalho Igual, Salário Igual", *Revista de Direito e de Estudos Sociais*, ano XXXIX (XII da 2.ª série), 1997, n.° 4, pp. 401-450. Posição diferente tem RIBEIRO LOPES, "A Contratação Colectiva", AAVV, *I Congresso Nacional de Direito do Trabalho – Memórias*, coordenação de António Moreira, Almedina, Coimbra, 1998, pp. 61-64. Com particular interesse para o debate, sem esquecer as particularidades, *vd.* a doutrina italiana, EDOARDO GHERA, *Diritto del Lavoro*, Cacucci Editore, Bari, 1995, pp. 164-172; MATTIA PERSIANI, *Diritto Sindicale*, cit., pp. 105-109, com indicação de diversas fontes.

[47] Corresponde, com muitas alterações, ao artigo 11.°, n.° 1, da LRCT. O n.° 2 é novo e foi inspirado no artigo 86.°, n.° 1, do Estatuto dos Trabalhadores (espanhol), segundo o qual *"compete às partes negociadoras estabelecer a duração das convenções, podendo acordar-se períodos distintos de vigência para cada matéria ou grupo homogéneo de matérias dentro da mesma convenção"*.

No entanto, o legislador impôs um prazo mínimo de um ano tendo considerado que deveria haver um período imperativo em que a convenção não era, nem mesmo estando as partes de acordo, susceptível de ser alterada[48].

Compreende-se a opção do legislador: se a convenção pudesse ser alterada a todo o tempo, decorridos poucos dias sobre a celebração de uma convenção uma das partes poderia começar a fazer pressão para se iniciarem negociações com vista a alterar o texto acordado. É verdade que não o poderia fazer de forma unilateral, mas julgamos ser igualmente verdade que uma das funções da convenção poderia ser ameaçada: pacificação social. Com efeito, como escreve GINO GIUGNI, a convenção assume uma importante *função social de «tratado de paz»*[49], sendo este objectivo que se pretende atingir.

II. No n.º 2 do artigo 556.º trata-se de salientar uma possibilidade que, em nossa opinião, já existia face à LRCT. De qualquer modo, o legislador quis dar um sinal às partes que têm a possibilidade de acordar períodos diversos para o conteúdo da convenção, naturalmente sem prejuízo de prazo mínimo de um ano.

Não nos parece que seja sindicável – desde logo, por terceiros, incluindo, naturalmente, a Administração laboral – a colocação das cláusulas agrupadas por matérias ou saber se constituem um grupo homogéneo de cláusulas; as partes são soberanas. A norma tem a vantagem de, por um lado, ser um indicador para as partes e, por outro, em caso de litígio sobre o agrupamento de matérias ou de cláusulas, o julgador ter um critério de decisão que, naturalmente, não prejudica outros (por exemplo, interpretação da vontade das partes).

---

[48] Ao contrário do que acontecia face ao n.º 3 do artigo 16.º da LRCT.

[49] GINO GIUGNI, "Direito do Trabalho", *Revista de Direito e de Estudos Sociais*, ano XXVIII, I da 2.ª série, 1986, n.º 3, p. 337 (tradução de João Cortez, revista por Mário Pinto, *Diritto del Lavoro* – Voce per una Enclipedia –, Instituto dell'Encclopedia Italiana, Treccani), 1986, p. 337. *Vd.* também sobre a questão, NIKITAS ALIPRANTIS, – *La Place de la Convention Collective dans la Hierarchie des Normes*, «Bibliothèque d'Ouvrages de Droit Social», tome XXII, LGDJ, Paris, 1980, pp. 134-135. É, no entanto, evidente que uma convenção que possui um conteúdo que não corresponde às necessidades dos seus destinatários não pode ter um efeito estabilizador.

Estudos de Direito do Trabalho (Código do Trabalho) 199

2.12. Princípio da sobrevigência limitada

I. Tendo presente o diagnóstico atrás referido sobre a contratação colectiva, facilmente se compreende que o legislador não tinha outra hipótese do que fazer uma alteração profunda nesta matéria, cuja regulação estava no artigo 11.° da LRCT[50]. Deste modo, o legislador entendeu apresentar um regime temporal que permita revitalizar a contratação colectiva, tendo-o feito de forma supletiva (cfr. artigos 541.°, alínea d), 557.°, n.os 1 e 2), pois é às partes que compete regular a matéria.

Naturalmente que era preciso regular, ainda que supletivamente, o regime de vigência, pois, no caso de as partes não o fazerem, o sistema não poderia ficar bloqueado[51]. Deste modo, não se poderá dizer, em caso algum, que o regime da caducidade é imposto às partes outorgantes, pois este é, repita-se, supletivo.

II. Nestes termos ficou fixado que uma vez decorrido o prazo de vigência previsto no n.° 1 do artigo 556.° – prazo fixado pelas partes com o mínimo de um ano –, a convenção colectiva renova-se nos termos nela previstos (n.° 1 do artigo 557.°). No caso de as partes não terem regulado a matéria, o regime aplicável é o seguinte[52] :

a) *"A convenção renova-se sucessivamente por períodos de um ano"*;
b) *"Havendo denúncia, a convenção colectiva renova-se por um período de um ano e, estando as partes em negociação, por novo período de um ano"*;
c) *"Decorridos os prazos previstos nas alíneas anteriores, a convenção colectiva mantém-se em vigor, desde que se tenha iniciado a conciliação ou a mediação, até à conclusão do respectivo procedimento, não podendo a sua vigência durar mais de seis meses"* (respectivamente, alíneas a), b) e c) n.° 2 do artigo 557.°);

---

[50] Para mais desenvolvimentos sobre o artigo 11.° da LRCT, *vd.* GONÇALVES DA SILVA, *Notas sobre a Eficácia Normativa das Convenções Colectivas*, cit., pp. 68 e ss, com indicação de diversa bibliografia.

[51] Saliente-se ainda o artigo 541.°, alínea d) que prescreve o dever de as partes fixarem o regime temporal, embora, como não podia deixar de ser, o seu incumprimento não seja causa de recusa de depósito (artigo 550.°).

[52] Para mais desenvolvimentos sobre o âmbito temporal da convenção colectiva, *vd.* GONÇALVES DA SILVA, "Do Âmbito Temporal da Convenção Colectiva", cit., *passim.*

d) *"No caso de se ter iniciado a arbitragem durante o período fixado no número anterior, a convenção colectiva mantém os seus efeitos até à entrada em vigor da decisão arbitral"* (n.º 3 do artigo 557.º);

e) *"Decorrida a sobrevigência prevista nos números anteriores, a convenção cessa os seus efeitos"* (n.º 4 do artigo 557.º).

Note-se ainda que o regime apresentado para a denúncia estabelece que *"a convenção colectiva pode ser denunciada, por qualquer das outorgantes, mediante comunicação escrita dirigida à outra parte, desde que seja acompanhada de uma proposta negocial"* (artigo 558.º, n.º 1); por outro lado, a denúncia deve ser feita com uma antecedência de, pelo menos, três meses, relativamente ao termo de prazo de vigência acordado pelas partes ou da renovação automática, tenha esta base convencional – salvo se as partes tiverem fixado regime diverso – ou legal (artigo 558.º, n.º 2).

Finalmente, há ainda a referir que as partes, decorrido o período de um ano, têm a possibilidade de acordarem a revogação da convenção (artigo 559.º).

III. Face ao exposto podemos assentar nos seguintes pontos:

1) O regime de vigência das convenções deve ser regulado pelas próprias partes, sendo apenas injuntivo o período mínimo de um ano;

2) No caso de as partes não o fazerem não pode ser recusado o depósito;

3) Havendo silêncio das partes sobre a matéria, e para que o sistema não fique bloqueado, era preciso regular o âmbito temporal da convenção, ainda que supletivamente;

4) Deste regime supletivo resulta a renovação sucessiva anual da convenção;

5) Para que assim não se verifique é necessário que uma das partes a denuncie;

6) Essa denúncia tem de ser feita, por escrito, com uma antecedência mínima de três meses, relativamente ao fim do prazo de vigência, quer este seja contratual ou legal e, por outro lado, tem de ser acompanhada de uma proposta negocial, de modo a garantir que as partes iniciam negociações (artigo 544.º e ss);

Estudos de Direito do Trabalho (Código do Trabalho) 201

7) Havendo denúncia, a convenção renova-se por mais um ano e, estando as partes em negociação, por mais um ano;
8) Findo esse período, se houver conciliação ou mediação há prorrogação da sobrevigência, no máximo por mais seis meses;
9) Havendo arbitragem (voluntária ou obrigatória) a convenção mantém-se em vigor até à decisão arbitral;
10) Findo todos estes mecanismos, e apenas no caso de não ter havido acordo ou decisão arbitral – que nos casos mais graves poderá contar com a arbitragem obrigatória (artigo 567.° e ss) –, a convenção cessa os seus efeitos[53].

2.13. Princípio da responsabilidade civil

I. Uma das novidades em matéria de cumprimento foi a previsão expressa de que *"a parte outorgante da convenção colectiva, bem como os respectivos filiados que faltem culposamente ao cumprimento das obrigações dela emergentes são responsáveis pelo prejuízo causado"* (artigo 562.°, n.° 2)[54].

Este preceito consagra, de forma expressa, a aplicação do instituto da responsabilidade civil aos outorgantes, e respectivos filiados, da convenção colectiva.

A responsabilidade civil em causa é a contratual, aplicando-se, como prescreve a parte final do preceito – *nos termos gerais* – o regime geral do instituto (artigos 798.° e ss do CC), o que inclui, naturalmente, a presunção de culpa.

---

[53] Sobre a cessação dos efeitos, *vd.* GONÇALVES DA SILVA, "Do Âmbito Temporal da Convenção Colectiva", cit., pp. 497 e ss.

[54] Para mais desenvolvimentos sobre o instituto da responsabilidade civil contratual, *vd.* MENEZES CORDEIRO, *Direito das Obrigações*, 2.ª volume, Associação Académica da Faculdade de Direito de Lisboa, reimpressão, 1994, pp. 433 e ss; *Da Responsabilidade Civil dos Administradores das Sociedades Comerciais*, Lex, Lisboa, 1996, pp. 458 e ss; MENEZES LEITÃO, *Direito das Obrigações, Introdução – Da Constituição das Obrigações*, volume I, Almedina, Coimbra, 3.ª edição, 2003, 350 e ss; ROMANO MARTINEZ, *Direito das Obrigações, Parte Especial – Contratos (Compra e Venda, Locação e Empreitada)*, 2.ª edição, Almedina, Coimbra, 2001, p. 109.

Para uma análise da responsabilidade civil em geral, cfr. Pessoa Jorge, *Ensaio sobre os Pressupostos da Responsabilidade Civil*, Almedina, Coimbra, reimpressão, 1995.

É de salientar que a responsabilidade abrange tanto os outorgantes como os respectivos filiados. Nestes termos, deve, então, perguntar-se: estão excluídos do âmbito da norma os trabalhadores ou os empregadores que se desfiliaram das respectivas associações?

Julgamos que a resposta não pode ser positiva, pois também os trabalhadores e os empregadores desfiliados, desde que, nos termos do artigo 554.°, a convenção se lhes continue a aplicar, poderão, em caso de incumprimento culposo, responder civilmente. Posição diferente acabaria por esvaziar parte do artigo 554.°, pois a eficácia da prescrição – manutenção dos efeitos da convenção – estaria reduzida, uma vez que os trabalhadores e empregadores desfiliados não teriam qualquer responsabilidade civil; por outro lado, permitiria que um trabalhador pudesse ter a sua conduta disciplinarmente sancionada – por incumprir um dever com base convencional perante o empregador –, mas que esta fosse irrelevante do ponto de vista civil; finalmente, a letra do preceito não constitui um óbice inultrapassável, uma vez que o legislador tomou – e bem – como paradigma aquilo que é a regra geral: as convenções apenas se aplicam aos filiados, sendo, deste modo, necessário adaptar as normas que têm como modelo a regra à excepção, como é claramente o caso do artigo 554.°.

II. Ainda em matéria de responsabilidade civil, cabe fazer uma referência ao artigo 604.°, n.° 2, segundo o qual a greve declarada ou executada de forma contrária à lei, e sem prejuízo da aplicação do regime das faltas injustificadas aos grevistas, dá lugar à aplicação *dos princípios gerais em matéria de responsabilidade civil*. Deste modo, o legislador torna claro e inequívoco a aplicação dos princípios gerais da responsabilidade civil à situação de greve, esclarecendo, no entanto, que *"o trabalhador não pode ser responsabilizado pela adesão a greve declarada em incumprimento"* de uma cláusula de paz social (relativa) (artigo 606.°, n.° 3)[55].

---

[55] Para mais desenvolvimentos, ROMANO MARTINEZ – LUÍS MIGUEL MONTEIRO – JOANA VASCONCELOS – MADEIRA DE BRITO – GUILHERME DRAY – GONÇALVES DA SILVA, *Código do Trabalho Anotado*, cit., pp. 867 e ss e 869 e ss.

DO ÂMBITO TEMPORAL DA CONVENÇÃO COLECTIVA*

SUMÁRIO: **§ 1.°) Introdução** 1.1. Considerações prévias 1.2. Reforma em matéria de contratação colectiva 1.3. Delimitação de objecto **§ 2.°) Efeitos da convenção nos contratos de trabalho § 3.°) Vigência e sobrevigência** 3.1. Vigência 3.2. Sobrevigência **§ 4.°) Revogação § 5.°) Cessação dos efeitos**

§ 1.°) INTRODUÇÃO[1]

1.1. Considerações prévias

I. Compulsando a Constituição Portuguesa (*v.g.*, artigos 56.°, n.° 3, 227.° e 241.°) facilmente se constata que o Estado não detém o monopólio da elaboração normativa. Na verdade, o nosso ordenamento revela

---

* Publicado em *Estudos de Direito do Trabalho em Homenagem ao Professor Manuel Alonso Olea*, coordenação de Monteiro Fernandes, Almedina, Coimbra, 2004, pp. 457-506.

[1] Principais abreviaturas utilizadas: a) CC – Código Civil; b) CRP – Constituição da República Portuguesa (de 1976); c) LAP – Lei das Associações Patronais (Decreto-Lei n.° 215-C/75, de 30 de Abril); d) LCT – Lei do Contrato de Trabalho (Decreto-Lei n.° 49408, de 24 de Novembro de 1969); e) LS – Lei Sindical (Decreto-Lei n.° 215-B/75, de 30 de Abril); f) LRCT – Lei de Regulamentação Colectiva (Decreto-Lei n.° 519-C1/79, de 29 de Dezembro).

Todos os preceitos sem indicação de fonte referem-se ao Código do Trabalho, aprovado pela Lei n.° 99/2003, de 27 de Agosto, tendo aquele sido objecto da Declaração de Rectificação n.° 15/2003, de 21 de Outubro de 2003, *Diário da República*, I série-A, número 250, de 28 de Outubro de 2003.

Agradecemos ao Senhor Professor MONTEIRO FERNANDES o honroso convite para nos associarmos à homenagem de um dos principais Mestres da história do Direito do Trabalho.

uma concepção pluralista da produção jurídica, em especial no que respeita às condições de trabalho, o que demonstra que existem outras entidades com capacidade normativa[2].

Nestes termos, cabe invocar a autonomia colectiva que confere a determinadas entidades intermédias, nomeadamente aos sindicatos e aos empregadores, "uma verdadeira *potestas normandi*, ou seja, um poder de criação de autênticas regras de conduta, de atribuição de direitos e deveres relacionados com a ... situação de assalariados (artigo 56.°/3)"[3].

II. A autonomia colectiva[4], mais exactamente o direito de contratação colectiva[5], corolário da liberdade sindical, encontra, como decorre do exposto, arrimo na Constituição Portuguesa (artigo 56.°, n.° 3), tal como

---

[2] Como salienta JORGE LEITE, Direito do Trabalho, volume I, Serviços de Acção Social da Universidade de Coimbra, 1998, p. 79.

[3] JORGE LEITE, Direito do Trabalho, cit., pp. 79-80.

[4] Sobre o conceito de autonomia e as suas diferentes concepções, *vd.*, por todos, BIGOTTE CHORÃO, "Autonomia", *Temas Fundamentais de Direito*, Almedina, Coimbra, 1991, pp. 251-264 (previamente publicado no Dicionário Jurídico da Administração Pública, volume I, s.e., Coimbra, 1965, pp. 606-613; MENEZES CORDEIRO, *Direito das Obrigações*, 1.° volume, Associação Académica da Faculdade de Direito de Lisboa, reimpressão, 1994, pp. 49-113, para quem, p. 90, os contratos colectivos têm como fonte, no que respeita à sua técnica normativa, o Direito das Obrigações; MONTEIRO FERNANDES, *Direito do Trabalho*, 11.ª edição, Almedina, Coimbra, 1999, pp. 622-631; BAPTISTA MACHADO, *Participação e Descentralização, Democratização e Neutralidade na Constituição de 76*, Almedina, Coimbra, 1982, p. 8; e, em especial, Alarcón Caracuel, "La Autonomia: Concepto, Legitimacion para Negociar y Eficacia de los Acuerdos", AAVV, *La Reforma de la Negociacion Colectiva*, coordenadores Manuel R. Alarcon – Salvador Del Rey, Marcial Pons, Madrid, 1995, pp. 51-72; SANTORO-PASSARELLI, "Autonomia", *Enciclopedia del Diritto*, volume IV (Atto-Bana), Giuffrè, Varese, 1959, pp. 349-375.

[5] Sobre o conteúdo do direito de contratação colectiva, *vd.*, entre outros, GOMES CANOTILHO – VITAL MOREIRA, *Constituição da República Portuguesa Anotada*, 3.ª edição, Coimbra Editora, 1993, pp. 307-308 (VIII a XI); JOÃO CAUPERS, *Os Direitos Fundamentais dos Trabalhadores e a Constituição*, Almedina, Coimbra, 1985, pp. 105-106; "Direitos dos Trabalhadores em Geral e Direito de Contratação Colectiva em Especial", AAVV, *Nos Dez Anos da Constituição*, organização de Jorge Miranda, Imprensa Nacional Casa da Moeda, Lisboa, 1986, pp. 50-51; RIBEIRO LOPES, "Contratação Colectiva", AAVV, *I Congresso Nacional de Direito do Trabalho – Memórias*, coordenação de António Moreira, Almedina, Coimbra, 1998, pp. 49-50; MÁRIO PINTO, *Direito do Trabalho*, Universidade Católica Editora, pp. 287-300; GONÇALVES DA SILVA, *Contributo para o Estudo da Portaria de Extensão*, Dissertação de Mestrado, policopiado, Lisboa, 1999, pp. 319-332.

Estudos de Direito do Trabalho (Código do Trabalho) 205

em diversos documentos internacionais[6]. Prescreve a Lei Fundamental, no preceito referido, que *"compete às associações sindicais exercer o direito de contratação colectiva, o qual é garantido nos termos da lei"*, cabendo-lhe ainda estabelecer "… *as regras respeitantes à legitimidade para a cele-bração das convenções colectivas de trabalho, bem como à eficácia das respectivas normas"* (artigo 56.°, n.° 4). Pode assim inferir-se que o poder normativo, decorrente da autonomia colectiva das associações sindicais e dos empregadores – o destes resulta não só da natureza da situação, uma vez que sem os empregadores as associações sindicais não podem exercer o direito de contratação colectiva como, por outro lado, do artigo 61.°, n.° 1, da Constituição, na sub-liberdade direito de contratação – se alicerça direc-tamente na Constituição, sendo assegurado pela lei[7]. Ou seja: com base no preceito constitucional, o direito de contratação colectiva não necessita do posterior reconhecimento de qualquer acto *infra-constitucional*, cabendo apenas à lei garanti-lo[8].

III. Celebradas por associações de direito privado, como são consi-deradas as associações sindicais e de empregadores[9] [10], as convenções

---

[6] Entre os diversos textos internacionais, com referências directas ou indirectas, saliente-se da Organização Internacional do Trabalho: a) Convenção n.° 87, datada de 1948, aprovada para ratificação pelo Decreto-Lei n.° 45/77, de 19 de Abril; b) Convenção n.° 98, de 1949, aprovada para ratificação pelo Decreto-Lei n.° 45 758, de 12 de Junho de 1964; c) Recomendação n.° 91, de 1951. Por sua vez, no âmbito do Conselho da Europa realce para a Carta Social Europeia, assinada em Turim, em 1961, aprovada pela Resolução da Assembleia da República n.° 21/91, de 6 de Agosto e ratificada pelo Decreto do Presidente da República n.° 38/91, de 6 de Agosto. Também merece destaque, no espaço comunitário, a Carta Comu-nitária dos Direitos Sociais Fundamentais dos Trabalhadores, aprovada no âmbito da Comu-nidade Europeia (hoje União Europeia), no Conselho Europeu de Estrasburgo, de 8 e 9 de Dezembro de 1989, por onze Estados membros (com exclusão do Reino Unido).

[7] JORGE LEITE, *Direito do Trabalho*, volume I, cit., pp. 79-80. Conforme salienta este Autor, op. cit., p. 233, o fundamento da convenção colectiva, no nosso ordenamento, é a Constituição, cujo artigo 56.°, n.° 3, concede às associações sindicais a competência para exercer o direito de contratação colectiva.

[8] Neste sentido, JORGE LEITE, *Direito do Trabalho*, volume I, cit., p. 91.

[9] Neste sentido, em relação aos sindicatos e às associações de empregadores, por exemplo, MENEZES CORDEIRO, *Manual de Direito do Trabalho*, Almedina, Coimbra, reim-pressão, 1994, pp. 119-121 e 121-122, respectivamente; ROMANO MARTINEZ, *Direito do Trabalho*, Instituto de Direito do Trabalho, Almedina, Coimbra, 2002, pp. 138-139, 141-142, respectivamente; MÁRIO PINTO, *Direito do Trabalho*, cit., p. 197.

[10] Apesar de qualquer modalidade de associação sindical – i.e., sindicato, federa-

colectivas[11] depois de uma fase de negociação (artigos 544.° a 548.°), e para que possam produzir os efeitos legalmente previstos, têm de ser depositadas nos serviços do ministério responsável pela área laboral (artigo 549.°, n.° 1).

Não ocorrendo nenhum dos casos taxativamente previstos para a recusa do depósito[12], segue-se a publicação da convenção no *Boletim do*

ção, união ou confederação geral – possuir capacidade para outorgar convenções colectivas, na prática apenas os sindicatos e as federações sindicais têm utilizado tal faculdade, ao contrário, por exemplo, do que se passa no ordenamento espanhol, cfr., por exemplo, MERINO SEGOVIA, *La Estrutura Legal y Convencional de la Negociación Colectiva*, «Estudios de Derecho Laboral», Civitas, Madrid, 2000, em especial, pp. 101 e ss.

[11] Como se sabe a expressão convenção colectiva abrange, quer os contratos colectivos, quer os acordos colectivos, quer ainda os acordos de empresa, *vd.* artigo 2.°, n.° 3.

[12] No sentido da taxatividade também se pronuncia, por exemplo, MENEZES CORDEIRO, *Manual de Direito do Trabalho*, cit., p. 273.

O controlo feito pelos serviços do Ministério responsável pela área laboral é de mera conformidade formal, estando, assim, vedada qualquer apreciação respeitante ao conteúdo da convenção colectiva. Neste sentido, MENEZES CORDEIRO, *op. cit.*, p. 273; MONTEIRO FERNANDES, *Direito do Trabalho*, cit., p. 739; JORGE LEITE – COUTINHO DE ALMEIDA, *Colectânea de Leis do Trabalho*, Coimbra Editora, 1985, pp. 429-430 (II e III); ROMANO MARTINEZ, *Direito do Trabalho*, cit., p. 977. Por sua vez, BARROS MOURA, *A Convenção Colectiva entre as Fontes de Direito do Trabalho*, Almedina, Coimbra, 1984, p. 119, nota 41, e *Compilação de Direito do Trabalho – Sistematizada e Anotada*, Almedina, Coimbra, 1980, pp. 605-606 (I), defende, face à redacção originária do preceito na LRCT, que o controlo é não só formal, mas também substancial.

No caso de a Direcção Geral do Emprego e das Condições de Trabalho (DGERT) – a quem compete, nos termos da alínea d) do n.° 2 do artigo 3.°, do Decreto-Lei n.° 266/2002, de 26 de Novembro, promover o depósito e a publicação das convenções colectivas de trabalho – não recusar o depósito nos quinze dias seguintes ao da recepção da convenção, este considera-se realizado, ou seja, existe um deferimento tácito (artigos 108.°, n.ºs 1 e 2, do Código de Procedimento Administrativo, e 549.°, n.° 2). No caso de haver recusa de depósito (artigo 550.°), o particular tem a faculdade de impugnar o acto administrativo (de conteúdo negativo) perante o Tribunal Administrativo de Círculo (artigo 44.° da Lei n.° 13/2002, de 19 de Fevereiro). Sobre a impugnação dos actos administrativos, *vd.*, entre outros, quanto ao regime anterior ao Código de Processo dos Tribunais Administrativos (Lei n.° 15/2002, de 22 de Fevereiro, tendo sido objecto da Declaração de Rectificação n.° 17/2002, de 22 de Março, publicada no *Diário da República*, I série – A, número 81, de 6 de Abril de 2002, alterada pela Lei n.° 4-A/2003, de 19 de Fevereiro), VIEIRA DE ANDRADE, *A Justiça Administrativa (Lições)*, 2.ª edição, Almedina, 1999, pp. 118-124, 166-181; e do mesmo Autor, com referência ao Código dos Tribunais Administrativos, *A Justiça Administrativa (Lições)*, 4.ª edição, Almedina, 2003, pp. 195--215, 295-313. Também com interesse para a questão, VASCO PEREIRA DA SILVA, *Para um*

Trabalho e Emprego (artigo 581.º, n.º 1). Uma vez publicada, a convenção entra em vigor nos mesmos termos da lei (artigo 581.º, n.º 1)[13].

IV. Completado o ciclo final de procedimento da convenção – i.e., depósito, publicação e entrada em vigor[14] –, esta produz os efeitos legalmente previstos (artigos 552.º a 562.º); o facto de esses efeitos serem, em regra, gerais e abstractos[15], leva a que a doutrina[16] considere estarmos,

---

Contencioso Administrativo dos Particulares – Esboço de uma Teoria Subjectivista do Recurso Directo de Anulação, Almedina, Coimbra, 1989, *maxime*, pp. 58-283; e quanto à suspensão de eficácia de actos administrativos de conteúdo negativo, *vd.*, por todos, CLÁUDIO MONTEIRO, *Suspensão da Eficácia de Actos Administrativos de Conteúdo Negativo*, Associação Académica da Faculdade de Direito de Lisboa, 1990, em particular, pp. 85-151.

[13] Cfr. artigo 2.º da Lei n.º 74/98, de 11 de Novembro. O regime do artigo 10.º da LRCT, não era totalmente coincidente com o previsto, nos termos gerais, para a lei (*vd.* artigo 2.º da Lei n.º 74/98, de 11 de Novembro), uma vez que o n.º 2 daquele preceito refere que a data da publicação é a da distribuição do *Boletim do Trabalho e Emprego*. O Código do Trabalho uniformizou o regime, eliminando a referência existente no n.º 2 do artigo 10.º da LRCT.

[14] Referimo-nos apenas às convenções celebradas nos termos do Código do Trabalho, mas nada impede a existência de contratos à margem daquele diploma, logicamente sem as consequências ali previstas. Com interesse para a questão, *vd.*, entre outros, Nunes de Carvalho, "Primeiras Notas sobre a Contratação Colectiva Atípica", Revista de Direito e de Estudos Sociais, ano XXXX (XIII da 2.ª série), 1999, n.º 4, pp. 353-404, onde o Autor trata (pp. 355-364) do problema da designação, e ano XXXXI (XIV da 2.ª série), 2000, n.ᵒˢ 1 e 2, pp. 9 e ss; João Caupers – PEDRO MAGALHÃES, *Relações Colectivas de Trabalho*, cit., p. 16; MONTEIRO FERNANDES, *Direito do Trabalho*, cit., pp. 605-606; JOÃO LOBO, "A Negociação Colectiva Informal na Ordem Jurídica Portuguesa", *Questões Laborais*, ano II, n.º 4, 1995, pp. 14-34; e no direito estrangeiro, Michel Despax, vd. "La Mesure de l'Application de la Loi sur les Conventions Collectives à la Négociation d'Entreprise: les Accordes en Marge de la Loi", *Droit Social*, 1982, n.º 11, pp. 672-674.

[15] Neste sentido, por exemplo, BARROS MOURA, *A Convenção Colectiva ...*, cit., designadamente, pp. 125, 129-130. Não ignoramos, contudo, a possibilidade de uma convenção ter uma cláusula (normativa) individual e concreta, mas será a excepção e não a regra, sob pena de descaracterização do interesse colectivo. Sobre a questão, *vd.* NIKITAS ALIPRANTIS, *– La Place de la Convention Collective dans la Hierarchie des Normes*, «Bibliothèque d'Ouvrages de Droit Social», Tome XXII, Libraire Generale de Droit et de Jurisprudence, Paris, 1980, pp. 78-79; ROMANO MARTINEZ, *Direito do Trabalho*, cit., p. 993.

[16] Neste sentido, entre outros, NUNES DE CARVALHO, *Das Carreiras Profissionais no Direito do Trabalho*, policopiado, Dissertação de Mestrado, Universidade Católica Portuguesa, Lisboa, 1990, pp. 420-423; MENEZES CORDEIRO, *Manual de Direito do Trabalho*, cit., pp. 172-173, 322, que a considera uma fonte mediata; MONTEIRO FERNANDES,

situação que também já resultava do anteriormente exposto, ante uma fonte específica de Direito do Trabalho, posição que tem, como decorre,

---

Direito do Trabalho, cit., pp. 86, 106-108, 727, 734; MENEZES LEITÃO, *Código do Trabalho Anotado*, Almedina, Coimbra, 2003, pp. 19 e ss; ROMANO MARTINEZ – LUÍS MIGUEL MONTEIRO – JOANA VASCONCELOS – MADEIRA DE BRITO – GUILHERME DRAY – GONÇALVES DA SILVA, *Código do Trabalho Anotado*, Almedina, Coimbra, 2003, pp. 63 e ss; ROMANO MARTINEZ, *Direito do Trabalho*, cit., pp. 186-187, 967; JORGE MIRANDA, *Funções, Órgãos e Actos do Estado*, s.e., Lisboa, 1990, pp. 345-346; BARROS MOURA, *A Convenção Colectiva ...*, cit., pp. 117, 125; GOMES CANOTILHO – VITAL MOREIRA, *Constituição da República Portuguesa Anotada*, cit., p. 308 (XI). Contra, RAÚL VENTURA, *Teoria da Relação Jurídica do Trabalho – Estudo de Direito Privado*, volume I, Imprensa Portuguesa, Porto, 1944, em especial, pp. 187-189.

No sentido de a convenção colectiva ser fonte de Direito do Trabalho também se pronuncia a jurisprudência, *vd.* Acórdão da Relação do Porto, de 8 de Outubro de 1984, *Colectânea de Jurisprudência*, 1984, n.º 4, pp. 277 e ss; Acórdão do Supremo Tribunal de Justiça, de 21 de Outubro de 1998, *Boletim do Ministério da Justiça* n.º 480, pp. 205 e ss.

Não cabe na economia deste texto a análise e a discussão sobre a natureza jurídica da convenção colectiva, debate que, como assinala GINO GIUGNI, "Direito do Trabalho", *Revista de Direito e de Estudos Sociais*, ano XXVIII (I da 2.ª série), 1986, n.º 3, p. 343 (tradução de João Cortez, revista por Mário Pinto, *Diritto del Lavoro – Voce per una Enclipedia* –, Instituto dell'Enciclopedia Italiana, Treccani), não obstante durar há mais de cinquenta anos, ainda não logrou obter um resultado seguro. E para isso parece contribuir, como salienta GINO GIUGNI, *op. cit.*, p. 344, o facto de a convenção colectiva ter características irredutíveis quer às fontes de direito privado (essencialmente no que respeita ao contrato), quer às fontes de direito público, facto que colide com a natural tendência dos juristas para reconduzir as figuras jurídicas a institutos já existentes.

Entre nós, defende a natureza dual, i.e., contratual e regulamentar, CARLOS ALBERTO AMORIM, *Direito do Trabalho – Da Convenção Colectiva de Trabalho*, policopiado, Coimbra, 1978, pp. 261-267. A restante doutrina preconiza: MENEZES CORDEIRO, *Manual de Direito do Trabalho*, cit., pp. 321-322, bem como *Convenções Colectivas de Trabalho e Alterações de Circunstâncias*, Lex, Lisboa, 1995, pp. 62-65, natureza negocial, referindo a representação laboral; JORGE LEITE, *Direito do Trabalho*, volume I, cit., p. 232, para quem convenção é uma síntese de lei, regulamento e contrato; ROMANO MARTINEZ, *Direito do Trabalho*, cit., pp. 994-997, natureza negocial; BARROS MOURA, *A Convenção Colectiva ...*, cit., p. 124, deixa em aberto a questão.

No âmbito do regime corporativo, MARCELLO CAETANO, *Tratado Elementar de Direito Administrativo – Introdução – Teoria Geral da Relação Jurídico-Administrativa*, volume I, Coimbra Editora, 1943, pp. 296-297, escrevia que "(...) o contrato colectivo de trabalho é um regulamento a que nos regimes corporativos nem falta o sêlo da autoridade pública". Diversamente, RAÚL VENTURA, "Natureza Jurídica do Contrato Colectivo", *Revista da Justiça*, ano 28.º, 1943, n.º 639, pp. 225 e ss, n.º 641, pp. 257 e ss, n.º 642, pp. 273 e ss, preconizava a teoria contratualista.

entre outros, dos artigos 56.º, n.º 4, *in fine* da Constituição e 1.º, expresso acolhimento no direito positivo[17].

Em suma, e para utilizar uma expressão de ALONSO OLEA, "trata-se de uma fonte pactuada de direito"[18].

V. Na análise (do conteúdo e consequentemente) dos efeitos da convenção colectiva é comummente apontada, desde logo, por evidentes vantagens expositivas – ainda que não isenta de críticas e muito menos legalmente consagrada – uma dupla vertente: *obrigacional* e *normativa* (ou regulativa)[19]. A primeira consiste nos efeitos que ocorrem na esfera jurí-

---

Sobre a elaboração e o confronto das diversas teorias, *vd.*, entre nós, COELHO DO AMARAL, "O Contrato Colectivo de Trabalho no Direito Corporativo Português", *Boletim da Faculdade de Direito da Universidade de Coimbra*, suplemento XI, 1953, pp. 353-396; CARLOS ALBERTO AMORIM, *op. cit.*, pp. 239-274; CABRAL BASTO, "A Natureza da Convenção Colectiva de Trabalho: Supostos Epistemológicos da sua Indagação", *Estudos Sociais e Corporativos*, ano VIII, n.º 30, 1969, pp. 60-87; MENEZES CORDEIRO, *op. cit.*, pp. 313-322; ROMANO MARTINEZ, *op. cit.*, pp. 991-994; BARROS MOURA, *op. cit.*, pp. 93-124; LOBO XAVIER, *Curso de Direito do Trabalho*, Verbo, Lisboa, 2.ª edição, 1993, p. 251; e com interesse para a questão, ROMANO MARTINEZ, *Direito do Trabalho – Relatório sobre o Programa, o Conteúdo e os Métodos do Ensino Teórico e Prático da Cadeira de Direito do Trabalho*, Separata da Revista da Faculdade de Direito da Universidade de Lisboa, Coimbra Editora, 1999, pp. 34-35.

[17] Não nos parece que a afirmação – segundo a qual estamos perante uma fonte juslaboral, que, como tal, contém cláusulas (gerais e abstractas) – seja prejudicada pelo facto de o âmbito da convenção ser delimitado pelo princípio da filiação, pois este é um mero elemento de conexão que em nada prejudica a característica da generalidade, uma vez que o que está em causa é uma categoria (aberta) de destinatários. Para mais desenvolvimentos, *vd.* NUNES DE CARVALHO, *Das Carreiras Profissionais* ..., cit., p. 424, nota 11.

[18] ALONSO OLEA, *Introdução ao Direito do Trabalho*, tradução de Guilherme de Vasconcelos, Coimbra Editora, 1968, p. 296.

[19] O destaque desta dupla faceta é comum na doutrina, *vd.*, por exemplo, MENEZES CORDEIRO, *Convenções Colectivas de Trabalho e Alterações de Circunstâncias*, cit., pp. 45-49; MONTEIRO FERNANDES, *Direito do Trabalho*, cit., pp. 107 e 749-765; ROMANO MARTINEZ, *Direito do Trabalho*, cit., pp. 187, 978-982; BARROS MOURA, *A Convenção Colectiva...*, cit., pp. 111-118, 135-137; LOBO XAVIER, *Curso de Direito do Trabalho*, cit., pp. 246-247; e na doutrina estrangeira, por exemplo, WOLFGANG DÄUBLER, *Derecho del Trabajo*, Ministerio de Trabajo y Seguridad Social, Madrid, 1994 (tradução castelhana de Mª Paz Acero Serna e Pío Acero Lópes, *Das Arbeitsrecht*, 1 e 2, Rowohlt Taschenbuch Verlag GmbH, Hamburg, 1990), pp. 142-143; MATTIA PERSIANI, *Diritto Sindicale*, nona edizione, Cedam, Padova, 2003, pp. 129-132, com indicação de diversa bibliografia.

dica das entidades outorgantes; enquanto a *eficácia normativa* se reporta aos efeitos produzidos nos contratos de trabalho[20].

A divisão do conteúdo e consequentemente dos efeitos da convenção em obrigacional e normativo (ou regulativo) tem sido objecto, e bem, de críticas, uma vez que existem cláusulas que não são reconduzíveis a nenhuma das tipologias. Como escreve GINO GIUGNI, "Direito do Trabalho", cit., p. 338, "(...) a distinção é importante e, ainda hoje, muito actual; pode, todavia, (...) resultar desadaptada em relação a uma cognição funcional do instituto e adapta-se mal às cláusulas ou partes processuais e institucionais (por exemplo, comissões mistas, procedimentos arbitrais e de conciliação, fundos de previdência) que são frequentes na experiência contratual". Tal parece ser também a posição de CARLOS ALBERTO AMORIM, *Direito do Trabalho – Da Convenção Colectiva de Trabalho*, cit., pp. 265-266, que, além das duas facetas fundamentais, obrigacional e normativa, se refere a cláusulas instrumentais e cláusulas eventuais ou acessórias; e é a de NUNES DE CARVALHO, *Das Carreiras Profissionais ...*, cit., p. 425, nota 11, que exemplifica com as cláusulas sobre carreiras profissionais. *Vd.* também MENEZES CORDEIRO, *Manual de Direito do Trabalho*, cit., pp. 281-282, 321; LIBERAL FERNANDES,"Privatização e Desmembramento das Empresas Públicas: Alguns Problemas Juslaborais", *Revista de Direito e Economia*, anos XVI a XIX, 1990 a 1993, pp. 434-436; ROMANO MARTINEZ, *Direito do Trabalho*, cit., p. 978; LOBO XAVIER, *op. cit.*, p. 247.

De facto, as cláusulas que não produzam efeitos imediatos nos contratos individuais de trabalho, mas que, por outro lado, não se confinem à esfera das partes outorgantes, não são facilmente subsumíveis na alternativa obrigacional – normativa. É o caso, por exemplo, de disposições que se refiram à constituição de comissões paritárias (artigo 542.°).

Referimos, contudo, esta bipartição por mera vantagem expositiva.

Para mais desenvolvimentos sobre a distinção entre cláusulas obrigacionais e normativas, *vd.*, entre outros, MENEZES CORDEIRO, *Convenções Colectivas e Alterações de Circunstâncias*, cit., pp. 45-51, com diversos desdobramentos; ROMANO MARTINEZ, *Direito do Trabalho*, cit., pp. 978-982; BARROS MOURA, *A Convenção Colectiva ...*, cit., pp. 114-117 e 125-146. Na doutrina estrangeira *vd.*, entre outros, ALONSO OLEA – CASAS BAAMONDE, *Derecho del Trabajo*, decimoquinta edicion, Civitas, Madrid, 1997, pp. 835-863; WOLFGANG DÄUBLER, *Derecho del Trabajo*, cit., pp. 142-147.

Sobre a classificação das cláusulas obrigacionais, *vd.* VALDÉS DAL RÉ, "La Adhesion y la Extensión de los Convenios Colectivos", *Revista Española de Derecho del Trabajo*, n.° 36, 1988, p. 542.

[20] Dentro desta é ainda necessário distinguir as cláusulas de eficácia diferida das de eficácia imediata, pois enquanto as primeiras necessitam, para que os seus efeitos se repercutam nos contratos de trabalho, de actos posteriores de execução, em regra, a cargo do empregador, as cláusulas de eficácia imediata produzem os seus efeitos pela mera entrada em vigor da convenção. É exemplo deste tipo de cláusulas, a determinação de que os trabalhadores que tenham maior mobilidade geográfica terão um horário mais reduzido, cabendo a empregador designar os trabalhadores abrangidos.

ROMANO MARTINEZ, *Direito do Trabalho*, cit., p. 981, dá como exemplos a construção de uma cantina ou de uma creche, bem como o fornecimento de transportes, para os

Estudos de Direito do Trabalho (Código do Trabalho) 211

VI. Além da *eficácia temporal* (entrada em vigor e respectiva vigência), há que referir a *eficácia pessoal*. No nosso ordenamento as convenções colectivas têm somente *eficácia inter-partes*, pois como prescreve o n.° 1 do artigo 552.°, "*a convenção colectiva de trabalho obriga os empregadores que a subscrevem e os inscritos nas associações de empregadores signatárias, bem como os trabalhadores ao seu serviço que sejam membros das associações sindicais outorgantes*"[21]. O mesmo

---

quais seriam necessários actos de concretização. Também neste sentido, MENEZES COR-DEIRO, *Convenções Colectivas de Trabalho e Alterações de Circunstâncias*, cit., p. 49.

Enquanto não houver concretização da cláusula, os trabalhadores não possuem qualquer direito a usufruir do regime, mas deve salientar-se que a não execução das mesmas configura incumprimento da convenção, o que gerará responsabilidade civil, bem como a aplicação de sanções (respectivamente, artigos 562.° e 687.°).

Nos termos do artigo 562.°, o empregador tanto tem o dever de ressarcir os danos causados ao sindicato, como aos trabalhadores. No entanto, é preciso notar que tal consequência apenas poderá ocorrer se os trabalhadores destinatários da cláusula não concretizada forem individualizáveis, ou seja, estando a delimitação do âmbito do regime a cargo de uma das partes (é o caso, acima referido, de haver maior mobilidade de alguns trabalhadores e consequentemente os mesmos terem uma redução de horário, cabendo a indicação dos trabalhadores ao empregador), não será possível, em princípio, descortinar os trabalhadores afectados, faltando, assim, a identificação dos que sofreram dano.

Deve, no entanto, referir-se que, atendendo ao conteúdo das convenções colectivas – onde os temas, mais regulados têm natureza pecuniária, mais exactamente, o subsídio de refeição, subsídios ligados à mobilidade geográfica, abono para falhas, diuturnidades profissões e subsídios por funções/competências específicas – *Principais Características da Negociação Colectiva ...,* cit., p. 34 –, em regra, as cláusulas são de eficácia imediata.

21 Os efeitos da convenção colectiva nos ordenamentos jurídicos estrangeiros não são idênticos. Na Alemanha, por exemplo, a convenção colectiva tem apenas efeitos inter-partes i.e., só os sujeitos outorgantes estão vinculados. Existe, contudo, uma excepção importante à regra de a convenção apenas abranger os filiados: se o empresário estiver vinculado à convenção, ainda que os trabalhadores não o estejam, aquele tem de cumprir o estipulado na convenção relativamente às normas de empresa e de organização social – § 3.°, § 1 e 2, da Lei das Convenções Colectivas (TVG – *Tarifvertragsgesetz*). Sobre os efeitos pessoais da convenção, vd. WOLFGANG DÄUBLER, *Derecho del Trabajo*, cit., pp. 149-150; HUECK-NIPPERDEY, *Compendio de Derecho del Trabajo*, Editorial Revista de Derecho Privado, Madrid, 1963 (tradução castelhana de MIGUEL RODRIGUÉZ PIÑERO e LUIS ENRIQUE DE LA VILLA, *Grundriß des Arbeitsrecht*, s.e., 1962), pp. 342-343; ALFRED SÖLLNER, *Grundriß des Arbeitsrechts*, Verlag Vahlen, Munchen, 1994, p. 150.

Já em Espanha, a convenção colectiva produz efeitos gerais – sem esquecer a destrinça feita pela doutrina e jurisprudência entre convenções colectivas estatutárias e extra--estatutárias (sobre a questão, entre muitos outros, ALONSO OLEA – CASAS BAAMONDE, *Derecho del Trabajo*, cit., entre outras, pp. 778-779, 863-873) –, ou seja, abrange todos os

se verifica se estivermos perante convenções outorgadas por uniões, federações ou confederações (artigo 552.°, n.° 2).

---

trabalhadores e empregadores incluídos no âmbito funcional e territorial da convenção, independentemente de filiação (artigo 82.°, n.° 3, do Estatuto do Trabalhadores – *Estatuto de los Trabajadores*) – vd., por todos, Alonso Olea-Casas Baamonde, *op. cit.*, pp. 786-788, 823-826; Sala Franco – Albiol Montesinos, *Derecho Sindical*, 5.ª edición, Tirant lo Blanch, Valencia, 1998, pp. 342-345. *Vd.* também Rivero Lamas, "Estructura y Funciones de la Negociación Colectiva tras la Reforma Laboral de 1997", *Revista Española de Derecho del Trabajo*, n.° 89, 1998, pp. 381-410.

Em França distingue-se (artigos L. 133-1 ss e R. 133-1 e ss do Código do Trabalho – *Code du Travail*) entre *convenções colectivas ordinárias* e *convenções susceptíveis de extensão*, estando estas sujeitas a um regime mais exigente do que aquelas. De qualquer modo, os efeitos são semelhantes, uma vez que o elemento de conexão relevante é o *empregador*. Ou seja: é necessário que o empregador esteja filiado na associação outorgante, pois caso tal se não verifique, ainda que o trabalhador esteja inscrito na associação signatária, a convenção não pode obrigar aquele a seguir o regime acordado (artigo L.135-1 e 2, Código do Trabalho). Nestes termos, a vinculação do empregador a uma convenção colectiva é elemento essencial e suficiente para que os efeitos desta se produzam na empresa e abranjam quer os trabalhadores filiados, quer os não filiados. Sobre a questão, *vd.*, entre outros, Jean-Claude Javillier, *Manuel Droit du Travail*, 7 édition, LGDJ, Paris, 1999, em especial, pp. 794-801; Lardy-Pélissier, Jean Pélissier, Agnès Roset e Lysiane Tholy, *Le Code du Travail Annoté*, Groupe Revue Fiduciare, Paris, 2001, pp. 354 e ss; Christophe Radé, *Droit du Travail*, 2.ª édition, Montchrestian, Paris, 2002, pp. 11 e ss.

Finalmente, em Itália existem quatro tipos de convenções colectivas:

a) as *corporativas*: foram celebradas pelas organizações sociais fascistas, durante o regime corporativo, e têm eficácia geral. Os contratos colectivos de direito corporativo mantiveram os seus efeitos, não obstante o fim do regime, pelo Decreto-Lei «Luogotenenziale», n.° 369, de 23 de Novembro de 1944. *Vd.* sobre o assunto, Gino Giugni, *Diritto Sindicale*, IX edizione, Cacucci Editore, Bari, 1992, pp. 133-35; Giuliano Mazzoni, *Manuale di Diritto del Lavoro*, volume I, Giuffrè, Milano, 1988, p. 190; Renato Scognamiglio, *Diritto del Lavoro*, terza edizione, Jovene Editore, Napoli, 1994, p. 7;

b) as de *direito comum*: regem-se pelas regras previstas para o direito comum dos contratos, tendo o seu âmbito de aplicação definido pelo próprio contrato, *Vd.* Giuliano Mazzoni, *op. cit.*, pp. 188-190; Mattia Persiani, *Diritto Sindicale*, cit., pp. 95 e ss; G. Zagrebelsky, *Manuale di Diritto Costituzionale*, volume primo, Utet, Torino, 1988, p. 252;

c) as de *eficácia erga omnes*: segundo a Constituição (artigo 39.°, 3.° par.) são celebradas pelas associações reconhecidas e têm eficácia obrigatória para todos os membros da categoria; no entanto, este preceito constitucional tem tido problemas de concretização face aos obstáculos políticos e técnicos colocados, *vd.*

Resulta então do exposto a necessidade de existir concomitantemente filiação do empregador (caso não a celebre directamente) e do trabalhador nas associações outorgantes[22]. Nisto consiste o *princípio da filiação* ou, talvez mais correctamente, *princípio da dupla filiação*[23].

GINO GIUGNI, *op. cit.*, 135; MATTIA PERSIANI, *Diritto Sindicale*, cit., pp. 24 e ss; M. ZAGREBELSKY, *op. cit.*, pp. 247-248;

d) e, por último, as que foram objecto da Lei n.º 741, de 14 de Julho de 1959: têm um efeito idêntico ao que, noutros ordenamentos, se atinge através do regulamento de extensão e que este país não consagra. *Vd.* GINO GIUGNI, *op. cit.*, pp. 136-138; ANDREA LASSANDRI, *Il Diritto del Lavoro – La Contrattazione e il Contratto Collettivo*, Ediesse, Roma, 2003, pp. 36 e ss; AAVV, *Problemi di Interpretazione e di Applicazione della Legge 1959, n.º 741 sui Minimi di Trattamento Económico e Normativo aí Lavatori*, Università di Firenze, direttore Giuliano Mazzoni, Giuffrè, Milano, 1962; GONÇALVES DA SILVA, *Contributo para o Estudo da Portaria de Extensão*, cit., pp. 56-58.

Sobre o debate acerca dos efeitos da convenção colectiva e a representatividade sindical, *vd.*, por exemplo, GIUSEPPE PERA, "Verso il Contratto Collettivo Generalmente Obbligatorio?", *Rivista Italiana di Diritto del Lavoro*, anno XIX, 2000, n.º 1, pp. 97-107.

Para uma visão geral, ainda que sucinta, do estado da negociação colectiva na União Europeia, *vd.* TIMO KAUPPINEN, "La Negociación Colectiva en las Relaciones Industriales de la Europa de la Union Monetaria", AAVV, *La Negociación Colectiva en el Escenario del Año 2000 – XII Jornadas de Estudio sobre la Negociación Colectiva*, «Coleccion Informes y Estudios», serie Relaciones Laborales, número 27, Ministerio de Trabajo y Asuntos Sociales, Madrid, 1999, pp. 19-65; ALESSANDRO GARILLI, "La Negociación Colectiva en las Relaciones Industriales de la Europa de la Union Monetaria", AAVV, *La Negociación Colectiva en el Escenario del Año 2000 – XII Jornadas de Estudio sobre la Negociación Colectiva*, «Coleccion Informes y Estudios», serie Relaciones Laborales, número 27, Ministerio de Trabajo y Asuntos Sociales, Madrid, 1999, pp. 67-90.

[22] Evidentemente que se estivermos perante um acordo de empresa ou colectivo, os empregadores negoceiam directamente (artigo 2.º, n.º 3).

Sobre os efeitos (pessoais ou subjectivos) da convenção, *vd.* Acórdão do Supremo Tribunal de Justiça, de 1 de Junho de 1984, *Acórdãos Doutrinais do Supremo Tribunal Administrativo*, n.º 274, pp. 1199 e ss; Sentença do Tribunal do Trabalho de Lisboa, de 26 de Junho de 1986, *Colectânea de Jurisprudência*, 1986, n.º 4, pp. 329 e ss; Acórdão do Supremo Tribunal de Justiça, de 2 de Outubro de 1996, *Acórdãos Doutrinais do Supremo Tribunal Administrativo*, n.º 423, pp. 380 e ss.

[23] Sobre este princípio, ROMANO MARTINEZ – LUÍS MIGUEL MONTEIRO – JOANA VASCONCELOS – MADEIRA DE BRITO – GUILHERME DRAY – GONÇALVES DA SILVA, *Código do Trabalho Anotado*, cit., pp. 778 e ss; Gonçalves da Silva, "Princípios Gerais da Contratação Colectiva do Código do Trabalho", *VI Congresso Nacional de Direito do Trabalho – Memórias*, coordenação de António José Moreira, Almedina, Coimbra, 2004, pp. 246 e ss.

Há, no entanto, a salientar que o Código do Trabalho, no artigo 15.º da Lei que o aprovou[24], permite que um trabalhador – não filiado em sindicato outorgante e cuja situação jurídico-laboral (sectorial ou profissional) se subsuma no âmbito de aplicação do instrumento – escolha, por escrito, sem carecer do acordo do empregador, a aplicação de uma convenção que regula a situação na empresa, desde que, por um lado, exista um instrumento posterior à entrada em vigor do Código do Trabalho (1 de Dezembro de 2003, artigo 3.º, n.º 1) e, por outro, seja aplicável à empresa um ou mais instrumentos anteriores a essa data[25].

O ónus da prova da filiação do trabalhador recai, nos termos do artigo 342.º, n.º 1, do CC, sobre aquele que invocar um direito, cabendo, pois ao trabalhador, se o invocar, a prova da sua filiação. Neste sentido, Acórdão do Supremo Tribunal de Justiça, de 20 de Janeiro de 1993, *Colectânea de jurisprudência*, 1993, n.º 1, pp. 238 e ss; Acórdão do Supremo Tribunal de Justiça, de 12 de Janeiro de 1994, *Acórdãos Doutrinais do Supremo Tribunal Administrativo*, n.º 389, pp. 613 e ss.

Note-se que, de acordo com o artigo 7.º, n.º 1, da Lei n.º 67/98, de 26 de Outubro, é proibido o tratamento de dados pessoais respeitantes à filiação sindical. O titular dos dados pode, contudo, autorizar tal tratamento, conforme preceitua o artigo 7.º, n.os 2 e 3, alínea b), da Lei n.º 67/98. *Vd.* também os artigos 492.º e ss, em especial o artigo 492.º, n.º 3, e o 494.º, n.os 3, 4 e 5. Sobre a questão, *vd.* ROMANO MARTINEZ, "Relações Empregador – Empregado", AAVV, *Direito da Sociedade da Informação*, volume I, Coimbra Editora, 1999, pp. 198-199; e a Deliberação n.º 15/95, de 1 de Setembro, da Comissão Nacional de Protecção de Dados.

[24] Para mais desenvolvimento sobre o preceito, *vd.* ROMANO MARTINEZ – LUÍS MIGUEL MONTEIRO – JOANA VASCONCELOS – MADEIRA DE BRITO – GUILHERME DRAY – GONÇALVES DA SILVA, *Código do Trabalho Anotado*, cit., pp. 48 e ss.

[25] Esta situação não se confunde com a aplicação de uma convenção a trabalhador não filiado em sindicato outorgante mediante acordo entre aquele (trabalhador) e o empregador. Neste caso, o empregador pode, repita-se, caso o trabalhador esteja de acordo, aplicar cláusulas da convenção. Tal pode acontecer, desde logo, em matéria retributiva, pois a disparidade de regimes contratuais pode causar, por um lado, dificuldades na organização da empresa e, por outro, conflitos internos quando os trabalhadores se encontrem em situação de paridade funcional.

Diferentemente, a situação referida no texto permite que o trabalhador opte – portanto, unilateralmente – por uma convenção que passa a regular a sua situação jurídica.

Alguma jurisprudência tem, contudo, ido mais longe (*vd.*, por exemplo, Acórdão do Supremo Tribunal de Justiça, de 26 Maio de 1988, *Boletim do Trabalho e Emprego*, 2.ª série, n.os 4-5-6, p. 396; Acórdão do Supremo Tribunal de Justiça, de 14 de Novembro de 1990, *Acs. Doutrinais do Supremo Tribunal Administrativo*, n.º 350, pp. 268 e ss; Acórdão do Supremo Tribunal de Justiça, de 17 de Fevereiro de 1993, *Acórdãos Doutrinais do Supremo Tribunal Administrativo*, n.º 378, pp. 709 e ss) e defendido que o "princípio do

Com o intuito de evitar a constante alteração da convenção aplicável – face aos efeitos nefastos que uma situação destas acarretaria – fixou-se que após a opção do trabalhador, a convenção se aplica até ao final do seu prazo ou, sendo esta objecto de alteração, até à respectiva entrada em vigor (artigo 15.°, n.° 2); não tendo a convenção prazo de vigência, o prazo de aplicação é de um ano (artigo 15.°, n.° 3).

O trabalhador poderá usufruir deste regime, i.e. utilizar o mecanismo da opção, dentro dos limites temporais dos n.os 2 e 3, e, por outro lado, desde que se mantenha o pressuposto da existência de convenções posteriores e anteriores à entrada em vigor do Código aplicáveis na empresa.

Nestes casos, existe uma excepção ao princípio da dupla filiação, tal como, aliás, acontece noutras situações (por exemplo, artigos 553.°, primeira parte, e 555.°, n.° 1[26]).

---

trabalho igual salário igual" impõe que os trabalhadores sindicalizados e não sindicalizados possuam o mesmo regime retributivo.

Não nos parece a melhor solução, pois tal entendimento aniquila o princípio da filiação sindical, ou seja, neutraliza a filiação sindical e, deste modo, todas as consequências inerentes à sindicalização (*v.g.*, pagamento da quota, acção sindical); além de que a aplicação de igual retribuição ignora as contrapartidas fixadas aquando da negociação, essas só aplicáveis aos sindicalizados e, note-se, dificilmente identificáveis. É certo que se pode argumentar que apenas se trata de uma parte da convenção, além de que tal injunção tem base constitucional; só que a filiação sindical tem igualmente consagração na Lei Fundamental (artigo 55.°, n.° 2, alínea b)). Sobre a questão, e divergindo da posição jurisprudencial, MENEZES CORDEIRO, *Manual de Direito do Trabalho*, cit., pp. 147, 736-737; MONTEIRO FERNANDES, *Direito do Trabalho*, cit., pp. 765-766, nota 2; MAIA DA SILVA, "Os Direitos Constitucionais dos Trabalhadores e a sua Articulação com o Direito Ordinário", AAVV, *III Congresso Nacional de Direito do Trabalho – Memórias*, coordenação de António Moreira, Almedina, Coimbra, 2001, pp. 120 e ss; LOBO XAVIER, *Curso de Direito do Trabalho*, cit., pp. 371-373, 401-402; LOBO XAVIER – NUNES CARVALHO – "Princípio da Igualdade: a Trabalho Igual, Salário Igual", *Revista de Direito e de Estudos Sociais*, ano XXXIX (XII da 2.ª série), 1997, n.° 4, pp. 401-450. Diversamente, RIBEIRO LOPES, "A Contratação Colectiva", cit., pp. 61--64. Com particular interesse para o debate, sem esquecer as particularidades, *vd.* a doutrina italiana, EDOARDO GHERA, *Diritto del Lavoro*, Cacucci Editore, Bari, 1995, pp. 164-172; MATTIA PERSIANI, *Diritto Sindicale*, cit., pp. 105-109, com indicação de diversas fontes.

[26] Para mais desenvolvimentos sobre estes preceitos, na versão da LRCT, GONÇALVES DA SILVA, *Notas sobre a Eficácia Normativa da Convenção Colectiva*, «cadernos laborais», n.° 1, Instituto de Direito do Trabalho, Almedina, Coimbra, 2002, pp. 54-60; na actual versão, ROMANO MARTINEZ – LUÍS MIGUEL MONTEIRO – JOANA VASCONCELOS – MADEIRA DE BRITO – GUILHERME DRAY – GONÇALVES DA SILVA, *Código do Trabalho Anotado,* cit., respectivamente, pp. 779 e ss e 782 e ss,.

VII. Acresce ao *âmbito temporal* e *pessoal*, o *âmbito geográfico*[27], que consiste na delimitação espacial da aplicação da convenção, cuja referência faz parte do conteúdo obrigatório da convenção (artigo 543.º, n.º 1, alínea c))[28].

1.2. Reforma em matéria de contratação colectiva

I. Das breves considerações expendidas resulta que a convenção colectiva é um dos principais marcos do Direito do Trabalho. Como escreve GINO GUIGNI, "o contrato colectivo é, juntamente, com o direito de greve, o instituto mais típico do Direito do Trabalho, no sentido de ser específico de tal ramo do Direito"[29].

Além da singular especificidade, igual particularidade decorre da sua relevância social. De facto, como se sabe, com a auto-regulação consegue-se, por um lado, uma maior e mais efectiva eficácia do conteúdo fixado, por outro, atinge-se maior adequação à realidade, pois são os destinatários – ou mais exactamente, os seus representantes – que melhor conhecem as suas necessidades e, por último, adquire-se maior pacificação das situações laborais, uma vez que o facto de ter sido outorgado pelos principais interessados, faz com que haja uma maior satisfação dos resultados alcançados.

II. Actualmente vivemos numa época que se poderá designar de *"imobilismo da contratação colectiva"*. Em Portugal, entre 1997 e 2002, foram depositadas, em média, cerca de quatrocentas convenções anuais[30].

---

[27] Deve, contudo, realçar-se que esta divisão não tem mais do que objectivos sistemáticos e expositivos, pois naturalmente os efeitos – temporais, pessoais e geográficos – estão intrinsecamente ligados.

[28] A ausência desta cláusula tem como consequência a recusa do depósito (artigo 550.º, n.º 1, alínea a)) por parte dos serviços do ministério responsável pela área laboral.

[29] GINO GUIGNI, *Autonomia e Autotutela Colectiva no Direito do Trabalho*, Associação Académica da Faculdade de Direito de Lisboa, 1983, p. 5.

[30] Este número inclui também alterações parciais, bem como adesões. Cfr. Principais Características da Negociação Colectiva em Portugal (1994-2001), Secretaria de Estado do Trabalho e Formação, Colecção "Estudos", série C – "Trabalho", n.º 16, 2002, p. 30 e ss. Em 2002, de acordo com os dados da Direcção-Geral do Emprego e das Relações de Trabalho (DGERT), houve um ligeiro aumento, uma vez que a totalidade dos ins-

Em nenhum país da União Europeia existe uma situação de bloqueio tão generalizado e prejudicial como no nosso país; para suportar a afirmação basta dizer que, por exemplo, em Espanha, no ano de 2001, foram registadas cerca de quatro mil e vinte e uma convenções[31], enquanto que em Portugal, no mesmo período, foram depositados trezentos e setenta e nove acordos, contando com as alterações parciais, pois convenções novas foram apenas quarenta e uma[32].

As causas são há muito conhecidas, podendo, entre outras, isolar-se, *primo*, a legislação (colectiva) laboral, *rectius*, a interpretação de que ela é objecto, da qual resulta a perpetuação de um instrumento cuja vocação é *temporária*; *secundo*, o diminuto espaço de intervenção que, em regra, as convenções têm, i.e., excesso de imperatividade legal em detrimento de normas convénio-dispositivas[33]; para a situação de bloqueio muito contribuiu a legislação anterior.

---

trumentos negociais publicados foi de quatrocentos e dezanove, face aos trezentos e setenta e nove do ano anterior, devendo-se esse acréscimo ao maior número de adesões verificadas (oitenta e dois em 2002, quando em 2001 foram dezanove).

O conteúdo da contratação colectiva também deve ser motivo de preocupação, porquanto matérias como a segurança, higiene e saúde no trabalho ou a formação não surgem nos primeiros oito temas mais abordados entre 1997 e 2002, e apenas uma alteração respeita ao trabalho de pessoa com deficiência.

[31] Cfr. *Situación Actual de la Medición de la Cobertura de la Negociación Colectiva en España*, Comisión Consultiva Nacional de Convenios Colectivos, Colección Informe y Estudios, série Relaciones Laborales, n.º 45, Ministerio de Trabajo y Asuntos Sociales, Madrid, 2002, p. 17.

[32] Cfr. *Principais Características da Negociação Colectiva ...*, cit., p. 13; estamos a incluir também as adesões (dezanove).

[33] Para uma apreciação crítica do sistema anterior ao Código do Trabalho, *vd.* MONTEIRO FERNANDES, "Reflexões sobre a Negociação Colectiva em Portugal", AAVV, *III Congresso Nacional de Direito do Trabalho – Memórias*, coordenação de António José Moreira, Almedina, Coimbra, 2001, pp. 226 e ss; JOSÉ ANTÓNIO MESQUITA, "Reflexões sobre a Negociação Colectiva", AAVV, *II Congresso Nacional de Direito do Trabalho – Memórias*, coordenação de António Moreira, Almedina, Coimbra, 1999, pp. 219 e ss; GONÇALVES DA SILVA, *Notas sobre a Eficácia Normativa da Convenção Colectiva*, cit., em especial, pp. 68 e ss; Lobo Xavier, "Alguns Pontos Críticos das Convenções Colectivas de Trabalho", AAVV, *II Congresso Nacional de Direito do Trabalho – Memórias*, coordenação de António José MoreirA, Almedina, Coimbra, 1999, pp. 329 e ss. e, mais recentemente, tendo presente o Código, "Cláusulas de Paz, Vigência e Sobrevigência", AAVV, *Alguns Aspectos Cruciais do Código do Trabalho*, Principia, Cascais, 2003, pp. 128 e ss. Com interesse para a questão, ALAIN SUPIOT, *et. al. Transformações do Trabalho e Futuro*

No actual e futuro Direito do Trabalho, a contratação colectiva é um factor essencial para a realização da justiça social, pelo que é facilmente compreensível que o legislador tenha eleito como elemento central da reforma laboral a revitalização da contratação colectiva.

III. As soluções previstas no Código do Trabalho visam, quanto a esta matéria, acima de tudo revitalizar a contratação colectiva que deve ter um papel único na regulação das relações laborais. Como se escreve na Exposição de Motivos da Proposta de lei n.° 29/IX (aprova o Código do Trabalho), "é objectivo estruturante do Código inverter a situação de estagnação da contratação colectiva, dinamizando-a, não só pelas múltiplas alusões a matérias a regular nessa sede, como por via da limitação temporal de vigência desses instrumentos"[34].

Das alterações relativas à contratação colectiva identificadas na exposição de motivos salientam-se:

"A) Revitalização da contratação colectiva, nomeadamente através do estabelecimento da obrigação de as convenções colectivas regularem o respectivo âmbito temporal, e da previsão de um regime supletivo aplicável em matéria de sobrevigência e de denúncia, sempre que tal se não encontre regulado por convenção;

B) Consagração do princípio segundo o qual a mera sucessão de convenções colectivas não pode ser invocada para diminuir a protecção geral dos trabalhadores;

C) Dinamização da arbitragem obrigatória, cabendo aos representantes das associações sindicais e patronais, com assento na Comissão Permanente de Concertação Social, a elaboração da lista de árbitros, sendo a sua feitura deferida, em caso de recusa de elaboração, a uma comissão composta pelo Presidente do Conselho Económico e Social, que preside, e por dois representantes das associações sindicais e dois representantes das associações de empregadores, competindo ao Presidente do Conselho o desbloqueio da situação caso os procedimentos acima referidos não sejam eficazes;

---

do Direito do Trabalho na Europa, «Perspectivas Laborais», n.° 1, Associação de Estudos Laborais, Coimbra Editora, 2003, pp. 147 e ss.

[34] *Diário da Assembleia da República*, Separata n.° 24/IX, de 15 de Novembro de 2002, Aprova o Código do Trabalho (Proposta de lei da iniciativa do Governo), p. 7.

Estudos de Direito do Trabalho (Código do Trabalho)   219

D) Limitação da possibilidade de recurso aos regulamentos de condições mínimas (portarias de regulamentação do trabalho) ao caso de inexistência de sujeitos colectivos;

E) Reforço dos requisitos necessários para a elaboração de regulamentos de condições mínimas (portarias de regulamentação do trabalho), desde que circunstâncias sociais e económicas o justifiquem;

F) Reiteração do princípio da responsabilização civil dos sujeitos outorgantes de convenções colectivas, bem como dos respectivos filiados, pelo seu incumprimento"[35].

Do exposto decorre claramente a opção do legislador por uma contratação colectiva dinâmica, em detrimento da actual estática, pelo que este desígnio deve ser também tido em conta em matéria de interpretação--aplicação.

1.3. Delimitação do objecto

I. Feita esta breve apresentação e referida (sumariamente) a importância da contratação colectiva na reforma laboral – da qual resulta que um dos seus elementos centrais é o âmbito temporal da convenção – cabe agora analisar outros aspectos, sempre atinentes à eficácia temporal da convenção colectiva

II. Para isso, depois de estudarmos a eficácia da convenção colectiva no contrato de trabalho (§ 2.°), analisaremos a vigência e sobrevigência desta fonte (§ 3.°), a sua revogação (§ 4.°), para concluirmos com uma questão também central que é a cessação dos efeitos da convenção (§ 5.°).

§ 2.°) EFEITOS DA CONVENÇÃO NO CONTRATO DE TRABALHO

I. A matéria dos efeitos da convenção colectiva no contrato de trabalho é de extrema importância para apreendermos o regime da eficácia temporal, em especial, o da cessação.

---

[35] *Diário da Assembleia da República*, Separata n.° 24/IX, de 15 de Novembro de 2002, cit., pp. 9-10.

Duas posições merecem especial atenção: a *teoria da recepção automática* e a *da eficácia invalidante*, também chamada *de condicionamento externo*[36].

De acordo com a *teoria da recepção automática*, as cláusulas convencionais incorporar-se-iam nos diversos contratos individuais de trabalho abrangidos[37]; segundo a *teoria da eficácia invalidante*, as cláusulas convencionais apenas impossibilitariam a eficácia das cláusulas contratuais que as contrariassem.

Como bem refere MENEZES CORDEIRO, as doutrinas, confrontadas nos termos expostos, não têm actualmente razão de ser, uma vez que tal como "as normas legais aplicáveis no âmbito dos contratos actuam directamente no seu conteúdo, sem necessidade de qualquer ficção de recepção pelas partes"[38], também no que respeita às convenções colectivas, tendo presente que são verdadeiras fontes, o mesmo se verifica[39] [40]. De

---

[36] Para mais desenvolvimentos sobre as duas teorias, *vd.*, entre outros, MENEZES CORDEIRO, *Manual de Direito do Trabalho*, cit. pp. 308-310; MONTEIRO FERNANDES, *Direito do Trabalho*, cit., pp. 759-765; BARROS MOURA, *A Convenção Colectiva ...*, cit., *maxime*, pp. 192-197, onde refere algumas variantes. Deve salientar-se, por um lado, que a denominação e a formulação das teorias não é totalmente unívoca na doutrina e, por outro, que existe uma tendência para fazer variar aquelas teorias consoante a natureza da convenção.

[37] Esta doutrina, segundo COELHO DO AMARAL, "O Contrato Colectivo de Trabalho no Direito Corporativo Português", cit., pp. 443-444, teve acolhimento na redacção do artigo 2.º da Lei n.º 1952, de 10 de Março de 1937 (*Diário do Govêrno*, de 10 de Março de 1937, I série, número 57, pp. 203-205), diploma que estabeleceu o primeiro regime específico do contrato de trabalho, segundo o qual *"as cláusulas e condições do contrato de trabalho podem constar de contratos individuais e de acordos ou contratos colectivos (...)"*.

[38] MENEZES CORDEIRO, *Manual de Direito do Trabalho*, cit. p. 309. Também neste sentido, NUNES DE CARVALHO, *Das Carreiras Profissionais*, cit., pp. 425-430, e "Primeiras Notas sobre a Contratação Colectiva Atípica", cit., pp. 384-385; ROMANO MARTINEZ, *Direito do Trabalho*, cit., pp. 187, nota 1, 237-242, onde o Professor analisa a relação entre a lei e o contrato de trabalho.

[39] A teoria da recepção automática, com algumas especificidades, tem, entre nós, defensores, como é o caso de MONTEIRO FERNANDES, *Direito do Trabalho*, cit., pp. 761-765, que a preconiza, pp. 764-765, mas afirma que a mesma não é plena nem definitiva. Furtado Martins, parece não rejeitar um princípio da recepção automática das convenções colectivas de trabalho, embora negue qualquer apropriação pelo contrato de trabalho dos conteúdos convencionais "Anotação ao Acórdão de Uniformização de Jurisprudência", *III Congresso Nacional de Direito do Trabalho – Memórias*, coordenação de António José Moreira, Almedina, Coimbra, 2001, pp. 313 e ss. A posição de CARLOS ALBERTO AMORIM,

Direito do Trabalho – Da Convenção Colectiva de Trabalho, cit., p. 265, expressa no âmbito do Decreto-Lei n.º 164-A/76, de 28 de Fevereiro, é a de que a aceitar-se a inserção automática, esta tem de ser considerada momentânea e transitória.

Contra a admissibilidade da doutrina da recepção automática, *vd.*, entre outros, MENEZES CORDEIRO, *Manual de Direito do Trabalho*, cit., p. 309; ROMANO MARTINEZ, *Direito do Trabalho,* cit., pp. 187, nota 1, 237-242, onde o Professor analisa a relação entre a lei e o contrato de trabalho; LOBO XAVIER, *Curso de Direito do Trabalho*, cit., pp. 271-277; na jurisprudência, *vd.*, por exemplo, Acórdão do Supremo Tribunal Administrativo, de 11 de Outubro de 1995, *Questões Laborais*, ano III, n.º 7, 1996, p. 99.

Diferente era, em meados da década de sessenta, a posição de RAÚL VENTURA, – "Conflitos de Trabalho – Conceito e Classificações, Tendo em Vista um Novo Código de Processo de Trabalho", AAVV, *Curso de Direito do Trabalho*, suplemento da Revista da Faculdade de Direito da Universidade de Lisboa, Lisboa, 1964, p. 61, que ao tratar da competência dos tribunais do trabalho, defende que "a ligação entre o contrato de trabalho e as fontes da sua regulamentação faz-se sob um aspecto positivo e um negativo, o primeiro pela inserção no conteúdo da relação jurídica de preceitos imperativos ou dispositivos constantes dessas fontes, o segundo pela invalidação determinada por tais fontes, de preceitos individuais do contrato. Tanto num caso como noutro, a fonte última dos direitos e obrigações que podem dar lugar às questões é o contrato e não cada um das fontes que positiva ou negativamente contribui para a formação ou delimitação do seu conteúdo".

Na doutrina estrangeira, pode consultar-se com interesse para o debate sobre a eficácia da convenção nos contratos individuais de trabalho, ALONSO OLEA – CASAS BAAMONDE, *Derecho del Trabajo*, cit., pp. 824-825, e nota 74, segundo os quais é pacífica na doutrina e jurisprudência espanholas a rejeição da incorporação das cláusulas convencionais nos contratos individuais de trabalho; PIERRE OLLIER, "L'Accord d'Entreprise dans -ses Rapports avec les Autres Sources de Droit dans l'Entreprise", *Droit Social*, 1982, n.º 11, pp. 681-683, que rejeita a tese da incorporação; MATTIA PERSIANI, *Diritto Sindicale*, cit. pp. 114-116, com indicação de diversa bibliografia, parece afastar-se da teoria da incorporação; VICTOR RUSSOMANO, "Tendências Actuais da Negociação Colectiva", AAVV, *Anais das I Jornadas Luso-Hispano-Brasileiras de Direito do Trabalho*, s.e., Lisboa, 1982, pp. 128-129, 132, que defende a teoria da incorporação.

Com um âmbito mais geral, mas igualmente relevante, ALAIN SUPIOT, *Crítica del Derecho del Trabajo*, «informe y estudios», número 11, Ministerio de Trabajo y Asuntos Sociales, Madrid, 1996, pp. 43-50 (tradução de José Luis Gil y Gil, *Critique du Droit du Travail*, Presses Universitaires de France, s.l., 1994).

[40] A nossa posição não invalida, evidentemente, a possibilidade de a convenção prever, no âmbito da autonomia colectiva, determinadas cláusulas que deverão fazer parte dos contratos de trabalho. Neste caso, o que existe é uma vinculação por parte do empregador no que respeita ao conteúdo do contrato de trabalho, verificando-se esta situação, não por imposição legal, mas devido ao acordo das partes. Por exemplo, uma convenção colectiva pode prever que os contratos de trabalho devem ter uma cláusula sobre o subsídio de risco no montante de 15%.

facto, tal como acontece com as outras fontes, por exemplo, a lei, a convenção colectiva modela o conteúdo do contrato de trabalho[41] [42].

II. Parece-nos ser inequívoco que o facto de haver uma eficácia directa e imediata do conteúdo da convenção nos contratos individuais, não obriga a ficcionar, e muito menos a que exista, uma incorporação das cláusulas convencionais nos contratos individuais ou uma mera paralisação das regras destes que lhes sejam contrárias. Esta última teoria – *da eficácia invalidante* – deve ser rejeitada, pois o ordenamento claramente a ignora, por exemplo, ao determinar que as cláusulas dos contratos individuais contrárias às convencionais são substituídas por estas, não se bastando com a mera paralisação dos efeitos (artigo 114.º, n.º 2)[43].

Também a *teoria da recepção automática* não deve ser acolhida pelos seguintes motivos:

a) A sua formulação leva à confusão entre a fonte – convenção colectiva – e o objecto da mesma, i.e., os contratos de trabalho, situação que não é tecnicamente correcta;

b) A transmutação das cláusulas convencionais em individuais, levada às últimas consequências, aniquilaria a autonomia colectiva; e isto porque se houvesse uma efectiva alteração na natureza das cláusulas convencionais, estas ao incorporarem-se nos contratos de trabalho ficariam na disponibilidade das partes individuais, não obstante os limites legais (*v.g.* artigos 4.º, n.º 3, ou 122.º), pois a sua natureza passaria a ser de uma cláusula individual constante do contrato de trabalho;

---

[41] Sobre o significado da intervenção legal para a eficácia normativa da convenção colectiva, *vd.* Correa Carrasco, "La Eficacia Jurídica del Convenio Colectivo como Fuente (Formal) del Derecho del Trabajo", *Revista Española de Derecho del Trabajo*, n.º 88, 1998, pp. 225-252, em especial pp. 231-253.

[42] Neste sentido, entre outros, NUNES DE CARVALHO, *Das Carreiras Profissionais* ..., cit., p. 423, e "Primeiras Notas sobre a Contratação Colectiva", cit., p. 385; e, como vimos, MENEZES CORDEIRO, *Manual de Direito do Trabalho*, cit., p. 309. Na doutrina estrangeira, vd., por exemplo, ALONSO OLEA – CASAS BAAMONDE, *Derecho del Trabajo*, cit., pp. 824-825; WOLFGANG DAÜBLER, *Derecho del Trabajo*, cit. p. 147.

[43] Deve especificar-se que o artigo 114.º, n.º 2, quando refere *"preceitos imperativos"* indica que a substituição *ope legis* opera qualquer que seja a fonte donde promanem os preceitos. Ou seja: a substituição automática *ex vi legis* verifica-se, quer relativamente às normas legais, quer relativamente às disposições dos instrumentos de regulamentação colectiva de trabalho.

Estudos de Direito do Trabalho (Código do Trabalho)

c) Não tem qualquer apoio na Constituição, cujo artigo 56.°, n.° 4, se refere à *"eficácia das respectivas normas"*, ou seja, o legislador constituinte elegeu a convenção colectiva, a par da lei e sem prejuízo da sua subordinação a esta, como fonte de Direito do Trabalho;

d) Igualmente não tem qualquer acolhimento no Código do Trabalho, bastando analisar, por exemplo, entre muitos outros pontos[44]:

i) Os artigos 13.°, 14.° e 15.° da Lei que aprova o Código do Trabalho só têm razão de ser, em virtude de as cláusulas da convenção colectiva se manterem autónomas face ao contrato de trabalho;

ii) O artigo 1.°, da qual resulta uma clara diferenciação entre as fontes e a sujeição do contrato a estas;

iii) Os artigos 4.°, n.os 1 e 3, e 531.°, de onde deriva a destrinça de regime consoante esteja em causa um contrato de trabalho ou uma convenção colectiva;

iv) O artigo 555.°, n.° 1, só tem razão de existir, devido ao facto de as cláusulas convencionais não se incorporarem no contrato de trabalho, pois se tal se verificasse não faria sentido determinar que *"o instrumento de regulamentação colectiva de trabalho ... é aplicável ao adquirente ..."*, uma vez que a referência deveria ser ao contrato de trabalho, resultando, então, esta solução do artigo 318.°. De facto, o confronto entre os artigos 318.°, n.° 1, e 555.° revela, de forma inequívoca, que os instrumentos de regulamentação colectiva produzem efeitos no contrato de trabalho, mas mantêm a sua plena autonomia;

v) Os artigos 556.°, 557.°, 558.° e 559.° ao regularem, respectivamente, vigência, sobrevigência, denúncia e revogação, só são perceptíveis no pressuposto de que os efeitos da convenção colectiva não se incorporam no contrato de trabalho, pois caso contrário o objecto destas normas deveria ser este acordo;

---

[44] Para mais desenvolvimentos sobre os preceitos citados, *vd.* ROMANO MARTINEZ – LUÍS MIGUEL MONTEIRO – JOANA VASCONCELOS – MADEIRA DE BRITO – GUILHERME DRAY – GONÇALVES DA SILVA, *Código do Trabalho Anotado*, cit., pp. 69 e ss.

vi) O artigo 560.°, n.ᵒˢ 2, 3 e 4, ao regular a sucessão de convenções tem subjacente o confronto entre os instrumentos autónomos e não entre uma convenção e um contrato (n.ᵒˢ 3 e 4, *"os direitos decorrentes de uma convenção ..."*); o que, dito de outro modo, equivale a dizer que se o legislador tivesse consagrado a incorporação das cláusulas convencionais no contrato de trabalho, então, o cotejo far-se-ia entre as cláusulas da nova convenção e as constantes do contrato individual de trabalho;

vii) O incumprimento das cláusulas convencionais é tratado, não como a transgressão do contrato de trabalho – reforçando a posição sufragada na lei anterior conforme resultava do artigo 44.° da LRCT –, pois a essa situação aplica-se o capítulo do incumprimento do contrato (artigos 363.° e ss), mas como a violação da regulação colectiva (artigos 562.° e 687.°);

viii) Por último, não nos parece correcto invocar o artigo 114.°, n.° 2, como norma que consagra esta teoria[45]; invocar este preceito em defesa de tal tese – e uma vez que este se aplica estejam em causa fontes legais ou convencionais – levaria ao entendimento segundo a qual tanto as normas legais como as convencionais se incorporariam no contrato de trabalho, o que colocaria em causa a própria fonte legislativa, perdendo esta a sua imperatividade após a recepção, pois passaríamos a estar perante um regime com natureza de cláusula individual; ora, este entendimento colidiria, desde logo, com valores constitucionais, uma vez que anularia a verdadeira eficácia das leis. O que está em causa no artigo 114.°, n.° 2, é apenas e somente, uma questão de aplicação de regimes e não de incorporação;

e) Devemos reconhecer que quando o legislador quis proceder à inserção das cláusulas no contrato de trabalho, o fez expressa-

---

[45] No Acórdão de Uniformização de Jurisprudência n.° 1/2000, do Supremo Tribunal de Justiça, *Diário da República*, série I – A, número 27, de 2 de Fevereiro, p. 445, preconizou-se que o artigo 14.°, n.° 2, da LCT – que corresponde ao artigo 114.°, n.° 2 – consagrava o princípio da recepção automática. Para um comentário ao aresto, *vd.* FURTADO MARTINS, "Anotação ao Acórdão de Uniformização de Jurisprudência", cit., pp. 309 e ss.

mente. Era, por exemplo, o que acontecia no artigo 6.º, n.º 2, da LRCT[46], ao referir que a proibição de as convenções regularem benefícios complementares dos assegurados pela segurança social não afecta a manutenção dos benefícios anteriormente fixados por convenção colectiva, os quais se terão por reconhecidos, nos termos do contrato individual de trabalho. Isso demonstra exactamente que por não ser esta a regra no nosso ordenamento, o legislador teve expressamente de o dizer.

III. Deste modo, devemos assentar que pode existir uma eficácia imediata do conteúdo da convenção nos contratos sem ser necessário recorrer a qualquer das teorias anteriormente formuladas. O que acontece, em suma, é que a convenção afecta, como fonte que é, o contrato em termos substancialmente idênticos àqueles em que o faz a fonte legal. Como escreve GINO GIUGNI[47], a convenção colectiva mantém o seu conteúdo heterónomo na conformação do contrato de trabalho, podendo mesmo dizer-se que as vicissitudes daquela se reflectem no conteúdo deste, mas jamais perde a sua natureza conformadora e condicionante do contrato de trabalho.

Por isso mesmo, ainda seguindo a posição de GINO GIUGNI[48], se pode dizer que o contrato se encontra exposto ao efeito integrativo da convenção, da qual resulta ser inevitável que qualquer alteração no âmbito da autonomia colectiva se possa reflectir no conteúdo dos contratos de trabalho. Há, então, repita-se, que não confundir a fonte com o objecto da mesma: a convenção com o contrato de trabalho.

IV. Além da *eficácia imediata* das cláusulas convencionais (normativas) parece correcto fazer uma referência à *imperatividade* das mesmas ou, na terminologia de WOLFGANG DÄUBLER, ao seu *efeito coactivo*[49]. As dispo-

---

[46] Como defende, ROMANO MARTINEZ, *Direito do Trabalho*, cit., p. 238, nota 1.

[47] GINO GIUGNI, *Derecho Sindical*, Ministerio de Trabajo y Seguridad Social, Madrid, 1983 (traducción – Diritto Sindicale, 1980 – y Estudio Preliminar de José Vida Soria – Jaime Montalvo Correa), p. 192. Vd. Também sobre a matéria Furtado Martins, "Anotação ao Acórdão de Uniformização de Jurisprudência", cit., 2001, pp. 311 e ss.

[48] GINO GIUGNI, *Derecho Sindical*, cit., p. 192.

[49] WOLFGANG DÄUBLER, *Derecho del Trabajo*, cit., pp. 147-148. Ainda na doutrina alemã encontramos idênticas referências em HUECK – NIPPERDEY, *Compendio de Derecho del Trabajo*, cit., pp. 348-355. Entre nós, MENEZES CORDEIRO, *Manual de Direito do Trabalho*,

ções dos contratos individuais têm obrigatoriamente de respeitar o estabelecido nas convenções e caso não o façam são substituídas *ope legis*. Nisto
se traduz, a *substituição automática* (artigo 114.°, n.° 2).

V. Vejamos ainda algumas normas do Código do Trabalho das quais
resulta a eficácia referida:

a) A *eficácia imediata* resulta, desde logo, do prescrito no artigo 1.°
onde se afirma que os contratos de trabalho estão sujeitos às convenções colectivas; deixando de lado, por exemplo, os casos em
que as cláusulas pela sua própria natureza carecem de actos de
concretização, o conteúdo (normativo) da convenção conforma o
dos contratos individuais;

b) Por outro lado, de acordo com o n.° 2 do artigo 114.°, as cláusulas do contrato de trabalho que violem normas imperativas (previstas na lei ou na convenção) são substituídas *ope legis* por
estas. Daqui se infere, desde logo, a *imperatividade* e a *substituição automática*[50], pois não só impede os efeitos do contrato em
desconformidade com a convenção, o que demonstra a sua força
jurídica, como prescreve a substituição (aplicativa) das cláusulas
contratuais pelas convencionais (ou pelas legais, consoante os
casos);

---

cit., p. 310, refere-se à eficácia imediata, à natureza imperativa, à aplicação no tempo e
ao regime da nulidade; enquanto BARROS MOURA, *A Convenção Colectiva* ..., cit., pp.
185-192, analisa a eficácia imediata, imperativa e automática; e Lobo Xavier, "Sucessão
no Tempo de Instrumentos de Regulamentação Colectiva e Princípio Mais Favorável",
Revista de *Direito e de Estudos Sociais*, ano XXIX (II da 2.ª série), 1987, n.° 4, pp. 466-
467, refere-se, a propósito das normas que integram o Direito do Trabalho, à aplicação
directa e automática.

As características apontadas são apenas elementos gerais, pois pode em concreto
alguma delas faltar. Pense-se, por exemplo, numa cláusula da convenção carecer de actos
de concretização para que os seus efeitos se produzam nos contratos de trabalho, não obstante vincular o empregador à prática desses mesmos actos; ou no caso de estarmos
perante uma norma legal proibitiva (cfr. RAÚL VENTURA, "A Nulidade Total e Nulidade
Parcial do Contrato de Trabalho", *O Direito*, ano 94.°, 1962, n.° 4, pp. 267 e ss).

[50] A substituição automática verifica-se noutras ordens jurídicas, como é o caso,
por exemplo, da espanhola, *vd.* ALONSO OLEA – CASAS BAAMONDE, *Derecho del Trabajo*,
cit., p. 861; e da francesa, LYON-CAEN – JEAN PÉLISSIER – ALAIN SUPIOT, *Droit du Travail*,
cit., p. 683.

Estudos de Direito do Trabalho (Código do Trabalho) 227

c) Cabe igualmente referir que o artigo 114.°, n.° 2, apenas admite que os contratos de trabalho estabeleçam um regime mais favorável se estivermos perante normas imperativas de conteúdo mínimo, ou seja, regras que estabelecem de modo imperativo um regime base permitindo apenas o afastamento deste em sentido mais favorável ao trabalhador[51]. O que, dito de outro modo, equivale a dizer que se estiver em causa, por parte de uma fonte superior – *in casu*, da convenção –, um regime imperativo de conteúdo fixo (i.e., que não permite derrogação em qualquer dos sentidos) as cláusulas contratuais, mesmo que sejam mais favoráveis, serão substituídas pelas da convenção. E isto porque, nesta última situação, o fundamento hierárquico assim o impõe[52];

d) Desta mesma interpretação deve ser objecto o artigo 531.°, ao determinar que "*as disposições dos instrumentos de regulamentação colectiva de trabalho só podem ser afastadas por contrato de trabalho quando este estabeleça condições mais favoráveis para o trabalhador e se daquelas disposições não resultar o contrário*". Ou seja: o contrato de trabalho, mesmo que consagre disposições mais favoráveis, não pode contrariar cláusulas convencionais imperativas, aliás, como expressamente resulta da parte final do preceito ("*e se daquelas não resultar o contrário*")[53] [54] [55].

Deve também salientar-se que tal consequência encontra expresso acolhimento no parágrafo 3 – 1 e 2, da Recomendação n.° 91 da Organização Internacional do Trabalho.

[51] LOBO XAVIER, Curso de Direito do Trabalho, cit., p. 261, nota 1, defende, face ao n.° 2 do artigo 14.° da LCT, que o preceito pressupõe níveis mínimos de protecção para o trabalhador.

[52] Neste sentido, face ao regime anterior ao Código do Trabalho, MONTEIRO FERNANDES, *Direito do Trabalho*, cit., pp. 761-762; MÁRIO PINTO – FURTADO MARTINS – NUNES DE CARVALHO, *Comentário às Leis do Trabalho*, cit., p. 69 (4). Também RAÚL VENTURA, *Teoria da Relação Jurídica de Trabalho*, cit., p. 206, se refere expressamente à possibilidade de haver inderrogabilidade da convenção colectiva, ainda que em sentido mais favorável, pelo contrato de trabalho. Contra, sem contudo apresentar argumentos, BARROS MOURA, *A Convenção Colectiva …*, cit., p. 198, nota 34.

[53] Neste sentido, face ao artigo 14.°, n.° 1, da LRCT, ROMANO MARTINEZ, *Direito do Trabalho*, cit., p. 260.

[54] Devemos salientar que o artigo 4.° trata apenas da relação entre a lei e os instrumentos de regulamentação colectiva de trabalho e entre aquela e os contratos de trabalho, cabendo ao artigo 531.° fixar o regime entre os instrumentos de regulamentação colectiva e o contrato de trabalho; por sua vez, o artigo 114.°, n.° 2, aplica-se, como referimos

(supra nota), quer à relação entre a lei e os instrumentos de regulamentação colectiva, quer entre estes e o contrato de trabalho. Sobre o artigo 4.º, MENEZES LEITÃO, *Código do Trabalho Anotado*, cit., 22 e ss; ROMANO MARTINEZ – LUÍS MIGUEL MONTEIRO – JOANA VASCONCELOS – MADEIRA DE BRITO – GUILHERME DRAY – GONÇALVES DA SILVA, *Código do Trabalho Anotado*, cit., pp. 69 e ss.

[56] Do exposto resulta que a primeira operação a realizar para aferir da amplitude das estipulações individuais é a interpretação do conteúdo das fontes conformadoras, *in casu*, da convenção colectiva, para se poder concluir qual a liberdade das estipulações individuais (por isso mesmo é que Alarcón Caracuel, "La Autonomia Colectiva: Concepto, Legitimacion para Negociar y Eficacia de los Acuerdos", cit., pp. 53-54, defende que a autonomia colectiva é essencialmente um fenómeno de heteronomia colectiva face à autonomia individual. Sobre a relação entre a autonomia individual e a autonomia colectiva, *vd.*, entre outros, Borrajo da Cruz, "La Regulacion de las Condiciones de Trabajo en España: Poderes Normativos y Autonomia Individual", AAVV, *La Reforma del Mercado de Trabajo*, Dir. Borrajo Dacruz, Actualidad Editorial, Madrid, 1993, pp. 1063-1987, em especial, 1079-1083; ESCRIBANO GUTIÉRREZ, *Autonomia Individual y Colectiva en el Sistema de Fuentes del Derecho del Trabajo*, «colección estudios», número 84, Consejo Económico y Social, Madrid, 2000; do mesmo Autor, "Autonomia Individual y Colectiva ante el Cambio de Funciones de la Negociacion Colectiva en el Derecho Francés", *Revista Española de Derecho del Trabajo*, n.º 90, 1998, pp. 637-651).

Assim:

a) Se a convenção contiver uma cláusula imperativa de conteúdo fixo, o contrato não pode dispor de forma diferente, ainda que mais favorável;

b) Se a convenção contiver uma cláusula imperativa-permissiva, i.e., com uma parte imperativa (proibitiva), que proíbe situações menos favoráveis, e uma parte permissiva, que permite o estabelecimento de condições mais favoráveis, o contrato apenas pode incidir sobre esta parte;

c) Se a convenção contiver uma cláusula supletiva, o contrato pode estipular em qualquer sentido, mesmo que seja menos favorável. Julgamos que esta posição não colide com o previsto no artigo 531.º, porquanto este preceito tem como pressuposto a aplicação da cláusula convencional, o que não acontece se ela for supletiva e as partes acordarem sobre a matéria; por outro lado, entendimento diferente levaria a que a convenção não pudesse estabelecer cláusulas supletivas – o que seria uma restrição violadora do artigo 18.º, n.º 2 e 3, da CRP – pois, se se aplicasse o artigo 531.º, essas cláusulas seriam sempre imperativa-mínimas, ou seja, o contrato de trabalho só poderia fixar regimes mais favoráveis.

Em sentido próximo, embora se refiram à relação entre a lei e a convenção, JORGE LEITE, *Direito do Trabalho*, volume I, cit., pp. 249-250; BARROS MOURA, *A Convenção Colectiva ...*, cit., pp. 149-150, 154; MÁRIO PINTO – FURTADO MARTINS, *Direito do Trabalho*, volume I, capítulo III, Universidade Católica Portuguesa, policopiado, 1986/1987, pp. 47-48, que argumenta com o artigo 13.º, n.º 2, da LCT.

Estudos de Direito do Trabalho (Código do Trabalho) 229

§ 3.º) VIGÊNCIA E SOBREVIGÊNCIA[56]

3.1. Vigência

I. Importa referir a evolução desta matéria ocorrida entre o Anteprojecto e a versão legal, da qual resulta uma estabilidade material do regime inicialmente proposto.

O Anteprojecto fixava no artigo 568.º que *"a convenção colectiva vigora pelo prazo que dela expressamente constar, com um mínimo de doze meses"* (n.º 1)[57], admitindo-se que *"a convenção colectiva pode ter*

Mutatis mutandis, o raciocínio aqui exposto é aplicável à relação da convenção colectiva com a lei. Para uma análise mais pormenorizada do tipo de normas de Direito do Trabalho e suas consequências, *vd.* MONTEIRO FERNANDES, *Direito do Trabalho*, cit., pp. 114-116; JORGE LEITE, *Direito do Trabalho*, volume I, cit., pp. 248-251; ROMANO MARTINEZ, *Direito do Trabalho,* cit., pp. 263-268; BARROS MOURA, *A Convenção Colectiva ...,* cit., pp. 148-155.

[56] Para mais desenvolvimentos sobre os preceitos aqui referidos, *vd.* ROMANO MARTINEZ – LUÍS MIGUEL MONTEIRO – JOANA VASCONCELOS – MADEIRA DE BRITO – GUILHERME DRAY – GONÇALVES DA SILVA, *Código do Trabalho Anotado*, cit., *passim*; GONÇALVES DA SILVA, "Princípios Gerais da Contratação Colectiva do Código do Trabalho", cit., pp. 251 e ss.

Podem ser consultados elementos de Direito Comparado nestas, e noutras, matérias, em AAVV, *Código do Trabalho – Pareceres*, III volume, Ministério da Segurança Social e do Trabalho, Lisboa, 2004.

[57] A alínea d) do artigo 550.º determina a recusa de depósito da convenção se não tiverem decorrido dez meses após a data da entrada em vigor da convenção. Esta alínea tem uma nova redacção, uma vez que o prazo passou a ser de dez meses, em vez de doze e, por outro lado, considerou-se a data da entrada em vigor e não a data da entrada para depósito (cfr. artigo 24.º, n.º 3, alínea c), da LCRT). O legislador terá considerado que o relevante é o ciclo de vigência da convenção e não a data da sua entrega para depósito, ou seja, do que se trata é de assegurar o cumprimento do artigo 556.º, que fixa a obrigatoriedade de a convenção ter uma vigência mínima de um ano. Nestes termos, a data do depósito não é relevante, pois pode, por exemplo, haver uma eficácia diferida e aquele acto ter sido há mais de um ano, mas a sua vigência ser inferior.

Por outro lado, julgamos ser correcto o prazo de dez meses, para que medeie um período razoável entre a entrada para depósito e a entrada em vigor, possibilitando-se, deste modo, que, se a Administração laboral recusar o depósito, as partes possam suprir as respectivas deficiências e apresentar ainda o texto a tempo de suceder à convenção anterior, não sendo, assim, necessário aplicar-se o regime da sobrevigência (artigo 557.º).

Mesmo que a Administração laboral publique a convenção antes de decorrido um ano após a entrada em vigor da convenção substituída, independentemente de as partes

diferentes períodos de vigência para cada matéria ou grupo homogéneo de cláusulas" (n.º 2); "*na falta de prazo, a convenção colectiva vigora até ser denunciada por uma das partes*" (n.º 3).

A Proposta de lei n.º 29/IX, de 5 de Maio de 2003, prescrevia no artigo 543.º que "*a convenção colectiva vigora por um período mínimo de um ano ou, se superior, pelo prazo que dela expressamente constar, sem prejuízo do previsto no artigo seguinte*" (n.º 1); no número seguinte manteve-se a mesma redacção do Anteprojecto; o n.º 3 foi eliminado, tendo-se considerado que a mesma solução seria adoptada independentemente da sua consagração.

II. Vejamos então com mais pormenor o regime plasmado no Código do Trabalho, sabendo-se, como vimos, que este diploma manteve, quanto a esta matéria, as ideias existentes quer no Anteprojecto, quer na Proposta de Lei, tendo apenas existido meras alterações formais[58].

O Código prevê que a fixação do prazo de vigência de uma convenção colectiva compete às partes (artigos 541.º, alínea d), 556.º, n.º 1[59] [60]).

---

terem ou não estabelecido o início da sua vigência – sendo certo que, se o não fizeram, aplica-se o regime previsto para a lei (artigo 581.º, n.º 1, e Lei n.º 74/98, de 11 de Novembro) –, a entrada em vigor da convenção substituta não poderá ocorrer antes de expirada a vigência (mínima de um ano) da convenção substituída, pois caso contrário desrespeitar-se-ia o artigo 556.º, n.º 1. Isso não impede a eficácia retroactiva de cláusulas de natureza pecuniária inseridas na convenção substituta (artigo 533.º, n.º 1, alínea c)), o que é substancialmente diferente do início da vigência desta antes de decorrido um ano.

[58] A redacção final, não obstante as alterações terem sido meramente formais, foi objecto do Compromisso Tripartido celebrado pelo Governo, CIP (Confederação da Indústria Portuguesa) e UGT (União Geral dos Trabalhadores), que pode ser consultado em www.msst.pt.

Sobre a discussão na especialidade na Assembleia da República, *vd. Diário da Assembleia da República*, II série A, suplemento, número 85, de 9 de Abril, p. 3504 (165).

[59] O artigo 556.º corresponde, com muitas alterações, ao artigo 11.º, n.º 1, da LRCT. O n.º 2 é novo e foi inspirado no artigo 86.º, n.º 1, do Estatuto dos Trabalhadores (espanhol), segundo o qual "*compete às partes negociadoras estabelecer a duração das convenções, podendo acordar-se períodos distintos de vigência para cada matéria ou grupo homogéneo de matérias dentro da mesma convenção*".

Trata-se de salientar uma possibilidade que, em nossa opinião, já existia face à LRCT. De qualquer modo, pretendeu-se dar um sinal às partes que têm a possibilidade de acordar períodos diversos para o conteúdo da convenção, naturalmente sem prejuízo do prazo mínimo de um ano.

Estudos de Direito do Trabalho (Código do Trabalho) 231

Com esta prescrição deu-se guarida à autonomia colectiva; são as partes, e apenas as partes, que devem regular a vigência dos instrumentos outorgados; por outro lado, o legislador deixou claro que as convenções têm, natural e intrinsecamente, um horizonte temporal limitado[61], salvo se as partes dispuserem diferentemente.

Não nos parece que seja sindicável – desde logo, por terceiros, incluindo, naturalmente, a Administração laboral – a colocação das cláusulas agrupadas por matérias ou saber se constituem um grupo homogéneo de cláusulas; as partes são soberanas. A norma tem a vantagem de, por um lado, ser, como referimos, um indicador para as partes e, por outro, em caso de litígio sobre o agrupamento de matérias ou de cláusulas, conferir ao julgador um critério de decisão que, naturalmente, não prejudica outros (por exemplo, artigo 239.° do CC).

[60] Recorde-se que no âmbito do Decreto-Lei n.° 49 412, de 28 de Agosto de 1969, a redacção do artigo 33.°, n.° 5, após a alteração introduzida pelo Decreto-Lei n.° 492/70, de 22 de Outubro, determinava que *"quando não exista qualquer cláusula sobre o prazo de vigência dos instrumentos de regulamentação convencional, entende-se que estes e as decisões arbitrais vigorarão pelo prazo de dois anos, a contar da data da sua entrada em vigor (...)"* nos termos previstos para os diplomas legislativos.

Surge depois o Decreto-Lei n.° 164-A/76, de 28 de Fevereiro que, no artigo 23.°, n.° 1, prescreve que *"o prazo de vigência das convenções colectivas e decisões arbitrais não poderá ser inferior a um ano"*. Decorridos poucos meses, o Decreto-Lei n.° 887/76, de 28 de Dezembro, alteraria esta redacção, tendo estabelecido que *"o prazo de vigência das convenções colectivas e decisões arbitrais não poderá ser inferior a dezoito meses"*.

Com o Decreto-Lei n.° 519-C1/79, de 29 de Dezembro, no artigo 11.°, regular-se-ia novamente a matéria ao estabelecer que as partes podem acordar um prazo de duração, não inferior a dois anos, salvo no que respeita às tabelas salariais que podiam ser alteradas anualmente (n.os 1, 2 e 3). Mais tarde, com a alteração através do Decreto-Lei n.° 87/89, de 23 de Março, a prescrição do prazo mínimo de dois anos e a regra referente às tabelas salariais foram revogados, embora dos artigos 16.° e 24.° resultasse, em regra, o prazo mínimo de doze meses.

Como se pode constatar, a existência de um prazo mínimo de vigência tem antecedentes na nossa legislação.

[61] Neste sentido, por exemplo, MENEZES CORDEIRO, *Convenções Colectivas de Trabalho e Alterações de Circunstâncias*, cit., p. 54; MÁRIO PINTO, *Direito do Trabalho*, cit., p. 328; Lobo Xavier, "A Sobrevigência das Convenções Colectivas no Caso das Transmissões de Empresas. O Problema dos Direitos Adquiridos", cit., p. 128; e na jurisprudência, Acórdão do Supremo Tribunal de Justiça, de 11 de Outubro de 1995, *Questões Laborais*, ano III, n.° 7, 1996, p. 98. Contra, Liberal Fernandes, "Transferência de Trabalhadores e Denúncia da Convenção Colectiva – O Problema da Aplicação do artigo 9.° do DL 519--C1/79, de 29-12", *Questões Laborais*, ano III, n.° 7, 1996, p. 103.

III. O legislador, no entanto, impôs neste preceito o prazo mínimo de um ano tendo considerado que deveria haver um período imperativo em que a convenção não era, nem mesmo estando as partes de acordo – ao contrário do que acontecia, ainda que a título excepcional, face ao n.° 3 do artigo 16.° da LRCT –, susceptível de ser alterada[62]. Este prazo mínimo de um ano aplica-se, tenha ou não a convenção prazo, como resulta, por exemplo, dos artigos 556.°, n.° 1, e 559.°.

Compreende-se a opção do legislador: se a convenção pudesse ser alterada a todo o tempo, decorridos poucos dias sobre a celebração de uma convenção uma das partes poderia começar a fazer pressão para se iniciarem negociações com vista a alterar o texto acordado. É verdade que não o poderia fazer de forma unilateral, mas julgamos ser igualmente verdade que uma das funções da convenção poderia ser colocada em crise: a pacificação social. De facto, como afirma GINO GIUGNI, "a convenção assume uma importante ... função social de «tratado de paz» ..."[63] e foi este valor que o legislador pretendeu preservar; noutros termos, e parafraseando ALONSO OLEA, "a ruptura imediata à celebração renovando as hostilidades seria uma *contradictio in terminis*"[64].

---

[62] Este prazo mínimo (de um ano) deve ser, em regra, também aplicado em caso de transmissão da empresa ou estabelecimento (artigo 555.°), tendo presente, por um lado, os artigos 556.° e 555.°, n.° 1, e, por outro, a ratio da norma.

[63] GINO GUIGNI, "Direito do Trabalho", cit. p. 337.

[64] ALONSO OLEA, *Las Fuentes del Derecho, en especial del Trabajo segun la Constitucion*, 2.ª edição, Civitas, Madrid, 1990, p. 128.

É verdade que o facto de a denúncia ter de ser feita com, pelo menos, três meses de antecedência e, por outro lado, ser acompanhada de uma proposta negocial poderia colocar em causa essa pacificação social, pois permitiria que no dia a seguir à celebração uma das partes denunciasse. No entanto, e sem prejuízo do recurso ao abuso de direito (artigo 334.° do CC) ou a outras figuras que excluam o dever de negociar, mesmo estando a parte que recebeu a proposta negocial de acordo, a convenção celebrada não pode ter vigência inferior a um ano. O que, dito de outro modo, equivale a dizer que a ruptura, mesmo, repita-se, estando as partes de acordo, não é possível, pelo que haverá sempre uma estabilidade mínima que daí resulta, sem prejuízo de se reconhecer que o grau de pacificação pode ser maior ou menor consoante exista ou não denúncia e respectiva proposta negocial que desencadeia, em princípio, a negociação prevista nos artigos 544.° e seguintes. Em suma, não há ruptura imediata, pois, por um lado, há o prazo mínimo de vigência, por outro, a denúncia só opera no final do prazo (artigo 558.°, n.° 2) e, finalmente, há o período de sobrevigência (artigo 557.°, n.° 2, alínea b)), o que confere estabilidade ao regime acordado.

3.2. Sobrevigência

I. O Anteprojecto previa no artigo 569.° que *"decorrido o prazo de vigência, a convenção colectiva renova-se por um período de um ano"* (n.° 1); *"decorrido o período de renovação previsto no número anterior, as cláusulas da convenção colectiva continuam a produzir efeitos durante mais um ano, desde que as partes estejam em negociação, podendo, no entanto, a sua aplicação ser imediatamente afastada por qualquer instrumento de regulamentação colectiva de trabalho negocial ou contrato de trabalho"* (n.° 2).

A Proposta de lei n.° 29/IX, de 5 de Maio de 2003, prescrevia no artigo 544.° que *"decorrido o prazo de vigência previsto no n.° 1 do artigo anterior, a convenção colectiva renova-se sucessivamente por períodos de um ano ou superior, desde que previsto na convenção"* (n.° 1); *"havendo denúncia, a convenção colectiva renova-se por um período de um ano e, estando as partes em negociação, por novo período de um ano, salvo se período superior estiver previsto na convenção"* (n.° 2); *"decorridos os prazos previstos no número anterior, a convenção colectiva mantém-se em vigor, desde que se tenha iniciado a conciliação ou a mediação, até à conclusão do respectivo procedimento, não podendo a sua vigência durar mais de seis meses"* (n.° 3); *"no caso de se ter iniciado a arbitragem durante o período fixado no número anterior, a convenção colectiva mantém os seus efeitos até à entrada em vigor da decisão arbitral"* (n.° 4); *"decorrida a sobrevigência prevista nos números anteriores, a convenção cessa os seus efeitos"* (n.° 5).

II. Comparando a evolução das diferentes redacções – Anteprojecto e Proposta de lei – constata-se que a solução inicialmente apresentada foi modificada: por um lado, houve uma dilatação do prazo de sobrevigência e, por outro, foi vedada qualquer intervenção (modificativa) através do contrato de trabalho durante esse período.

Por sua vez, entre a versão da Proposta de lei e a do Código do Trabalho, a alteração existente visou estabelecer a supletividade total do regime da sobrevigência, uma vez que dos n.os 1 e 2 do artigo 544.° da Proposta resultava um regime imperativo mínimo de períodos de um ano[65].

---

[65] A redacção final resultou do Compromisso Tripartido celebrado pelo Governo, CIP (Confederação da Indústria Portuguesa) e UGT (União Geral dos Trabalhadores), que pode ser consultado em www.msst.pt.

III. Detenhamo-nos agora mais no regime constante do Código do Trabalho.

Tal como aconteceu com o prazo de vigência também em matéria de sobrevigência, o legislador conferiu às partes a faculdade de regularem a situação (artigos 541.°, alínea d), e 557.°, n.° 1[66]). As partes devem acordar o prazo de vigência e o regime de sobrevigência.

No entanto, o legislador não podia deixar de regular a matéria para o caso de esta não ser objecto de acordo das partes[67].

Sobre a discussão na especialidade na Assembleia da República, *vd. Diário da Assembleia da República*, cit., pp. 3504 (165) e ss.

[66] Este artigo constitui uma novidade, não tendo qualquer precedente.

Tenha-se presente a solução da legislação anterior:

a) No âmbito do Decreto-Lei n.° 49 412, de 28 de Agosto de 1969, determinava o artigo 33.°, n.° 6, introduzido pelo Decreto-Lei n.° 492/70, de 22 de Outubro: *"os instrumentos de regulamentação colectiva consideram-se automáticamente renovados se nenhuma das partes interessadas tomar a iniciativa da sua revisão até noventa dias antes do termo dos respectivos prazos de vigência"*. Nestes termos, se as partes não assumissem qualquer iniciativa – nomeadamente denunciando – a convenção renovava-se pelo período previsto ou, se não tivesse sido estipulado, dois anos a contar da data da entrada em vigor (n.° 5, do artigo citado).

b) Seguiu-se o Decreto-Lei n.° 164-A/76, de 28 de Fevereiro, que neste aspecto não foi objecto de alteração pelo Decreto-Lei n.° 887/76, de 29 de Dezembro, onde se prescreveu, no artigo 23.°, n.° 2, que *"as convenções colectivas e as decisões arbitrais mantêm-se, porém, em vigor até serem substituídas por novos instrumentos de regulamentação colectiva de trabalho"*. O n.° 2 era precedido da regra geral que impunha o mínimo de dezoito meses (n.° 1).

c) Mais tarde, surgiu o Decreto-Lei n.° 519-C1/79, de 29 de Dezembro, e o artigo 11.° n.° 5, que correspondia ao anterior 23.°, n.° 2, acima citado, apenas com a diferença que a nova redacção suprimiu a expressão *"porém"* e em vez de referir *"instrumento de regulamentação colectiva de trabalho"* derrogou este último vocábulo. A supressão da expressão *"porém"* é apenas devida ao facto de o preceito não se encontrar imediatamente a seguir à regra geral, segundo a qual as convenções vigoram pelo prazo que delas constar (n.° 1) – como acontecia anteriormente – mas sim no encadeamento de outra regra.

d) Posteriormente, com o Decreto-Lei n.° 87/89, de 23 de Março, os prazos mínimos de vigência previstos no artigo 11.°, n.os 2 e 3, foram revogados – bem como o n.° 4 –, o n.° 5 passou a ser o actual n.° 2 e, portanto, colocado a seguir à regra geral – que estabelece que as convenções vigoram pelo prazo acordado.

Donde, o regime da sobrevigência limitada encontra, ainda que ténues, alguns elementos na legislação anterior.

[67] Como dissemos, em nenhum país da União Europeia existe uma situação de bloqueio tão generalizado e prejudicial em matéria de contratação colectiva como em Portugal.

Estudos de Direito do Trabalho (Código do Trabalho)

IV. Face ao conteúdo da norma, devem colocar-se, desde logo, duas questões:

Para o facto de a nossa situação não ter paralelo com qualquer outro país comunitário, muito contribuem os regimes aí vigentes. Com efeito, na Alemanha, após o decurso do prazo a convenção continua a produzir efeitos – na parte normativa – podendo, no entanto, as suas cláusulas ser substituídas por qualquer acordo, incluindo – ainda que não seja pacífico – o contrato de trabalho (cfr. § 4.°, n.° 5, da Lei da Convenção Colectiva, *Tarifvertragsgesetz*). Sobre a questão, WOLFGANG DÄUBLER, *Derecho del Trabajo*, cit., pp. 224 e ss.

Em Espanha, estatui o artigo 37.°, n.° 1, da Constituição, redacção, aliás, idêntica à consagrada na Constituição Portuguesa, que "*a lei garantirá o direito de negociação colectiva de trabalho entre os representantes dos trabalhadores e dos empresários, assim como a força vinculativa das convenções*". Para mais desenvolvimentos sobre a norma constitucional, *vd.* ALONSO OLEA, *Las Fuentes del Derecho* ..., cit., pp. 111 e ss; PALOMEQUE LÓPEZ, "La Negociacion Colectiva en el Sistema Constitucional Espãnol de Relaciones de Trabajo", AAVV, *II Congresso Nacional de Direito do Trabalho – Memórias*, coordenação de António Moreira, Almedina, Coimbra, 1999, pp. 237 e ss. Com base nesta norma, o legislador fixou o dever de as partes negociadoras estipularem a duração das convenções, podendo estas determinar períodos de vigência distintos para as matérias aí constantes (cfr. artigo 86.°, n.° 1, do Estatuto dos Trabalhadores).

Por outro lado, as convenções, salvo acordo em contrário, são prorrogadas anualmente, desde que não haja denúncia expressa das partes. Uma vez denunciada e não havendo acordo, as cláusulas obrigacionais da convenção deixam de vigorar (cfr. artigos 86.°, n.°s 2 e 3, 1.ª parte, do Estatuto dos Trabalhadores). Quanto ao conteúdo normativo da convenção, decorrido o prazo de vigência, continua a vigorar nos termos estabelecidos na convenção. Na falta de acordo sobre a questão, a convenção mantém-se em vigor no que respeita às cláusulas normativas. Alguma doutrina afirma que a faculdade de dispor da vigência do conteúdo normativo da convenção, obriga as partes a concretizar a regulação alternativa que resulta aplicável no seu lugar, pois caso contrário, a prorrogação forçosa do conteúdo normativo actuará subsidiariamente como cláusula de garantia (cfr. artigo 86.°, n.° 3, 2.ª parte, do Estatuto dos Trabalhadores). Sobre esta matéria, *vd.* TOMÁS SALA FRANCO, *Los Limites Legales al Contenido de la Negociación Colectiva*, «Coleccíon Informes y Estudios», n.° 39, Ministerio de Trabajo Y Asuntos Sociales, 2001, em especial, pp. 240 e ss; MONTOYA MELGAR – GALIANA MORENO – SEMPERE NAVARRO – RÍOS SALMERÓN, *Comentários al Estatuto de los Trabajadores*, 4.ª edición, Aranzadi, Navarra, 2001, pp. 553 e ss; ARUFE VARELA, *La Denuncia del Convenio Colectivo*, «Estudios de Derecho Laboral», Civitas, Madrid, 2000, em especial, pp. 129 e ss, com referência de direito comparado, nas pp. 28 e ss.

Em França, a convenção colectiva pode ser celebrada quer por uma duração determinada quer por uma duração indeterminada e, salvo existindo estipulação contrária, a convenção colectiva de trabalho de duração determinada, cujo prazo de vigência tenha terminado, continua a produzir os seus efeitos como se de uma convenção colectiva de duração indeterminada se tratasse.

Na primeira parte do n.° 1, o legislador prescreve que "*decorrido o prazo de vigência previsto no n.° 1 do artigo anterior*", ou seja, apenas se refere à convenção colectiva com prazo. Quer isto dizer que este preceito não se aplica à convenção colectiva sem prazo?

Julgamos que o preceito também se aplica à convenção colectiva sem prazo; o que acontece é que a convenção sem prazo não é susceptível de ser objecto de renovação depois de decorrido o prazo acordado, pois este não existe, razão pela qual o legislador não se lhe refere no n.° 1.

A doutrina entende que não se considera, nesta sede, "estipulação contrária" a cláusula de uma convenção colectiva que preveja a sua renegociação findo o prazo de vigência da mesma. Estabelece-se também que uma convenção colectiva de duração determinada não pode ter prazo de vigência superior a cinco anos.

Quando uma convenção tiver sido denunciada, continua a produzir efeitos até à entrada em vigor da nova convenção (substituta) ou, na sua falta, durante um ano, salvo acordo prevendo uma duração mais longa.

Em 1982, houve uma alteração, tendo o legislador estabelecido que havendo denúncia, e desde que não exista nova convenção (substituta), os trabalhadores das empresas abrangidas conservam as *vantagens individuais que tiverem adquirido* através da aplicação da convenção (cfr. artigos 132.° – 6, 7 e 8, do Código do Trabalho). Relativamente a esta alteração, *vd*. MICHEL DESPAX, "La Dénonciation des Conventions Collectives de Travail aprés la Loi du 13 de Novembre 1982", *Droit Social*, 1984, n.° 11, pp. 531 e ss; EMMANUEL DOCKÈS, «L'Avantage Individual Acquis», *Droit Social*, 1993, n.° 11, pp. 826 e ss; JEAN--CLAUDE JAVILLIER, *Les Reformes du Droit du Travail depuis le 10 de Mai 1981*, LGDL, Paris, 1982, pp. 307 e ss. Sobre a matéria em geral, *vd*. JEAN-CLAUDE JAVILLIER, *Droit du Travail*, 7.ª édition, LGDJ, Paris, 1999, pp. 792 e ss; CHRISTOPHE RADÉ, *Droit du Travail*, cit., pp. 14 e ss; LARDY-PÉLISSIER-JEAN PÉLISSIER-AGNÈS ROSET-LYSIANE THOLY, *Le Code du Travail Annoté*, Groupe Revue Fiduciaire, Paris, 2001, em especial, pp. 327 e ss.

Finalmente, em Itália, a regra que consagra a sobrevigência não se aplica às convenções de direito comum (são as que se regem pelas regras previstas para o direito comum dos contratos, e que têm o seu âmbito de aplicação definido pelo próprio contrato, cfr. artigo 2078.° do Código Civil), de acordo com a jurisprudência constante. No entanto, é usual o acordo sobre a previsão da duração da convenção, bem como da sua sobrevigência. Sobre a questão, *vd*. MARCO BIAGI (continuato Michele Tiraboschi), *Istituzioni di Diritto del Lavoro*, seconda edizione, Giuffrè Editore, Milão, 2003, pp. 61 e ss; MARIO GRANDI, GIUSEPPE PERA, *Commentario Breve alle Leggi sul Lavoro*, Cedam, Milani, 2001, pp. 331 e ss; ANDREIA LASSANDRI, *Il Diritto del Lavoro – La Contrattazione e il Contratto Colletivo,* cit., pp. 45 e ss; MATTIA PERSIANI, *Diritto Sindicale,* cit., pp. 140 e ss, com indicação de diversa bibliografia.

Com referências também ao Direito comparado, *vd*. MENEZES LEITÃO, *Código do Trabalho Anotado,* cit., p. 385.

Como resulta desta breve incursão por outros ordenamentos, com mais ou menos amplitudes, todos têm mecanismos que possibilitam a limitação temporal das convenções.

Diferentemente, o instituto da denúncia já lhe é aplicável, pelo que o regime das alíneas b) e c), bem como os n.ᵒˢ 3 e 4 do artigo 557.°, regulam também a situação da convenção sem prazo. Naturalmente que esta posição tem como pressuposto que o instituto da denúncia, não obstante a letra do artigo 558.°, também se aplica às convenções sem prazo, cuja antecedência para os efeitos da denúncia será igualmente de três meses (558.°, n.° 2)[68], i.e., a denúncia só opera, no mínimo, três meses após ter sido efectuada e nunca antes de decorrido um ano sobre o início de vigência da convenção colectiva (artigo 556.°, n.° 1).

V. A outra questão consiste em saber se podendo as partes regular a matéria da sobrevigência, podem elas pura e simplesmente acordar a ausência de qualquer sobrevigência, ou seja, fixarem que a convenção cessa no fim do prazo acordado, não havendo qualquer sobrevigência.

A resposta não pode deixar de ser positiva, uma vez que, por um lado, o regime da sobrevigência é supletivo – como claramente também resulta dos artigos 541.°, alínea d) e 557.°, n.ᵒˢ 1 e 2), além da evolução acima descrita –, pelo que só se aplica se as partes nada disserem sobre a matéria; por outro lado, não faria qualquer sentido restringir o conteúdo da autonomia colectiva, mas permitir o mesmo resultado, por exemplo, através do instituto da revogação (artigo 559.°); finalmente, se dúvidas existissem, quando o legislador quis regular de forma imperativa, fê-lo expressamente como se verifica com o prazo mínimo de vigência de um ano (artigo 556.°, n.° 1)[69].

---

[68] Como, aliás, resultava do n.° 3 do artigo 568.° do Anteprojecto, *vd. infra.*

[69] É verdade que o artigo 541.°, alínea d), prescreve que as convenções colectivas "devem" regular o âmbito temporal, nomeadamente a sobrevigência e o prazo de denúncia. Consideramos que a redacção adoptada contém um dever imperfeito, i.e., sem sanção, como facilmente se conclui pela contraposição com o artigo 543.°, cujo incumprimento tem como consequência a recusa de depósito (artigo 550.°, n.° 1, alínea a)); por outro lado, a sobrevigência e o prazo de denúncia são apenas meros exemplos do âmbito temporal das convenções, como resulta do vocábulo "nomeadamente" (artigo 541.°, alínea d), o que quer dizer que as partes podem regular outras matérias e não fixar a sobrevigência; finalmente, afastar a sobrevigência é ainda uma forma de a regular, neste caso, não conferindo qualquer eficácia à legalmente prevista. O que o legislador pretendeu foi clarificar que considera de especial relevância o regime temporal das convenções, devendo esse regime ser regulado pela autonomia colectiva. No entanto, não vedou a ausência de cláusulas sobre a matéria, tal como não impôs qualquer forma de regulação, pois se assim não fosse impediria que as partes fizessem cessar a convenção imediatamente após a vigência

As partes são soberanas na regulação da matéria, mas o legislador não poderia deixar de prever o regime aplicável no caso de aquelas não procederem a essa regulação, sob pena de contribuir para o bloqueio do regime. Desta forma, no silêncio das partes aplica-se o regime supletivo previsto nos n.º 2 do artigo 557.º.

VI. O n.º 2 do artigo 557.º reitera a supletividade da matéria, fixando o seguinte regime:

a) Decorrido o prazo previsto na convenção – sem que as partes a revoguem ou nenhuma delas a denuncie – a convenção é sucessivamente renovada anualmente (alínea a));

b) No caso de uma das partes denunciar a convenção, a convenção renova-se pelo período de um ano, a contar do momento em que opera a denúncia, se as partes estiverem em negociação – embora não decorra directamente da letra, resulta da *ratio* da norma que o mesmo se verifica se as partes estiverem já em conciliação ou mediação, uma vez que, embora estes sejam mecanismos de resolução de conflitos, as partes continuam a ser soberanas, i.e., a vontade das partes mantém-se em termos idênticos ao da negociação, pois trata-se de uma forma de negociação apoiada – após este período de um ano, por mais um ano (alínea b));

i) Em relação à denúncia, há a referir o n.º 1 do artigo 558.º[70], segundo o qual "*a convenção colectiva pode ser denunciada,*

---

acordada (artigo 559.º). Ou seja: não faria sentido que o legislador não permitisse as partes acordarem a inexistência de qualquer sobrevigência no momento da celebração, mas deixasse aberta a possibilidade de decorrida a vigência mínima, i.e., posteriormente, as mesmas partes poderem através da revogação oporem-se a qualquer sobrevigência e deste modo alcançar o mesmo resultado, uma vez que em termos de efeitos jurídicos a situação seria a mesma; como é evidente este entendimento não tem apoio legal, face à incongruência que contém.

[70] Fixava o artigo 571.º do Anteprojecto que:

"1. *A convenção colectiva pode ser denunciada mediante comunicação escrita à outra parte.*

2. *A denúncia tem de ser feita com uma antecedência de, pelo menos, três meses.*

3. *Decorridos os prazos previstos no artigo 569.º, a convenção colectiva cessa a sua vigência*".

O artigo 545.º da Proposta de lei n.º 29/IX, de 5 de Janeiro de 2003, determina o seguinte:

por qualquer das outorgantes, mediante comunicação escrita dirigida à outra parte, desde que seja acompanhada de uma proposta negocial"[71]. Daqui decorre a admissibilidade geral da denúncia, enquanto negócio unilateral que permite a cessação da convenção colectiva. Trata-se de uma declaração feita com determinada antecedência à outra parte com o intuito de fazer cessar a convenção colectiva;

ii) O n.º 2 do artigo 558.º regula a antecedência mínima (três meses) para a realização da denúncia relativamente:

1) Ao fim da vigência acordada pelas partes (artigo 556.º) e, neste caso, afasta a aplicação da alínea a) do n.º 2 do artigo 557.º; ou

2) Ao fim do período resultante da renovação anual depois de decorrido a vigência fixada pelas partes (artigo 557.º, n.º 2, alínea a));

iii) A denúncia constante do Código (artigo 558.º) contém diversos requisitos de validade que importa salientar[72]:

"*1. A convenção colectiva pode ser denunciada, por qualquer das outorgantes, mediante comunicação escrita dirigida à outra parte, desde que seja acompanhada de uma proposta negocial.*

2. A denúncia deve ser feita com uma antecedência de, pelo menos, três meses, relativamente ao termo de prazo de vigência previsto no artigo 543.º e no n.º 1 do artigo 544.º".

A Proposta de lei passou a exigir o acompanhamento da denúncia de uma proposta negocial e, por outro lado, remeteu a cessação dos efeitos para o artigo da sobrevigência.

[71] O artigo 558.º é novo, embora a figura da denúncia, com contornos substancialmente diferentes, tivesse referência expressa, por exemplo, no artigo 16.º, n.os 2 e 3, da LRCT. A diferença consiste, desde logo, no facto de a denúncia ter na LRCT efeitos muito limitados, ao contrário do que se verifica no Código do Trabalho.

[72] Sobre as características da denúncia, não obstante as especificidades acima referidas, *vd.* MENEZES CORDEIRO, *Direito das Obrigações*, 2.º volume, Associação Académica da Faculdade de Direito de Lisboa, reimpressão, 1982, pp. 166 e ss, "Contrato de Arrendamento – Denúncia – Âmbito do Regime Vinculístico", *Revista da Ordem dos Advogados*, ano 54, 1994, III, pp. 847 e ss; MENEZES LEITÃO, *Direito das Obrigações – Transmissão e Extinção das Obrigações – Não Cumprimento e Garantias do Crédito*, volume II, 2.ª edição, 2003, pp. 101 e ss; VAZ SERRA, "Tempo da Prestação. Denúncia", *Boletim do Ministério da Ivstiça*, n.º 50 (Setembro), 1955, pp. 184 e ss; GALVÃO TELLES, "Contrato Duradouro com Termo Final. Denúncia", *Colectânea de Jurisprudência*, ano XI, 1986, tomo III, pp. 18 e ss.

1) Deve revestir forma escrita, existindo aqui um desvio à regra geral da liberdade de forma (n.° 1);

2) Tem de ser acompanhada de uma proposta negocial – que para ser eficaz deve revestir os requisitos plasmados no artigo 544.° –, de modo a garantir contactos negociais (n.° 1; *vd.* também artigos 544.° e ss);

3) Deve ser feita com uma antecedência mínima de três meses relativamente ao termo de prazo de vigência (n.° 2);

4) Respeitados os requisitos de validade acima referidos, a eficácia da denúncia não obsta a que ainda exista renovação, uma vez que a alínea b) do n.° 2 do artigo 557.° assim o determina;

iv) Refira-se ainda o regime especial previsto no artigo 13.° da Lei que aprova o Código do Trabalho, segundo o qual "*os instrumentos de regulamentação colectiva de trabalho negociais vigentes aquando da entrada em vigor do Código do Trabalho podem ser denunciados, com efeitos imediatos, desde que tenha decorrido, pelo menos, um ano após a sua última alteração ou entrada em vigor*"[73]. Como resulta do conteúdo do preceito, o que está em causa são os instrumentos de regulamentação colectiva de trabalho negociais – convenção colectiva, acordo de adesão e decisão de arbitragem voluntária (artigo 2.°) – vigentes no momento da entrada em vigor do Código e que tenham uma duração mínima de um ano, estando assim este prazo em harmonia com a regra geral de vigência (artigo 556.°, n.° 1). O objectivo da norma é conferir à denúncia – acto discricionário, unilateral e não retroactivo, que faz cessar relações duradouras – uma eficácia imediata, ou seja, não obrigar as partes, no caso de convenção colectiva com prazo, a esperarem pelo termo deste, podendo, deste modo, mediante comunicação dirigida à outra parte, denunciar o instrumento convencional vigente.

Saliente-se que, apesar de a norma se referir à denúncia "*com efeitos imediatos*", tal expressão não tem a intenção de prejudicar a aplicação das regras decorrentes da denúncia (cfr., em especial, artigos 557.°, n.° 2, alíneas a) e b) e 558.°,

---

[73] Esta norma é nova e não encontra inspiração em regimes anteriores.

n.º 1), uma vez que no artigo 13.º da Lei n.º 99/2003 apenas está em causa a denúncia e não as regras da sobrevigência, situação que inequivocamente o legislador não afastou. Dito de outra forma: a denúncia nos termos do artigo 13.º da Lei que aprova o Código tem como consequência a aplicação da alínea b) do n.º 2 do artigo 557.º.

Também consequência do artigo 13.º é a aplicação do n.º 1 do artigo 558.º, i.e., necessidade de a comunicação ser escrita e, por outro lado, ser acompanhada de uma proposta negocial.

Deste modo, a expressão *"efeitos imediatos"* tem como resultado, por um lado, a aplicação da alínea b) do n.º 2 do artigo 557.º e, por outro, do n.º 1 do artigo 558.º.

Igualmente relevante é o facto de este preceito consagrar uma derrogação à autonomia colectiva na medida em que, mesmo que as partes tenham acordado cláusulas diferentes sobre a denúncia (por exemplo, prevendo que a convenção se mantém em vigor até ser substituída por outra, da qual resulta a ineficácia extintiva de qualquer denúncia), através do artigo 13.º qualquer das partes pode denunciar a convenção[74].

Interpretação diversa seria uma forma de obstar aos efeitos pretendidos pelo legislador: actualização do conteúdo convencional.

Note-se ainda que face à *ratio* da norma, julgamos que o preceito apenas pode ser utilizado uma vez. Ou seja: utilizada esta regra que constitui um regime excepcional, não pode qualquer das partes face ao (novo) instrumento que tenha surgido em virtude da denúncia do anterior voltar a recorrer ao artigo 13.º, desde logo, por falta de preenchimento da previsão da norma (*"instrumentos de regulamenta-*

---

[74] De facto algumas convenções actuais têm uma cláusula idêntica ao artigo 11.º, n.º 2, da LRCT. Trata-se, em regra, de uma mera repetição da lei, com o intuito meramente informativo, não se podendo, assim, falar de uma verdadeira exteriorização da vontade das partes. Mesmo que se trate da exteriorização da vontade das partes e, por outro lado, haja coincidência destas quanto ao sentido da cláusula – recorde-se que o conteúdo do artigo 11.º, n.º 2, da LRCT é objecto de ampla controvérsia doutrinária –, mesmo nestes casos, o artigo 13.º da Lei n.º 99/2003 permite a denúncia da convenção, com os efeitos acima referidos.

ção colectiva do trabalho, negociais vigentes aquando da entrada em vigor do Código do Trabalho") e, por outro lado, sob pena de a norma deixar de ser transitória.

c) Decorridos os períodos acima referidos, a convenção mantém-se vigente, desde que se tenha iniciado a conciliação (artigos 583.º e ss) ou a mediação (artigos 587.º e ss) até ao termo destes procedimentos, mas em caso algum por prazo superior a seis meses (alínea c)); este prazo de mais seis meses existirá mesmo que a conciliação ou mediação se tenham iniciado durante o prazo a que o Código se refere como de negociação (*vd*. alínea b) *supra* texto), sendo necessário, para esta renovação de seis meses, que a conciliação ou mediação ainda exista neste momento).

VII. No n.º 3 do artigo 557.º encontramos uma excepção à sobrevigência limitada[75] – prorrogando-a para além dos limites referidos – prevista no n.º 2, pois alarga-se a vigência da convenção até à entrada em vigor da decisão arbitral que dirima o litígio existente entre as partes outorgantes, desde que a arbitragem – voluntária ou obrigatória (artigos 564.º e ss) – se tenha iniciado durante o período previsto em qualquer das alíneas do n.º 2.

A arbitragem incide sobre questões laborais, nomeadamente, sobre interpretação, integração, celebração ou revisão de uma convenção colectiva (artigos 564.º e 567.º).

Cabe perguntar: a sobrevigência prevista no n.º 3 do artigo 557.º ocorre independentemente do objecto da arbitragem?

---

[75] Note-se que a aplicação do artigo 555.º também pode ter como consequência a sobrevigência da convenção, bastando que, no momento da transmissão, faltem apenas seis meses para cessar a sua vigência. Neste caso, a convenção continua a aplicar-se ao adquirente por mais seis meses para que se atinjam os doze meses ali referidos. Sobre a matéria da transmissão é importante ter presente a Directiva n.º 2001/23/CE, do Conselho, de 12 de Março de 2001, relativa à aproximação das legislações dos Estados membros respeitantes à manutenção dos direitos dos trabalhadores em caso de transferência de empresas ou de estabelecimentos, ou de partes de empresas ou de estabelecimentos, em especial artigo 3.º, n.º 3. Esta directiva substituiu a Directiva n.º 77/187/CEE do Conselho, de 14 de Fevereiro de 1977, com a redacção que lhe foi dada pela Directiva n.º 98/50/CE, do Conselho de 29 de Junho de 1998. Para mais desenvolvimentos sobre o artigo 555.º, *vd.* GONÇALVES DA SILVA, "Nótula sobre os Efeitos Colectivos da Transmissão da Empresa", *Subjudice – Justiça e Sociedade*, n.º 27, 2004, pp. 127 e ss.

Julgamos que o preceito deve ser objecto de uma interpretação restritiva, uma vez que tem subjacente a manutenção em vigor da convenção até à decisão arbitral, ou seja, aquelas situações em que o objecto da arbitragem é a revisão de uma convenção (artigos 564.° e 567.°). Neste caso, há que aguardar pela decisão que terá os mesmos efeitos da convenção colectiva (artigo 566.°, n.° 1 e 571.°), pelo que com a extensão dos efeitos da convenção vigente se evita uma sucessão de regimes num curto espaço de tempo com as inerentes dificuldades operativas[76].

Nos casos em que o objecto da arbitragem é interpretação, integração ou celebração de uma convenção, a situação merece resposta diferente.

Tratando-se de um litígio cujo objecto é a interpretação ou integração – convém ter presente que os árbitros não têm quaisquer poderes para além dos resultantes do objecto do litígio que está em apreciação –, a sobrevigência prevista no preceito não se aplica. Na verdade, neste caso, não se justifica qualquer sobrevigência até à decisão arbitral, uma vez que esta não tem, face ao objecto do conflito em análise, a possibilidade de continuar a eficácia da convenção, pelo que face à *ratio* da norma não se justifica a aplicação da sobrevigência; por outro lado, deve notar-se que a decisão arbitral incide sobre uma convenção cuja vigência não está em apreciação, uma vez que aquela apenas analisa a interpretação ou integração da convenção; finalmente, deve ter-se presente que a parte final da alínea b) se refere à negociação, ou seja, pressupõe que as partes estejam num processo com vista à celebração de uma convenção, o que claramente não acontece quando a arbitragem incide sobre questões de interpretação ou integração[77].

Estando em causa uma situação de celebração de uma convenção (*ex novo*), uma vez que não existe convenção anterior, a hipótese da sobrevigência não se coloca, pois não se pode prolongar a vigência de um instrumento inexistente.

---

[76] Saliente-se que nada impede a retroactividade da decisão arbitral, tratando-se de arbitragem voluntária (artigo 533.°, n.° 1, alínea c), *in fine*).

[77] Note-se, no entanto, que a nossa posição de princípio não prejudica, antes aconselha, a análise do caso concreto. Pense-se, por exemplo, numa situação em que a arbitragem tem como objecto a interpretação de uma cláusula sobre a eficácia temporal. Numa situação destas, a resposta poderá ser diferente, aplicando-se, assim, a regra de sobrevigência.

§ 4.°) REVOGAÇÃO

I. Prescreve o artigo 559.° que *"decorrido o prazo de vigência mínimo de um ano, a convenção colectiva pode cessar os seus efeitos mediante revogação por acordo das partes"*[78]. A revogação é uma forma de extinção da convenção colectiva que resulta de um novo acordo entre as partes outorgantes, desta feita em sentido oposto ao acto que a constitui[79]. Ou seja: trata-se de um novo negócio jurídico bilateral que extingue a convenção existente, assente, tal como a celebração da convenção colectiva, na autonomia colectiva.

A única limitação directamente imposta pelo legislador neste preceito é o de a revogação apenas operar após um período mínimo de vigência, ou seja, um ano após o seu início.

II. A revogação está sujeita a especiais requisitos de eficácia: o depósito (artigo 549.°, n.° 1) e a publicação no *Boletim do Trabalho e Emprego* (artigo 581.°, n.° 1). Estes requisitos são facilmente compreensíveis, uma vez que se trata de fazer cessar os efeitos da convenção, cuja relevância e necessidade de conhecimento são idênticas ao da respectiva entrada em vigor.

III. Face ao regime da revogação, dever-se-á analisar a possibilidade de a revogação poder ser retroactiva. Julgamos que a resposta resulta clara face à aplicação da alínea c) do n.° 1 do artigo 533.°. Segundo esta norma, a regra geral é da proibição da retroactividade, salvo tratando-se de cláusulas pecuniárias[80] de instrumento de regulamentação

---

[78] O preceito é novo, embora, com base na autonomia colectiva, as partes pudessem recorrer ao mecanismo da revogação; de qualquer forma, a sua consagração constitui um motivo de clareza e segurança jurídica.

A matéria da revogação não sofreu qualquer alteração substancial do Anteprojecto até à versão final, tendo sido apenas aditada na Proposta de lei n.° 29/IX uma referência à revogação por acordo *"das partes"* (artigo 546.°) e, por outro lado, em vez de uma remissão para o artigo que prescrevia o prazo mínimo de um ano, a expressa referência a este prazo; no Anteprojecto, o artigo em causa é o 570.°.

[79] Sobre a figura da revogação, *vd.*, por exemplo, MENEZES CORDEIRO, *Direito das Obrigações*, 2.° volume cit., pp. 162 e ss; MENEZES LEITÃO, *Direito das Obrigações ...*, cit., pp. 97 e ss.

[80] A LRCT referia-se a tabelas salariais e, por outro lado, estabelecia limites temporais ao âmbito da eficácia retroactiva, o que foi eliminado (artigos 6.°, n.° 1, alínea f) e 13.°), tendo havido um alargamento do âmbito de intervenção da autonomia colectiva.

colectiva de trabalho negocial. A revogação é uma convenção com um objectivo específico – fazer cessar a convenção anterior – pelo que sendo uma (nova) convenção, não vemos qualquer motivo para a afastar da aplicação do preceito acima citado, podendo, assim, haver retroactividade relativamente a cláusulas de natureza pecuniária.

No entanto, esta posição de princípio pode ser objecto de excepções, por exemplo, se estiver em causa a tutela de terceiros.

IV. Outra questão igualmente relevante é a admissibilidade da revogação parcial. Em nossa opinião nada impede uma revogação parcial, pois, por um lado, se é possível a revogação total, por maioria de razão será possível a revogação parcial; por outro, se não fosse possível a revogação parcial, o mesmo resultado seria conseguido de outra forma, ou seja, as partes utilizariam a revogação total e depois celebravam uma nova convenção com o conteúdo idêntico ao que resultaria da revogação parcial; finalmente, nenhum motivo atendível existe para se restringir a autonomia colectiva.

V. No acordo revogatório, as partes podem fixar o exacto alcance dos seus efeitos. Não o fazendo, o efeito geral da revogação é prescrito pelo artigo 559.º, segundo a qual cessam todos os seus efeitos.

Esta referência à cessação dos efeitos é idêntica à prevista no n.º 4 do artigo 557.º – podendo mesmo dizer-se que se as partes não fixaram regime diferente do previsto no Código do Trabalho para a sobrevigência é por que estavam de acordo quanto aos efeitos decorrentes da aplicação deste –, pelo que cabe agora analisar as consequências da cessação dos efeitos de uma convenção.

§ 5.º) CESSAÇÃO DOS EFEITOS

I. Decorrida a sobrevigência legalmente prevista – o que naturalmente inclui, no caso de ter sido objecto de acordo das partes, o regime por elas acordado (n.º 1) –, determina o n.º 4 do artigo 557.º que a convenção cessa os seus efeitos[81], i.e., caduca.

---

[81] Sobre a compatibilidade deste modelo de sobrevigência com a Constituição, *vd.* MENEZES CORDEIRO, NUNES ABRANTES, BACELAR GOUVEIA, PAULO OTERO, MENEZES LEITÃO e GONÇALVES DA SILVA, *Código do Trabalho – Pareceres sobre o Código do Trabalho*, cit.,

A cessação dos efeitos prevista neste n.º 4 pressupõe, como vimos, que tenha havido denúncia de uma das partes, pois caso contrário haverá renovação sucessiva, nos termos da alínea a) do n.º 2 do artigo 557.º; idêntica cessação ocorrerá, embora não por caducidade, mas por revogação e na ausência de cláusulas expressas do acordo revogatório, como dissemos, no caso de as partes terem revogado por acordo a convenção anterior, sem fixarem qualquer regime específico (artigo 559.º).

II. Cabe então colocar uma questão que assume a maior relevância para a matéria da contratação colectiva: após a cessação dos efeitos deixam os trabalhadores e os empregadores de serem titulares dos direitos e estarem adstritos às obrigações plasmados na convenção?

Vimos acima que as cláusulas da convenção colectiva não se inserem no contrato de trabalho, pelo que a resposta, de princípio, é a seguinte: se a fonte convencional, o direito objectivo, *"cessa os seus efeitos"*, então, as partes voltam a reger-se pelo contrato de trabalho, pela lei e demais fontes (*v.g.,* regulamento de extensão) que em concreto sejam aplicáveis.

Vejamos a questão mais de perto[82]:

a) Primeiro: é preciso destrinçar – como faz MENEZES CORDEIRO, a propósito do artigo 15.º, n.º 2, da LRCT[83] –, entre *direitos subjectivos* e *expectativas*[84];

---

com diversos elementos de direito comparado; *vd.* também o aresto do Tribunal Constitucional n.º 306/2003, de 25 de Junho de 2003, *Diário da República*, I série A, 18 de Julho de 2003, p. 4142.

[82] Trata-se de uma posição que não prejudica, antes aconselha, uma análise de pormenor perante a situação concreta. Haverá situações em que a autonomia colectiva claramente acompanha a individual, podendo dizer-se que desaparecendo aquela a autonomia individual lhe sucede. Por exemplo, não é razoável defender que tendo sido celebrada uma convenção em 1980 que durante vinte anos regulou a retribuição, caducando aquela o trabalhador veja a sua retribuição voltar ao valor de 1980. Em casos como este é necessário apurar a vontade das partes (colectivas e individuais) para encontrar o regime, sem, no entanto, recorrer a criações que não têm qualquer correspondência com a realidade jurídica, como é a manutenção de regimes caducados. Mesmo perante situações destas o ordenamento tem, naturalmente, capacidade de resposta, podendo, exemplificar-se o artigo 265.º, n.º 1, ou 239.º do CC.

[83] MENEZES CORDEIRO, "Dos Conflitos Temporais de Instrumentos de Regulamentação Colectiva de Trabalho", AAVV, *Estudos em Memória do Professor Doutor João de Castro Mendes*, Lex, Lisboa, sem data, p. 470.

[84] Sobre os conceitos de direito subjectivo e expectativas, *vd.*, entre outros, MENEZES

Estudos de Direito do Trabalho (Código do Trabalho) 247

b) Segundo: em relação aos *direitos subjectivos*, quer os reconhecidos por decisões judiciais, quer os já formados e exercidos (ex. retribuição do trabalho suplementar já prestado, cujo pagamento foi realizado), quer os formados mas não exercidos (ex. trabalho suplementar já prestado, mas ainda não pago), não parece haver dúvidas de que a extinção da convenção não afecta tais posições jurídicas[85];

c) Terceiro: no que respeita às expectativas é preciso atender:
  i) às expectativas automáticas, que se transformam em direitos subjectivos pelo mero decurso do tempo, como, por exemplo, ocorre com a promoção automática; e
  ii) às expectativas simples, que dependem de actos realizados por outros (ex. promoção em virtude de bom serviço).
  Uma vez que o ordenamento não lhes confere qualquer meio de defesa, pensamos que são afectadas pela extinção da convenção. Ou seja: os trabalhadores não são titulares de um determinado direito (como não estão adstritos aos correlativos deveres), mas apenas tinham a susceptibilidade, verificados determinados pressupostos, de vir a sê-lo; e um dos pressupostos é a vigência da fonte para que pudesse, então, surgir o direito subjectivo, o que não se verifica;

d) Quarto: não se deve invocar o artigo 122.° do Código do Trabalho, como modo de assegurar a irreversibilidade de algumas condições de trabalho[86], pois isso levaria a uma inversão metodológica; o preceito pressupõe a existência de direitos para consequentemente os garantir. Noutros termos: enquanto o direito per-

---

Cordeiro, *Tratado de Direito Civil Português – Parte Geral*, volume I, tomo I, Lex, Lisboa, 1999, pp. 105-127, 136-137; Galvão Telles, "Expectativa Jurídica (Algumas Notas)", *O Direito*, ano XC, 1958, pp. 2-6; Von Thur, *Derecho Civil – Los Derechos Subjectivos y el Patrimonio*, volumen I (1), «clásicos del pensamiento jurídico», Marcial Pons, Madrid, 1998 (traducción Tito Ravá, del Der Allgemeine Teil des deustchen bürgerlichen Rechts, s.e., s.d.), pp. 57-67, 185-198; Raquel Rei, "Da Expectativa Jurídica", *Revista da Ordem dos Advogados*, ano 54, 1994, I, pp. 150-180, em especial, pp. 150-154, 172-178.

[85] Como disse um Deputado da maioria (PSD), aquando da discussão na especialidade, "em caso de cessação de uma convenção colectiva, não haverá nenhuma perda de direitos", pois estes não são afectados, *Diário da Assembleia da República*, II série A, suplemento, número 85, de 9 de Abril, p. 3504 (166).

[86] Discordamos assim de Lobo Xavier, "A Sobrevigência das Convenções Colectivas ...", cit., pp. 123 e ss. Segundo o Professor, cit., p. 134 (7), mantém-se o estatuto resultante da lei e do contrato de trabalho, sendo este último formado não só pelos direitos decorrentes

mite a utilização de um bem, a garantia assegura a utilização desse mesmo bem[87]. Ora, só se pode falar em garantia depois de se demonstrar que estamos perante um direito, o que não ocorre quando estamos ante uma simples expectativa jurídica;

e) Quinto: acresce que desaparecendo o instrumento conformador do contrato, *in casu*, a convenção, não vemos como podem ser mantidos efeitos que deixaram de ter fonte; falta-lhes o título que os legitime;

f) Sexto: posição diversa seria uma forma de manter, em termos práticos, vigente a convenção, o que claramente colide com diversos pontos, a saber[88]:

i) Em primeiro lugar, esta posição faria "tábua rasa" do n.° 1 do artigo 556.°, pois as convenções colectivas deixariam de vigorar pelo prazo que delas constasse para passarem a vigorar pelo prazo que qualquer uma das partes quisesse, uma vez que só deixariam de produzir (totalmente) efeitos quando fossem substituídas. Ou seja: em vez de a convenção ter um horizonte temporalmente limitado, conforme prescreve o n.° 1 do 556.°, bastaria a qualquer das partes celebrar uma convenção colectiva para que esta produzisse os seus efeitos até surgir outro instrumento que a substituísse, o que permitiria que qualquer dos outorgantes prorrogasse indefinidamente as negociações com o objectivo de manter a convenção celebrada[89].

---

do contrato, mas também "pelos direitos que constituem <u>posições jurídicas individuais que preservem a situação funcional básica do trabalhador</u> (antiguidade, local de trabalho, retribuição global, etc., nos termos garantidos pelo artigo 21.° da LCT) mesmo que tenham fonte aparente em convenção colectiva" (sublinhado no original), não obstante não se verificar qualquer incorporação das cláusulas no contrato, mas sim a manutenção de garantias consideradas legalmente irreversíveis (artigo 21.° da LCT). *Vd.* também VICTOR RUSSOMANO, "Tendências Actuais da Negociação Colectiva", cit., pp. 128-129, 132, que partindo da teoria da incorporação (*vd. supra* texto) defende, consequentemente, que os efeitos, uma vez que se integram nos contratos individuais, se mantêm na esfera jurídica dos trabalhadores.

[87] *Vd.* sobre a distinção, JORGE MIRANDA, *Manual de Direito Constitucional – Direitos Fundamentais*, cit., pp. 88-89. Note-se que o legislador (laboral) consagrou, e bem, a distinção entre direitos e garantias, como se constata, por exemplo, ao compulsar os artigos 121.° e 122.°.

[88] Sobre a questão, embora no quadro legal anterior, *vd.* LOBO XAVIER, "A Sobrevigência das Convenções Colectivas ...", cit., pp. 127 e ss.

[89] Neste sentido, MENEZES CORDEIRO, *Convenções Colectivas de Trabalho e Alterações de Circunstâncias*, cit., p. 55.

Estudos de Direito do Trabalho (Código do Trabalho) 249

ii) Ora, parece inequívoco que, assim, não só se esvaziaria o conteúdo útil da regra prevista no n.º 1, como se aniquilariam dois direitos, liberdades e garantias – o direito de contratação colectiva e o direito de iniciativa económica privada (respectivamente, artigos 56.º, n.º 3 e 61.º, n.º 1, da Constituição) – situação absolutamente vedada pelo artigo 18.º, n.os 2 e 3, da CRP;

iii) Em terceiro lugar, não se encontra qualquer motivo para esgrimir argumentos em defesa de uma das partes outorgantes, se é que alguma seria beneficiada, uma vez que no direito colectivo elas se encontram em situação de paridade[90];

iv) Por outro lado, esta seria a melhor e mais eficaz forma de manter o actual imobilismo da contratação colectiva, o que claramente o legislador não quis, ou seja, em vez de se fomentar a contratação colectiva, pura e simplesmente, obstaculizava-se o seu desenvolvimento;

v) Mais: a duração ilimitada de uma convenção retirar-lhe-ia uma das suas principais vantagens: a adaptação, adequação e maleabilidade, o que lhe permite ter uma real e efectiva adesão à realidade e consequentemente ser um meio eficaz de composição de interesses;

vi) Finalmente, se as partes não previram qualquer regime de sobrevigência, foi, por estarem de acordo quanto ao que resulta do Código. Esta situação merece tanto respeito como o

---

Não se diga que este é um argumento *"ad terrorem"* e irreal, uma vez que as partes têm regras sobre a negociação. Deve ter-se em consideração que:
a) Não existe um dever de contratar, mas sim o dever de negociar (artigos 544.º e ss);
b) Por outro lado, qualquer dos institutos existentes com vista à resolução de conflitos atinentes à revisão de convenções – conciliação, mediação e arbitragem (facultativa) – carece do acordo das partes para produzir efeitos resolutivos;
c) Nem mesmo a arbitragem obrigatória pode ser utilizada como argumento para afastar a perpetuação da convenção, pois esta só pode ser determinada excepcionalmente, como resulta dos pressupostos legalmente previstos (artigo 568.º).

[90] Embora se deva reconhecer que na situação individual isso não acontece. No sentido de existir um equilíbrio de forças no direito colectivo, MÁRIO PINTO – FURTADO MARTINS, *As Fontes do Direito do Trabalho*, policopiados, Universidade Católica Portuguesa, 1986/1987, p. 49. Com interesse para a questão, *vd.* NIKITAS ALIPRANTIS, *La Place da la Convention Collective dans la Hierarchie des Normes*, cit., pp. 49-50.

acto revogatório posterior à celebração da convenção, da qual resulta também a cessação dos efeitos; não faria sentido que o legislador permitisse através da revogação a cessação dos efeitos, mas negasse essa mesma cessação quando as partes acordassem uma convenção e nada dissessem sobre o regime de sobrevigência, por saberem que a lei determina a cessação dos efeitos;

g) Acresce que para mantermos alguns direitos teríamos necessariamente que manter também obrigações, pois aqueles não existiriam sem estas, devendo trazer-se à colação os seguintes argumentos:

i) Uma convenção não é um "conjunto atomístico de cláusulas, fortuitamente unidas", antes pelo contrário, constitui "uma unidade, uma expressão global de uma voluntária regulamentação de interesses"[91];

ii) Como determinar – com segurança – quais os direitos e as obrigações que seriam mantidos e, por outro lado, que garantias teríamos que na sua escolha se mantinha o espírito da convenção, i.e., que o equilíbrio que permitiu o acordo não era adulterado a favor de um dos destinatários, dando, assim, origem a um outro acordo[92]. Dito de outro modo: a manutenção de certas cláusulas levaria ao subjectivismo e, por outro, é preciso não esquecer que as cláusulas da convenção se encontram intrinsecamente relacionadas no seu todo, podendo dizer-se que a existência de uma encontra fundamento noutra; ora, a unidade e conexão seriam escamoteadas, dividindo-se aquilo que é incindível, pois certamente que as partes não teriam chegado àquele acordo se soubessem que apenas uma parte do conteúdo, sem saberem exactamente qual, seria mantida;

iii) É verdade que os dois argumentos anteriores são também procedentes para qualquer contrato e, por outro lado, através, por exemplo, da nulidade ou anulação parcial de negócios jurídi-

---

[91] RAÚL VENTURA, "A Nulidade Total e Nulidade Parcial do Contrato de Trabalho ...", cit., p. 246.

[92] Diversa parece ser a posição de MENEZES CORDEIRO, *Convenções Colectivas de Trabalho e Alterações de Circunstâncias*, cit., pp. 55-56 e 119.

Estudos de Direito do Trabalho (Código do Trabalho) 251

cos (artigos 114.°, n.° 1, *in fine*, ou 292.° do CC[93]) a ordem jurídica tem soluções para assegurar o equilíbrio da vontade das partes[94];

iv) Poder-se-ia dizer: se o nosso ordenamento tem regras para assegurar o respeito pela vontade das partes, então há que recorrer a essas directrizes para manter eficazes algumas cláusulas da convenção colectiva sem adulterar a convenção, garantindo-se, assim, a vontade das partes;

v) No entanto, estas regras regulam (puros) negócios jurídicos que são substancialmente diferentes da convenção colectiva[95], pelo que trazer soluções que têm subjacentes realidades diversas, constituiria, desde logo, uma transmutação de institutos;

vi) Por outro lado, aplicar as mesmas soluções, sem base legal – como escreve RAÚL VENTURA, a propósito doutra questão, "o recurso à vontade hipotética só é legítimo quando o legislador o imponha ou permita. Na verdade, os efeitos do negócio determinam-se pela lei ou pela vontade das partes"[96] –, seria aniquilar as especificidades da convenção colectiva que, enquanto fonte de Direito, deve, nessa matéria, ser tratada nos mesmos termos da lei;

vii) Mais: não se trata de uma mera ausência de base legal específica, mas de desrespeitar a vontade do legislador, uma vez que a lei confere às partes a possibilidade de preverem, quer através da diversidade de períodos de vigência (artigo 556.°, n.° 2), quer mediante a revogação parcial (artigo 559.°), a manutenção de algumas cláusulas;

---

[93] Sobre o artigo 292.° do CC, *vd.*, MENEZES CORDEIRO, *Tratado de Direito Civil Português – Parte Geral*, cit., pp. 585 e ss.

[94] A propósito da comparação de fontes laborais, RAÚL VENTURA, "O Cúmulo e a Conglobação na Disciplina das Relações de Trabalho", *O Direito*, ano 94, 1962, n.° 3, pp. 201 e ss, em especial pp. 207 e ss, aborda a questão da unidade substancial da regulamentação, identificando diferentes critérios, cujo estudo é muito útil para a presente análise; idêntico interesse tem o estudo deste Professor, "Nulidade Total e Nulidade Parcial do Contrato de Trabalho", cit., pp. 245 e ss.

[95] Como referimos (*supra* nota), na esteira de GINO GIUGNI, "Direito do Trabalho", cit., p. 344, a convenção colectiva tem características irredutíveis quer às fontes de direito privado (essencialmente no que respeita ao contrato), quer às fontes de direito público.

[96] RAÚL VENTURA, "Nulidade Total e Nulidade Parcial do Contrato de Trabalho", cit., p. 255.

h) Igualmente irrelevante – mesmo para quem o admita, o que não é o nosso caso – é o afastamento do princípio do não retrocesso social, uma vez que, como tivemos ocasião de demonstrar, não é aplicável à convenção colectiva[97];

i) Finalmente, também não nos parece procedente defender que a cessação dos efeitos da convenção apenas diz respeito à parte normativa e, por outro lado, somente se repercute nos contratos celebrados após aquela cessação[98]:

> *i*) Primeiro: esta posição não tem qualquer apoio quer na letra, quer no espírito das normas consagradas no Código, tratando-se de um desrespeito do diploma[99];

---

[97] GONÇALVES DA SILVA, *Código do Trabalho – Pareceres*, cit., ponto 2.6..

[98] Parece ser este o entendimento do Tribunal Constitucional no Aresto n.º 306/2003, de 25 de Junho, cit., p. 4163. No entanto, como ensina JORGE MIRANDA, *Manual de Direito Constitucional – Constituição e Inconstitucionalidade*, 3.ª edição, Coimbra Editora, 1991, p. 484, "nenhuma relevância possuem as sentenças de rejeição da inconstitucionalidade", uma vez que "ao tribunal cabe declarar – e apenas lhe pode ser pedido que declare – a inconstitucionalidade, não a constitucionalidade ou a não inconstitucionalidade" (p. 483).

Por outro lado, deve salientar-se que a interpretação tem de respeitar a posição do legislador, sob pena de assumir um carácter criador e, deste modo, invadir a esfera da competência legislativa, violando, assim, o princípio da separação de poderes (artigo 111.º, n.º 1, da CRP). Como reconhece o Tribunal Constitucional, no Acórdão n.º 364/94, *Diário da República*, II série, número 160, de 13 de Julho de 1994, p. 6992, "a interpretação jurídica, mesmo tratando-se de uma *interpretação conforme à Constituição,* há-de extrair dos textos legais um sentido que eles comportem, ou seja, um sentido que «tenha na letra da lei um mínimo de correspondência verbal, ainda que imperfeitamente expresso» (cf. artigo 9.º, n.º 2, do Código Civil) – um sentido, em suma, que não contrarie a letra da lei. E esse sentido há-de captar-se no conjunto do diploma legal, a que pertence a norma interpretanda, e ainda (como se sublinhou naquele Acórdão n.º 266/92, citando Karl Engisch, *Introdução ao Pensamento Jurídico,* 5ª ed., Lisboa, 1979, p. 120), com referência ao ordenamento jurídico global, neste se incluindo, naturalmente, a Constituição, a que há que reconhecer uma grande «capacidade irradiante», atento, desde logo, o lugar que ela ocupa na hierarquia das fontes", itálico no original.

[99] Como afirmou um Deputado da maioria (PSD), aquando da discussão na especialidade na Assembleia da República: "a norma prevê [artigo 544.º, actual 557.º] que só se todos os mecanismos falharem é que, por fim, terá lugar a cessação definitiva da convenção", acrescentando que se trata "de uma grande novidade do Código, que constituirá um factor de dinamização da contratação colectiva", *Diário da Assembleia da República*, cit., p. 3504 (165), sublinhado nosso.

Estudos de Direito do Trabalho (Código do Trabalho) 253

ii) Segundo: assenta numa dicotomia – eficácia normativa *v.* eficácia obrigacional – que o Código rejeita e que é criticável pela dificuldade operativa[100];

iii) Terceiro: assenta num equívoco de suposta protecção, pois não tem em consideração que o princípio do tratamento mais favorável em matéria de contratação colectiva não consta do Código do Trabalho (artigo 4.°, n.° 1)[101], o que quer dizer que

---

[100] Veja-se as críticas sobre essa destrinça na nota 18.

Como escreve LIBERAL FERNANDES, "Privatização e Desmembramento ...", cit., pp. 434-435, sobre a epígrafe do princípio da unidade da convenção colectiva, "o facto de a doutrina juslaborista dividir em duas partes o conteúdo da CC não implica que deva aceitar-se uma bipartição rígida desta fonte de direito. Na verdade, a referida divisão não é senão o reflexo de uma determinada concepção que encara a CC como uma norma que congrega conteúdos regulamentares (ou normativos) e contratuais (ou obrigacionais).

Porém, esta visão dualista tem um valor meramente descritivo, visto que a CC não pode ser encarada como uma norma desprovida de unidade normativa. A diferenciação estabelecida destina-se apenas a realçar o facto de esta fonte de direito constituir uma síntese de conteúdos distintos, não pondo em causa a sua característica de conjunto normativo único e singular, relativamente ao qual cada uma das referidas partes não subsiste isoladamente. Por isso, a distinção acolhida no art. 5.° do DL. N.° 519-C1/79 não significa que nos deparemos com dois tipos de disposições qualitativamente diferentes, conclusão que deixaria pairar a ideia de que, verdadeiramente, estaríamos perante duas convenções com regimes distintos, embora formalmente justapostas ou integradas. Com a diferenciação patenteada naquele artigo, o legislador quis apenas destacar a natureza original desta fonte de direito.

Com efeito, existe uma ligação de tal modo estreita entre as referidas partes da CC que permite afirmar que o verdadeiro alcance do conteúdo obrigacional é garantir a vigência da parte normativa. Tendo a CC como fim primordial regular determinadas relações de trabalho, naturalmente que este escopo é comum às cláusulas de natureza contratual, na medida em que elas visam assegurar a execução e a eficácia das restantes.

Mesmo admitindo que a tendência para desmembrar a CC não tenha perdido actualidade, não oferece dúvidas que o alcance tradicional dessa bipolarização se tem vindo a esbater". A isto acrescenta ainda o Autor, p. 435, "desde logo, a dificuldade sentida em diferenciar entre si os dois tipos de cláusulas; depois, o facto de se vir atenuando a distância entre lei e contrato; por fim, o reconhecimento de que, quando a lei atribui eficácia normativa à CC, fá-lo considerando-a no seu conjunto, i. é, sem qualquer distinção entre conteúdo regulamentar e obrigacional". Julgamos, face ao exposto, não ser necessária qualquer outra explicação.

[101] Sobre o artigo 4.°, *vd.* MENEZES LEITÃO, *Código do Trabalho Anotado*, cit., pp. 22 e ss; ROMANO MARTINEZ – LUÍS MIGUEL MONTEIRO – JOANA VASCONCELOS – MADEIRA DE BRITO – GUILHERME DRAY – GONÇALVES DA SILVA, *Código do Trabalho Anotado*, cit., pp. 69 e ss.

se poderia estar a eternizar, por exemplo, um regime constante de uma convenção celebrada num momento de forte crise, com o intuito de evitar um despedimento colectivo, tendo as partes aceite diminuir as condições de trabalho durante dois anos[102];

iv) Quarto: essa posição levaria mesmo a incongruências jurídicas dificilmente ultrapassáveis, face à frágil e deficiente dicotomia em que assenta, bastando observar o que aconteceria nas convenções que contivessem, por exemplo, cláusulas de paz social (relativas). Admitindo que as cláusulas de paz social têm natureza obrigacional, facilmente se percebe que a existência de uma cláusula destas assume especial relevância na feitura das restantes. Uma vez que esta cessava, as restantes, e que só foram celebradas tendo presente um previsível período de paz, seriam mantidas, ou seja, alterava-se o equilíbrio do acordo existente; aliás, basta notar que muitas cláusulas ditas obrigacionais, são essenciais para a (boa) execução da convenção, pelo que a sua amputação prejudicaria a plena observância da convenção, tornando-a desequilibrada e diversa do instrumento acordado;

v) Quinto: não explica, ignorando a questão central, como é que se mantêm os efeitos face aos contratos de trabalho celebrados na sua vigência, quando a fonte caducou, i.e., cessou "*os seus efeitos*";

vi) Sexto: esta interpretação seria a forma de, contornando a solução legal, manter indefinidamente uma convenção em vigor, ainda que de forma indirecta, ou seja, ela cessava, mas os seus efeitos mantinham-se, o que quer dizer que a cessação resultaria numa fórmula vazia;

---

[102] Poder-se-ia aparentemente dizer que a manutenção dos efeitos ocorria através da incorporação nos contratos de trabalho, tendo que, para o efeito, preencher os requisitos do artigo 4.º, n.º 3, i.e., ser mais favorável e, por outro lado, não existir oposição do Código do Trabalho. No entanto, tal posição não explicaria a base para ser preconizada a incorporação; por outro lado, é preciso ter presente que o Código contém várias normas que permitem a intervenção do contrato de trabalho, mesmo em sentido menos favorável – por exemplo, as supletivas –, o que permitiria ultrapassar aquele argumento e manter cláusulas que sendo menos favoráveis têm ainda uma vocação temporária; acresce que fazer uma selecção das normas que se manteriam, seria, como dissemos, seguramente uma forma de criar um novo regime sem qualquer correspondência com a convenção acordada.

Estudos de Direito do Trabalho (Código do Trabalho) 255

vii) Sétimo: e relativamente aos instrumentos de regulamentação colectiva não negociais aconteceria o mesmo? É que para se ser coerente na posição, a resposta tem de ser positiva, pois não faz sentido que perante um direito fundamental como é a autonomia colectiva se fixe uma restrição, impondo às partes a impossibilidade de estabelecerem um regime temporário, mas se permita que tratando-se de instrumentos não negociais exista uma tutela diferente.

Pense-se, por exemplo, que um regulamento de extensão emitido para uniformizar determinadas situações jurídico--laborais teria de ser mantido eternamente, pois como mesmo que cessasse a convenção os efeitos desta continuavam vigentes, o regulamento de extensão também se teria de manter[103].

Como é fácil perceber tal posição colidiria com a natureza dos instrumentos negociais e não negociais.

Por todo o exposto, no caso de cessação dos efeitos da convenção, sem qualquer sucessão, os destinatários do instrumento autónomo terão a sua situação jurídico-laboral regulada pelas fontes aplicáveis, o que, naturalmente, não inclui o regime decorrente da convenção[104].

---

[103] Naturalmente não considerando a hipótese – que é indefensável – de se defender que o conteúdo do regulamento se incorpora no contrato de trabalho.

[104] Isto não impede, logicamente, que o conteúdo de algumas cláusulas da convenção se possam manter nos casos em que o empregador e trabalhador tenham regulado o contrato de trabalho por remissão material para a convenção. Nesta situação é preciso destrinçar a remissão material da formal; no primeiro caso, o empregador e trabalhador estabelecem cláusulas individuais cujo conteúdo consta da convenção e, nesta situação, naturalmente, que a cessação da convenção não afecta o conteúdo do contrato; na segunda hipótese – remissão formal – empregador e trabalhador remetem o conteúdo de cláusulas do contrato para as existentes na convenção, sujeitando o regime individual às alterações existentes na convenção, pelo que cessando esta, o contrato de trabalho, na falta de cláusula expressa, deverá ser integrado nos termos do artigo 239.º do CC.

NÓTULA SOBRE OS EFEITOS COLECTIVOS DA TRANSMISSÃO DA EMPRESA* **

SUMÁRIO: § 1.°) Introdução § 2.°) Breve enquadramento histórico § 3.°) Código do trabalho

§ 1.°) INTRODUÇÃO[1]

I. A matéria dos efeitos da transmissão da titularidade da empresa, do estabelecimento ou de parte da empresa ou estabelecimento que constitua uma unidade económica face aos instrumentos de regulamentação colectiva de trabalho assume importância central no objectivo de estabilização das relações laborais. Na verdade resulta do artigo 555.° do Código do Trabalho, bem como do artigo 318.°, que a transmissão da titularidade

---

* Publicado em *Subjudice – Justiça e Sociedade*, n.° 27, 2004, pp. 127-135.

** O presente texto corresponde, com ligeiro desenvolvimento e aditamento de notas, à exposição feita na sessão inaugural das Conferências sobre o Novo Código do Trabalho, organizada pela Ordem dos Advogados e Lex, realizada na Reitoria da Universidade de Lisboa, em Outubro de 2003.

[1] Todos os preceitos sem indicação de fonte referem-se ao Código do Trabalho, aprovado pela Lei n.° 99/2003, de 27 de Agosto, tendo aquele sido objecto da Declaração de Rectificação n.° 15/2003, de 21 de Outubro de 2003, *Diário da República*, I série-A, número 250, de 28 de Outubro de 2003.

Principais abreviaturas utilizadas: a) CC – Código Civil; b) CRP – Constituição da República Portuguesa (de 1976); c) LCT – Lei do Contrato de Trabalho (Decreto-Lei n.° 49408, de 24 de Novembro de 1969); d) LRCT – Lei de Regulamentação Colectiva (Decreto-Lei n.° 519-C1/79, de 29 de Dezembro).

da empresa ou estabelecimento[2] não afecta, em regra, a situação jurídico-
-laboral existente.

O adquirente, além de ficar investido na posição jurídica do transmitente nos contratos de trabalho (artigo 318.°), passa a ser destinatário dos
direitos e obrigações resultantes do conteúdo do instrumento de regulamentação colectiva de trabalho aplicável a esses mesmos contratos (artigo 555.°).

Como se constata, os preceitos em causa regulam a modificação
subjectiva por parte do empregador.

II. A manutenção dos direitos e obrigações existentes antes da
transmissão resulta, desde logo, da harmonização da liberdade de iniciativa
económica do empregador (artigo 61.°, n.° 1, da CRP), bem como do
princípio da transmissibilidade geral (artigo 62.°, n.° 1)[3], com um conjunto de direitos, liberdades e garantias que fazem parte da esfera jurídica
dos trabalhadores e respectivas associações de trabalhadores (por exemplo, artigos 53.° e 56.°, n.os 3 e 4).

III. O objectivo de neutralização dos efeitos da transmissão face às
situações jurídico-laborais existentes resulta também de normas comunitárias. Com efeito, desde a Directiva 77/187/CEE do Conselho, de 14 de
Fevereiro de 1977, relativa à aproximação das legislações dos Estados
membros respeitantes à manutenção dos direitos dos trabalhadores em
caso de transferência de empresas, estabelecimentos ou partes de estabelecimentos (artigo 3.°, n.° 2) — tendo a Directiva de 1977 sido alterada
pela 98/50/CE do Conselho, de 29 de Junho de 1998, e posteriormente
ambas revogadas pela 2001/23/CE do Conselho, de 12 de Março de 2001,
que procedeu à respectiva codificação — que o direito comunitário tem
regras que tutelam esta matéria[4] De acordo com o artigo 3.°, n.° 3, da

---

[2] Por facilidade expositiva utilizamos apenas a expressão *"titularidade da empresa
ou estabelecimento"*.

[3] Este princípio é, por exemplo, referido por MENEZES CORDEIRO, *Direito das
Obrigações*, 2.° volume, Associação Académica da Faculdade de Direito de Lisboa,
reimpressão, 1994, p. 79.

Note-se que tanto o artigo 61.°, n.° 1, como o 62.°, n.° 1, são considerados direitos,
liberdades e garantias de natureza análoga, gozando, assim, do regime do artigo 18.° por
força do artigo 17.°.

[4] Saliente-se que mesmo antes da Directiva já o ordenamento nacional tinha uma
norma sobre a manutenção da aplicação do instrumento de regulamentação de trabalho em

Directiva 2001/23/CE[5], "*após a transferência, o cessionário manterá as condições de trabalho acordadas por uma convenção colectiva, nos mesmos termos em que esta as previa para o cedente, até à data da rescisão ou do termo da convenção colectiva ou até à data de entrada em vigor ou de aplicação de outra convenção colectiva*"; a isto acrescenta-se ainda: "*os Estados-membros podem limitar o período de manutenção das condições de trabalho desde que este não seja inferior a um ano*".

Como resultado do preceito, podemos salientar, por um lado, uma referência expressa à convenção colectiva e, por outro, a possibilidade de os Estados membros poderem limitar a um ano a manutenção das condições de trabalho; acrescente-se ainda, além desta limitação temporal, e segundo a jurisprudência comunitária, uma restrição pessoal: a garantia da manutenção da convenção aplicável só abrange os trabalhadores que

---

caso de cessão total ou parcial; trata-se do artigo 9.°, n.° 3, do Decreto-Lei n.° 164-A/76, de 28 de Fevereiro.

[5] O actual preceito corresponde, sem variações relevantes quanto à fórmula adoptada, embora se tenha, por exemplo, esclarecido o conceito de transferência, ao artigo 3.°, n.° 2, da Directiva 77/187/CEE, e ao artigo 3.°, n.° 3, da Directiva 98/50/CE.

Para uma análise das Directivas, com referências à jurisprudência comunitária, *vd.* por exemplo, LIBERAL FERNANDES, "Transmissão do Estabelecimento e Oposição do Trabalhador à Transferência do Contrato: uma Leitura do artigo 37.° da LCT Conforme o Direito Comunitário", *Questões Laborais*, ano VI, n.° 14, 1999, em especial, pp. 225 e ss; JÚLIO GOMES, "A Jurisprudência recente do Tribunal de Justiça das Comunidades Europeias em Matéria de Transmissão de Empresa, Estabelecimento ou parte de Estabelecimento – Inflexão ou Continuidade?", AAVV, *Estudos do Instituto de Direito do Trabalho*, volume I, coordenação ROMANO MARTINEZ, Almedina, Coimbra, 2001, pp. 481 e ss; JOANA SIMÃO, "A Transmissão de Estabelecimento na Jurisprudência do Trabalho Comunitário e Nacional", *Questões Laborais*, ano IX, n.° 20, 2002, pp. 203-220. No direito espanhol: CAROLINA MARTÍNEZ MORENO, "Tendências jurisprudenciais Recientes en Supuestos de Transmisón de Empresas y Subcontratación", *Relaciones Laborales*, 1999, n.° 11, em especial, 21-25; VALDÉS DAL-RÉ, *La Transmisión de Empresas y las Relaciones Laborales – Un Estudio Comparado de los Ordenamientos Comunitario y Nacional*, «Informes y Estudios», n.° 34, Ministerio de Trabajo y Asuntos Sociales, Madrid, 2001, em especial, pp. 11-44. No direito francês: PAUL-HENRI ANTONMATTÉI, "La Saga de La Directive n.° 77/197 du 14 de Février: l'Épisode du «Reflux", *Droit Social*, 1997, n.ºs 7/8, pp. 728 e ss; STÉPHANE DARMAISIN, "Le Concept de Transfert d'Entreprise", *Droit Social*, 1994, n.° 4, pp. 343 e ss; HEAN DÉPREZ, "Transfert d'Entreprise – La Notion de Transfert d'Entreprise au sens de la Directive Européenne du 14 Février 1977 et de l'article L. 122-12, al. 2 du Code du Travail: Jurisprudence Française et Communautaire", *Revue de Jurisprudence Sociale*, n.° 5/95, pp. 315 e ss.

260   *Luís Gonçalves da Silva*

prestam serviço na empresa no momento da transferência, excluindo-se, assim, os que sejam contratados depois ou que tenham sido contratados pelo adquirente[6].

IV. A matéria que analisaremos versa somente sobre as consequências da transmissão da titularidade da empresa ou do estabelecimento relativamente à convenção colectiva que vincula o transmitente no momento da transmissão, não obstante a redacção consagrada no nosso ordenamento se referir a instrumento de regulamentação colectiva[7].

§ 2.º) BREVE ENQUADRAMENTO HISTÓRICO

I. A versão inicial da LRCT, no artigo 9.º, prescrevia que *"em caso de cessão, total ou parcial, de uma empresa ou estabelecimento, a entidade patronal cessionária ficará obrigada a observar, até ao termo do respectivo prazo de vigência, o instrumento de regulamentação colectiva que vincula a entidade patronal cedente"*[8]. Desta redacção resultava, por um lado, que a norma se aplicava a casos de cessão, ainda que parcial ou

---

[6] Sentença de 17 de Dezembro de 1987, assunto 287/86, Landsorganisationem i Danmark for Tjenerforbundet i Danmark c. My Molle Kro, rec. 5465, conforme refere VALDÉS DAL-RÉ, *La Transmisión de Empresa* ..., cit., p. 77.

[7] O artigo 555.º, n.º 1, utiliza o termo "instrumento de regulamentação colectiva de trabalho" que, como sabemos, inclui os de natureza negocial e não negocial (artigo 2.º). Na nossa exposição apenas temos presente, como dissemos, a convenção colectiva. Isso não quer dizer que não consideremos o preceito aplicável aos instrumentos não negociais. Com efeito, o preceito é também aplicável aos instrumentos não negociais, apesar da sua inserção sistemática – âmbito pessoal (secção V) da convenção colectiva (capítulo II) – e da redacção da Directiva (artigo 3.º, n.º 3, da Directiva 2001/23/CE, como se viu, refere-se à convenção colectiva), não o impôr. No entanto, é, por um lado, o que resulta da sua letra, por outro, esta opção do legislador tem antecedentes nas leis anteriores e, finalmente, este problema também se pode colocar face a um instrumento não negocial. Imagine-se, por exemplo, que um regulamento de extensão (artigos 573.º e ss) exclui, por opção da Administração, um conjunto de empregadores que se opuseram à sua extensão, entre os quais está o adquirente, mas não o transmitente. Neste caso seria necessária a aplicação do artigo 555.º para se manter o regime resultante do regulamento de extensão.

[8] Este preceito reproduz o artigo 9.º, n.º 3, do Decreto-Lei n.º 164-A/76, de 28 de Fevereiro, não tendo sido objecto de alteração pelos diplomas – Decretos-Lei n.os 887/76, de 29 de Dezembro, e 353-G/77, de 29 de Agosto – que modificaram aquele Decreto-Lei.

Estudos de Direito do Trabalho (Código do Trabalho) 261

total, não obstante alguns entendimentos mais amplos; por outro lado, não existia qualquer limitação temporal.

II. Com o Decreto-Lei n.º 209/92, de 2 de Outubro, foram introduzidas alterações ao artigo 9.º – o Decreto-Lei n.º 87/89, de 23 de Março, tal como a Lei n.º 118/99, de 11 de Agosto, também modificaram a LRCT, mas não alteraram o preceito em análise –, ficando este com a seguinte redacção: *"em caso de cessão, total ou parcial, de uma empresa ou estabelecimento, a entidade empregadora cessionária ficará obrigada a observar, até ao termo do respectivo prazo de vigência, e no mínimo de 12 meses, contados da cessão, o instrumento de regulamentação colectiva que vincula a entidade empregadora cedente, salvo se tiver sido substituído por outro"*[9]. Com esta alteração, o legislador utilizou a amplitude da Directiva para restringir temporalmente a aplicação do instrumento à cessionária.

Do confronto das diferentes versões da LRCT resulta, desde logo, a introdução de uma sobrevigência (limitada), uma vez que o instrumento mantém os seus efeitos, mesmo que a sua vigência cesse face ao transmitente; por outro, essa sobrevigência tem uma duração mínima de doze meses a contar do momento da cessão; e ainda a possibilidade de a autonomia colectiva intervir dando origem à substituição do instrumento.

§ 3.º) CÓDIGO DO TRABALHO

I. A matéria em causa encontra actualmente regulação no artigo 555.º do Código do Trabalho, que tem a seguinte redacção: *"em caso de transmissão, por qualquer título, da titularidade da empresa, do estabelecimento ou de parte de empresa ou estabelecimento que constitua uma*

---

[9] A redacção é idêntica à que consta do artigo 2.º, alínea c), da Lei n.º 11/92, de 15 de Julho, que autorizou o Governo a legislar em matéria de regime jurídico das relações colectivas de trabalho.

Sobre o artigo 9.º pode consultar-se, LIBERAL FERNANDES, "Transferência de Trabalhadores e Denúncia da Convenção Colectiva – O Problema da Aplicação do Artigo 9.º do DL 519-C1/79, de 29-12", *Questões Laborais*, ano III, n.º 7, 1996, pp. 100 e ss; LOBO XAVIER, "A Sobrevigência das Convenções Colectivas no Caso das Transmissões de Empresas. O Problema dos "Direitos Adquiridos", *Revista de Direito e de Estudos Sociais*, ano XXXVI (IX da 2.ª série), 1994, n.ºs 1-2-3, pp. 123 e ss.

unidade económica, o instrumento de regulamentação colectiva de trabalho que vincula o transmitente é aplicável ao adquirente até ao termo do respectivo prazo de vigência, e no mínimo durante doze meses a contar da data da transmissão, salvo se, entretanto, outro instrumento de regulamentação colectiva de trabalho negocial passar a aplicar-se ao adquirente" (n.º 1)[10]; "*o disposto no número anterior é aplicável à transmissão, cessão ou reversão da exploração da empresa, do estabelecimento ou de uma unidade económica*" (n.º 2)[11].

As modificações ocorridas face à versão da LRCT traduzem-se no alargamento da previsão da norma — onde se referia *"em caso de cessão, total ou parcial, de uma empresa ou estabelecimento ..."* passou a prever-se "*... em caso de transmissão, por qualquer título, da titularidade da empresa, do estabelecimento ou de parte da empresa ou estabelecimento que constitua uma unidade económica ...*"; por outro lado, em vez de "...

---

[10] Para uma análise actualizada do conceito de transmissão, *vd.* ROMANO MARTINEZ – LUÍS MIGUEL MONTEIRO – JOANA VASCONCELOS – PEDRO MADEIRA DE BRITO – GUILHERME DRAY – LUÍS GONÇALVES DA SILVA, *Código do Trabalho Anotado*, Almedina, Coimbra, 2003, pp. 486 e ss. Referindo-se ao artigo 37.º da LCT, FURTADO MARTINS, "Algumas Observações sobre o Regime da Transmissão do Estabelecimento no Direito do Trabalho Português", *Revista de Direito e de Estudos Sociais*, ano XXXVI (IX da 2.ª série), 1994, n.º 4, pp. 357-361.

[11] A matéria da transmissão da titularidade de empresa ou estabelecimento tem também consagração noutros ordenamentos, embora com variações de regime. Em Espanha, consta do artigo 44.º do Estatuto dos Trabalhadores. Este preceito foi alterado recentemente (artigo 2.º da Lei n.º 12/2001, de 9 de Julho), devendo salientar-se que foi com esta modificação que o ordenamento espanhol passou a ter regra expressa sobre os efeitos da transmissão relativamente à aplicação de convenções, embora a doutrina e jurisprudência já defendessem a aplicação do preceito a estes casos, cfr. LOURDES MELLA MÉNDEZ, *Sucesión de Empresa y Convenio Colectivo Aplicable, Editorial Comares*, Granada, 2000, pp. 50 e ss; VALDÉS DAL-RÉ, La Transmisión de Empresa..., cit., pp. 77 e ss; e após a alteração, ALONSO OLEA-CASAS BAAMONDE, *Derecho del Trabajo*, 20.ª edición, Civitas, Madrid, 2002, pp. 402 e ss. e 864.

Em França, a matéria é regulada pelo artigo L. 122-12, do Código do Trabalho, podendo consultar-se HENRY BLAISE, "L'article L. 122-12 après la tourmente: vers la Stabilisation de la Jurisprudence?", *Droit Social*, 1991, n.º 3, pp. 246 e ss; LARDY-PÉLISSIER–JEAN PÉLISSIER–AGNÈS ROSET–LYSIANE THOLY, *Le Code du Travail Annoté*, Groupe Revue Fiduciare, Paris, 2001, pp. 151 e ss.

Em Itália, a matéria é regulada pelo artigo 2112.º do Código Civil, podendo ver-se sobre a matéria, MARIO GRANDI–GIUSEPPE PERA, *Commentario Breve alle Leggi sul Lavoro*, Cedam, Milani, 2001, pp. 492 e ss; RENATO SCOGNAMIGLIO, *Diritto del Lavoro*, Editai Laterza, Roma, 2003, pp. 283 e ss.

Estudos de Direito do Trabalho (Código do Trabalho) 263

a entidade empregadora cessionária ficará obrigada a observar ...",
pode ler-se "*... o instrumento de regulamentação colectiva de trabalho
que vincula o transmitente é aplicável ao adquirente ...*", colocando a
tónica na aplicabilidade, constituindo esta alteração mais cariz formal;
terceiro, na parte final do preceito, em vez de "*... salvo se tiver sido substituído por outro*", passou a constar "*... salvo, se entretanto, outro instrumento de regulamentação colectiva de trabalho negocial passar a aplicar-se ao adquirente*", o que permite expressamente, por exemplo, que o
adquirente, filiando-se numa associação de empregadores, com base na
liberdade de filiação, passe a ter como instrumento aplicável o celebrado
pela associação de empregadores em que se filiou; por fim, saliente-se o
aditamento do n.° 2 que alarga o âmbito de aplicação do preceito.

Vejamos agora mais de perto algumas questões de regime[12].

II. Tendo presente que o artigo 555.° é um corolário do preceituado
no artigo 318.°[13] – norma que investe o adquirente, no que respeita aos
contratos de trabalho, na posição jurídica do transmitente –, podemos

---

[12] No Decreto-Lei n.° 164-A/76, de 28 de Fevereiro, o preceito – artigo 9.°, n.° 3 –
estava inserido num artigo cuja epígrafe era âmbito de aplicação. Note-se que este
diploma não está formalmente dividido.

[13] Para uma análise da versão anterior, artigo 37.° da LCT, *vd.*, entre outros, M.
COSTA ABRANTES, "A Transmissão do Estabelecimento Comercial e a Responsabilidade
pelas Dívidas Laborais", *Questões Laborais*, ano V, n.° 11, 1998, pp. 1-35; COUTINHO DE
ABREU, "A Empresa e o Empregador em Direito do Trabalho", *Estudos em Homenagem
ao Prof. Doutor J. J. Teixeira Ribeiro*, volume III, número especial, Boletim da Faculdade
de Direito da Universidade de Coimbra, «Iuridica», 1983, maxime, pp. 297-301; MENEZES
CORDEIRO, *Manual de Direito do Trabalho*, Almedina, Coimbra, 1994, reimpressão, pp.
773-776; LIBERAL FERNANDES, "Transmissão do Estabelecimento e Oposição do Trabalhador
à Tranferência do Contrato: Uma Leitura do artigo 37.° da LCT Conforme o Direito
Comunitário", *Questões Laborais*, ano VI, n.° 14, 1999, pp. 213-240; ROMANO MARTINEZ,
Direito do Trabalho, Almedina, Coimbra, 2002, pp. 681 e ss, com indicação de diversa
bibliografia; FURTADO MARTINS, "Algumas Observações ...", cit., pp. 357-366; MÁRIO
PINTO – FURTADO MARTINS – NUNES CARVALHO, *Comentário às Leis do Trabalho*, Lex,
Lisboa, 1994, pp. 174-184; e ainda com interesse para a questão, LOBO XAVIER, "Substituição
da Empresa Fornecedora de Refeições e Situação Jurídica do Pessoal Utilizado no Local:
Inaplicabilidade do artigo 37.° da LRCT", *Revista de Direito e de Estudos Sociais*, ano
XXVIII (I da 2.ª série), 1986, n.° 3, pp. 443-459; LOBO XAVIER – FURTADO MARTINS,
"Cessão de Posição Contratual Laboral. Relevância dos Grupos Económicos. Regras de
Contagem da Antiguidade", *Revista de Direito e de Estudos Sociais*, ano XXXVI (IX da

afirmar que aquela norma tem um objectivo claro: manter aplicável um regime convencional nas situações de transmissão da titularidade da empresa ou do estabelecimento, quer através da manutenção do regime jurídico que vinculava o transmitente, e consequentemente passa a vincular o adquirente[14], quer mediante o exercício da autonomia colectiva por parte do adquirente. De facto, esta estabilidade tanto é alcançada com a manutenção do regime que vinculava o transmitente como com o exercício da autonomia colectiva e com a consequente manutenção de um regime convencional, uma vez que o adquirente pode celebrar uma convenção após a transmissão afastando a aplicação do instrumento que vinculava o transmitente.

III. Nestes termos – manutenção do regime que vincula o transmitente – é uma excepção ao princípio da dupla filiação. Com efeito, o Código do Trabalho manteve, no artigo 552.º[15], a regra geral existente no ordenamento[16], segundo a qual as convenções colectivas têm somente *eficácia inter-partes*. Assim, o âmbito pessoal da convenção é determinado, em regra (cfr. artigos 553.º e 554.º), pela filiação do empregador (caso

---

2.ª série), 1994, n.º 4, pp. 369-427, que inclui alguns arestos; VASCO DA GAMA LOBO XAVIER – RITA LOBO XAVIER "Substituição de Empresa Fornecedora de Refeições – artigo 37.º da LCT", *Revista de Direito e de Estudos Sociais*, ano XXXVII (X da 2.ª série), 1995, n.º 5, pp. 384-407.

[14] A vinculação do adquirente verifica-se, como é lógico, independentemente da sua vontade, ou seja, mesmo sem estar inscrito na associação celebrante ou ser parte outorgante da convenção.

[15] A diferença entre os n.os 1 e 2 é que o primeiro prescreve a eficácia da convenção outorgada directamente pelos empregadores ou por associações de empregadores e por sindicatos, enquanto o n.º 2 regula a eficácia da convenção subscrita por associações de segundo grau, ou seja, associação de associações. Com efeito, o n.º 2 regula as situações em que a convenção é celebrada por organizações de associações de empregadores ou por associações de sindicatos (cfr., respectivamente, artigos 476.º, alíneas a), b), c) e d) e 508.º), prescrevendo o preceito que obriga os empregadores e os trabalhadores inscritos nas associações outorgantes representados nos termos previstos nos estatutos quando outorguem em nome próprio ou em conformidade com os mandatos prescritos no n.º 2 do artigo 540.º.

[16] Ao contrário do que, por exemplo, acontece em Espanha (artigo 82.º, n.º 3, do Estatuto dos Trabalhadores). Sobre os efeitos da convenção colectiva, *vd.* GONÇALVES DA SILVA, *Notas sobre a Eficácia Normativa da Convenção Colectiva*, «Cadernos Laborais», n.º 1, Instituto de Direito do Trabalho, Almedina, Coimbra, 2002, nota 23, pp. 18 e ss.

Estudos de Direito do Trabalho (Código do Trabalho)

não celebre a convenção directamente) e do trabalhador nas associações outorgantes[17].

Como vimos, o legislador no artigo 555.° prescinde da filiação do empregador, mantendo o instrumento antes aplicável ao transmitente agora ao adquirente, embora, naturalmente, continue a exigir a filiação do trabalhador.

Naturalmente que se o adquirente estiver inscrito na associação de empregadores que outorgou a convenção que vinculava o transmitente ou se a tiver celebrado directamente não se aplica a excepção ao princípio da dupla filiação previsto no artigo 555.°, n.° 1, mas a regra geral plasmada no artigo 552.°[18], respeitando-se também, deste modo, os objectivos da manutenção do estatuto aplicável.

IV. Deste modo, ao empregador adquirente passa a aplicar-se a convenção aplicável ao transmitente. Noutros termos: a titularidade dos direitos e a adstrição às obrigações que para o transmitente resultavam da aplicação da convenção têm agora como destinatário o adquirente. Só que esta transmissão ocorre independentemente da vontade dos empregadores, i.e., transmitente e adquirente, pois, repetimos, verifica-se *ope legis*.

V. Referimos que o artigo 555.° constitui uma excepção ao princípio da dupla filiação. Na verdade julgamos que o adquirente não passa a ser parte da convenção, situação que nos parece de particular importância. Confrontando os artigos 318.° e 555.° claramente se extrai que, enquanto

---

[17] Sobre os efeitos (pessoais) da convenção, *vd.* Acórdão do Supremo Tribunal de Justiça, de 1 de Junho de 1984, *Acórdãos Doutrinais do Supremo Tribunal Administrativo*, n.° 274, pp. 1199 e ss; Sentença do Tribunal do Trabalho de Lisboa, de 26 de Junho de 1986, *Colectânea de Jurisprudência*, 1986, n.° 4, pp. 329 e ss; Acórdão do Supremo Tribunal de Justiça, de 2 de Outubro de 1996, *Acórdãos Doutrinais do Supremo Tribunal Administrativo*, n.° 423, pp. 380 e ss.

Relativamente ao ónus da prova da situação jurídica de filiado, este está a cargo do trabalhador, nos termos do artigo 342.°, n.° 1, do CC, sempre que invocar um direito daí decorrente. *Vd.* sobre a questão, Acórdão do Supremo Tribunal de Justiça, de 20 de Janeiro de 1993, *Colectânea de Jurisprudência*, 1993, n.° 1, p. 238 e ss; Acórdão do Supremo Tribunal de Justiça, de 12 de Janeiro de 1994, *Acórdãos Doutrinais do Supremo Tribunal Administrativo*, n.° 389, pp. 613 e ss.

[18] Esta questão é particularmente relevante, uma vez que os efeitos decorrentes da aplicação dos artigos 552.° e 555.° são substancialmente diferentes, como veremos.

no primeiro o adquirente é investido na posição contratual – "*transmite-se para o adquirente a posição jurídica de empregador nos contratos de trabalho*" (n.º 1) –, no 555.º – "*o instrumento de regulamentação colectiva de trabalho que vincula o transmitente é aplicável*" –, apenas está em causa a aplicação da fonte laboral ao adquirente, situação que é substancialmente diferente e cujas consequências são igualmente diversas, como veremos. Além do confronto dos preceitos, a mesma posição resulta da *ratio* da norma que não necessita da transmissão legal da posição contratual para ser cumprida[19]. Dito de outra forma: o que está em causa é a aplicação da convenção e não saber quem é parte.

Deste modo, no n.º 1 do artigo 555.º, o legislador separa o outorgante da convenção do destinatário da mesma após a transmissão; ali está em causa o transmitente, enquanto aqui o adquirente.

VI. Mas será que são mesmo todos os direitos e obrigações que estavam a cargo do transmitente que passam a aplicar-se ao adquirente? As obrigações a cargo dos outorgantes — as commumente, ainda que não isenta de críticas, cláusulas obrigacionais — também se transferem?

A nossa resposta, de princípio, é positiva, devendo ter-se presente que, por um lado, a convenção vale pelo seu todo, não podendo ser reconduzida a um conjunto atomístico de cláusulas; por outro, a destrinça entre cláusulas obrigacionais e normativas não tem base legal, sendo de difícil execução; acresce que muitas cláusulas ditas obrigacionais, são essenciais para a (boa) execução da convenção, pelo que a sua amputação prejudicaria a plena observância da convenção e o respectivo equilíbrio[20].

---

[19] Revemos assim a posição preconizada em GONÇALVES DA SILVA, *Notas sobre a Eficácia* ..., cit., p. 59. Sobre a distinção entre transmissão legal da posição contratual (também por vezes denominada sub-rogação legal ou sucessão forçada) e cessão da posição contratual, *vd.* MENEZES CORDEIRO, *Direito das Obrigações*, cit., pp. 77-78, pp. 126-127; PESSOA JORGE, *Direito das Obrigações*, 2.º volume, Associação Académica da Faculdade de Direito de Lisboa, 1968-1969, pp. 30-31, que dá como exemplo, da transmissão legal, o artigo 37.º, da LCT; e, em especial, MOTA PINTO, *Cessão da Posição Contratual*, Atlântida Editora, Coimbra, 1970, em especial, pp. 71-75, 84-85, 88-92 (onde o Autor analisa o artigo 37.º da LCT, considerando-o uma manifestação da sub-rogação legal).

[20] Pense-se, por exemplo, na relevância de cláusulas que instituem mecanismos de resolução de conflitos colectivos.

É evidente que podem existir cláusulas que pela sua própria natureza sejam inaplicáveis, bastando pensar naquelas que tenham como pressuposto a existência de filiação do

Estudos de Direito do Trabalho (Código do Trabalho)

VII. Elemento de análise igualmente relevante é o momento da transmissão, i.e., qual a conexão necessária para que o adquirente passe a ser destinatário dos direitos e das obrigações resultantes da convenção aplicável ao transmitente.

O momento relevante é o da ocorrência do facto jurídico com eficácia transmissiva. A forma da transmissão da titularidade pode ser qualquer uma, como resulta da expressão *"transmissão, por qualquer título"* do n.º 1 do artigo 555.º; coisa diferente é a fonte, esta é o facto jurídico possuidor da eficácia transmissiva. Ocorrido este facto jurídico operam os efeitos legalmente previstos no n.º 1 do artigo 555.º.

A regra geral dos efeitos da filiação está prevista no artigo 553.º, segundo a qual *"as convenções colectivas abrangem os trabalhadores e os empregadores que estejam filiados nas associações signatárias no momento do início do processo negocial, bem como os que nela se filiem durante o período de vigência das mesmas convenções"*. Esta regra aplica-se seguramente ao transmitente até ao momento da transmissão.

E ao adquirente?

A primeira parte do preceito está prejudicada pela delimitação temporal que comporta: no momento da transmissão já está, ou não, preenchida a previsão da norma. Assim, naturalmente que a convenção pode vincular o adquirente se este estivesse filiado numa associação de empregadores no início do processo negocial.

A segunda parte do preceito – *"bem como os que nelas se filiem durante o período de vigência das mesmas convenções"* – aplica-se ao adquirente, aliás, como decorre da parte final do n.º 1 do artigo 555.º, que prevê a hipótese de outro instrumento se lhe passar a aplicar, como sucede no caso de o adquirente se filiar na associação outorgante de instrumento diverso. Idêntica aplicação decorre do facto de o adquirente se filiar na associação que tenha outorgado a convenção que vinculava o transmitente, aplicando-se, neste caso, a parte final do n.º 1 do artigo 555.º e a segunda parte do 553.º. Nestes termos, a aplicação da convenção passa a assentar na segunda parte do artigo 553.º, face à permissão da parte final do n.º 1 do artigo 555.º.

---

adquirente: imagine-se que existe uma cláusula que estabelece um dever de influência dos filiados da associação de empregadores da qual o transmitente faz parte; ora, se o adquirente não for filiado, a sua inaplicação parece óbvia.

VIII. E relativamente aos trabalhadores que se filiem no sindicato outorgante após a transmissão, está o adquirente vinculado? Ou seja: o adquirente tem de cumprir uma convenção que não outorgou – e se lhe passou a aplicar por força do n.° 1 do artigo 555.° – relativamente a trabalhadores que se filiam no sindicato outorgante após a transmissão?

Sem prejuízo de uma maior e melhor reflexão, julgamos que não. Na verdade, o artigo 553.° consagra a regra geral, tendo subjacente o princípio da dupla filiação plasmado no artigo 552.°. No caso do n.° 1 do artigo 555.° não há dupla filiação, mas apenas a aplicação do instrumento de regulamentação colectiva por efeito legal, com vista a manter estável o regime aplicável, caso não exista outro instrumento negocial. Ora, esta situação não se coloca face aos trabalhadores que se filiem no sindicato outorgante após a transmissão, pelo que a segunda parte do artigo 553.° não se deve aplicar, sob pena de ser ignorada a especificidade do n.° 1 do artigo 555.°.

É verdade que se está a negar uma das principais consequências da filiação – aplicação de instrumentos negociais – durante o período de aplicação da convenção ao adquirente.

No entanto, a *ratio* da norma e a sua excepcionalidade parecem levar a esta interpretação. Por outro lado, os trabalhadores mantêm a liberdade de se filiar em qualquer sindicato, nomeadamente, se existir, o que tiver outorgado uma convenção com o adquirente. Acresce que esta limitação também ocorreria se o artigo 555.° não determinasse excepcionalmente a manutenção do regime convencional. De facto, basta que o adquirente não se filie em qualquer associação ou não celebre directamente uma convenção para que esteja negada uma das principais consequências da filiação sindical: aplicação de uma convenção. Ora, a *ratio* e a excepcionalidade do n.° 1 do artigo 555.° não permitem o alargamento do seu âmbito, sendo certo que a mesma situação ocorreria face à aplicação do regime comum.

Resposta negativa também deve merecer a questão da aplicação da convenção aos trabalhadores contratados posteriormente à eficácia do facto transmissivo ainda que filiados no sindicato outorgante – estamos, logicamente, a pressupor que o mesmo não vincula o adquirente – , pois falta o elemento de conexão, além de não se justificar face à *ratio* da norma (555.°, n.° 1). Pelo mesmo motivo, também não se aplica a convenção aos trabalhadores já contratados pelo adquirente; o artigo 555.°, n.° 1, não tem como destinatário esses trabalhadores.

IX. Em relação à eficácia temporal, cabe também analisar se existem alguns desvios às regras gerais.

Decorre do artigo 555.º, n.º 1, que o estatuto aplicável aos trabalhadores se mantém até ao termo do prazo de vigência da convenção, tendo o legislador estatuído para o efeito um prazo mínimo de doze meses, o que pode acarretar a prorrogação legal do período de vigência, caso a duração (em falta) dos efeitos do instrumento seja inferior, de modo a perfazer os referidos doze meses.

O prazo mínimo de duração legalmente imposto pode inexistir se a convenção aplicável for substituída por outra. Ou seja: salvaguarda-se o direito de contratação colectiva e a correlativa liberdade de iniciativa económica, na sub-liberdade direito de contratação, como expressamente resulta da parte final do preceito (*"salvo se, entretanto, outro instrumento de regulamentação colectiva de trabalho negocial passar a aplicar-se ao adquirente"*). Note-se também que esta situação — aplicação de outro instrumento — tanto pode decorrer do facto de o adquirente celebrar uma nova convenção com a mesma associação sindical que celebrou com o transmitente, com uma associação de grau superior (federação, união ou confederação), como em virtude de se ter filiado numa associação que é signatária do instrumento, o que constitui, como referimos, uma novidade face à redacção consagrada na parte final do artigo 9.º da LRCT[21].

X. O n.º 1 do artigo 556.º deve aplicar-se também ao adquirente?

Esta questão deve ser colocada, pois, recorde-se, que da parte final do n.º 1 do artigo 555.º resulta a possibilidade de o adquirente afastar a aplicação do instrumento que vinculava o transmitente.

Poder-se-ia pensar que esta possibilidade nunca colocaria em causa a vigência do instrumento, uma vez que o preceito trata da sua aplicação.

No entanto, tal não é correcto, pois pode acontecer que da exclusão do adquirente da aplicação do instrumento que vinculava o transmitente – por exemplo, um acordo de empresa que, como sabemos, é celebrado directamente pelo empregador (artigo 2.º, n.º 3, alínea c)) – resulte a caducidade deste.

---

[21] Saliente-se ainda que, como resulta do exposto, não obstante o preceito estar inserido na secção do âmbito pessoal – que se inclui no capítulo da convenção colectiva – o seu conteúdo ultrapassa esta matéria, pois regula também a aplicação temporal do instrumento, situação que demonstra a impossibilidade de uma divisão (absoluta) destas matérias.

XI. Deve ponderar-se a hipótese de a convenção não ter ainda, aquando da transmissão, a vigência mínima de um ano. Neste caso, cabe apurar se também é aplicável a parte final do artigo 555.°, n.° 1, ou seja, pode o adquirente realizar quaisquer actos – por exemplo, filiar-se numa associação de empregadores de modo a fazer cessar a aplicação[22] ou celebrar uma nova convenção – que visem a inaplicação do instrumento que vinculava o transmitente?

Julgamos que é preciso distinguir diversas situações para uma melhor análise:

1) Se dos actos praticados pelo adquirente resultar o afastamento da aplicação – sem a caducidade do instrumento em causa – não existirá qualquer limite. Por exemplo, tratando-se de um contrato colectivo, a celebração de um acordo de empresa ou filiação numa associação de empregadores que celebrou outro contrato colectivo, em princípio não há caducidade, mas mera exclusão do âmbito de aplicação, pois o âmbito de aplicação do contrato colectivo a que o transmitente está vinculado ultrapassa a empresa ou estabelecimento do adquirente;

2) Se o facto do adquirente se excluir do âmbito de aplicação do instrumento tem como consequência a sua caducidade, julgamos que também aqui o adquirente pode realizar os actos que tenham essa consequência. Pense-se na seguinte hipótese: o transmitente celebrou um acordo de empresa com o sindicato A; no caso de o adquirente realizar qualquer acto que tenha como consequência a exclusão da aplicação do acordo de empresa – por exemplo, celebração de outro acordo ou filiação numa associação de empregadores que outorgou outra convenção –, este poderá caducar por falta de âmbito de aplicação. Neste caso, não estando decorrido um ano de vigência (mínima) poder-se-ia eventualmente pensar que estamos perante o desrespeito do disposto no n.° 1 do artigo 556.°[23].

---

[22] Naturalmente que se poderá filiar; a questão é saber se a sua filiação paralisa a aplicação do instrumento que regulava a situação do transmitente com os trabalhadores e o sindicato outorgante.

[23] Note-se que o prazo de um ano do artigo 556.°, n.° 1, é o que se inicia com a entrada em vigor da convenção e não o prazo de doze meses previsto no n.° 1 do artigo 555.°, pois este prazo é susceptível de ser encurtado, caso exista outro instrumento de regulamentação colectiva de trabalho negocial que passe a aplicar-se ao adquirente.

No entanto, tal não nos parece a melhor posição, pois a vigência determinada no n.° 1 do artigo 556.° faz sentido para as partes outorgantes, não para quem não outorgou; se assim não fosse estar-se-ia a impossibilitar o exercício da autonomia colectiva do adquirente; por outro lado, o n.° 1 do artigo 555.° claramente prevê a hipótese de o adquirente fazer cessar a aplicação da convenção que vinculava o transmitente através da aplicação de novo instrumento de regulamentação, situação que ocorre, nomeadamente através da celebração de um novo acordo de empresa; finalmente, a celebração de um novo acordo de empresa não colide com a *ratio* da norma que, além de pretender a manutenção do estatuto existente, admite que este seja substituído por nova convenção, ou seja, basta-se com a manutenção de um estatuto convencional.

Por essa razão, parece-nos que a parte final do n.° 1 do artigo 555.° deve ser harmonizada com o n.° 1 do artigo 556.°. O artigo 555.° trata da aplicação da convenção – excepcionando o princípio da filiação –, enquanto o n.° 1 do artigo 556.° de vigência, o que são situações substancialmente diferentes. Deste modo, não haverá qualquer restrição à celebração de uma nova convenção por parte do adquirente.

XII. Tendo presente a especificidade do regime consagrado no artigo 555.°, n.° 1, julgamos que as regras de sobrevigência (artigo 557.°) e denúncia (artigo 558.°) não se aplicam ao adquirente, uma vez que o âmbito temporal está especificamente delineado naquele preceito. Por outro lado, nesta última – denúncia – há também que ter presente que o adquirente não é parte pelo que não pode denunciar um instrumento em que não assume essa posição.

Por isso mesmo se se lhe aplicasse, por exemplo, o regime da sobrevigência ele ficaria manietado e dependente da vontade dos outorgantes, bastando que estes não denunciassem o instrumento para que ficasse eternamente vinculado (salvo se agisse nos termos da parte final do n.° 1 do artigo 555.°).

XIII. E o artigo 559.° que consagra a revogação, aplica-se ao adquirente?

Julgamos que não. A revogação é uma forma de extinção da convenção colectiva que resulta de um novo acordo entre as partes outorgantes, desta feita em sentido oposto ao acto que a constitui[24]. Ou seja: trata-se de um novo negócio jurídico bilateral que extingue a convenção existente, assente, tal como a celebração da convenção colectiva, na autonomia colectiva.

Uma vez que o adquirente não é parte do instrumento negocial em causa, não pode revogar um acordo que não celebrou.

Naturalmente que se o transmitente e o sindicato outorgante revogarem a convenção nos termos do artigo 559.º, este instrumento deixa de se aplicar ao adquirente – desde que decorridos doze meses após a transmissão (artigo 555.º, n.º 1) –, devendo esta situação subsumir-se no segmento do n.º 1 do artigo 555.º que refere *"até ao termo do respectivo prazo de vigência"*, pois da revogação resulta uma nova regra sobre a vigência, ou seja, o seu fim.

XIV. Importa também apurar da eventual aplicação do artigo 560.º ao adquirente. Este preceito regula o regime de sucessão de convenções, fixando, de modo puramente formal, entre outras matérias, os termos em que opera essa sucessão (n.º 3). Julgamos que o preceito tem como pressuposto – isso mesmo resulta, por exemplo, do n.º 1 onde se refere a figura da revogação (tácita) – que as partes outorgantes são as mesmas, ou seja, há identidade das partes na convenção originariamente celebrada e na que lhe sucede.

Nestes termos, o preceito não se aplica ao adquirente, não estando este adstrito ao seu conteúdo[25].

XV. Em relação à aplicação do artigo 561.º – segundo o qual *"no cumprimento da convenção colectiva devem as partes, tal como os respectivos filiados, proceder de boa fé"* (n.º 1); *"durante a execução da convenção atender-se-á às circunstâncias em que as partes fundamenta-*

---

[24] Sobre a figura da revogação, *vd.*, por exemplo, MENEZES CORDEIRO, *Direito das Obrigações*, cit., pp. 162 e ss; MENEZES LEITÃO, *Direito das Obrigações – Transmissão e Extinção das Obrigações – Não Cumprimento e Garantias do Crédito*, 2.ª edição, 2003, pp. 97 e ss.

[25] Sobre o artigo 560.º, *vd.* ROMANO MARTINEZ, LUÍS MIGUEL MONTEIRO, JOANA VASCONCELOS, PEDRO MADEIRA DE BRITO, GUILHERME DRAY, GONÇALVES DA SILVA, *Código do Trabalho Anotado*, cit., pp. 798 e ss.

ram a decisão de contratar" (n.° 2) – julgamos que o n.° 1 se aplica. De facto, não obstante a referência a *"partes"*, o que está em causa é o cumprimento das cláusulas constantes da convenção de acordo com a boa fé, adstrição que não isenta o adquirente, sob pena de este poder inviabilizar o prescrito no n.° 1 do artigo 555.°.

Relativamente ao n.° 2, julgamos que o fundamento do instituto da alteração das circunstâncias leva a que o mesmo se aplique ao adquirente, não sendo defensável que este fique amputado de um importante meio de defesa e de justiça[26].

Mais: posição diversa levaria a que se a convenção se continuasse também a aplicar ao transmitente – por exemplo, por ter mantido outra empresa – este tivesse meios ao seu alcance que seriam negados ao adquirente, que em nada contribuiu para o conteúdo das cláusulas.

XVI. Julgamos que idêntica resposta deve merecer a questão da aplicação do regime plasmado no artigo 562.°, relativo ao incumprimento. Neste preceito prescreve-se que *"a parte outorgante da convenção colectiva, bem como os respectivos filiados que faltem culposamente ao cumprimento das obrigações dela emergentes são responsáveis pelo prejuízo causado, nos termos gerais"*.

A sua inaplicação ao adquirente levaria a que este pudesse incumprir o prescrito no artigo 555.°, n.° 1, ficando isento de responder (civilmente) pelo seu incumprimento.

XVII. Delimitado o regime geral do artigo 555.° cabe ainda colocar uma questão: pode este ser alterado por convenção colectiva?

Julgamos que mesmo face à redacção do n.° 1 do artigo 4.°, a convenção não pode diminuir as garantias previstas no artigo 555.°. Não se trata, naturalmente, de invocar o tratamento mais favorável, que na relação entre o Código e os instrumentos de regulamentação colectiva foi eliminado, mas sim de interpretar a parte final do n.° 1 do artigo 4.°, segundo o qual os instrumentos podem afastar as normas do Código *"salvo quando delas resultar o contrário"*.

---

[26] Sobre a aplicação da alteração das circunstâncias às convenções colectivas, *vd.* MENEZES CORDEIRO, *Convenções Colectivas de Trabalho e Alteração de Circunstâncias*, Lex, Lisboa, 1995.

Este é seguramente o caso: por um lado, trata-se de uma norma que tem por base uma Directiva comunitária, pelo que qualquer instrumento que diminuísse as garantias colidiria com ela; por outro, e consequentemente, julgamos que o artigo 555.º contém valores (mínimos) de ordem pública que não podem ser diminuídos, sob pena de se descaracterizar o instituto da transmissão em termos de garantias colectivas[27].

---

[27] Sobre a noção de ordem pública social, *vd.* BARROS MOURA, *A Convenção Colectiva entre as Fontes de Direito do Trabalho*, Almedina, Coimbra, 1984, pp. 169 e ss.

ACÓRDÃO DA SECÇÃO SOCIAL DO TRIBUNAL DA RELAÇÃO DE LISBOA, DE 31 DE OUTUBRO DE 2001

I – Liliano Severo Martins de Jesus intentou contra o «Banco Espírito Santo, S.A.», a presente acção, com processo comum, pedindo a condenação do Réu a reconhecer-lhe o direito a uma pensão de reforma correspondente ao tempo de serviço que lhe prestou, e a pagar-lhe tal pensão desde que perfez os 65 anos de idade.

Alega para tal e em síntese:

Entrou ao serviço do Réu em 7/5/51, tendo rescindido o contrato em 30/6/60.

Era então sócio do Sindicato Nacional dos Empregados Bancários do distrito de Lisboa.

À data da rescisão tinha a categoria de empregado de carteira.

Tendo atingido os 65 anos de idade em 3/3/98.

Aufere a pensão de reforma mínima do Centro Nacional de Pensões.

A Ré recusa-se a pagar-lhe pensão de reforma correspondente ao tempo de serviço que prestou.

O regime pensionístico bancário é substitutivo do da Segurança Social e não complementar.

A cláusula 137.ª n.º 1 do CCT é aplicável a todos os que tenham sido trabalhadores bancários, quer os que cessaram o vínculo antes de atingirem a idade da reforma quer os que se mantiveram no activo até essa idade.

Contestou a Ré alegando que à data da saída do A. como trabalhador bancário, o CCT apenas previa o pagamento da pensão a reformados que houvessem chegado a tal situação como trabalhadores ao serviço de uma instituição bancária.

O direito a pensão complementar de reforma foi instituído pelo ACT de 15/7/82 e só é aplicável aos que tenham saído do sector bancário após essa data.

O M.mo Juiz do Tribunal recorrido considerou-se habilitado a conhecer do mérito da causa, sem necessidade de realizar a audiêneia de julgamento e proferiu decisão que julgou a acção procedente e, em consequência, condenou a Ré a pagar ao A. as prestações mensais da pensão de reforma, com início em 3/2/98, calculadas com base na cláusula 60.ª do CCT de 1944 e na cláusula 137.ª, n.os 1 e 2 do ACT de 15/11/94, cujo montante ficou para ser liquidado em execução de sentença.

O Réu não se conformou com tal decisão e dela interpôs recurso de apelação, concluindo, assim, as suas alegações:

1. No âmbito do Sector Bancário, o direito a uma pensão de reforma só se adquire no momento em que todos os pressupostos relativos ao seu recebimento estão verificados.

2. O simples facto de ser admitido como trabalhador bancário não permite afirmar que, por isso mesmo, aquele adquiriu o direito à reforma mas tão-somente tem uma expectativa jurídica dessa forma.

3. O trabalhador bancário admitido em 07/05/51 e que rescindiu o contrato em 30/06/60 só adquire o direito à reforma, correspondente ao tempo de trabalho prestado, à data em que atinge os 65 anos ou antes por invalidez (efectiva).

4. O cálculo da reforma pelo trabalho prestado no sector bancário varia conforme a circunstância de existir ou não um vínculo contratual à data de aquisição do direito à mesma.

5. Significa que esse cálculo é efectuado nos termos da Cláusula 137.1 do ACT para o Sector Bancário para os que àquela data estejam contratualmente vinculados a uma Instituição financeira e nos termos da Cláusula 140.1 para os restantes.

6. No caso dos autos, tendo o A. trabalhado no Banco R. entre 07//05/51 e 30/06/60, recebendo ele uma pensão da Caixa Nacional de Pensões, tem direito ao complemento de reforma relativo ao tempo de permanência no Banco, calculado nos termos da Cláusula 140.1 do ACTV para o Sector Bancário.

Estudos de Direito do Trabalho (Código do Trabalho) 277

7. Ao decidir como o fez, o M.mo Juiz «aquo» violou ou, pelo menos, fez errada interpretação, designadamente, da Cláusula 140.ª do ACTV para o Sector Bancário.

Termos em que, a sentença em crise deve ser revogada em conformidade.

Contra-alegou o recorrido, concluindo, assim, as suas alegações:

1 – Não há aplicabilidade das cláusulas 141.ª n.ºs 3 e 6 do ACTV do Sector bancário de 1982 e posterior cláusula 140.ª do ACTV de 1990 à situação jurídica do Autor à data a que atingiu os 65 anos de idade.

2 – O Réu visando negar o direito do A. à pensão de reforma, na sua douta contestação, defendeu, precisamente, a não aplicabilidade das citadas cláusulas ao caso do Autor.

3 – Invocando que as mesmas se aplicavam somente a quem abandonasse o sector bancário a partir de 15 de Julho de 1982.

4 – Aliás tais cláusulas referem-se ao complemento de pensão de reforma e não à reforma «substitutiva da garantia pelo sistema público da Segurança Social».

5 – Agora o Réu nas suas alegações já defende a aplicação de tais cláusulas para efeito de cálculo da pensão de reforma, o que é contraditório.

6 – Em qualquer caso as citadas cláusulas estão feridas de inconstitucionalidade, conforme apreciou o douto Acórdão deste Tribunal publicado na Colectânea de Jurisprudência, Ano XXV, Tomo II, pág. 166 e segs.

7 – Assim, também para efeito de cálculo da pensão de reforma o A. é sempre considerado trabalhador pensionista mesmo tendo rescindido o contrato, sendo a pensão a pagar proporcional aos anos de serviço prestado.

8 – O direito do A. à pensão de reforma e o cálculo da mesma «são conferidos pelo ACTV em vigor à data da rescisão do contrato e o conteúdo e medida desse direito afere-se pelo texto correspondente e actualizado em vigor no momento em que ocorre o pressuposto de atribuição da pensão de reforma, no caso, a situação do limite de idade dos 65 anos, aplicando-se, por isso, a actualização prevista na Cláusula 137.ª do ACTV publicado em 15/11/94» (v. Ac. Rel. Lisboa citado).

9 – Assim, tal como concluiu a douta sentença os cálculos da pensão de reforma do A. terão de se fazer nos termos dos n.ºs 1 e 2 da cláusula

137.ª, com observância dos limites mínimos que são o valor ilíquido da retribuição do nível mínimo do respectivo grupo.

10 – Não deverá assim merecer qualquer censura a douta sentença recorrida.

A Digna Magistrada do Ministério Público, junto deste tribunal da Relação, emitiu douto parecer (cf. fls. 107), no sentido de ser negado provimento ao recurso.

II – Colhidos os vistos legais, cumpre decidir:

É a seguinte a matéria de facto que vem dada como assente da 1.ª instância.

- O A. entrou ao serviço da Ré, trabalhando sob as suas ordens e direcção em 7/5/51.
- Era sócio n.º 6032 do Sindicato Nacional dos Empregados Bancários do Distrito de Lisboa.
- O A. rescindiu o contrato com a Ré em 30/6/60.
- À data da rescisão era empregado de carteira, auferindo a rcemuneração mínima correspondente à categoria.
- O A. nasceu a 3/2/33.
Estes os factos.

O DIREITO

Dado que o conhecimento do recurso está delimitado pelas conclusões da alegação (arts. 684.º, n.º 3 e 690.º, n.º 1, ambos do Código de Processo Civil) <u>importa apenas saber se ao cálculo da pensão a que o Autor tem direito, é aplicável a cl.ª 137.Pª do ACTV do Sector Bancário de 1994 ou antes a sua cl.ª 141.ª.</u>

Esta questão consiste em saber se a pensão de reforma do Autor deve ser calculada com base nas cláusulas 137.ª e 138.ª do ACTV para o sector Bancário publicado no BTE, 1.ª Série, n.º 42, de 15/11/94 [em

Estudos de Direito do Trabalho (Código do Trabalho) 279

vigor à data em que o Autor atingiu os 65 anos de idade (03/03/98)], como ele pretende e se decidiu na sentença recorrida ou antes de harmonia com disposto nesta cl.ª 140.ª do mesmo ACTV, como pretende o Réu.

Tal questão já foi por nós tratada nos recursos n.ºˢ 33/01 e 4.306/01 deste 4.ª Secção, de que fomos relator, e que, por isso, vamos seguir de perto.

Como vem provado o Autor foi admitido ao serviço do Réu, em 7/05/51, tendo rescindido o seu contrato de trabalho que o ligava ao Réu, em 30/06/60, (tendo assim exercido, ao serviço deste, a sua actividade profissional, durante mais de 9 anos), tendo completado os 65 anos de idade, em 3 de Fevereiro de 1998.

Aquelas cláusulas do ACTV/94 do sector Bancário (nas redacções que lhe foram introduzidas pela revisão do ACTV dc 1992), têm a seguinte redacção, na parte que ora nos interessa:

Cláusula 137.ª
(Doença ou invalidez)

1. No caso de doença ou invalidez ou quando tenham atingido 65 anos de idade (invalidez presumível), os trabalhadores em tempo completo têm direito:

- *a) Às mensalidades que lhes competirem de harmonia com a aplicação das percentagens do anexo V, às retribuições fixadas no anexo II, calculadas por uma fórmula acordada entre os signatários, de modo a que correspondam a 1/14 de um montante anual, cujo valor líquido seja igual ao que o trabalhador auferiria se continuasse ao serviço;*
- *b) A um subsídio de Natal de valor igual ao das mensalidades referidas na alínea a), a satisfazer no mês de Novembro.*
- *c) A um 14.º mês do valor igual ao das mensalidades referidas na ilínea a), a satisfazer no mês de Abril, sendo-lhe aplicável o princípio estabelecido no n.º 3 da cl.ª 102.ª*

2. Cada uma das prestações a que os trabalhadores têm direito nos termos do número anterior não poderá ser de montante inferior ao do valor ilíquido da retribuição do nível mínimo do respectivo Grupo.

(...)

6. Da aplicação do anexo VI não poderá resultar diminuição das anteriores mensalidades contratuais cujo pagamento se tenha iniciado.

7. Todos os trabalhadores abrangidos por esta cláusula têm direito à actualização das mensalidades recebidas sempre que seja actualizado o anexo II, quer tenham sido colocados nas situações de doença, invalidez ou invalidez presumível antes ou depois de cada actualização.

8. Os direitos previstos nesta cláusula aplicam-se a todos os trabalhadores na situação de doença, invalidez ou invalidez presumível, quer tenham sido colocados nessas situações antes ou depois da entrada em vigor deste acordo.

Cláusula 140.ª
Reconhecimento de direitos em caso de cessação
do contrato de trabalho

1. O trabalhador de Instituição de Crédito ou Parabancário, não inscrito em qualquer Regime de Segurança Social e que, por qualquer razão, deixe de estar abrangido pelo Regime de Segurança Social garantido pelo presente Acordo terá direito, quando for colocado na situação de reforma por invalidez ou invalidez presumível, ao pagamento pelas Instituições de Crédito ou Parabancárias, na proporção do tempo de serviço prestado a cada uma delas, da importância necessária para que venha a auferir uma pensão de reforma igual à que lhe caberia se o tempo de serviço prestado no Sector Bancário fosse considerado como tempo de inscrição no Regime Geral da Segurança Social, ou outro Regime Nacional mais favorável que lhe seja aplicável.

(…)

4. No caso de o trabalhador não chegar a adquirir direitos noutro Regime Nacional de Segurança Social, a retribuição de referência para aplicação do disposto no n.º 1 desta Cláusula será a correspondente à do nível em que aquele se encontrava colocado à data em que deixou de estar abrangido pelo Regime de Segurança Social deste Acordo, actualizada segundo as regras do mesmo regime.

E a questão reside precisamente em saber se ao Autor é aplicável o regime daquela cl.ª 137.ª, conforme se concluiu na sentença recorrida, ou antes aplicável o regime desta última cláusula 140.ª, conforme pretende o recorrente daqui resultando a confirmação ou revogação da sentença.

Estudos de Direito do Trabalho (Código do Trabalho) 281

À data em que o Autor atingiu os 65 anos de idade, vigorava, já há muito, a Lei de Bases da Segurança Social (Lei n.º 28/84, de 14 de Agosto), que no seu art. 5.º e, na parte que ora nos interessa, determina concretamente que o sistema de segurança social obedece (entre outros) ao princípio da igualdade, o qual traduz «na eliminação de quaisquer discriminações, designadamente em razão do sexo ou da nacionalidade, sem prejuízo quanto a esta, de condições de residência e de reciprocidade».

Ora, no nosso modesto entendimento, não podemos deixar de considerar como discriminatória a aplicação daquela cl.ª 140.ª do ACTV de 1994, no que respeita às regras de Cálculo das pensões de reforma (por invalidez ou invalidez presumida) aos trabalhadores bancários que deixaram o sector como aconteceu no caso dos autos, por rescindirem unilateralmente o contrato de trabalho (ou por terem sido despedidos com justa causa), em relação àqueles que atingiram a mesma reforma (por invalidez ou invalidez presumida) serviço dos respectivos Bancos, a quem já serão aplicáveis as cláusulas 137.ª e 138.ª do mesmo ACTV, estas com critérios de cálculo das pensões muito mais favoráveis que a 1.ª, como resulta da sua simples leitura.

Nada justifica tal discriminação.

Imaginemos a seguinte situação. Um trabalhador bancário com 30 anos de serviço que tenha atingido a reforma por invalidez presumível aos 65 anos de idade ao serviço do Banco, vê automaticamente aplicável ao cálculo da sua pensão a cláusula 137.ª do ACTV/94, a qual, nunca poderá ser inferior ao do valor ilíquido da retribuição do nível mínimo do respectivo grupo (cf. n.º 2 da mesma), um outro trabalhador, igualmente com trinta anos de serviço que tendo sido despedido com justa causa (ou que tenha rescindido unilateralmente o seu contrato), e que após despedimento atinge os 65 anos de idade (estado de invalidez presumível), vê a sua pensão de reforma, calculada nos termos da cl.ª 140.ª, tendo em conta apenas a «importância necessária a complementar a sua pensão de reforma até ao montante que lhe corresponderia se o tempo de serviço prestado no sector bancário fosse considerado como tempo de inscrição na segurança social».

Porquê pensões diferentes, com métodos de cálculo diferentes, se ambos contribuíram (ou deviam ter contribuído) durante o mesmo período de tempo para os fundos da Segurança Social?

Ora, o facto de a Ré não ter procedido aos descontos para a Segurança Social, em relação do Autor, não altera a forma de analisar tal questão. É que a circunstância de as instituições bancárias terem o encargo de pagar as pensões de reforma aos seus trabalhadores, assenta precisamente no facto de não terem recebido destes quaisquer contribuições e também de não terem pago as da sua responsabilidade.

Em termos de segurança social, não se pode permitir qualquer discriminação entre os trabalhadores que atinjam os 65 anos de idade ou a situação de invalidez no activo, em relação àqueles que atinjam estas mesmas situações após terem rescindido o contrato de trabalho, terem sido despedidos com justa causa ou que, por qualquer outra circunstância, deixem de pertencer aos quadros das instituições bancárias, antes de atingirem a idade da reforma (invalidez presumível).

Nada justifica, pois, *in casu,* tal discriminação.

Esta cl.ª 140.ª, é ilegal, por discriminatória, violando os n.os 1 e 4 do art. 5.º da citada Lei de Bases da Segurança Social, e inconstitucional por limitar o exercício de direitos fundamentais constitucionalmente garantidos, em violação do n.º 4 do art. 63.º da Constituição da República Portuguesa, na redacção da Lei Constitucional n.º 1/97, de 20 de Setembro (anterior n.º 5 do mesmo art. 63.º, na redacção da Lei Constitucional n.º 1/89, de 8/07) – cf. alíneas a) e e) do art. 6.º do DL n.º 519-C1/79, de 29 de Dezembro.

Pelos anos que o Autor trabalhou para o Réu, este terá de suportar a sua pensão de reforma nos mesmos termos que a terá de suportar em relação aos seus trabalhadores que se reformem no activo, sob pena de, assim se não entender, estarmos perante situações discriminatórias e não permitidas pela Lei de Bases da Segurança Social, nem pela Constituição da República Portuguesa (neste mesmo sentido, cf. o bem fundamentado Acórdão deste Tribunal da Relação de 22/03/2000, in *CJ* – Ano 2000 – Tomo 2 – pág. 166).

Concluímos, assim, que a pensão do Autor, calculada na decisão recorrida, com base na aplicação da referida cl.ª 137.ª do ACTV do Sector Bancário de 1994 é a pensão correcta que o Réu tem efectivamente de lhe pagar.

Improcedem, assim, todas as conclusões do recurso.

III. **DECISÃO:**

Nestes termos, acorda-se em julgar totalmente improcedente o recurso e, em consequência, confirma-se a sentença recorrida.

Custas legais, em ambas as instâncias pelo Réu.

(Processado e revisto pelo Relator).

Lisboa, 31/10/01

ASSINATURAS ILEGÍVEIS

ACÓRDÃO DO SUPREMO TRIBUNAL DE JUSTIÇA, DE 6 DE FEVEREIRO DE 2002

Bancário, Pensão de reforma.
Cláusulas 137.ª e 140.ª, do A.C.T. para o Sector Bancário.

SUMÁRIO: *Tendo o autor cessado a sua actividade no sector bancário, por despedimento, em 2 de Janeiro de 1980 e passado à situação de reforma em 5 de Setembro de 1996, data em que perfez 65 anos de idade, tem direito ao complemento da pensão de reforma previsto e regulado na cláusula 140.ª, do A.C.T. para o sector bancário, na redacção de 1992, mantida inalterada nas revisões de 1994 e 1996, e não à pensão de reforma regulada na cláusula 137.ª do mesmo A.C.T., que apenas contempla os trabalhadores que se encontrem em serviço activo nesse sector quando passam à situação de reforma.*

Revista n.º 4102/01 – 4.ª Secção, em que é recorrente o Banco Totta & Açores, S.A., recorrido Augusto Cardoso Nogueira, e de que foi Relator o Exmo. Conselheiro Dr. Mário Torres.

Acordam, na Seeção Social do Supremo Tribunal de Justiça:

I. RELATÓRIO:

Augusto Cardoso Nogueira intentou, em 3 de Maio do 2000, nc Tribunal do Trabalho de Coimbra, «acção declarativa de condenação com processo comum» contra o Banco Totta & Açores, S.A., pedindo que: I) lhe seja reconhecido o direito a receber do réu, a título de pensão de reforma por invalidez (invalidez presumível), nos termos do Contrato Colectivo de Trabalho Vertical (A.C.T.V.) para o Sector Bancário vigente à data da cessação da relação de trabalho, as mensalidades previstas nas cláusulas 132.ª-137.ª, do Acordo Colectivo de Trabalho Vertical (A.C.T.V.) publicado no *Boletim do Trabalho e Emprego*. 1.ª série, n.º 2, de 15 de Janeiro de 1996; e II) o réu seja condenado a pagar-lhe: 1) as mensalidades da reforma por velhice, desde 1 de Setembro de 1996, nos termos conjugados das cláusulas 60.ª e 132.ª-137.ª, dos C.C.T.'s (A.C.T.V.'s.), publicados no *Boletim do Instituto Nacional do Trabalho e Previdência*, ano XI, n.º 3, de 15 de Fevereiro de 1944, e no *Boletim do Trabalho e Emprego*, 1.ª série, n.º 2, de 15 de Fevereiro de 1996, e sucessivas e subsequentes actualizações, no montante vencido, até 1 de Maio de 2000, de 8.071.090$00; 2) as mensalidades vincendas dessa pensão até ao último mês da sua vida; e 3) os juros devidos à taxa legal a contar da citação do réu.

Para tanto, aduziu, em suma, que: I) foi admitido, em 1952, ao serviço do Banco Lisboa & Açores, banco que foi fusionado com o Banco Totta Aliança em 1970, dando origem ao Banco Totta & Açores; II) sempre prestou serviço em regime de tempo completo; III) foi despedido em 2 de Janeiro de 1980, com invocação de justa causa, pelo ora demandado; IV) foi sócio do Sindicato dos Bancários do Centro; V) à data do despedimento, este Sindicato e o réu eram outorgantes do C.C.T.V. para o Sector Bancário, publicado no *Boletim do Trabalho e Emprego*, 1.ª série, n.º 18, de 15 de Maio de 1978; VI) na data da cessação do contrato, o autor estava classificado no Grupo I (Administrativo) e colocado no nível 7 da escala retributiva, auferindo a retribuição base de 18.900$00, acrescida de cinco diuturnidades no montante global de 3.000$00 e de subsídio de almoço correspondente a 78$50 por dia efectivo de trabalho, a que correspondiam 1.727$99 mensais; VII) nasceu em 5 de Setembro de 1931, pelo que foi reformado por velhice em 5 de Setembro de 1996, ao perfazer 65 anos de idade, recebendo uma pensão de 36.910$00, paga pelo Centro Nacional de Pensões (C.N.P.); VIII) o Banco réu não lhe pagou a pensão de reforma por velhice a que tem direito, correspondente, nos 27 meses subsequentes à passagem à situação de reforma, à retribuição do nível 7 acrescida de cinco diuturnidades e duas anuidades, e a partir do 28.º mês, a uma mensalidade calculada na base da percentagem de 74% (correspondente a 27 anos de serviço) sobre a retribuição de nível 7, acrescida das referidas cinco diuturnidades e duas anuidades, sem embargo das actualizações anuais.

Frustrada tentativa de conciliação (fls. 111), o réu contestou (fls. 112 a 126), propugnando a improcedência da acção. Nessa peça, o réu admi-

Estudos de Direito do Trabalho (Código do Trabalho)   285

tiu a generalidade da matéria de facto com a qual o autor veio suportar os seus pedidos, reconhecendo a contratação, a prestação de trabalho durante 27 anos e sempre em horário completo, a data de cessação da relação laboral, a aplicabilidade do instrumento de regulamentação colectiva do trabalho derivada da filiação sindical do autor, a retribuição auferida, a passagem à reforma pelo C.N.P., e o montante da correspondente pensão, e ainda que não tem pago ao peticionante qualquer prestação a título de pensão de reforma, mas por considerar que a mesma lhe não é devida. Com efeito, o A.C.T.V. aplicável não conferia ao autor esse direito já que em parte alguma falava do direito a tais pensões; por isso, ao ingressar no Banco, o autor tão-só adquiriu uma simples expectativa aos benefícios de previdência então previstos (onde não figurava a pensão por velhice) e tal expectativa só se transformaria em direito «se se mantivesse em vigor o condicionalismo a que o contrato colectivo de trabalho, nessa altura, sujeitava a sua concessão e se o autor viesse a preencher esse condiciona-lismo»; ora, o direito a reforma por limite de idade ou invalidez presumí-vel apenas viria a ser reconhecida para os trabalhadores que, ao atingirem a idade da reforma, se encontrassem ao serviço do banco, o que não era o caso do autor. Defende ainda o réu que a cláusula 141.ª, n.º 3, invocada pelo autor e prevista na revisão do A.C.T.V. operada em 1982 só tem apli-cação para as situações posteriores à sua entrada em vigor e, por isso, àquele não aproveita, quer pelos dizeres do n.º 6 da aludida cláusula, quer também porque o autor, então, já não era representado pelo Sindicato dos Bancários do Centro.

O autor veio responder à contestação (fls. 130 a 140), mas, por des-pacho de fls. 156, essa resposta foi considerada sem efeito.

Entretanto havia sido proferido despacho saneador, considerando-se que a aceitação da generalidade dos factos pertinentes à apreciação da causa dispensava a elaboração de base instrutória (fls. 152v).

Realizada audiência de julgamento, na qual as partes acordaram sobre a matéria de facto relevante (fls. 159 e 160), foi proferida, em 23 de Novembro de 2000, a sentença de fls. 163 a 170, que julgou a presente acção procedente (salvo parcialmente na quantificação do direito ven-cido) e, em consequência, condenou o réu no reconhecimento que o autor tem direito a receber dele a pensão de reforma por velhice nos termos previstos nas cláusulas 132.ª-137.ª do A.C.T.V. e a pagar-lhe as mensali-dades vencidas, a tal título, desde Setembro de 1996 ao fim de Abril de 2000, no montante de 7.744.250$00, acrescidas de juros à taxa legal, vencidos desde a citação (15 de Maio de 2000) até integral pagamento, e que à data da sentença totalizavam 284.440$00, e ainda no pagamento das mensalidades da pensão de reforma por velhice (invalidez presumível) que se forem vencendo desde Maio de 2000 e até ao último mês de vida do autor.

Contra esta sentença interpôs o réu recurso de apelação para o Tribunal da Relação de Coimbra, que, por Acórdão de 28 de Junho de 2001 (fls. 251 a 266), negou provimento a esse recurso, confirmando inteiramente o julgado na 1.ª Instância.

Ainda inconformado, interpôs o réu, para este Supremo Tribunal de Justiça, o presente recurso de revista, terminando as respectivas alegações (fls. 272 a 297) com a formulação das seguintes conclusões:

«1.ª Os trabalhadores bancários não estão abrangidos pelo regime geral da segurança social, mas sim pelo regime especial que consta, desde sempre, do respectivo instrumento de regulamentação colectiva de trabalho.

2.ª Só esse instrumento de regulamentação colectiva de trabalho contém as obrigações dos bancos para com os seus trabalhadores em matéria de segurança social e os direitos que, contra eles, os trabalhadores podem invocar.

3.ª À data em que o autor foi despedido (Janeiro de 1980), o A.C.T.V. de 1978, que então vigorava, não consagrava o direito a pensões de reforma por velhice (invalidez presumível) para os trabalhadores que abandonassem o sector bancário.

4.ª De facto, é isso o que tem de concluir-se, quer da evolução, ao longo do tempo, do esquema de benefícios sociais dos bancários plasmado nos vários instrumentos de regulamentação colectiva de trabalho, quer do teor da cláusula 132.ª que regulava a matéria das pensões de reforma por invalidez ou velhice (invalidez presumível), quer do n.º 6, da cláusula 142.ª, do A.C.T.V., resultante da revisão de 1982 que, na sequência de proposta dos Sindicatos, veio pela primeira vez, e ainda em termos muito limitados, consagrar o direito a pensões de reforma a trabalhadores bancários que abandonassem o sector.

5.ª Assim, o Meritíssimo Juiz *a quo* e a Relação, fundando-se, para condenar o apelante, na cláusula 132.ª, do A.C.T.V. de 1978 e na cláusula 137.ª, do A.C.T.V. actual (que regula hoje a matéria da referida cláusula 132.ª), cometeu, por errada interpretação, violação dos normativos nelas contidos.

Estudos de Direito do Trabalho (Código do Trabalho) 287

6.ª A cláusula 141.ª, do A.C.T.V. de 1982, que passou a regular o direito a pensões de reforma, a cargo das instituições de crédito, dos trabalhadores bancários que abandonassem o sector, e as cláusulas que lhe sucederam na regulamentação desta matéria até à cláusula 140.ª, do A.C.T.V. actual, só abrangem os trabalhadores que depois de 1982 tenham abandonado o sector bancário, como resulta, designadamente, do teor n.º 6 da referida cláusula 141.ª.

7.ª Assim, à luz do A.C.T.V. para o sector bancário, nem à data em que foi despedido o autor tinha direito a pensão de reforma por velhice, nem tal direito foi por ele adquirido, por falta de consagração em termos que lhe fossem aplicáveis, até à data em que atingiu a idade legal de reforma por velhice.

8.ª Não se pode também invocar a lei como fonte de qualquer direito autor à invocação contra o apelante de qualquer direito a uma pensão de reforma por invalidez presumível.

9.ª À data em que foi admitido, vigorava a Constituição de 1933, que não consagrava qualquer direito dos cidadãos portugueses à previdência ou à segurança social.

10.ª Quer a Lei n.º 1884, de 16 de Março de 1935, que estabeleceu as bases do sistema de previdência social, quer a Lei n.º 2115, de 15 de Julho de 1962, que lhe sucedeu, não conferiram aos trabalhadores quaisquer direitos subjectivos nesta matéria.

11.ª Só com a Constituição de 1976 veio a ser consagrado um verdadeiro direito constitucional à segurança social.

12.ª Esse direito, contudo, não era um direito subjectivo que entrasse automaticamente nas esferas jurídicas individuais.

13.ª *Tinha como sujeito passivo o Estado,* que, como se vê do n.º 2, do artigo 63.º, da Constituição, ficou incumbido de lhe dar conteúdo e execução.

14.ª Ora, só em 1984 o Estado fez publicar a lei (Lei n.º 28/84, de 14 de Agosto), que, nos termos do seu artigo 1.º, instituiu as bases do sistema de segurança social previsto na Constituição.

15.ª Portanto, em 1980 – ano em que o autor foi despedido – não só o A.C.T.V. do sector bancário não consagrava qualquer direito do autor a pensão de reforma por velhice, *mas também não havia que lhe pudesse aproveitar.*

16.ª Acresce que foi a própria Lei n.º 28/84 (cfr. art. 69.º) que expressamente manteve fora do seu âmbito de aplicação os bancos e os seus trabalhadores.

17.ª A lei Constitucional n.º 1/89, de 8 de Julho, que consubstancia a segunda revisão constitucional, veio a introduzir no artigo 63.º, da Constituição um n.º 5 em que se consignou que «todo o tempo de trabalho contribuirá, *nos termos da lei,* para o cálculo das pensões de velhice e invalidez, independentemente do sector de actividade em que tiver sido prestado».

18.ª Só que o Estado continuou a manter em vigor a Lei n.º 28/84 e o seu artigo 69.º, *sem fazer publicar a lei que desse conteúdo* ao referido n.º 5 , mantendo, assim, em vigor para os bancários e *na íntegra* o regime de segurança social plasmado no respectivo instrumento de regulamentação colectiva de trabalho.

19.ª Regime esse que não consagra o direito a pensão de reforma por velhice aos trabalhadores que tenham abandonado o sector bancário antes de 1982, como foi o caso do autor.

20.ª Se isso, em certos casos, pode dar lugar a situações injustas, que importa corrigir, como será a situação do autor, o certo é que essa situação está em conformidade com a lei e é com base na lei que os tribunais devem julgar e não à luz de quaisquer princípios de justiça ou de moralidade que o juiz, em seu critério, considere mais relevantes.

21.ª Essas injustiças não podem ser imputadas aos empregadores, a quem também não parece legítimo que se exijam maiores obrigações em matéria de segurança social do que aquelas com que puderam contar para o provisionamento dos seus Fundos de Pensões e que são as que para eles emergem da contratação colectiva.

22.ª A responsabilidade é do Estado que, por um lado, deixou ao livre desenvolvimento da negociação colectiva a definição do regime de segurança social dos bancários; e, por outro lado, conhecendo esse regime (que – note-se – em vários aspectos é significativamente mais favorável aos trabalhadores do que o regime geral de segurança social) e podendo legislar sobre a matéria (e devendo, aliás, fazê-lo no caso de o considerar injusto) nada fez para obviar a tais injustiças.

23.ª Se aos trabalhadores que saíram do sector bancário antes de 1982 devem ser reconhecidos direitos, tendo em conta o tempo de trabalho prestado no sector, esses direitos deverão ser exercidos contra o Estado e não contra as instituições de crédito onde o trabalho foi prestado, pois não é admissível que sejam terceiros a responder pelas omissões e culpas do Estado.

24.ª Quando, contra o que atrás se deixa exposto, viesse a ser entendido que é o apelante, e não o Estado, que tem de respondor, então só à

Estudos de Direito do Trabalho (Código do Trabalho) 289

luz da cláusula 140.ª, do A.C.T.V. se poderia encontrar alguma razoabilidade para tal responsabilização.

25.ª E isto porque o autor só adquiriu o direito à pensão de reforma por velhice quando completou os 65 anos de idade (1966) e a cláusula 140.ª do A.C.T.V. que já nessa altura regulava os direitos de segurança social dos trabalhadores que abandonaram o sector.»

O autor, ora recorrido, contra-alegou (fls. 303 a 313), concluindo:

«1. À data em que cessou o contrato de trabalho firmado entre o recorrente B.T.A e o recorrido – 1 de Janeiro de 1980 estava em vigor o C.C.T.V. para o Sector Bancário assinado a 14 de Abril de 1978 e em vigor desde 15 de Maio de 1978, publicado no *Boletim* do *Trabalho e Emprego,* 1.ª série, n.º 18, de 15 de Maio de 1978.

2. Este era o único regime de atribuição e cálculo da reforma por velhice, existente à data em que o recorrido viu cessar o seu contrato de trabalho, ao fim de 28 anos de prestação contínua de trabalho, a tempo completo.

3. Este regime apenas foi alterado, posteriormente e, a partir de 1982, quanto às situações de cessação do contrato de trabalho por motivos do despedimento do trabalhador, com a publicação e entrada em vigor do C.C.T.V. para o sector bancário publicado no *Boletim do Trabalho e Emprego,* 1.ª série, n.º 26, de 15 de Julho de 1982.

4. O autor terá pois direito à pensão de reforma, a pagar pelo recorrente B.T.A., correspondente ao tempo de serviço que lhe prestou, a calcular nos termos da cláusula 137.ª em vigor à data em que cessou o contrato de trabalho, e actualizada nos termos dos seus n.ºs 8 e 9.

5. Os trabalhadores bancários têm um regime de segurança social próprio, substitutivo do regime de segurança social geral e não complementar dele.

6. Este regime caracteriza-se por ser um sistema público, obrigatório, substitutivo e o seu perfil jurídico-público advém da delegação de tarefas públicas da Segurança Social prevista no artigo 69.º, da Lei n.º 28/84.

7. O sistema de segurança social obedece aos princípios da universalidade e igualdade (art. 5.º, da Lei n.º 28/84) e todo o tempo de trabalho contribuirá, nos termos da lei, para os cálculos das pensões de velhice e invalidez (art. 63.º, n.º 5, da Constituição).

8. Como acentua o Acórdão do Supremo Tribunal de Justiça, de 26 de Setembro de 1990, publicado em *Acórdãos Doutrinais,* n.º 349, pág.

138: «... o sector bancário dispõe, de há muito, de um sistema de previdência próprio, admitido a título transitório pelo artigo 69.º, da Lei n.º 28/84, de 14 de Agosto...».

9. Como diz o Acórdão do Supremo Tribunal de Justiça, de 22 de Janeiro de 1998, «se os trabalhadores bancários não foram integrados no regime geral de previdência, continuando a usufruir os benefícios do sistema do sector bancário, é óbvio que a sua reforma por tal sistema tem necessidade de ser reconhecida».

10. E o Acórdão do Supremo Tribunal de Justiça, de 21 de Julho de 1997, na *Colectânea de Jurisprudência – Acórdãos do Supremo Tribunal de Justiça,* ano V, tomo II, pág. 299, que diz: «... Não podem subsistir dúvidas em que todo o tempo de trabalho contribuirá, nos termos da lei, para o cálculo das pensões de velhice e invalidez, independentemente do sector da actividade em que tiver sido prestado».

11. O mesmo douto Acórdão conclui: «é a aplicação directa do artigo 63.º, n.º 5, da Constituição» [...] e acrescenta «diremos até que a simples justiça retributiva implicaria que fosse o réu a suportar os encargos com a reforma do autor pelo tempo em que para ele para si trabalhou pois que foi o réu que beneficiou do trabalho do autor nesse sentido».

12. E como diz o douto Acórdão do Tribunal da Relação de Lisboa junto com a petição, «... O direito do autor, ora recorrido à reforma é um direito constitucionalmente garantido».

13. Na mesma esteira, o Acórdão do Supremo Tribunal de Justiça, onde se lê que «... pelos anos que o autor trabalhou para o réu, este suportará a pensão de reforma nos termos que a suportar para os demais trabalhadores em idênticas situações ...».

14. Falece, manifestamente, a tese do recorrente quando defende que nenhuma reforma é devida.

15. À data da rescisão do contrato de trabalho, vigorava a cláusula 132.ª, do A.C.T.V. do sector bancário publicado no *Boletim do Trabalho e Emprego* (1.ª série, n.º 18, de 15 de Maio de 1978), e na data em que o recorrido completou 65 anos de idade encontrava-se em vigor o A.C.T.V. para o Sector Bancário publicado no *Boletim do Trabalho e Emprego,* n.º 2, de 15 de Janeiro de 1996.

16. Desde sempre a estrutura essencial da cláusula 60.ª é igual, nas suas sucessivas revisões, às correspondentes cláusulas 132.ª e 137.ª e os seus critérios operativos de fixação da mensalidade de reforma são os mesmos.

Estudos de Direito do Trabalho (Código do Trabalho)   291

17. Como exemplarmente sufraga a douta sentença recorrida, o direito à pensão de reforma caracteriza-se no pagamento futuro de determinada quantia, que se vence regular e periodicamente, ao longo da vida do seu titular, verificada que seja a respectiva eventualidade.

18. É jurisprudência pacífica que o direito à pensão de reforma e conferido pelo C.C.T. em vigor na data da rescisão do contrato de trabalho e o conteúdo e medida do direito mede-se pelo texto correspondente da atribuição da pensão de reforma, no caso, a situação do limite de idade dos 65 anos.

19. Ou seja, o trabalhador bancário, como aliás qualquer trabalhador de outro sector de actividade, é sempre considerado reformado bancário, quer se reforme directamente do activo quer se reforme depois de ter deixado o sector.

20. Este é o princípio geral comum a todos os sistemas de reforma, aliás bem expresso nos n.ºs 7 e 9, das cláusulas 132.ª e 137.ª.

21. Todos os trabalhadores abrangidos por essa cláusula têm direito à actualização das mensalidades recebidas, sempre que seja actualizado o Anexo II, quer tenham sido colocados nas situações de doença, invalidez ou invalidez presumível antes ou depois de cada actualização.

22. Os direitos previstos nesta cláusula aplicam-se a todos os trabalhadores na situação de doença, invalidez presumível, quer tenham sido colocados nessas situações antes ou depois da entrada em vigor deste Acordo.

23. Não existe, manifestamente, qualquer inconstitucionalidade por omissão, porquanto a Constituição da República Portuguesa impõe a aplicabilidade do regime transitório aplicável ao sector bancário, que envolve a responsabilização do recorrente na proporção do tempo de serviço prestado pelo recorrido.

24. O especial regime de segurança social dos trabalhadores bancários exige que as instituições de crédito assumam a responsabilidade pelo pagamento das pensões de invalidez (real e velhice) devidas e correspondentes ao tempo de serviço prestado no sector, nos termos comuns aos restantes trabalhadores bancários, independentemente de terem, ou não, feito cessar a relação laboral, e isto na medida em que este tempo de serviço não é contado para efeitos do cálculo das mensalidades a prestar pela Caixa Geral de Pensões.

25. O ora recorrido terá, pois, direito à pensão de reforma, a pagar pelo recorrente, correspondente ao tempo de serviço que lhe prestou, a

calcular nos termos da cláusula 137.ª em vigor à data em que cessou o contrato de trabalho, e actualizada nos termos dos seus n.ᵒˢ 1 e 9.

26. A situação jurídico-pensionista, que se constitui com a celebração do contrato individual de trabalho ao abrigo da cláusula 60.ª é uma situação jurídica duradoura que se protrai no tempo e sofre o influxo das sucessivas revisões dessa cláusula.

27. Essa relação pensionista aperfeiçoa-se e consolida-se, finalmente, pelo atingir da idade de reforma ou invalidez.

28. Com a constituição da relação jurídico-pensionista prevista na cláusula 60.ª e recebida com eficácia imediata e imperativa no contrato individual do autor no momento da sua celebração, o banco ora recorrente fica sujeito ao pagamento da pensão de reforma e esta é correspondente ao tempo de trabalho prestado e vence-se logo que se verifique o pressuposto da velhice ou invalidez.

29. Esta obrigação constitui um vínculo relacionado com o objecto do direito futuro. O banco fica devedor do crédito futuro, ou seja, do pagamento da prestação da pensão de reforma, logo que se verificar o requisito dos 65 anos.

30. Os factos constitutivos da obrigação começam a verificar-se com a criação da relação jurídico-pensionista, ao abrigo da cláusula 60.ª, com a celebração do contrato individual de trabalho e, dentro dela, do dever de pagamento futuro.

31. Em consequência, o conteúdo concreto da situação de pensionista depende do que por ela for estatuído, nas revisões da referida cláusula, ocorridas até à data da reforma.

32. No A.C.T.V. para o sector bancário, a cláusula 60.ª e a cláusula 132.ª (137.ª) não são cláusulas diferentes. São a mesma cláusula, com números diferentes, apenas revistas.

33. Daí que a cláusula 60.ª, então com o n.º 132 e agora com o número 137, aplica-se ao ora recorrido quando este atingiu os 65 anos, o que decorre, aliás, como se salientou, do texto da cláusula 132.ª, n.ᵒˢ 8 e 9.

34. Diga-se, aliás, que em qualquer regime pensionístico, entre ele o regime geral de segurança social, o trabalhador que cessou o contrato antes de atingir a situação de reforma, vem sempre a beneficiar quer dos critérios mais favoráveis de cálculo, quer da eventual diminuição da idade da reforma.

35. Aliás, esta é a doutrina dominante e, nomeadamente, a constante das doutas sentenças e Acórdãos do Venerando Tribunal da Relação de Lisboa no texto referidos e juntos aos autos.

Estudos de Direito do Trabalho (Código do Trabalho) 293

36. É ainda a doutrina do Acórdão do Supremo Tribunal de Justiça, de 2 de Julho de 1997, na *Colectânea de Jurisprudência – Acórdãos do Supremo Tribunal de Justiça*, ano II, tomo II, pág. 299, quando diz: «... o certo é que as partes contratantes apenas pretenderam resolver a situação dos empregados que entretanto abandonassem a actividade bancária a partir de 15 de Julho de 1982 e disciplinavam um aspecto particular a eles relativo, ou seja, o complemento da sua pensão de reforma».

37. A cláusula 137.ª, quando no seu n.º 1 fala em «em tempo completo», essa expressão é sinónima de horário inteiro, em contraposição a horário parcial do seu n.º 3.

38. Neste aspecto, a concepção da cláusula 137.ª é esta: integram-na os Anexos V e VI e, neste último, estão calculadas «as mensalidades por inteiro» *[sic]*, cálculo esse que está na base do horário a tempo inteiro.

39. Conhecidas as mensalidades por inteiro, o Anexo V, operando com as percentagens e a antiguidade do trabalhador, que pode ir de 1 a 35 anos, dá, em concreto, a medida (montante) da pensão de reforma.

40. Ou seja, a cláusula 137.ª não pressupõe que o trabalhador atinja o «tempo completo», entendido este como os 35 anos de antiguidade ao serviço; os trabalhadores a que ela se aplica podem ter 10, 12, 18, 24, etc., anos de serviço, medindo-se, nos termos expostos, a pensão de reforma em função da respectiva antiguidade ao serviço do banco.

41. A cláusula 137.ª aplica-se aos trabalhadores que sairam do sector ao abrigo da cláusula 60.ª ou da cláusula 132.ª e antes de 1982, já que, como se disse e demonstrou, a cláusula 60.ª, a cláusula 132.ª e a cláusula 137.ª são uma e a mesma cláusula.»

Neste Supremo Tribunal de Justiça, o representante do Ministério Público emitiu o parecer de fls. 318 a 332, no sentido da parcial concessão da revista, por entender que a pensão deve ser calculada nos termos da cláusula 140.ª, que não nos da cláusula 137.ª, do A.C.T.V. para o Sector Bancário aplicável, parecer que, notificado às partes, não suscitou qualquer resposta.

Colhidos os vistos dos Juízes Adjuntos, cumpre apreciar e decidir.

II. MATÉRIA DE FACTO

As Instâncias deram como assente a seguinte matéria de facto, com interesse para a decisão da causa:

1) O autor foi admitido ao serviço do réu Banco Lisboa & Açores, sob as suas ordens e direcção, mediante um contrato de trabalho outorgado em 1952, tendo o mesmo Banco sido fusionado com o Banco Totta Aliança, em 1970, ambos dando origem ao Banco Totta & Açores, assumindo esta última entidade a titularidade dos contratos de trabalho outorgados;

2) O autor sempre prestou trabalho em regime de tempo completo de serviço;

3) O autor foi despedido em 2 de Janeiro de 1980, tendo na altura o Banco réu invocado justa causa;

4) O autor foi sócio do Sindicato dos Bancários do Centro, no seu pleno exercício de direitos, até à data do seu despedimento;

5) Na data em que o réu decidiu aplicar ao autor a Sanção do despedimento com justa causa, este estava classificado no Grupo 1 (Administrativo) e colocado no nível 7 da escala salarial retributiva do A.C.T.V, para o Sector Bancário e, nesse nível, auferia a retribuição mensal base de 18.900$00;

6) A essa retribuição base e nos termos do mesmo A.C.T.V., acresciam cinco diuturnidades, no montante global de 3.000$00;

7) E um subsídio de almoço no montante de 78$00 por dia efectivo de trabalho, no valor mensal de 1.727$00;

8) O autor foi reformado por velhice, na segurança social, em Setembro de 1996;

9) O Banco réu, até ao momento, não pagou ao autor a pensão de reforma por velhice;

10) O autor nasceu em 5 de Setembro de 1931;

11) O autor possui uma reforma por velhice cuja pensão, no montante de 36.910$00, é paga peto Centro Nacional de Pensões.

III. FUNDAMENTAÇÃO

1. As questões centrais que constituem objecto do presente recurso – saber se o autor, ora recorrido, tem direito a alguma pensão de reforma da responsabilidade do réu, ora recorrente, e, na hipótese afirmativa, se ao cálculo da pensão de reforma dos empregados bancários que cessaram a sua actividade no sector antes de atingirem a situação de reforma, por invalidez ou por atingirem 65 anos de idade, é aplicável a cláusula 137.ª ou a cláusula 140.ª, do A.C.T.V. para o Sector Bancário, na redacção dada

Estudos de Direito do Trabalho (Código do Trabalho)

pela revisão de 1992 (*Boletim do Trabalho e Emprego*, n.º 31, de 22 de Agosto de 1992), mantida inalterada nas revisões de 1994 e de 1966 (*B.T.E.*, n.º 42, de 15 de Novembro de 1994, e n.º 2, de 15 de Janeiro de 1966), vigente à data da reforma do autor –, tem sido objecto de numerosas decisões deste Supremo Tribunal de Justiça, que ultimamente firmou orientação no sentido de, afirmando aquele direito a pensão de reforma, a mandar calcular nos termos da cláusula 140.ª

É essa orientação que ora se reitera, para o que passaremos a reproduzir a fundamentação desenvolvida no Acórdão de 12 de Dezembro de 2001, processo n.º 16.701.

As referidas cláusulas têm a seguinte redacção (desde a revisão de 1992):

Cláusula 137.ª:

«1. No caso de doença ou invalidez ou quando tenham atingido 65 anos de idade (invalidez presumível) os trabalhadores em tempo completo têm direito:

a) Às mensalidades que lhes competirem, de harmonia com a aplicação das percentagens do Anexo V aos valores fixados no Anexo VI.

b) A um subsídio de Natal de valor igual ao das mensalidades referidas na alínea *a)*, a satisfazer no mês de Novembro;

c) A um 14.º mês de valor igual ao das mensalidades referidas na alínea a), a satisfazer no mês de Abril, sendo-lhe aplicável o princípio estabelecido no n.º 3, da cláusula 102.ª.

2. Cada uma das prestações a que os trabalhadores têm direito, nos termos do número anterior, não poderá ser de montante inferior ao do valor ilíquido da retribuição do nível mínimo de admissão do grupo em que estavam colocados à data da sua passagem a qualquer das situações do n.º 1 desta cláusula.

3. Os trabalhadores em regime de tempo parcial terão direito ás prestações referidas nos n.ºs 1 ou 2, calculadas proporcionalmente ao período normal de trabalho.

4. As mensalidades fixadas, para cada nível, no Anexo VI serão sempre actualizadas na mesma data e pela aplicação da mesma percentagem em que o forem os correspondentes níveis do Anexo II.

5. Excepcionalmente, e por acordo de ambas as partes, poderá o trabalhador, com mais de 65 anos de idade e menos de 76, continunr ao ser-

viço; a continuação dependerá de aprovação do trabalhador em exame médico, feito anualmente, e a instituição pode, em qualquer momento, retirar o seu acordo a essa continuação, prevenindo o trabalhador com 30 dias de antecedência.

6. O trabalhador que completar 40 anos de serviço antes de atingir 65 anos de idade, ou o que completar 35 anos de serviço tendo mais de 60 anos de idade pode ser colocado na situação de invalidez presumível, mediante acordo com a instituição.

7. Da aplicação do Anexo V não poderá resultar diminuição das anteriores mensalidades contratuais cujo pagamento se tenha iniciado.

8. Todos os trabalhadores abrangidos por esta cláusula têm direito à actualização das mensalidades recebidas, sempre que seja actualizado o Anexo II, quer tenham sido colocados nas situações de doença, invalidez, invalidez presumível, antes ou depois de cada actualização.

9. Os direitos previstos nesta cláusula aplicam-se a todos os trabalhadores na situação de doença, invalidez ou invalidez presumível quer tenham sido colocados nessas situações antes ou depois da entrada em vigor deste Acordo.»

Cláusula 140.ª

«1. O trabalhador de instituição de crédito ou parabancária, não inscrito em qualquer regime de segurança social e que, por qualquer razão, deixe de estar abrangido pelo regime de segurança social garantido pelo presente acordo terá direito, quando for colocado na situação de reforma por invalidez ou invalidez presumível, ao pagamento pelas instituições de crédito ou parabancárias, na proporção do tempo de serviço prestado a cada uma delas, da importância necessária para que venha a auferir uma pensão de reforma igual à que lhe caberia se o tempo de serviço prestado no sector bancário fosse considerado como tempo de inscrição no regime geral de segurança social, ou outro regime nacional mais favorávelque lhe seja aplicável.

2. Para efeitos do cálculo da mensalidade prevista no n.º 1 desta cláusula, a parte da pensão de reforma a pagar pelas instituições, correspondente ao tempo de serviço prestado no sector bancário, será calculada com base na retribuição correspondente ao nível em que o trabalhador se encontrar colocado à data da saída do sector, actualizada segundo as regras do presente A.C.T.V., se outra não for mais favorável.

Estudos de Direito do Trabalho (Código do Trabalho) 297

3. A verificação das situações de invalidez, fora do âmbito de qualquer regime de segurança social será apurada por junta médica constituída nos termos da cláusula 141.ª.

4. Para efeitos da contagem do tempo de serviço prestado no sector bancário referido no n.º 1 desta cláusula, aplica-se o disposto nas cláusulas 17.ª e 143.ª.

5. No caso de o trabalhador não chegar a adquirir direitos noutro regime nacional de segurança social, a retribuição de referência para aplicação do disposto no n.º 1 desta cláusula será a correspondente à do nível em que aquele se encontrava colocado à data em que deixou de estar abrangido pelo regime de segurança social deste acordo, actualizada segundo as regras do mesmo regime.»

2. Antes de entrarmos na determinação de qual destas cláusulas é aplicável à situação do autor, interessará, para cabal compreensão do problema, recordar as vicissitudes que tem sofrido o regime de segurança social próprio dos trabalhadores do sector bancário, que ainda hoje se mantém.

Entre nós, foi só com a publicação da Constituição da República Portuguesa de 1976 que se procurou criar um sistema unificado e universal de segurança social, afirmando-se o princípio de que todos têm direito à segurança social, incumbindo ao Estado organizar, coordenar e subsidiar um sistema de segurança social unificado. Anteriormente a essa data, vigorava um sistema de origem corporativa, que se iniciou com o Estatuto do Trabalho Nacional (Decreto n.º 23.048, de 23 de Setembro de 1933), onde se previa a organização das caixas e instituições de previdência, cuja iniciativa competiu nos organismos corporativos – grémios e sindicatos. A Lei n.º 1884, de 16 de Maio de 1935, veio reconhecer que a iniciativa e organização destas caixas incumbia aos grémios e sindicatos, nacionais, por meio de acordos ou por meio de Contratos Colectivos de Trabalho, e no seu artigo 4.º estipulava que «as caixas sindicais de previdência destinavam-se a proteger o trabalhador contra os riscos da doença, da invalidez e do desemprego involuntário e bem assim a garantir-lhe pensões de reforma». Por sua vez, a Lei n.º 2115, de 18 de Junho de 1962, que revogou a Lei n.º 1884, veio estabelecer que as Caixas Sindicais de Previdência abrangiam obrigatoriamente, como beneficiários, os trabalhadores das profissões interessadas nas convenções colectivas ou definidas nos diplomas da sua criação. Essas Caixas de Previdência foram regulamentadas pelo Decreto-Lei n.° 45.266, de 23 de Setembro de 1963, que no seu artigo 17.°, n.ᵒˢ 1 e 2, determinava a inscrição obrigatória dos trabalhadores, como beneficiários, e das entidades patronais abrangidas, como contribuintes.

Foi neste contexto que o C.C.T. de 1944 para o sector bancário, publicado no *Boletim do I.N.T.P.,* ano XI, n.° 3, de 15 de Fevereiro de 1944, veio estipular na sua cláusula 59.ª, que «os outorgantes obrigam-se quando as circunstâncias o permitirem a concluir o regulamento para a constituição da Caixa Sindical dos Bancários». E logo na cláusula 60.ª, prescreveram que enquanto não funcionasse essa Caixa Sindical, os estabelecimentos bancários garantiam aos seus empregados, em caso de doença ou invalidez, certas prestações que especificam.

Esta cláusula 60.ª, veio a desenvolver-se nas sucessivas revisões, sendo que a partir de 1964 – com o C.C.T. publicado no *Diário do Governo,* 1.ª série, de 12 de Março de 1964, passou a ter a seguinte redacção: «Os estabelecimentos bancários garantem aos seus empregados: 1. em caso de doença ou invalidez do empregado, ou quando tenha atingido 70 anos de idade (invalidez presumível) as mensalidades que lhes competirem de acordo com o mapa n.° 6».

Em 1970, por decisão do Tribunal Arbitral, de 17 de Abril de 1970, publicada no *Boletim do I.N.T.P.,* ano XXXVII, n.° 10, pág. 684, aquela cláusula passou a ter a seguinte redacção: «Enquanto não funcionar a Caixa de Previdência prevista na cláusula anterior, os estabelecimentos bancários, garantem aos seus empregados: 1. Em caso de doença ou invalidez do empregado ou quando atinjam 65 anos de idade (invalidez presumível) as mensalidades que lhe competirem de acordo com o mapa n.° 6».

O C.C.T. de 1970 para o sector bancário, e os posteriores, mantiveram esta redacção da cláusula (embora com outro número). Assim sucede com os C.C.T.V.'s, de 1978 e de 1980, publicados no *Boletim do Trabalho e Emprego (B.T.E.),* n.° 18, de 15 de Maio de 1978, e n.° 26, de 15 de Julho de 1980, respectivamente (cláusula 132.ª e 133.ª, também respectivamente), esclarecendo a cláusula 134.ª, n.° 6, do C.C.T.V. de 1980 que estes benefícios aplicam-se a todos os trabalhadores na situação de doença, invalidez ou invalidez presumível, quer tivessem sido colocados nessas situações antes ou depois da entrada em vigor do C.C.T.

E no A.C.T. de 1982, publicado no *B.T.E.,* n.° 26, de 15 de Julho de 1982, a cláusula 138.ª, veio estatuir:

Estudos de Direito do Trabalho (Código do Trabalho) 299

«No caso de doença ou invalidez, ou quando tenham atingido 65 anos de idade (invalidez presumível), os trabalhadores em tempo completo têm direito:

a) Às mensalidades que lhe competirem de harmonia com a aplicação das percentagens do Anexo VI às retribuições fixadas no Anexo II, líquidas do valor da contribuição para o Fundo de Desemprego e do imposto profissional correspondente a 13 vezes o montante de cada uma dessas retribuições;

b) A um subsídio de Natal de valor igual ao das mensalidades a que tiverem direito.

2. Cada uma das prestações a que os trabalhadores têm direito nos termos do número anterior não poderá ser de montante inferior ao do valor ilíquido da retribuição do nível mínimo do respectivo grupo.

3. Os trabalhadores em regime de tempo parcial tem o direito às prestações referidas nos n.os 1.° e 2.° calculadas proporcionalmente ao período normal de trabalho.

[...]

8. Os direitos previstos nesta cláusula aplicam-se a todos os trabalhadores na situação de doença, invalidez presumível, quer tenham sido colocados nessas situações antes ou depois da entrada em vigor deste contrato.»

O A.C.T. de 1984, publicado no *B.T.E.*, n.° 28, de 29 de Julho de 1984, o A.C.T. de 1986, publicado no *B.T.E.*, 1.ª série, n.° 28, de 29 de Julho de 1986, bem como o A.C.T. publicado no *B.T.E.*, n.° 28, de 29 de Julho de 1988, mantiveram no essencial a mesma redacção da referida cláusula, que chegou ao A.C.T. de 1992, com o n.° 137.ª, nos termos acima transcritos.

Por seu turno, o conteúdo da cláusula 140.ª, do A.C.T. de 1992 teve a sua origem na cláusula 141.ª, do A.C.T. de 1982, que, pela primeira vez, veio regulamentar a situação dos trabalhadores que saissem do sector bancário sem terem atingido a idade da reforma, a qual estabelecia o seguinte, na parte que aqui interessa:

«3. Enquanto não for concretizada a integração referida nos números anteriores, o trabalhador que abandonar o sector bancário, por razões que não sejam da sua iniciativa, nomeadamente o despedimento, terá direito, quando for colocado na situação de reforma por invalidez ou velhice prevista no regime de segurança social que lhe for aplicável, ao pagamento pela respectiva instituição de crédito da importância necessária a complementar a sua pensão de reforma, até ao montante que lhe corresponder se o tempo de serviço prestado no sector bancário fosse considerado como tempo de inscrição na segurança social.

[...].

6. O regime estabelecido no n.º 3 desta cláusula só se aplica aos trabalhadores que abandonarem o sector bancário nas condições aí referidas a partir de 15 de Julho de 1982.»

Os A.C.T. do Sector Bancário de 1984 e de 1986, publicados no *B.T.E.*, n.º 28, de 29 de Julho de 1984, e no *B.T.E.*, 1.ª série, de 28, de 29 de Julho de 1986, mantiveram o teor da cláusula 141.ª, mas agora com o n.º 142.ª.

Porém, o A.C.T. publicado no *B.T.E.*, n.º 28 , de 29 de Julho de 1988, alterou a cláusula 142.ª que passou a ter a seguinte redacção:

«1. O trabalhador ao serviço de instituição de crédito ou parabancária que não esteja inscrito no regime de segurança social e que, por qualquer razão, deixe de estar abrangido pelo regime de segurança social garantido pelo presente A.C.T. terá direito quando for colocado na situação de reforma por invalidez ou velhice prevista no regime de segurança social que lhe for aplicável, ao pagamento pelas instituições de crédito ou parabancárias, na proporção do tempo de serviço prestado a cada uma delas, da importância necessária para complementar a sua pensão de reforma até ao montante que lhe corresponde se o tempo de serviço prestado no sector bancário fosse considerado como tempo de inscrição no regime de segurança social que lhe for aplicável.

2. Para efeitos de contagem do tempo de serviço prestado no sector bancário referido no n.º 1, é aplicável o disposto nas cláusulas 16.ª e 154.ª».

Deixou, portanto, de fazer referência que o regime dela constante só se aplicava aos trabalhadores que saissem antes de 15 de Julho de 1982.

Esta cláusula transitou para o A.C.T.V. de 1992, com o n.º 140.ª acima transcrita, e foi mantida inalterada nas revisões de 1994 e de 1996.

3. Feito este enquadramento da origem das cláusulas em questão, há que, desde já, rejeitar a tese de que não seria aplicável nem a cláusula 137.ª, porque esta só se referiria aos trabalhadores relativamente aos quais se verificasse a eventualidade (invalidez ou invalidez presumida) quando ainda se encontravam no activo, nem a cláusula 140.ª, por esta ter sido editada posteriormente à saída do autor do sector bancário e as cláusulas da convenção colectiva só disporem para o futuro. Assim, segundo

Estudos de Direito do Trabalho (Código do Trabalho) 301

esta tese, o autor não teria direito a qualquer pensão a suportar pelo sector bancário, conclusão esta que, porém, ofenderia os princípios gerais que regulam o sistema de segurança social, e, além disso, afrontaria o disposto no artigo 63.º, n.º 1, da Constituição da República Portuguesa, segundo o qual todos têm direito à segurança social, estabelecendo o n.º 5, acrescentado pela revisão constitucional de 1989, que «todo o tempo de trabalho contribuirá, nos termos da lei, para o cálculo das pensões de velhice e invalidez, independentemente do sector de actividade em que tiver sido prestado», princípio este que não pode ser ignorado quer pelo sistema público de segurança social, como pelos subsistemas por este permitidos, como é o caso do sector bancário, que é um sistema substitutivo daquele. Seria extremamente injusto e discriminatório não contar para efeitos de atribuição de pensão de reforma o tempo de serviço prestado pelos trabalhadores que abandonassem o sector bancário antes da ocorrência das eventualidades que determinam a atribuição desta (invalidez ou idade), pois, por um lado, os trabalhadores deste sector estavam impedidos de descontar para o sistema de segurança social, por não estar constituída a respectiva Caixa de Previdência, e, por outro lado, as entidades patronais do sector bancário assumiram as responsabilidade que àquela Caixa competiriam, enquanto não fosse constituída, e o sistema bancário nunca chegou a constituir a referida Caixa, decisão esta a que não tem sido alheios interesses corporativos, pois isso evitou o pagamento das contribuições, tanto patronais como dos trabalhadores, para um sistema de segurança social, beneficiando as entidades patronais deste sector com esse facto.

Afastada essa tese, resta recordar que, como já se referiu, o entendimento sustentado no acórdão recorrido não tem sido sufragado pela mais recente jurisprudência deste Supremo Tribunal de Justiça, de que são exemplo os Acórdãos de 3 de Outubro de 2000, processo n.º 113/00 (complementado pelo Acórdão de 14 de Fevereiro de 2001, processo n.º 113/00), de 17 de Outubro de 2000, processo n.º 82/00, de 8 de Fevereiro de 2001, processo n.º 2859/00, de 14 de Fevereiro de 2001, processo n.º 2861/00 (publicado em *Colectânea de Jurisprudência – Acórdãos do Supremo Tribunal de Justiça,* ano IX, 2001, tomo I, pág. 292), de 18 de Abril de 2001, processo n.º 3232/00, de 31 de Maio de 2001, processo n.º 1055/01, de 28 de Novembro de 2001, processo n.º 1663/01, de 12 de Dezembro de 2001, processos n.os 1607/01 e 2552/01, de 16 de Janeiro de 2002, processo n.º 1434/01, e de 30 de Janeiro de 2002, processo n.º 2647/01.

Nessa jurisprudência, o encadeamento argumentativo desenvolvido tem sido o seguinte:

- no «regime transitório» instituído pelos n.os 3 e 6, da cláusula 141.ª, do A.C.T.V. de 1982, reproduzido nos n.os 3 e 6, da cláusula 142.ª, do A.C.T.V. de 1984 e nos n.os 1 e 4, da cláusula 142.ª, do AC.T.V. de 1986, o complemento de reforma previsto apenas beneficiava os trabalhadores que tivessem abandonado o sector bancário sem ser por iniciativa própria e a partir de 15 de Julho de 1982;
- porém, esta restrição temporal (a 15 de Julho de 1982), constante dos aludidos A.C.T.V., veio a revelar-se supervenientemente inconstitucional, por incompatível com o princípio, introduzido pela revisão constitucional, de 1989, ao aditar o n.º 5, ao artigo 63.º, da Constituição (n.º 4 do mesmo artigo 63.º, após a revisão constitucional de 1997), de que «todo o tempo de trabalho contribuirá, nos termos da lei, para o cálculo das pensões de velhice e invalidez, independentemente do sector de actividade em que tiver sido prestado»;
- por isso, nas correspondentes cláusulas dos subsequentes A.C.T.V. se omitiu qualquer referência ao momento em que o trabalhador, «por qualquer razão», deixe de estar abrangido pelo regime de segurança social do sector bancário;
- assim, as instituições bancárias que tenham tido ao seu serviço trabalhadores que venham a ser colocados na situação de reforma por invalidez ou invalidez presumível, quando já não exerciam funções nesse sector de actividade, estão obrigadas ao pagamento, «na proporção do tempo de serviço prestado a cada uma delas, da importância necessária para que venha a auferir uma pensão de reforma igual à que lhe caberia se o tempo de serviço prestado no sector bancário fosse considerado como tempo de inscrição no regime geral da segurança social ou outro regime nacional mais favorável que lhe seja aplicável» (n.º 1 da cláusula 140.ª, do A.C.T.V de 1992);
- este entendimento respeita os aludidos princípios constitucionais e a diferença de regimes entre as cláusulas 137.ª (só aplicável nos trabalhadores que se encontravam ao serviço da instituição bancária quando passaram para a situação de reforma) e 140.ª, justifica-se por contemplarem situações diversas: a diversidade entre uma

Estudos de Direito do Trabalho (Código do Trabalho)   303

carreira homogeneamente desenvolvida até ao seu termo no sector bancário (com um regime próprio de segurança social, caracterizado, além do mais, pela inexistência de contribuições, quer dos trabalhadores, quer das entidades patronais) e uma carreira heterogénea em termos de diversificados regimes de segurança social ou até incompleta (contemplando-se mesmo as situações em que o antigo trabalhador não adquiriu direitos no âmbito de qualquer outro regime nacional de segurança social – situação prevista e regulada no n.º 5 da citada cláusula 140.ª).

Do exposto resulta que o acórdão recorrido merece ser confirmado na parte relativa à afirmação do direito do autor a uma pensão de reforma da responsabilidade do réu, mas já não pode ser mantido na parte em que determinou o cálculo dessa pensão nos termos da referida cláusula 137.ª quando a norma convencional aplicável é a da cláusula 140.ª

IV. DECISÃO

Em face do exposto, acordam em conceder parcial provimento ao recurso do réu, alterando o acórdão recorrido no sentido de que fica o mesmo réu condenado a pagar ao autor um complemento de pensão de reforma, desde Setembro de 1996, calculado nos termos da cláusula 140.ª, do C.C.T.V. para o Sector Bancário, na redacção constante da revisão de 1992, publicado no *Boletim do Trabalho e Emprego,* n.º 31, de 22 de Agosto de 1992, mantida inalterada nas revisões de 1994 e de 1996 (mesmo *Boletim,* n.º 42, de 15 de Novembro de 1994, e n.º 2, de 15 de Janeiro de 1996), cujos montantes serão liquidados em execução de sentença.

Custas pelo recorrente e pelo recorrido, em partes iguais.

Lisboa, 6 de Fevereiro de 2002

BREVES REFLEXÕES SOBRE A CONVENÇÃO COLECTIVA APLICÁVEL À PENSÃO DE REFORMA NO SECTOR BANCÁRIO COMENTÁRIO AOS ACÓRDÃOS DA RELAÇÃO DE LISBOA, DE 31 DE OUTUBRO DE 2001 E DO SUPREMO TRIBUNAL DE JUSTIÇA, DE 6 DE FEVEREIRO DE 2002

1. Dos arestos acima transcritos resulta uma questão central, cujas respostas por parte da jurisprudência têm sido contraditórias, que pode ser sintetizada (e simplificada) da seguinte forma: qual o regime convencional que regula a situação do trabalhador que deixou de trabalhar no sector bancário antes de 1982, embora tenha atingido a idade da reforma após esse ano?

Dito de outra forma: a esse trabalhador aplica-se a cláusula 137.ª ou 140.ª do Acordo Colectivo de Trabalho Vertical do Sector Bancário?

Julgamos que a resposta só pode ser uma: a cláusula 137.ª

Vejamos porquê.

2. Para essa análise cabe, desde logo, identificar os antecedentes das cláusulas acima citadas para posteriormente fazer o respectivo enquadramento face à legislação laboral e aos normativos de segurança social.

3. Prescreve a cláusula 137.ª – cuja epígrafe é *doença ou invalidez* – do Acordo Colectivo de Trabalho Vertical do Sector:

«1. No caso de doença ou invalidez, ou quando tenham atingido 65 anos de idade (invalidez presumível), os trabalhadores em tempo completo têm direito:

a) Às mensalidades que lhe competirem, de harmonia com a aplicação das percentagens do Anexo V, aos valores fixados no Anexo VI;

b) A um subsídio de Natal de valor igual aos das mensalidades referidas na alínea a), a satisfazer no mês de Novembro;

c) A um 14.° mês de valor igual ao das mensalidades referidas na alínea a), a satisfazer no mês de Abril, sendo-lhe aplicável o princípio estabelecido no n.° 3 da Cláusula 102.ª

2. Cada uma das prestações a que os trabalhadores têm direito, nos termos do número anterior, não poderá ser de montante inferior ao do valor ilíquido da retribuição do nível mínimo de admissão do Grupo em que estavam colocados à data da sua passagem a qualquer das situações previstas no n.° 1 desta Cláusula.

3. Os trabalhadores em regime de tempo parcial terão direito às prestações referidas nos n.ᵒˢ 1 e 2, calculadas proporcionalmente ao período normal de trabalho.

4. As mensalidades fixadas, para cada nível, no Anexo VI, serão sempre actualizadas na mesma data e pela aplicação da mesma percentagem em que forem os correspondentes níveis do Anexo II.

5. Excepcionalmente, e por acordo de ambas as partes, poderá o trabalhador, com mais de 65 anos de idade e menos de 70, continuar ao serviço; a continuação ao serviço dependerá de aprovação do trabalhador em exame médico, feito anualmente, e a Instituição pode, em qualquer momento, retirar o seu acordo a essa continuação, prevenindo o trabalhador com 30 dias de antecedência.

6. O trabalhador que completar 40 anos de serviço antes de atingir 65 anos de idade, ou o que completar 35 anos de serviço tendo mais de 60 anos de idade, pode ser colocado na situação de invalidez presumível, mediante acordo com a Instituição.

7. Da aplicação do Anexo V não poderá resultar diminuição das anteriores mensalidades contratuais, cujo pagamento se tenha iniciado.

8. Todos os trabalhadores abrangidos por esta cláusula têm direito à actualização das mensalidades recebidas, sempre que seja actualizado o Anexo II, quer tenham sido colocados nas situações de doença, invalidez ou invalidez presumível, antes ou depois de cada actualização.

9. Os direitos previstos nesta Cláusula aplicam-se a todos os trabalhadores na situação de doença, invalidez ou invalidez presumível, quer tenham sido colocados nessas situações antes ou depois da entrada em vigor deste Acordo.»

Por sua vez, a cláusula 140.ª, sob a epígrafe *reconhecimento de direitos em caso de cessação do contrato de trabalho* – determina:

«1. O trabalhador de Instituição de Crédito ou Parabancária, não inscrito em qualquer Regime de Segurança Social e que, por qualquer razão, deixe de estar abrangido pelo regime de segurança social garantido pelo presente acordo, terá direito, quando for colocado na situação de reforma por invalidez ou invalidez presumível, ao pagamento pelas Instituições de Crédito ou Parabancárias, na proporção do tempo de serviço prestado a cada uma delas, da importância necessária para que venha a auferir uma pensão de reforma igual à que lhe caberia se o tempo de serviço prestado no sector bancário fosse considerado como tempo de inscrição no Regime Geral da Segurança Social, ou outro Regime Nacional mais favorável que lhe seja aplicável.

2. Para efeitos do cálculo da mensalidade prevista no n.º 1 desta Cláusula, parte da pensão de reforma a pagar pelas Instituições, correspondente ao tempo de serviço prestado no Sector Bancário, será calculada com base na retribuição correspondente ao nível em que o trabalhador se encontrar colocado à data da saída do Sector, actualizada segundo as regras do presente ACTV, se outra não for mais favorável.

3. A verificação das situações de invalidez, fora do âmbito de qualquer Regime de Segurança Social, será apurada por junta médica, constituída nos termos da Cláusula 141.ª

4. Para efeitos da contagem do tempo de serviço prestado no Sector Bancário, referido no número 1 desta Cláusula, aplica-se o disposto nas Cláusulas 17.ª e 143.ª

5. No caso de o trabalhador não chegar a adquirir direitos noutro Regime nacional de Segurança Social, a retribuição de referência para aplicação do disposto no n.º 1 desta Cláusula será a correspondente à do nível em que aquele se encontrava colocado à data em que deixou de estar abrangido pelo Regime de Segurança Social deste acordo, actualizada segundo as regras do mesmo regime.»[1]

---

[1] Não se pode, nem deve, ignorar as considerações feitas pelo Tribunal da Relação de Lisboa, no aresto de 31 de Outubro de 2001, transcrito antes da presente anotação. Julgamos é que outros argumentos – em especial no quadro jurídico-laboral – devem ser também aduzidos em prole da decisão adoptada.

De um primeiro confronto entre estas cláusulas parece resultar que a cláusula 137.ª estabelece o regime geral, enquanto a 140.ª regula a situação específica no caso de cessação de contrato de trabalho.

É, no entanto, preciso ir mais longe e identificar, desde logo, o âmbito pessoal, temporal e material de aplicação de cada uma destas cláusulas, sendo particularmente importante ter presente a génese das cláusulas em causa[2].

4. A cláusula 137.ª tem a sua origem no Contrato Colectivo de Trabalho de 1964 – prescrevia o então n.º 1 da cláusula 60.ª que «*em caso de doença ou de invalidez do empregado ou quando tenha atingido 70 anos de idade (invalidez presumível), as mensalidades que lhe competirem de harmonia com o mapa n.º 6*»[3] – que, não obstante ter sido objecto de alterações ao longo dos tempos, foi a única que regulou as pensões e reformas no sector bancário até 1982. Dessa situação decorria a aplicação da cláusula a todos os trabalhadores, independentemente de terem, ou não, deixado a instituição de crédito para a qual trabalhavam.

Em 1982, surge então a cláusula 141.ª no âmbito do Acordo Colectivo de Trabalho Vertical – sendo agora, a originária cláusula 60.ª de 1964, a 138.ª – cuja epígrafe é *regime transitório de segurança social*, que prescreve o seguinte:

«*1. É criada uma comissão formada por 2 representantes das instituições de crédito nacionalizadas, por 1 representante das demais instituições de crédito e por 3 representantes dos sindicatos signatários, com o objectivo de elaborar os estudos e projectos necessários à integração dos trabalhadores bancários no sistema de segurança social, constitucionalmente previsto.*

---

[2] Para mais desenvolvimentos sobre a evolução das convenções colectivas, em especial na área da protecção social, *vd.* NUNES DE CARVALHO, *Parecer*, policopiado, Lisboa, 2003, pp. 4 e ss; MENEZES CORDEIRO, «Convenções Colectivas de Trabalho e Direito Transitório: Com Exemplo no Regime da Reforma no Sector Bancário», *Revista da Ordem dos Advogados*, ano 63, 2003, pp. 65 e ss. Na jurisprudência, por exemplo, Acórdão do Supremo Tribunal de Justiça, de 6 de Fevereiro de 2002, *Acórdãos Doutrinais do Supremo Tribunal de Justiça*, ano XLI, n.º 488/489, 2002, pp. 1230 e ss, também publicado antes da presente anotação.

[3] *Boletim do Instituto Nacional do Trabalho e Previdência*, XXXI, n.º 5, pp. 208-216, tendo sido homologado no dia 19 de Fevereiro do mesmo ano.

Estudos de Direito do Trabalho (Código do Trabalho) 309

2. *A comissão deverá apresentar no prazo de 1 ano projecto de diploma necessário a ser concretizada a integração prevista no número anterior, com respeito pelos direitos adquiridos.*

3. *Enquanto não for concretizada a integração referida nos números anteriores, o trabalhador que abandonar o sector bancário, por razões que não sejam da sua iniciativa, nomeadamente o despedimento, terá direito, quando for colocado na situação de reforma por invalidez ou velhice prevista no regime de segurança social que lhe for aplicável, ao pagamento pela respectiva instituição de crédito da importância necessária a complementar a sua pensão de reforma, até ao montante que lhe corresponderia se o tempo de serviço prestado no sector bancário fosse considerado como tempo de inscrição na segurança social.*

4. *Para efeitos do disposto no número anterior presume-se que há abandono do sector por iniciativa do trabalhador quando este for despedido por ter faltado injustificadamente durante 20 dias seguidos.*

5. *Para efeito da contagem do tempo de serviço prestado no sector bancário, referido no n.º 3, aplica-se o disposto nas cláusulas 16.ª e 144.ª*

6. *O regime estabelecido no n.º 3 desta cláusula só se aplica aos trabalhadores que abandonarem o sector bancário nas condições aí referidas a partir de 15 de Julho de 1982.»*[4] [5]

---

[4] O Acordo foi assinado no dia 8 de Julho e publicado no *Boletim do Trabalho e Emprego*, 1.ª série, n.º 26, de 15 de Julho de 1982, pp. 1569 e ss.

[5] Consideramos que o n.º 3 – e naturalmente por consequência os n.os 4, 5 e 6 – desta cláusula está em clara colisão com o princípio da igualdade (artigo 13.º da Constituição). Como afirma o Tribunal Constitucional, Acórdão n.º 76/85, 6 de Maio, *Boletim do Ministério da Justiça*, n.º 360 (Novembro), suplemento, 1986, pp. 296 e ss, «o princípio da igualdade dos cidadãos [...] não exige uma parificação absoluta no tratamento das situações, mas apenas o tratamento igual de situações iguais entre si e um tratamento desigual de situações desiguais, de modo que a disciplina jurídica prescrita seja igual quando uniformes as condições objectivas das hipóteses ou previsões reguladas e desigual quando falte tal uniformidade»; «o que se exige é que as medidas de diferenciação sejam materialmente fundadas sob o ponto de vista da segurança jurídica e da proporcionalidade [...]», GOMES CANOTILHO – VITAL MOREIRA, *Constituição da República Portuguesa Anotada*, 3.ª edição, Almedina, Coimbra, p. 128 (VI).

Ora, no caso em apreço isso não acontece, pois a diferença de tratamento advém da forma de cessação, o que configurará, em alguns casos, também uma sanção encapotada, porquanto o trabalhador que termine a sua relação laboral em virtude de sanção disciplinar tem, além desta, outras sanções que lhe estão (ilicitamente) associadas, carecendo de fundamento essa ligação. Este não é seguramente um dos casos em que o «tratamento

310   *Luís Gonçalves da Silva*

Relativamente a este Acordo Colectivo (de 1982) importa ainda ter presente as seguintes cláusulas:

1) «*Âmbito: O presente contrato aplica-se igualmente aos trabalhadores que, representados pelos sindicatos signatários, se encontrem na situação de invalidez ou invalidez presumível, na parte que lhes for expressamente aplicável*» (2.ª, n.° 2)[6];

2) «*Manutenção dos direitos adquiridos: Da aplicação deste contrato não poderá resultar prejuízo de condições de trabalho e de segurança social mais favoráveis que, à data da sua entrada em vigor, cada trabalhador tenha adquirido*» (161.ª);

---

desigual de situações desiguais, mas substancial e objectivamente desiguais – [sejam] «impostas pela diversidade das circunstâncias ou pela natureza das coisas» – [mas sim] [...] criadas ou mantidas artificialmente», JORGE MIRANDA, *Manual de Direito Constitucional – Direitos Fundamentais*, Tomo IV, 2.ª edição, Coimbra Editora, 1993, p. 214.

Esta posição parece ser acompanhada em aresto do Supremo Tribunal de Justiça, de 14 de Fevereiro de 2001, não publicado, no qual se pode ler: «Haverá, no entanto, que ter em conta que tanto no ACT de 1984, como no de 1986, se faz a restrição aos trabalhadores bancários que não hajam abandonado o sector por sua iniciativa, acrescentando-se além disso a exigência de que tenham abandonado o sector a partir de 15/7/1982. Mas, tal restrição é ilegal e proibida pela alínea c) do n.° 1 do art. 6.° do DL 519-C1/79, de 29/12. Mas, também, tal restrição é discriminatória e materialmente infundada, não consentida pelo n.° 5 do art. 63.° da Constituição e violadoras do princípio da igualdade, um dos princípios basilares do sistema da Segurança Social – Cfr. art. 5.° da Lei 28/84, de 14/8 –; como acontece que tais restrições desapareceram no ACT de 1990, cuja Clª 140.ª (a correspondente àquelas) as eliminou, certamente em razão da alteração constitucional introduzida pela Lei 1/89, a que as partes contratantes terão estado atentas». Também o Tribunal de Trabalho de Lisboa, decisão de 17 de Fevereiro de 1995, processo n.° 232/93, não publicado, afirma que «a limitação temporal, na medida em que estabelece uma diferenciação de tratamento relativa a trabalhadores nas mesmas circunstâncias, e não assente em qualquer critério válido que permita tal distinção, viola não só expressamente o princípio constitucional da igualdade, como também contraria abertamente a norma constitucional que impõe que deve ser contado todo o tempo de trabalho prestado para efeitos de atribuição da pensão de reforma por velhice ou invalidez, relativamente a trabalhadores, como o autor, afastado por despedimento em data anterior a 15 de Julho de 1982», para além de afrontar «o clássico princípio *non bis in idem*, sendo certo que a proibição absoluta do duplo julgamento pretende evitar a aplicação renovada de uma 'sanção', perante a prática da mesma infracção, artigo 29.° da CRP».

⁶ Temos sérias dúvidas sobre a legalidade desta cláusula porquanto parece poder colocar em causa direitos subjectivos. Sobre a questão, embora face a uma cláusula diferente, *vd.* Acórdão do Supremo Tribunal de Justiça, de 21 de Junho de 1995, *Acórdãos Doutrinais do Supremo Tribunal Administrativo*, ano XXXV, n.° 412, pp. 516 e ss.

Estudos de Direito do Trabalho (Código do Trabalho) 311

3) «*Aplicação no tempo: Ficam sujeitos ao regime estabelecido neste contrato todos os contratos de trabalho entre as instituições e os trabalhadores referidos na cláusula 2.ª, quer os celebrados antes, quer os celebrados depois da sua entrada em vigor*» (162.ª);

4) «*Revogação do contrato anterior: Com a entrada em vigor deste contrato colectivo de trabalho vertical para o sector bancário, que se considera globalmente mais favorável, fica revogado o anterior contrato colectivo de trabalho para as instituições de crédito*» (165.ª).

As alterações posteriores mantiveram, no essencial, o quadro gizado e acima referido[7].

_____

[7] Cfr., em especial, Acordos Colectivos de Trabalho para o Sector Bancário publicados no *Boletim do Trabalho e Emprego*, n.º 28, 1.ª série, de 29 de Julho de 1984, pp. 1634 e ss, no qual se manteve a cláusula do âmbito de aplicação (2.ª, n.º 2), a da manutenção dos direitos adquiridos (164.ª), a da aplicação no tempo (165.ª) e a da revogação do contrato anterior (169.ª), sendo de salientar a prescrição temporal da composição da comissão prevista na, agora, cláusula 142.ª (regime transitório de segurança social), e da conclusão dos seus trabalhos (168.ª, transitória); n.º 28, 1.ª série, de 29 de Julho de 1986, pp. 1735 e ss, manteve o quadro anterior relativamente às cláusulas acima referidas, tendo sido eliminada a cláusula 168.ª (transitória); n.º 28, de 29 de Julho de 1988, 1.ª série, 29 de Julho de 1988, pp. 1114 e ss, a cláusula 142.ª foi objecto de nova redacção – cuja epígrafe é *reconhecimento de direitos em caso de cessação do contrato de trabalho dos trabalhadores não inscritos no regime geral da segurança social: 1. O trabalhador ao serviço de instituição de crédito ou parabancária que não esteja inscrito no regime geral da segurança social e que, por qualquer razão, deixe de estar abrangido pelo regime da segurança social garantido pelo presente Acordo Colectivo de Trabalho terá direito, quando for colocado na situação de reforma por invalidez ou velhice prevista no regime da segurança social que lhe for aplicável, ao pagamento pelas instituições de crédito ou parabancárias, na proporção do tempo de serviço prestado a cada uma delas, da importância necessária para complementar a sua pensão de reforma até ao montante que lhe corresponderia se o tempo de serviço prestado no sector bancário fosse considerado como tempo de inscrição no regime de segurança social que lhe for aplicável. 2. Para efeitos da contagem do tempo de serviço prestado no sector bancário referido no n.º 1, aplica-se o disposto nas cláusulas 16.ª e 145.ª»*; 31, 1.ª série, de 22 de Agosto de 1990, pp. 2418 e ss, tendo-se mantido, no essencial o regime já referido, não obstante as alterações de pormenor realizadas na cláusula 139.ª (na nova numeração 137.ª) e 142.º (agora 140.º); o mesmo se verificou com as alterações de 1992, *Boletim do Trabalho e Emprego*, n.º 31, 1.ª série, 22 de Agosto, pp. 2206 e ss.

5. Do confronto das cláusulas *infra* transcritas e tendo presente a sua origem histórica parece ser inequívoco que as cláusulas 137.ª e 140.ª não têm âmbitos de aplicação pessoal, temporal e material coincidentes, sob pena de ignorarmos elementos essenciais de interpretação.

Vejamos então os elementos que as distinguem:

1) *O âmbito de aplicação pessoal de cada uma das cláusulas é diverso:* a cláusula 137.ª regula a situação geral em caso de doença, invalidez ou invalidez presumível do trabalhador, enquanto a 140.ª, desde logo, a do trabalhador que deixa de estar abrangido pelo regime do presente Acordo;

2) *O âmbito de aplicação temporal é igualmente diferente*: a cláusula 137.° aplica-se a qualquer situação anterior ou posterior – basta ver a sua origem –, enquanto a 140.° só é aplicável ao trabalhador que abandonar o sector bancário após 15 de Julho de 1982; o que é facilmente compreensível, pois é a data de publicação do Acordo Colectivo de Trabalho. Aliás, nem de outra forma poderia ser, sob pena de estar em colisão com os artigos – então vigentes – 6.°, n.° 1, alínea f), e 13.° da Lei n.° 519-C-1/79, de 29 de Dezembro (LRCT).

3) *Também o âmbito de aplicação material não é idêntico*: enquanto a cláusula 137.ª tem uma intenção aplicativa genérica – regime geral de *doença ou invalidez* –, a cláusula 140.ª – *reconhecimento de direitos em caso de cessação do contrato de trabalho* – regula uma situação específica;

4) Por fim, note-se – afirmação que não carece de grande demonstração, por ser de mais evidente – que o conteúdo da cláusula 140.ª é substancialmente menos vantajosa do que o constante da cláusula 137.ª[8]

6. Estas asserções são as que resultam, como não podiam deixar de ser, da aplicação das regras gerais de interpretação da convenção colectiva.

---

[8] Note-se, por exemplo, na lógica de complementaridade constante do n.° 1 da cláusula 140.° Cfr. MENEZES CORDEIRO, «Convenções Colectivas de Trabalho e Direito Transitório...», cit., p. 64. Temos naturalmente presente a investigação realizada pelo Professor, *op. cit.*, pp. 65 e ss.

Os preceitos aplicáveis à interpretação da convenção colectiva têm gerado alguma controvérsia na doutrina. Verifica-se, no entanto, uma concordância (quase) generalizada por parte da doutrina[9] e da jurisprudência[10] que se deve aplicar o artigo 9.° do Código Civil[11].

Devemos começar por presumir que os outorgantes consagraram *«as soluções mais acertadas e ...»* exprimiram *«o seu pensamento em termos adequados»* (artigo 9.°, n.° 3, do Código Civil).

Recorrendo aos elementos que a doutrina isola para fixar o conteúdo das regras insertas nas fontes, devemos ter presentes os elementos literal e lógico[12].

Relativamente ao primeiro – *elemento literal* –, o conteúdo, incluindo as epígrafes, das cláusulas parece ser inequívoco no sentido acima fixado.

No que respeita ao *elemento sistemático*, como sabemos, a interpretação deve ter presente a unidade da ordem jurídica, da qual resulta a relevância, por exemplo, do contexto em que se situa a disposição em causa e dos lugares paralelos[13]. Também aqui a boa interpretação aponta apenas para o que acima dissemos.

---

[9] É o caso, por exemplo, de MENEZES CORDEIRO, *Manual de Direito do Trabalho*, Almedina, Coimbra, 1991, p. 307, embora se refira a cedências subjectivistas; ROMANO MARTINEZ, *Direito do Trabalho*, Almedina, Coimbra, 2002, pp. 214-217 e 984-985, que apresenta diversas indicações doutrinárias e jurisprudenciais. Diferente posição tem RAÚL VENTURA, *Teoria da Relação Jurídica de Trabalho*, Porto, 1944, p. 207, sem atender à parte obrigacional ou normativa.

Não é naturalmente aqui o lugar para discutir o acerto da destrinça entre eficácia obrigacional e normativa, embora nos pareça ser algo redutora.

[10] Por exemplo, Acórdão do Supremo Tribunal de Justiça, de 9 de Novembro de 1994, *Colectânea de Jurisprudência* (STJ), II, 1994, Tomo III, p. 284; Acórdão do Supremo Tribunal de Justiça, de 22 de Janeiro de 1992, *Boletim do Ministério da Justiça*, n.° 413, p. 377.

[11] Como escreve ROMANO MARTINEZ, *Direito do Trabalho*, cit., pp. 215-216, «não existem, contudo, diferenças fundamentais entre o disposto no artigo 9.° CC e nos artigos 236.° a 238.° CC. Em qualquer dos casos a interpretação é objectiva; prevalece o sentido objectivado no texto, tanto da lei, como do negócio jurídico».

[12] Sobre os elementos literal e lógicos, onde se incluem o sistemático, histórico e teleológico, como elementos da interpretação, *vd.*, por todos, OLIVEIRA ASCENSÃO, *O Direito – Introdução e Teoria Geral, Uma Perspectiva Luso-Brasileira*, 11.ª edição, Almedina, Coimbra, 2003, pp. 380-403.

[13] Para mais desenvolvimentos sobre o elemento sistemático, *vd.*, por todos, OLIVEIRA ASCENSÃO, *O Direito ...*, cit., pp. 394-397.

Igualmente o *elemento histórico* sufraga os resultados que alcançámos, tal como o *elemento teleológico*, ou seja, a sua justificação.

Pode, então, concluir-se que a *ratio legis* só permite um sentido: a destrinça pessoal, temporal e material das cláusulas em causa.

Resulta do exposto que a aplicação da cláusula 140.ª ao caso em análise está em colisão com o seu âmbito de aplicação. Dito de outra forma: os elementos que delimitam o âmbito de aplicação de uma cláusula apontam de forma clara e inequívoca que é a 137.ª que deve ser chamada a regular a situação em análise.

7. Importa ter também presente o quadro legal da eficácia da convenção colectiva que assenta em alguns princípios que não podem ser contornados na análise da situação descrita[14].

Como vamos ver também a aplicação destes princípios impõe a regulação da situação pela cláusula 137.ª

Com efeito, um dos princípios gerais é o da dupla filiação. Determina o n.º 1 do artigo 540.º que «*a convenção colectiva de trabalho obriga os empregadores que a subscrevem e os inscritos nas associações de empregadores signatárias, bem como os trabalhadores ao seu serviço que sejam membros das associações sindicais outorgantes*»[15]. Foi man-

---

[14] Os quadros existentes relativamente à questão em análise são idênticos, como teremos ocasião de ir referindo, quer se aplique a LRCT ou o Código do Trabalho. De facto, os preceitos que devem ser trazidos à colação mantiveram a mesma identidade regulativa.

[15] Por sua vez, o n.º 2 prescreve: *a convenção outorgada pelas uniões, federações e confederações obrigam os empregadores e os trabalhadores inscritos, respectivamente, nas associações de empregadores e nos sindicatos representados nos termos dos estatutos daquelas organizações quando outorguem em nome próprio ou em conformidade com os mandatos a que se refere o artigo 540.º* A diferença entre o n.º 1 – referido no texto – e o n.º 2 é que o primeiro prescreve a eficácia da convenção outorgada directamente pelos empregadores ou por associações de empregadores e por sindicatos, enquanto o n.º 2 regula a eficácia da convenção subscrita por associações de segundo grau, ou seja, associação de associações. Com efeito, diversamente o n.º 2 regula as situações em que a convenção é celebrada por organizações de associações de empregadores ou por associações de sindicatos [cfr., respectivamente, artigos 476.º, alíneas a), b), c) e d) e 508.º], prescrevendo o preceito que obriga os empregadores e os trabalhadores inscritos nas associações outorgantes representados nos termos previstos nos estatutos quando outorguem em nome próprio ou em conformidade com os mandatos prescritos no n.º 2 do artigo 540.º

Estudos de Direito do Trabalho (Código do Trabalho) 315

tida a regra geral existente no ordenamento – ao contrário do que, por exemplo, acontece noutros países[16] –, segundo a qual as convenções colectivas têm somente *eficácia inter-partes*. Nestes termos, o âmbito subjectivo (ou pessoal) da convenção é determinado, em regra (artigos 553.° e 554.°)[17], pela filiação do empregador – caso este não celebre a convenção directamente – e do trabalhador nas associações outorgantes[18] [19].

Ora, da questão que está em análise e face ao exposto, resulta o seguinte quadro: o trabalhador que saiu do sector bancário antes de 1982 não pode ser abrangido por convenções posteriores, pois, por um lado, não realiza qualquer actividade subordinada subsumível no âmbito da convenção colectiva[20]; por outro, já não exerce a actividade no

---

[16] Para uma análise dos efeitos da convenção colectiva nos ordenamentos jurídicos estrangeiros, *vd.* GONÇALVES DA SILVA, «Do Âmbito Temporal da Convenção Colectiva», *Estudos de Direito do Trabalho (Código do Trabalho)*, volume I, Instituto de Direito do Trabalho, Almedina, Coimbra, 2004, pp. 205 e ss, nota 21.

[17] Os preceitos correspondem aos artigos 7.° e 8.° da LRCT.

[18] Relativamente ao ónus da prova da situação jurídica de filiado, aplica-se o artigo 342.°, n.° 1, do Código Civil. Sobre a questão, Acórdão do Supremo Tribunal de Justiça, de 20 de Janeiro de 1993, *Colectânea de Jurisprudência*, 1993, n.° 1, pp. 238 e ss; Acórdão do Supremo Tribunal de Justiça, de 12 de Janeiro de 1994, *Acórdãos Doutrinais do Supremo Tribunal Administrativo*, n.° 389, pp. 613 e ss.

[19] Sobre os efeitos (subjectivos) da convenção, *vd.* Acórdão do Supremo Tribunal de Justiça, de 1 de Junho de 1984, *Acórdãos Doutrinais do Supremo Tribunal Administrativo*, n.° 274, pp. 1199 e ss; Sentença do Tribunal do Trabalho de Lisboa, de 26 de Junho de 1986, *Colectânea de Jurisprudência*, 1986, n.° 4, pp. 329 e ss; Acórdão do Supremo Tribunal de Justiça, de 2 de Outubro de 1996, *Acórdãos Doutrinais do Supremo Tribunal Administrativo*, n.° 423, pp. 380 e ss.

[20] É comummente reconhecido que o Direito do Trabalho tem como base nuclear a prestação subordinada. Como escreve ROMANO MARTINEZ, *Direito do Trabalho*, cit., p. 145. «a existência de uma subordinação jurídica é imprescindível e vale, não só no domínio do contrato de trabalho, mas também das relações colectivas de trabalho; só há contrato de trabalho se a actividade for desenvolvida de forma subordinada e, da mesma forma, as relações colectivas de trabalho, designadamente as convenções colectivas de trabalho, só se estabelecem relativamente ao trabalhador subordinado». Quer isto dizer que o elemento aglutinador deste ramo de Direito é a subordinação jurídica, sendo, então, natural que as fontes existentes – seja a lei, a convenção colectiva ou outra – incidam sobre trabalhadores que se encontram em situação de subordinação jurídica. Para mais desenvolvimentos sobre a matéria, *vd.* ROSÁRIO PALMA RAMALHO, *Da Autonomia Dogmática do Direito do Trabalho*, Almedina, Coimbra, 2000, pp. 61 e ss.

(ex-)empregador, pelo que falta a conexão necessária para se lhe aplicar o regime constante em convenções posteriores.

8. Mesmo que se entendesse – hipótese que colocamos sem conceder – que os argumentos apresentados não eram decisivos, existem outros igualmente incontornáveis. Um deles é que a aplicação de uma convenção, *rectius*, de parte da convenção a um trabalhador ignora a realidade subjacente. Como ensina RAÚL VENTURA, uma convenção não é um «conjunto atomístico de cláusulas, fortuitamente unidas», mas sim, constitui «uma unidade, uma expressão global de uma voluntária regulamentação de interesses»[21].

É claro que estaria em inequívoca colisão com a realidade existente se se permitisse que uma cláusula de uma convenção, que revela, no seu todo, um equilíbrio de vontades resultante de negociações, fosse aplicada a um (ex)trabalhador, sabendo-se que ele estava excluído do restante regime. Dito de outra forma: como é que se poderia aceitar que a um (ex-)trabalhador se aplique uma cláusula convencional que diminui a tutela anteriormente existente – e que apenas encontra justificação face a outra cláusulas mais benéficas –, sabendo-se que ele não pode ser destinatário do restante regime, de modo a usufruir do equilíbrio existente no instrumento negocial?

Ora, a resposta só pode ser uma: não se pode aceitar sem clara violação do quadro legal existente.

9. É, aliás, nesta lógica de equilíbrio global que o artigo 560.°, n.ᵒˢ 2, 3 e 4, se insere. Independentemente das considerações sobre a natureza da cláusula referida no artigo 560.°, n.° 3[22], parece ser inequívoco que a regra tem subjacente uma unidade do instrumento e não a sua divisibilidade ou atomização; esta lógica de equilíbrio global está, como não podia deixar de ser e acima referimos, reflectida na cláusula 165.° do Acordo de 1982.

---

[21] RAÚL VENTURA, «A Nulidade Total e Nulidade Parcial do Contrato de Trabalho», *O Direito*, ano 94.°, 1962, n.° 4, p. 246.

[22] Sobre o preceito, o que inclui naturalmente esta questão, *vd.* GONÇALVES DA SILVA, «Princípios Gerais da Contratação Colectiva no Código do Trabalho», *Estudos de Direito do Trabalho*, cit., pp. 177 e ss. Os preceitos citados têm correspondência no artigo 15.° da LRCT.

Estudos de Direito do Trabalho (Código do Trabalho) 317

10. Acresce que posição diferente não teria resposta satisfatória para solucionar o caso de o (ex-)trabalhador se ter desvinculado do sindicato. Como resolver a questão se um trabalhador se tivesse desvinculado do sindicato – seja por acto voluntário, seja por imposição legal (artigo 479.°, n.° 2), e outro, em idêntica situação, se tivesse mantido filiado?

Não parece aceitável que se prejudicasse o trabalhador que se manteve filiado – aplicando-se um regime mais oneroso – e se conferisse maior tutela ao que se desfiliou; isto seria, aliás, um *«convite»* à desfiliação e à manipulação do elemento de conexão de aplicação do Acordo Colectivo de Trabalho[23].

11. A estes argumentos deve ser ainda aditado o princípio da não retroactividade dos instrumentos de regulamentação colectiva de trabalho[24]. Prescreve a alínea *c)* do n.° 1 do artigo 533.° que os instrumentos de regulamentação colectiva *«não podem conferir eficácia retroactiva a qualquer das suas cláusulas, salvo tratando-se de cláusulas de natureza pecuniária de instrumento de regulamentação colectiva de trabalho negocial»[25].*

---

[23] Manipulação que o legislador há muito vem prevenindo, assegurando com isso uma efectiva eficácia da convenção colectiva (artigos 8.° da LRCT e 553.° do Código do Trabalho). Para mais desenvolvimentos, ROMANO MARTINEZ, LUÍS MIGUEL MONTEIRO, JOANA VASCONCELOS, PEDRO MADEIRA DE BRITO, GUILHERME DRAY e GONÇALVES DA SILVA, *Código do Trabalho Anotado*, 3.ª edição, Almedina, Coimbra, 2004, pp. 852 e ss.

[24] Sobre o conceito de retroactividade e os seus diferentes graus, *vd.* OLIVEIRA ASCENSÃO, *O Direito, cit.*, pp. 555 e ss; MENEZES CORDEIRO, «Da Aplicação da Lei no Tempo e das Disposições Transitórias», *Legislação. Cadernos de Ciência de Legislação*, n.° 7, 1993, pp. 24-25; BAPTISTA MACHADO, *Introdução ao Direito e ao Discurso Legitimador*, Almedina, Coimbra, 7.ª reimpressão, 1994, pp. 226-227.

[25] Corresponde, com alterações, aos artigos 6.°, n.° 1, alínea f), e 13.° da LRCT. A LRCT utilizava o termo mais restrito *tabelas salariais* e, por outro lado, impunha limites temporais à retroactividade. A solução preconizada no texto não é afectada pela alteração legal, pois o que está em causa não são, é fácil de ver, tabelas salariais, nem puras cláusulas pecuniárias. Para JORGE LEITE e COUTINHO DE ALMEIDA, *Colectânea de Leis do Trabalho*, Coimbra Editora, 1985, p. 420 (II), «[...] o conceito [de tabelas salariais] deve ser interpretado de acordo com o artigo 82.°/2 da LCT», que determina que *«a retribuição compreende a remuneração de base e todas as outras prestações regulares e periódicas feitas, directa ou indirectamente, em dinheiro ou em espécie»,* presumindo-se, nos termos do n.° 3, *«[...] constituir retribuição toda e qualquer prestação da entidade patronal ao trabalhador».* Assim, «à «retribuição-base» junta-se-lhe as «prestações complementares» para formar a *retribuição global,* também chamada salário global, que é a contraprestação

Temos, assim, o princípio geral da não retroactividade, excepcionando-se as cláusulas de natureza pecuniária de instrumentos de natureza negocial[26].

A lei proíbe a retroactividade dos instrumentos de regulamentação em geral – o que significa a impossibilidade legal de os efeitos dos instrumentos se repercutirem nas situações jurídicas que se desenvolveram em período anterior à sua entrada em vigor –, uma vez que esta afectaria, desde logo, a liberdade de iniciativa económica (artigo 61.°, n.° 1, da Constituição)[27].

Diversamente, o legislador permite a título excepcional a regulação retroactiva dos instrumentos de natureza negocial. A excepção ao princípio geral da não retroactividade dos instrumentos de regulamentação colectiva, no âmbito das cláusulas pecuniárias justifica-se com o fim de evitar que o prolongar das negociações tenha como consequência a perda do valor real das cláusulas pecuniárias durante esse período; por outro lado, são os próprios destinatários da regulação que o estabelecem – auto-regulação – não havendo, assim, valores de segurança ou de direitos adquiridos afectados.

As cláusulas que o legislador admite excepcionalmente que possam ser retroactivas são as pecuniárias, e a tipologia das que estão em análise não podem ser assim qualificadas, uma vez que não se trata de meras

---

da actividade laboral (art. 1.° da LCT). O conjunto dos *salários globais* de todos os trabalhadores constitui as «tabelas salariais»», JORGE LEITE – COUTINHO DE ALMEIDA, *ibidem*. O que, dito de outro modo, leva à exclusão das *tabelas salariais* das *cláusulas pecuniárias* (*v.g.*, os subsídios de estudo e as ajudas de custo) que em virtude de não terem a ver com a prestação de trabalho não são cláusulas salariais, como afirmam JORGE LEITE – COUTINHO DE ALMEIDA, *ibidem*.

[26] Sobre a classificação dos instrumentos, cfr. artigo 2.°

[27] A retroactividade impossibilita que os empresários computem, com a antecipação necessária, os custos atinentes às cláusulas pecuniárias, o que coloca em crise a confiança que é essencial para uma efectiva iniciativa privada – que tem, como se sabe, arrimo na Lei Fundamental (artigo 61.°, n.° 1) –, além de fazer perigar o sistema de economia de mercado, tal como o princípio da protecção da confiança, verdadeiros alicerces do Estado de Direito. Por outro lado, note-se que uma posição diferente teria inevitavelmente como consequência admitir a violação de um direito adquirido ou de expectativas juridicamente tuteladas. De facto, o empregador já realizou as prestações de natureza pecuniária a um determinado valor, pelo que obrigá-lo a um acréscimo pecuniário é, sem dúvida, violar um direito adquirido, cujo respeito é considerado um princípio geral de Direito. Daí a excepção apenas se referir aos instrumentos negociais.

Estudos de Direito do Trabalho (Código do Trabalho) 319

prestações em dinheiro; o regime de protecção social que lhe está subjacente ultrapassa em muito essa natureza, pelo que impede a respectiva qualificação.

Também por essa razão, a aplicação da cláusula 140.ª ao caso em análise colidiria com o princípio geral da irretroactividade [artigo 533.º, n.º 1, alínea c)][28].

12. Fica então demonstrado que a única solução que respeita a vontade das partes – e desse modo não colide com valores constitucionais, mais exactamente a autonomia colectiva – e, por outro lado, está em sintonia com o quadro legal existente, é a aplicação da cláusula 137.ª

Cabe, no entanto, ver se a nossa resposta está também de acordo com os normativos constantes em matéria de segurança social ou se, pelo contrário, existem desvios que nos aconselham a alterar a posição sufragada no regime laboral.

13. Da análise já efectuada resulta claro que o que está em causa é o denominado segundo pilar da Segurança Social: regimes profissionais, *i. e.*, esquemas complementares de segurança social[29] [30].

---

[28] Como dissemos, já constante da LRCT [artigos 6.º, n.º 1, alínea f), e 13.º]. *Vd.* nota 25.

[29] Os outros dois pilares são: regimes estaduais (primeiro) e esforço pessoal (terceiro). Para mais desenvolvimentos, com indicação de diversa bibliografia, *vd.* ILÍDIO DAS NEVES, «Os Regimes Complementares de Segurança Social», *Revista de Direito e de Estudos Sociais*, ano XXXVI (IX da 2.ª série), 1994, n.º 4, pp. 275 e ss; LOBO XAVIER, FURTADO MARTINS e NUNES DE CARVALHO, «Pensões Complementares de Reforma – Inconstitucionalidade da Versão Originária do Art. 6.º, n.º 1, alínea e) da LRC», *Revista de Direito e de Estudos Sociais*, ano XXXIX (XII da 2.ª série), 1997, n.os 1-2-3, pp. 151 e ss.

[30] Não cuidaremos aqui, uma vez que ultrapassaria em muito a característica de uma anotação, a compatibilidade constitucional (e legal) dos regimes complementares. Sobre a matéria, incluindo importantes elementos históricos, *vd.* VIEIRA DE ANDRADE e FERNANDA MAÇÃS, «Contratação Colectiva e Benefícios Complementares de Segurança social – O Problema da (In)constitucionalidade Material das Normas Limitadoras da contratação Colectiva no Domínio da Segurança Social», *Scientia Ivridica*, Tomo L, n.º 290, 2001, pp. 29 e ss; LOBO XAVIER, FURTADO MARTINS e NUNES DE CARVALHO, «Pensões Complementares de Reforma ...», cit., pp. 147 e ss, em especial 160 e ss, que anotam criticamente um aresto do Tribunal Constitucional sobre a matéria, publicado na mesma revista, pp. 133 e ss.

Esta matéria é, como referimos, há muito regulada pelas convenções colectivas do sector bancário, pelo que podemos afirmar que os trabalhadores ao iniciarem a sua actividade no sector bancário regeram a sua vida de acordo com as situações convencionalmente criadas.

Surge, então, a necessidade de analisar uma questão central: o trabalhador no momento da cessação do contrato – e não passando de imediato à situação de reforma – é titular de um direito subjectivo ou de expectativa jurídica relativamente ao *quantum* das prestações?

Há então que distinguir:

a) O direito geral à segurança social – desde logo, constitucionalmente previsto, artigo 63.º – enquanto direito positivo «cuja realização exige o fornecimento de prestações»[31], sendo certo que *«todo o tempo de trabalho contribui, nos termos da lei, para o cálculo das pensões de velhice e invalidez, independentemente do sector de actividade em que tiver sido prestado»* (n.º 4 do artigo 63.º da Constituição);

b) O direito às prestações concretas que se traduz na efectivação e concretização do direito geral após a verificação de determinados pressupostos[32];

c) E a situação que existe após o direito geral à segurança social e antes da verificação de todos os pressupostos, i.e., quando ainda não ocorreram todos os elementos (*v.g.*, idade da reforma). É esta última situação que nos interessa em especial.

A doutrina tem essencialmente advogado[33] – SÉRVULO CORREIA[34], LOBO XAVIER, FURTADO MARTINS e NUNES DE CARVALHO – que estamos

---

[31] GOMES CANOTILHO – VITAL MOREIRA, *Constituição da República Portuguesa Anotada*, cit., p. 338 (III).

[32] Como bem salientam LOBO XAVIER, FURTADO MARTINS e NUNES DE CARVALHO, «Pensões Complementares de Reforma ...», cit., pp. 154-155.

[33] Na decisão do Tribunal de Trabalho, de 7 de Dezembro de 2000, não publicada, em que o trabalhador realizou a sua prestação para um banco de 7 de Maio de 1951 a 30 de Junho de 1960, tendo atingido os 65 anos de idade a 3 de Fevereiro de 1998, o Tribunal, depois de afirmar que a questão tem de ser resolvida «partindo do CCT em vigor aquando da prestação de trabalho do A para o Banco réu», declarou o seguinte: «a cláusula 60.º [constante do CCT de 1944, na alteração de 30 de Abril de 1957] e os direitos dela decorrentes, entraram na esfera jurídica do A, que ficou titular de um direito de vencimento futuro, ou sujeito a termo. O facto de o A ter abandonado, por sua iniciativa,

perante expectativas jurídicas[35]. Citando estes últimos Autores «no caso das pensões, cujo montante depende da antiguidade, há um 'amadurecimento' quotidiano e constante das situações dos trabalhadores, em termos de fortalecer as suas expectativas de serem pensionados quando for caso disso», pois «na verdade, os direitos às prestações só se 'abrem', ou só se concretizam, nas condições estabelecidas nas normas respectivas, e *ainda* com a ocorrência dos eventos danosos: são, pois, situações jurídicas condicionadas»[36]. No entanto, como afirmam de seguida os Autores citados, «as crescentes expectativas que os trabalhadores ou os seus familiares detêm quanto às futuras pensões não podem ser arbitra-

---

a prestação de trabalho no sector bancário em 30/9/60 não lhe retira esse direito, condicionando-o apenas no tocante aos anos de serviço».

34 Escreve SÉRVULO CORREIA a propósito da análise do direito subjectivo público às prestações, aliás também citado por LOBO XAVIER, FURTADO MARTINS e NUNES DE CARVALHO, *Teoria da Relação Jurídica de Seguro Social*, I, Estudos Sociais e Corporativos, ano VII, n.° 27, 1968, p. 277: «Ao direito do beneficiário ou familiar corresponde uma obrigação de efectuar a prestação por parte da instituição seguradora. O direito e a obrigação não surgem no momento em que se constitui a relação, mas sim naquele em que se verifica o evento, desde que se reúnam os requisitos exigidos de prazo e inscrição. Até esse momento, beneficiários ou familiares terão apenas uma expectativa e as instituições encontram-se sujeitas a uma adstrição simples, que constitui a contrapartida ou aspecto passivo daquela expectativa, e que poderá designar-se de sujeição à obrigação eventual. Esta sujeição constitui um vínculo relacionado com o objecto do direito futuro: a instituição devedora do crédito futuro não está obrigada ainda à prestação porque não existe actualmente o crédito, mas o nascimento da obrigação não depende (nem nunca dependeu) da sua vontade e os respectivos factos constitutivos já se começaram a verificar com a criação da relação jurídica e, dentro dela, do dever de contribuição.»

35 Escreve MENEZES CORDEIRO, *Tratado de Direito Civil Português – Parte Geral*, volume I, tomo I, Lex, Lisboa, 1999, p. 136, que as expectativas «ocorrem em factos jurídicos complexos de produção sucessiva, isto é, em conjunções nas quais o Direito requeira, para o aparecimento de determinado efeito jurídico, uma sucessão articulada de eventos, que se vão produzindo no tempo», reconhecendo que há casos em que se pode falar de um verdadeiro direito subjectivo, ainda que prévio ou intercalar (p. 137). Por sua vez, GALVÃO TELLES, «Expectativa Jurídica (Algumas Notas)», *O Direito*, ano XC, 1958, p. 3, ensina que «a expectativa *pròpriamente dita* supõe que já começou a produzir-se o facto complexo, de formação sucessiva, donde há-de vir a resultar, quando concluído, um direito ou a sua atribuição a determinada pessoa; e que, nesse período de *pendência*, esta pessoa já goza de certa *protecção legal*».

36 LOBO XAVIER, FURTADO MARTINS e NUNES DE CARVALHO, «Pensões Complementares de Reforma ...», cit., p. 155, itálico no original.

riamente defraudadas e devem estar adequadamente protegidas como expectativas jurídicas»[37].

Como expressamente reconhecem estes Autores, a questão assume ainda maior relevância quando se trata, como é o caso, de pensões privadas. De facto, se é verdade que os beneficiários no caso de já se terem verificado todos os pressupostos de percepção têm a tutela inerente ao direito de crédito, já o mesmo poderia não acontecer face às expectativas jurídicas. «Ora, foi precisamente a protecção dessas expectativas que obrigou os legisladores da generalidade dos países à instituição de um quadro legal de referência em que estas sejam tuteladas, às vezes mesmo pela modalidade do que se chama «direitos preservados»»[38].

De facto, compulsando a Lei de Bases da Segurança Social – Lei n.º 32/2002, de 20 de Dezembro – constata-se que também o nosso ordenamento contém o princípio – aplicável, como salienta ILÍDIO DAS NEVES, a todos os sistemas e subsistemas[39] – da conservação dos direitos adquiridos e em formação, segundo o qual *«visa assegurar o respeito por esses direitos nos termos da presente lei»* (artigo 21.º)[40]. É este valor de segurança e estabilidade (mínima), por um lado, e de tutela de direitos e de expectativas, por outro, constante do nosso ordenamento que não deve, nem pode, ser ignorado e que impõe a solução acima preconizada.

Acresce ao exposto, como escreve MENEZES CORDEIRO também em defesa da tutela das legítimas expectativas dos trabalhadores bancários, que «aquando da contratação e, mais tarde, durante todo o desenvolvimento da respectiva carreira, os trabalhadores do sector abdicariam de outras soluções profissionais, sabendo que tinham garantido um bom

---

[37] LOBO XAVIER, FURTADO MARTINS e NUNES DE CARVALHO, «Pensões Complementares de Reforma ...», cit., p. 157.

[38] LOBO XAVIER, FURTADO MARTINS e NUNES DE CARVALHO, «Pensões Complementares de Reforma ...», cit., p. 156. O texto surge na sequência de algumas questões colocadas pelos Autores, tais como as consequências em termos de pensões do despedimento do trabalhador, encerramento da empresa ou falta de disponibilidade financeira desta.

[39] ILÍDIO DAS NEVES, *Lei de Bases da Segurança Social – Comentada e Anotada*, Coimbra Editora, 2003, pp. 52 (2) e 98 e ss. Este princípio já existia na Lei de Bases anterior (Lei n.º 24/84, de 14 de Agosto), podendo consultar-se sobre a matéria, ILÍDIO DAS NEVES, *Direito da Segurança Social – Princípios Fundamentais numa Análise Prospectiva*, Coimbra editora, 1996, pp. 140 e ss.

[40] Para uma análise dos conceitos, *vd.* anotação de ILÍDIO DAS NEVES, *Lei de Bases da Segurança Social ...*, cit., ao artigo 44.º (pp. 98 e ss).

Estudos de Direito do Trabalho (Código do Trabalho) 323

enquadramento assistencial: *maxime* uma reforma de qualidade, assegurada por instituições de solvabilidade garantida»[41]. E não se diga que no caso de um sistema gratuito para o trabalhador – apenas com contribuição do empregador – a situação poderá ser diferente[42]. É que, por um lado, para usar uma expressão conhecida, «não há almoços grátis», ou seja, o empregador só aceita esse regime porque tem vantagens, quer estas constem do clausulado, quer resultem da gestão dos fundos, quer decorram de outras matérias[43]; por outro, se não fosse a existência desse regime de protecção social, seguramente que as associações sindicais negociariam outras vantagens; em suma, os trabalhadores também contribuem ainda que indirectamente.

Pode então dizer-se que neste caso as expectativas jurídicas existentes usufruem de uma tutela, ainda que de intensidade e conteúdo diferente, que se assemelha a um direito subjectivo[44].

---

[41] MENEZES CORDEIRO, «Convenções Colectivas de Trabalho e Direito Transitório...», cit., p. 91.

[42] Elemento que LOBO XAVIER, FURTADO MARTINS e NUNES DE CARVALHO, «Pensões Complementares de Reforma ...», cit., pp. 158 e 160, parecem dar (demasiada) relevância.

[43] Como bem salienta o Supremo Tribunal de Justiça, de 6 de Fevereiro de 2002, cit., p. 1233, ao afirmar que «as entidades patronais do sector bancário assumiram as responsabilidades que àquela Caixa competiriam, enquanto não fosse constituída, e o sistema bancário nunca chegou a constituir a referida Caixa, decisão esta a que não terão sido alheios interesses corporativos, pois isso evitou o pagamento das contribuições, tanto patronais como dos trabalhadores, para um sistema de segurança social, beneficiando as entidades patronais deste sector com esse facto». Noutro aresto do Supremo, 2 de Julho de 1997, não publicado, este Tribunal afirma que além do empregador não ter pago a sua contribuição à Segurança Social, «pagou o ordenado ao trabalhador certamente já tendo em consideração que este nada desembolsava para a Segurança Social, daí que lhe pudesse pagar um ordenado inferior ao que teria de pagar se o trabalhador fizesse os descontos para a Previdência». MENEZES CORDEIRO, «Convenções Colectivas de Trabalho e Direito Transitório...», cit., p. 90, também realça o factor patrimonial.

[44] Como escreve GALVÃO TELLES, «Expectativa Jurídica...», cit., p. 3, «a expectativa é mais do que a *esperança* e menos do que o *direito*. Mais do que a *esperança*, porque beneficia de uma *protecção legal*, traduzida em *providências* tendentes a defender o interesse do titular e a assegurar-lhe, quanto possível, a aquisição futura do direito. *Menos* do que o *direito*, porque ainda não é este: é o seu *germe*, o seu *prenúncio* ou *guarda avançada*, como que o direito em estado *embrionário*», itálico no original. Cfr. sobre a questão em geral, MENEZES CORDEIRO, *Tratado de Direito Civil Português ...*, cit., p. 137. *Vd.* nota 35.

13. Não queremos com isto dizer que exista uma regra absoluta de imodificabilidade[45], só que essa alteração não pode colocar em causa as expectativas existentes sob pena de ignorar algumas traves mestras do regime da segurança social e defraudar os destinatários, causando danos incomensuráveis a uma das partes da relação laboral

Julgamos então ter demonstrado que mesmo estando ante expectativas jurídicas – e não face a um direito subjectivo (por exemplo, sob condição) –, as consequências, embora com intensidade diversa em matéria de tutela, são idênticas[46].

14. Chegados a este momento podemos agora afirmar que a solução constante do aresto do Supremo Tribunal de Justiça, datada de 6 de Fevereiro de 2002, carece, salvo o devido respeito, de urgente alteração: assim o reclamam as regras e princípios enformadores da ordem jurídica; assim o reclama, em suma, a Ciência do Direito.

---

[45] Concordamos com LOBO XAVIER, FURTADO MARTINS e NUNES DE CARVALHO, «Pensões Complementares de Reforma ...», cit., pp. 159-160, quando afirmam que «quanto ao caso de complementos empresariais, as normas de organização, previsão e maturação de benefícios complementares pensionísticos não pertencem ao estatuto do contrato individual e, por isso, podem ser modificadas: os trabalhadores quando ingressam numa empresa não podem antever a imutabilidade de um regime durante a sua vida nessa empresa (que pode ir além de 30 anos!)».

[46] Sobre os conceitos de *direito subjectivo* e *expectativas*, vd., entre outros, MENEZES CORDEIRO, *Tratado de Direito Civil Português* ..., cit., pp. 105-127, 136-137; GALVÃO TELLES, «Expectativa Jurídica ...», cit., pp. 2-6; VON THUR, *Derecho Civil – Los Derechos Subjectivos y el Patrimonio*, volumen I (1), «clásicos del pensamiento jurídico», Marcial Pons, Madrid, 1998 (traducción Tito Ravá, del Der Allgemeine Teil des deustchen bürgerlichen Rechts, s.e., s.d.), pp. 57-67, 185-198; RAQUEL REI, «Da Expectativa Jurídica», *Revista da Ordem dos Advogados*, ano 54, 1994, I, pp. 150-180, em especial, pp. 150-154, 172-178.

ÍNDICE GERAL

Trabalhos do Autor	7
Nota Prévia à 2.ª Edição	11
Nota prévia	13

O CÓDIGO DO TRABALHO FACE À CONSTITUIÇÃO 15

Nota prévia	15
§ 1.°) Considerações prévias	16
§ 2.°) A lei e os instrumentos de regulamentação colectiva de trabalho (artigo 4.°, n.° 1)	18
§ 3.°) Protecção de dados pessoais (artigo 17.°, n.° 2)	40
§ 4.°) Reabertura do procedimento disciplinar (artigo 436.°, n.° 2)	50
§ 5.°) Reintegração e respectiva excepção (artigo 438.°, n.ᵒˢ 2, 3 e 4)	57
§ 6.°) Vigência das convenções colectivas (artigo 557.°, n.ᵒˢ 2, 3 e 4)	81
§ 7.°) Regime transitório de uniformização de convenções (artigo 15.° da lei que aprova o Código do Trabalho)	99
§ 8.°) Cláusula de paz social relativa (artigo 606.°)	102
§ 9.°) Conclusão	111

VISITA GUIADA AO CÓDIGO DO TRABALHO: A PRIMEIRA FASE DA REFORMA LABORAL 113

§ 1.°) Introdução	115
1.1. Considerações prévias	115
1.2. Tramitação do Código do Trabalho	119
1.3. Compromisso tripartido	121

§ 2.°) Linhas da reforma 122

§ 3.°) Codificação 125

§ 4.°) Principais novidades do código do trabalho 136

4.1. Generalidades 136

4.2. Principais alterações (Parte Geral, Livro I) 138

4.2.1. Alguns aspectos gerais 138

4.2.2. Fontes e aplicação do Direito do Trabalho (Título I) 139

4.2.3. Contrato de trabalho (Título II) 141

4.2.3.1. Disposições gerais (Capítulo I) 141

4.2.3.1.1. Noção e âmbito do contrato de trabalho (Secção I) 141

4.2.3.1.2. Sujeitos (Secção II) 142

4.2.3.1.3. Formação do contrato (Secção III) 144

4.2.3.1.4. Período experimental (Secção IV) 145

4.2.3.1.5. Direitos, deveres e garantias das partes (Secção VII) ... 146

4.2.3.1.6. Cláusulas acessórias (Secção VIII) 147

4.2.3.2. Prestação do trabalho (Capítulo II) 149

4.2.3.2.1. Disposições gerais (Secção I) 149

4.2.3.2.2. Duração e organização do tempo de trabalho (Secção III) 149

4.2.3.2.3. Teletrabalho (Secção IV) 155

4.2.3.2.4. Comissão de serviço (Secção V) 155

4.2.3.3. Retribuição e outras atribuições patrimoniais (Capítulo III) .. 155

4.2.3.4. Segurança, higiene e saúde no trabalho, acidentes de trabalho e doenças profissionais (Capítulos IV, V e VI) 156

4.2.3.5. Vicissitudes contratuais (Capítulo VII) 157

4.2.3.5.1. Mobilidade (Secção I) 157

4.2.3.5.2. Transmissão da empresa ou estabelecimento (Secção II) 157

4.2.3.5.3. Cedência ocasional (Secção III) 158

4.2.3.5.4. Redução da actividade e suspensão do contrato (Secção IV) 158

4.2.3.6. Incumprimento do contrato (Capítulo VIII) 159

4.2.3.6.1. Disposições gerais (Secção I) 159

4.2.3.6.2. Poder disciplinar (Secção II) 159

4.2.3.7. Cessação do contrato (Capítulo IX) 160

4.2.3.7.1. Caducidade (Secção II) 160

4.2.3.7.2. Cessação por iniciativa do empregador (Secção IV) 161

4.2.3.7.3. Cessação por iniciativa do trabalhador (Secção V) 164

4.2.4. Direito colectivo (Título III) 165

4.2.4.1. Sujeitos (Subtítulo I) 165

4.2.4.1.1. Estruturas de representação colectiva dos trabalhadores
(Capítulo I) e associações de empregadores (Capítulo II) 165

Estudos de Direito do Trabalho (Código do Trabalho) 327

4.2.4.2. Instrumentos de regulamentação colectiva de trabalho
(Subtítulo II) 167
4.2.4.2.1. Princípios gerais (Capítulo I) 167
4.2.4.2.1.1. Concorrência de instrumentos (Secção II) 167
4.2.4.2.2. Convenção colectiva (Capítulo II) 167
4.2.4.2.2.1. Âmbito temporal (Secção VI) 167
4.2.4.2.2.2. Cumprimento (Secção VII) 168
4.2.4.2.2.3. Arbitragem (Secção IV) 168
4.2.4.2.2.4. Regulamento de extensão e de condições mínimas
(Secção V e VI) 169
4.2.4.3. Conflitos colectivos (Subtítulo III) 170
4.2.4.3.1. Greve (Capítulo II) 170
4.3. Principais alterações (responsabilidade penal e contra-ordenacional, Livro II) 172

PRINCÍPIOS GERAIS DA CONTRATAÇÃO COLECTIVA NO CÓDIGO
DO TRABALHO 173

§ 1.º) Introdução 173
1.1. A reforma em matéria de contratação colectiva 173
§ 2.º) Princípios gerais 177
2.1. Princípio da subsidiariedade 177
2.2. Princípio do tratamento mais favorável 179
2.2.1. Lei e instrumentos de regulamentação colectiva de trabalho ... 180
2.2.2. Lei e contrato de trabalho 181
2.2.3. Instrumentos de regulamentação colectiva de trabalho e contrato de trabalho 181
2.2.4. Sucessão de convenções 183
2.3. Princípio da forma escrita 185
2.4. Princípio da disponibilidade do conteúdo 186
2.5. Princípio da não retroactividade 187
2.6. Princípio da publicidade 188
2.7. Princípio da unidade do instrumento de regulamentação colectiva
de trabalho 189
2.8. Princípio de negociação 191
2.9. Princípio do controlo formal das convenções colectivas 192
2.10. Princípio da dupla filiação 192
2.11. Princípio da estabilidade temporal 197
2.12. Princípio da sobrevigência limitada 199
2.13. Princípio da responsabilidade civil 201

328   *Luís Gonçalves da Silva*

DO ÂMBITO TEMPORAL DA CONVENÇÃO COLECTIVA 203

§ 1.º) Introdução 203
     1.1. Considerações prévias 203
     1.2. Reforma em matéria de contratação colectiva 216
1.3. Delimitação do objecto 219
§ 2.º) Efeitos da convenção no contrato de trabalho 219
§ 3.º) Vigência e sobrevigência 229
     3.1. Vigência 229
     3.2. Sobrevigência 233
§ 4.º) Revogação 244
§ 5.º) Cessação dos efeitos 245

NÓTULA SOBRE OS EFEITOS COLECTIVOS DA TRANSMISSÃO DA
EMPRESA 257

§ 1.º) Introdução 257
§ 2.º) Breve enquadramento histórico 260
§ 3.º) Código do Trabalho 261

ACÓRDÃO DA SECÇÃO SOCIAL DO TRIBUNAL DA RELAÇÃO DE LIS-
BOA, DE 31 DE OUTUBRO DE 2001 275

ACÓRDÃO DO SUPREMO TRIBUNAL DE JUSTIÇA, DE 6 DE FEVEREIRO
DE 2002 283

BREVES REFLEXÕES SOBRE A CONVENÇÃO COLECTIVA APLICÁVEL
À PENSÃO DE REFORMA NO SECTOR BANCÁRIO

Comentário aos Acórdãos da Relação de Lisboa, de 31 de Outubro de 2001,
     e do Supremo Tribunal de Justiça, de 6 de Fevereiro de 2002 305